TRÄUME
OFFENBAREN
DEIN
SCHICKSAL

TRÄUME
OFFENBAREN
DEIN
SCHICKSAL

Julia und Derek Parker

DAS LEXIKON
und umfassende Buch der Traumdeutung
vom ägyptischen Totenbuch über die
Psychoanalyse bis zur Zukunftsdeutung

WELTBILD VERLAG

Die englische Originalausgabe erschien 1985 unter dem Titel «Dreaming»
bei Mitchell Beazley Publishers, London

Ins Deutsche übertragen von Lexa Katrin von Nostitz (Textteil)
und Dorian Kracht/Jürg Wahlen (Traum-Alphabet)

James Mitchell zum Gedenken

Genehmigte Lizenzausgabe für
Weltbild Verlag GmbH, Augsburg 1993
© 1985 Mitchell Beazley International Ltd.
© Text 1985 by Julia und Derek Parker
© Illustrationen 1985 by Mitchell Beazley International Ltd.
© 1986 der deutschen Ausgabe by
SV International/Schweizer Verlagshaus AG, Zürich
Satz: Copycenter Bisang, CH-8810 Horgen
Produced by Mandarin Offset Ltd.
Printed in Hong Kong
ISBN 3-89350-328-5

Inhaltsverzeichnis

Einführung

Alle Menschen träumen. Ein normaler Nachtschlaf enthält stets nicht nur eine, sondern mehrere Traumperioden. Das haben Experimente zweifelsfrei erwiesen. Einige Menschen vergessen jeden Traum und behaupten, sie träumten nie. Andere behalten ihre Träume fast ganz, doch die meisten erinnern sich an ein paar Bruchstücke und träumen nur hin und wieder einen Traum, der in allen Einzelheiten haften bleibt und ihnen aus irgendeinem Grund besonders eindrucksvoll, besonders wichtig erscheint.

Träume brauchen nicht prophetisch zu sein — obwohl einige es waren; sie brauchen uns nicht vor dem Ausbruch einer Krankheit zu warnen — obwohl so etwas vorgekommen ist; sie brauchen nichts mit brennenden Problemen unseres Wachlebens zu tun zu haben — obwohl sich das oft als wahr erweist. Dennoch haben wir alle das dumpfe Gefühl, daß unsere Träume etwas bedeuten *müssen* — wenn wir nur wüßten, was! Der Glaube an das Gewicht der Träume hat die Zeiten, da man sie für Botschaften der Götter hielt, weit überlebt. Das Werk Freuds, Jungs und anderer hat die Traumdeutung zu einem wichtigen Bestandteil der Psychotherapie erhoben und unsere Einsicht in das Unbewußte vertieft. Es besteht kein Zweifel, daß wir unser Leben bereichern können, wenn wir uns unsere Träume ins Gedächtnis zurückrufen, sie untersuchen und schließlich lernen, wie wir herausbekommen, was sie uns persönlich sagen wollen.

Die Viktorianer hatten ihre Traumbücher, in denen einfach stand, daß ein Traum von einer schwarzen Katze Glück bedeute, ein Traum von einem Veilchen Liebe. Andererseits benutzen seit Freud und Jung Psychologen und Psychiater Träume als Hilfe bei der Analyse ihrer Patienten. Doch heute glaubt niemand mehr, Traumsymbole bedeuteten bei allen Menschen dasselbe, und nur wenige von uns lassen sich analysieren. Es gibt viele Bücher über dieses Thema, aber sie sind fast alle entweder moderne Traumbücher oder Fachwerke von Psychiatern.

Seit etwa 35 Jahren wird eifrig in Traumlaboratorien experimentiert. Es wird wissenschaftlich untersucht, ob die schlafenden Versuchspersonen träumen, und wenn, wie häufig und was. Dauer und Art der Träume werden mit physischen und physiologischen Vorgängen, die beim Schlafen und Träumen auftreten, verglichen. Die Versuche auf diesem Gebiet weisen neue Wege der Traumdeutung. Dieses Buch greift die Theorien der Psychologen und die von den Traumforschern entdeckten Tatsachen auf und bietet Ihnen die Möglichkeit, sie in Ihrem eigenen Leben

zu erproben. Das heißt, daß Sie lernen können, Ihr eigener Traumdeuter zu sein. Wenn Sie ein normal gesunder und vernünftiger, den
üblichen Freuden und Leiden des Lebens ausgesetzter Mensch sind,
und wenn es stimmt, daß Ihre Träume Ihnen die Tür zu Gebieten
Ihres Innenlebens, deren Existenz Sie vielleicht gar nicht ahnen, öffnen oder Kommentare zu den Sorgen und Nöten Ihres Wachlebens
geben können, dann wäre es dumm, wenn Sie diese Gelegenheit
nicht benutzten.

Wenn Sie an Ihren Träumen interessiert sind oder gerade anfangen,
sich damit zu beschäftigen, dann begeben Sie sich auf eines der inter-
essantesten Abenteuer, die man sich vorstellen kann. Sie werden nicht
nur eine Menge über sich selber und Ihre psychologische Motivierung lernen, sondern auch entdecken, daß Ihr Unbewußtes, dieser
wichtige, unter der Oberfläche Ihres Bewußtseins ruhende Teil Ihrer
Persönlichkeit, Ihre Probleme zu kommentieren vermag. So kann
zum Beispiel ein Serientraum Ihnen Ihre wahre, innerste Einstellung
zu diesen Problemen verraten - eine Einstellung, von der Sie vielleicht
gar nichts wußten. Das ist oft äußerst wichtig in Zeiten, wo Entschlüsse gefaßt werden müssen. Wer unter Ihnen schon weiß, wie
wichtig Träume sind, aber oft nicht errät, was sie sagen wollen, wird
feststellen, daß das Traumwörterbuch in der zweiten Hälfte dieses
Buches guten Rat für die Deutung gibt.

Die Kenntnis von den Symbolen, die Ihr unbewußtes, schlafendes
Selbst Ihnen zeigt — Symbole, die vielfältiger, sinnreicher und interessanter sind als alles, was Sie sich in Ihren wachen Stunden vorstellen können — wird Ihnen eine ganz neue, oft schöne Welt öffnen.
Traumbilder und -ereignisse sind manchmal weit entfernt von der
Alltagserfahrung und häufig von großer Schönheit, und je eingehender Sie sich damit befassen, um so deutlicher werden Sie dies merken.
Vielleicht brauchen Sie sich nie mehr zu langweilen! Je phantasievoller und sensibler Sie sind, um so eindrucksvoller ist die Traumerfahrung. All diese bunten Bilder kommen aus Ihrem Inneren — niemand außer Ihnen träumt Ihre Träume; Sie allein schaffen Situationen, die so aufregend sind wie in *Krieg und Frieden,* so absurd wie in
Alice im Wunderland und so romantisch wie in *Vom Winde verweht.*

Die Welt der Träume ist aber auch lehrreich, und obwohl wir darin
Romane dichten können, vermag sie uns eine Menge rein praktischer
Hilfe zu geben. Das Leben ist heute komplizierter als je zuvor; alles,
was es leichter macht, sollte genutzt werden. Dafür gibt es viele
Methoden. Aber diese hier ist eine, die nichts kostet und nur darauf
wartet, erschlossen zu werden. Wenn Sie Ihren Träumen ein wenig
Aufmerksamkeit schenken, können Sie viele Komplikationen des
Lebens im 20. Jahrhundert in der richtigen Perspektive sehen. Es
lohnt sich daher ganz gewiß, diese scheinbar magische, aber sehr
praktische Quelle auszuschöpfen und ihren Rat und ihre Hilfe im
Leben anzunehmen.

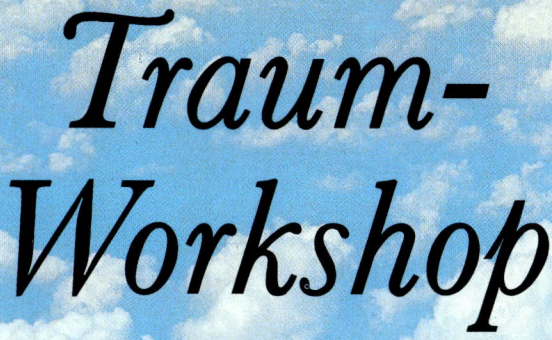

Traum-
Workshop

Das Geheimnis des Träumens

Diese 15 000 Jahre alte Höhlenzeichnung aus Lascaux in Frankreich zeigt einen Träumer, wahrscheinlich einen Schamanen, und seine Vision. Den Vogelstab zur Seite geht er mit psychologischen Waffen auf seine Beute los. Beachten Sie, daß der Schamane eine Erektion hat, wie sie für den Traumschlaf (siehe Seite 41) kennzeichnend ist.

Seit Urbeginn beschäftigten sich die Menschen mit ihren Träumen, mit der Beziehung, die zwischen den schattenhaften Gestalten und Ereignissen ihres Schlafs und denen ihres Wachseins bestand. Einst glaubten sie, Träume seien göttlichen Ursprungs. Auch heute noch wohnt ihnen etwas Geheimnisvolles inne, das sie von unserem Alltagsleben trennt. Es ist daher nicht verwunderlich, daß der Glaube an die Bedeutung der Träume bis zum heutigen Tag überlebt hat. Und wenn wir auch nicht mehr von ihrem göttlichen Ursprung überzeugt sind, so sind uns die Träume doch immer noch wichtig.

Es läßt sich nicht leugnen, daß Träume unser Wachleben beeinflussen. Beobachten Sie nur einmal Ihren Hund, wie er aus einem Traum erwacht. Nachdem er ein paar Minuten gekläfft und gezuckt hat, wedelt er fröhlich mit dem Schwanz und benimmt sich so, als komme er gerade von einem anstrengenden Spaziergang heim. Aber manchmal zieht er den Schwanz ein und wirkt völlig verschüchtert, als erwarte er Schelte wegen schlechten Benehmens. Uns Menschen geht es ähnlich. Einmal erwachen wir frohgestimmt durch einen schönen Traum, ein andermal bedrückt durch einen schlechten. Manches spricht dafür, daß ein vergessener Traum schuld daran ist, wenn wir uns grundlos deprimiert fühlen.

Was ist denn nun ein Traum? Das ist das Geheimnis. Die Frage ist schwer zu be-

antworten, da es hierbei um die Grundlage geistiger Tätigkeit geht. Genauso schwierig ist es, die Schwerkraft zu erklären oder das, was die Menschen unter der Seele verstehen. Man könnte es so ausdrücken, daß wir träumen, wenn unser Gehirn in einer bestimmten Phase des Schlafs eine Reihe von Bildern, meistens in Form von Ereignissen, hervorbringt, die auf unserer privaten inneren Leinwand erscheinen; wir sind uns dieser Bilder so bewußt, als ob sie wirklich wären – selten wissen wir, daß es sich nur um Träume handelt.

Es ist hier wichtig, den «klaren Traum» auszuklammern, denjenigen, in dem uns bewußt ist, dass wir träumen: Fröhlich springen wir von einem Berg herab im Wissen, daß es «nur ein Traum» ist; wir können sogar unsere Träume so gestalten, als schrieben wir ein Drehbuch für einen Film, in dem wir selber die Hauptrolle spielen. In diesem Buch kümmern wir uns nicht um den klaren Traum. Wir können ihn ja steuern, wir wissen ja, daß wir träumen, und deshalb ist es äußerst unwahrscheinlich, daß er dem Träumer nützen kann. Der ganze Sinn der psychologischen Deutung eines Traums liegt darin, daß wir in ihm nicht wir selber sind (oder, von einer anderen Seite her gesehen, ganz und gar wir selber!) – unsere Wachsamkeit ist dahin, wir sind ungehemmt und frei von den Zwängen des Wachlebens. Wenn wir in einen klaren Traum eingreifen, geht seine Nützlichkeit verloren, und wir entwerten ihn als Mittel, uns selber zu erkennen.

Die Bilder eines normalen Traums bilden manchmal ganz phantastische, surrealistische, unwirkliche Zusammenhänge. Andererseits können sie aber auch eine klare, leicht verständliche Geschichte erzählen, oder sie bilden einfach unzusammenhängende Bruchstücke, Szenen, die nicht die geringste Verbindung untereinander oder mit unserem Wachleben haben.

Seit Freud stimmen alle diejenigen, die sich mit Träumen beschäftigen, darin überein, daß einige zwar nicht mehr sind als verzerrte Erinnerungen an Ereignisse, die wir im wachen Zustand erlebt haben, viele aber vermutlich Botschaften aus dem Unbewußten, aus den Tiefen unserer Persönlichkeit, Tiefen, in die wir nicht bewußt hinabreichen. Sie könnten also tatsächlich die Hauptquelle leicht zugänglicher Informationen darüber sein, wie wir unter dem dünnen Firnis von Erziehung, Umwelt, gesellschaftlichem Bewußtsein wirklich sind, denn Träume stehen bekanntlich nicht unter dem Einfluß gesellschaftlicher Erwägungen.

Träume im Altertum

Die frühesten Aufzeichnungen der Menschheit zeigen, daß Träume stets für wichtig gehalten wurden. Die alten Ägypter glaubten, Träume seien Botschaften der Götter, und schrieben 1300 Jahre v. Chr. das älteste Traumbuch, das mehr als 200 Deutungen solcher Botschaften gab. Interessanterweise stellten die Ägypter die Theorie von den Gegensätzen auf: zum Beispiel, daß ein Traum vom Tod ein Vorzeichen für langes Leben sei. Freud, der große Begründer der modernen Traumtheorie, vertrat ebenfalls die Ansicht, daß Traumsymbole oft auf einem System von Gegensätzen beruhen.

Im alten Ägypten gab es den Traumgott Bes (oben). Das früheste Traumbuch (rechts), vor 4000 Jahren von Horuspriestern geschrieben, gehört zu den ältesten erhaltenen Dokumenten.

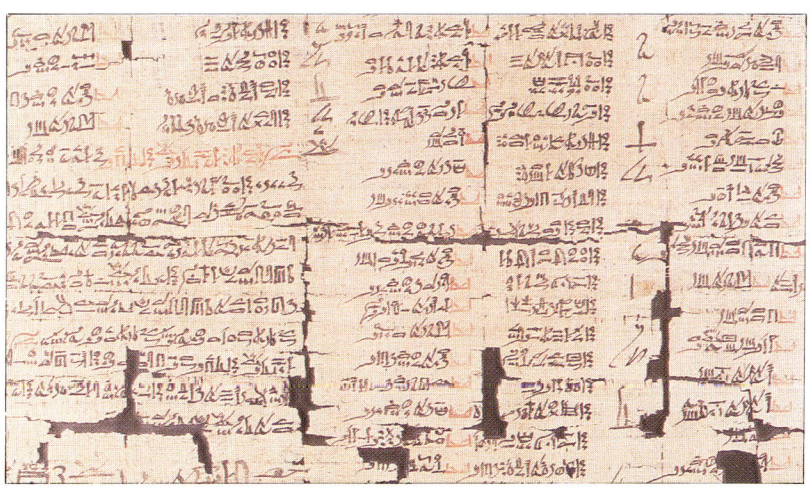

Träumer des Altertums waren Jakob (gegenüber), Vater der 12 Stammväter Israels, der von Engeln träumte, die eine Leiter auf und niederstiegen, und der Assyrer Assurbanipal (oben rechts). Hypnos, der griechische Gott des Schlafs (oben links), war der Bruder des Todes und der Sohn der Nacht. Einst hielten viele Völker Träume für Botschaften der Götter.

Auch die Assyrer hatten ihre Traumbücher. Man nimmt an, daß die Bibliothek des assyrischen Königs Assurbanipal (669 bis etwa 627 v. Chr.) Traumbücher enthielt, die bis auf das Jahr 2000 v. Chr. zurückgingen, und sein eigenes Werk soll angeblich eine der Hauptquellen des Griechen Artemidorus gewesen sein, der das berühmteste Traumbuch des Altertums schrieb.

Das Alte Testament ist voller Träume. Es sind wahrscheinlich die ältesten, die die meisten Leute kennen: die Träume Daniels und Jakobs, Nebukadnezars und Salomos. Trotz aller religiösen Unterschiede interpretierten die Juden die Träume, die ihnen ihr Gott schickte, nicht viel anders als die Anhänger anderer Religionen die ihren. Der Prophet Mohammed hielt Träume für außerordentlich wichtig und begann jeden Tag damit, daß er seine Jünger nach ihren Träumen fragte und ihnen seine erzählte.

Die Griechen mit ihrer Lust an der Rationalisierung des Wissens benutzten ägyptische, assyrische, jüdische, babylonische und persische Traumtheorien. All diese Völker deuteten Traumsymbole völlig verschieden: Während die Griechen zum Beispiel glaubten, der Traum von einer Schlange bedeute Krankheit und Zwietracht, so waren die Assyrer davon überzeugt, daß derjenige, der im Traum eine Schlange ergriff, den besonderen Schutz eines Engels erfahren würde. Die Juden glaubten, der Traum von einem Schlangenbiß zeige an, daß sich das Vermögen des Träumers verdoppeln würde, während für die Ägypter der Traum von einer Schlange die Schlichtung eines Streits bedeutete. Diese Auslegungen klingen heute noch in den sogenannten «Traumbüchern» nach, die sagen, daß ein Traum von – nehmen wir einmal an – einem schwarzen Vogel ein böses Omen sei.

Die Griechen glaubten ebenfalls, daß Träume göttliche Botschaften seien. Bei Homer finden wir Traumbotschaften von Zeus, die durch ein Tor aus Horn zum Menschen kamen (es gab auch «falsche» Botschaften, die durch ein Tor aus Elfenbein eintraten). Herodot berichtet von einigen berühmten Träumen, darunter demjenigen, der Xerxes dazu bewegte, seinen unglückseligen Feldzug gegen Griechenland zu unternehmen. Und Delphi, der geistige Mittelpunkt des alten Griechenlands, war berühmt für seine doppelsinnigen Deutungen.

An vielen heiligen Orten Griechenlands fand die «Inkubation» von Träumen statt. Die Besucher nahmen schlaffördernde Drogen und Kräutertränke und lasen dann aus ihren Träumen wichtige Prophezeiungen, die ihnen insbesondere Hinweise auf ihre Krankheiten gaben. Asklepios, der Gott der Heilkunde, war seit einem Jahrtausend vor Christus der Schutzpatron von über 300 Inkubationstempeln, und der Tempel von Epidaurus in Griechenland war viele Jahrhunderte in Gebrauch. Hier stößt man auf eine weitere Vorwegnahme der Zukunft: Psychiater des 20. Jahrhunderts ermutigen ihre Patienten dazu, sich ihrer Träume zu erinnern, und zwar nicht, um daraus prophetische Offenbarungen oder körperliche Genesung zu gewinnen, sondern vielmehr Selbsterkenntnis und Selbsthilfe. Der ganze Zweck dieses Buches ist es, den Leser in den Stand zu setzen, sich an seine Träume zu erinnern, sie aufzuzeichnen und zu interpretieren, im Glauben, daß sie ihm im Wachleben helfen können.

Auch die Vorstellung, daß Träume die wahre Natur des Menschen enthüllten –

Die Schlange, ein mächtiges Symbol in Mythos und Traum, wurde unterschiedlich, sowohl als gut wie auch als böse, gedeutet. Die ägyptische Schlange Apop (rechts) war ein Dämon der Finsternis, ebenso wie die persische namens Asi-dahak (unten links) die «Würgerin». Bei den Griechen und Römern dagegen symbolisierte die Schlange die Heilkraft (unten rechts).

In einem Inkubationstempel, der Äskulap, dem Gott der Heilkunde, geweiht ist, bringen Schlangen einem Kranken heilende Träume (unten). Im Altertum gab es Tausende solcher Tempel.

Platon vertrat bereits die moderne Ansicht, daß Träume die wahre Natur des Menschen zeigten.

die moderne Ansicht –, stammt von den Griechen. In seinem Werk «Der Staat» behauptet Platon, die wahre Natur des Menschen offenbare sich in seinen Träumen. Platon schreibt:

(...) *Wenn dasjenige in der Seele, was vernünftig und mild ist, im Schlummer liegt, das Tierische und Wilde aber, durch Speisen und Getränke überfüllt, sich bäumt und den Schlaf abschüttelnd losbricht, um seiner Sitte zu frönen. Du weißt, wie es dann, als von aller Scham und Vernunft gelöst und entblößt, zu allem fähig ist. Denn sich mit der Mutter zu vermischen . . . macht ihm nicht das mindeste Bedenken, oder mit irgendeinem andern, sei es Mensch, Gott oder Tier, oder sich mit irgend etwas zu beflecken, und keiner Speise glaubt es sich enthalten zu müssen und, mit einem Wort, von keinem Unsinn und keiner Unverschämtheit bleibt es zurück.*

Aristoteles andererseits versuchte, Träume als Produkte rein physiologischer Funktionen zu erklären: Wenn man schläft, verdunstet die Nahrung im Körper, und Flüssigkeiten steigen in den Kopf, wo sich auf ihrer Oberfläche Träume spiegeln wie Bilder auf dem Wasser. Dessenungeachtet glaubte er, Träume könnten den

Ausbruch von Krankheiten, von denen der wache Körper noch gar nicht wußte, voraussagen. In *Parva Naturalia* sagt er, da der Anfang aller Dinge klein sei, müsse auch der Anfang von Krankheiten, die kurz davor seien, den Körper heimzusuchen, klein sein. Das müsse sich im Schlaf deutlicher offenbaren als im Wachzustand. Hippokrates teilte diese Ansicht. Sowohl Platon als auch Aristoteles vertraten demnach Theorien, die unsere Psychiater des 20. Jahrhunderts bestätigen. Mit solchen Gedanken, vor allem denjenigen Platons, sind wir fast mit einem Satz mitten in der Welt Freuds, denn in den dazwischenliegenden Jahrhunderten wurde erstaunlich wenig Gültiges über Träume erarbeitet.

Im ersten umfassenden gedruckten Werk über Träume, den fünfbändigen *Oneirocritica,* behauptete der Grieche Artemidorus (2. Jahrhundert n. Chr.), jeder Traum beziehe sich ausschließlich auf den Träumer!

Das Buch, das einen gewaltigen Einfluß hatte (es erschien in England zuerst im Jahre 1644 und erlebte im folgenden Jahrhundert 24 Auflagen), ist in vieler Hinsicht außerordentlich modern. Am wichtigsten ist vielleicht, daß darin das Prinzip der Assoziation hervorgehoben wird, die Tatsache, daß ein Traumbild meistens ein

Das Traumbuch des Artemidorus, geschrieben im 2. Jahrhundert n. Chr., war das einflußreichste seiner Art. Es erschien 1518 in Venedig in griechischer Sprache, 1539 in Basel auf Latein, 1546 in Lyon auf Französisch und 1644 in England und hatte einen ungeheuren Erfolg. Trotz einiger Ungereimtheiten bemühte es sich um ernsthafte Traumdeutung.

assoziiertes Bild im Bewußtsein hervorruft (obwohl Artemidorus von der Assoziation in der Phantasie des Traumdeuters ausging und nicht von der des Träumers, was unlogisch erscheint).

Artemidorus betonte ausdrücklich, daß Träume «den Menschen zu ihrem Nutzen und zu ihrer Belehrung eingegeben seien». Obwohl er glaubte, daß sie Götterbotschaften seien, war sein Standpunkt wiederum modern. Er lehnte eine willkürliche und wörtliche Interpretation ab, untersuchte wiederkehrende Träume und glaubte, wie Jung zwei Jahrtausende später, an den «großen Traum», den wichtigsten von allen, von dem er sagte, er sei am schwierigsten zu deuten.

Beim Deuten eines Traums, riet Artemidorus, müßten sechs wichtige Einzelheiten beachtet werden: Die eine war ganz einfach der Name des Träumers, die anderen aber waren sein Beruf, die Umstände, unter denen der Traum eingetreten war, und ob er natürlich, rechtmäßig und üblich sei. Viele von den Streichen, die Träume spielen können – darunter auch das Wortspiel – waren ihm bekannt. Einige seiner Deutungen scheinen die Auffassung heutiger Psychiater schon vorauszuahnen: Einen im Traum gesehenen Mund interpretierte er zum Beispiel als Haus und die Zähne als dessen Bewohner; der Verlust eines Zahns symbolisierte daher den Tod eines Mitglieds des Haushalts.

Das Christentum ließ die niemals ganz verworfene Ansicht, Träume seien von den Göttern gesandt, um ihren Anhängern ihre Gebote mitzuteilen, wieder aufleben (in diesem Fall war der Absender natürlich der christliche Gott). Die Bibel ist voll von solchen Träumen, und die Schriften des heiligen Klemens, des heiligen Johannes I. Chrysostomos, des heiligen Augustinus und vieler anderer früher Kirchenväter sind es ebenfalls. Der heilige Hieronymus stellte diese Meinung fast im Alleingang auf den Kopf: Geplagt von «schwierigen» Träumen, die der damaligen

Christentum und Träume: Der Traum der Jungfrau Maria (links) war eine göttliche Eingebung, Hieronymus Boschs Ungeheuer (oben) dagegen kamen angeblich vom Teufel.

Mohammeds Traum (gegenüber) vom nächtlichen Ritt auf der Stute Elboraq führte ihn zur Mitte der Welt, in die Tiefen der Hölle und nach den sieben Himmelsgewölben.

Träume und kulturelle Vielfalt

christlichen Moral widersprachen, behauptete er, sie kämen vom Teufel, und verdammte sie; von da an bekannte sich die Kirche zu der Ansicht, daß Träume nicht von Gott kämen und nicht beachtet werden dürften. Martin Luther meinte, Träume könnten uns helfen, indem sie uns unsere Sünden zeigten.

In den Puranas, den alten religiösen Schriften der Hindus, steht geschrieben, daß Träume Botschaften der Götter sind. Für die Buddhisten, die in Indien etwas später, im 5. Jahrhundert v. Chr., auf der Bildfläche erschienen, waren sie «Zeichen, die quer über die Pfade des Denkens liefen» und wie verschwommene Spiegelbilder vor dem Träumer aufstiegen. In der *Brihadarmyaka-Upanishad* (um 1000 v. Chr.) der Hindus wird erklärt, daß Träume in einem Niemandsland zwischen der wirklichen und der verheißenen Welt entstünden. Die «wirkliche» Welt sei jedoch weniger wirklich als die Traumwelt, in welcher der Mensch wegen der fehlenden körperlichen Wahrnehmungen frei von Hemmungen sei, so daß sich sein wahrer Charakter zeige.

In der Welt des Islams behauptete der arabische Schriftgelehrte al Mas'adi, der Schlaf sei eine «Beschäftigung der Seele», obwohl Träume von der körperlichen Verfassung des Träumers beeinflußt werden könnten. Al Mas'adi vertrat auch die Ansicht Freuds, daß in Träumen die geheimsten Sehnsüchte ungehindert von moralischen Bedenken an die Oberfläche steigen könnten:

> *Wenn der Schläfer Dinge sieht, die er begehrt, dann geschieht dies, weil die Seele . . . wenn sie im Schlaf gereinigt ist vom Schmutz des Körpers, frei über allem schweben kann, was sie zu besitzen trachtet.*

Dennoch blieben Träume für den Propheten Mohammed «eine Zwiesprache zwischen dem Menschen und seinem Gott», und genauso wie die christlichen Priester beharrten die islamischen Geistlichen darauf, daß sie die einzigen zuverlässigen Interpreten seien. Auch vertraten sie eine Ansicht, die ausgesprochen diskriminierend war: Unbedeutende Leute brauchten nicht zu träumen, so daß der Traum eines Sklaven eindeutig eine Botschaft für seinen Herrn war; der Traum einer Ehefrau war für ihren Mann bestimmt, der des Kindes für seine Eltern.

Chinesische Gelehrte glaubten, Träume entstünden, wenn die geistige Seele

(hun) vorübergehend vom Körper getrennt sei und sich mit den Geistern, den Seelen der Verstorbenen oder den Göttern unterhalten könne. Im 14. Jahrhundert unserer Zeitrechnung mußten alle Besucher einer bedeutenden Stadt die erste Nacht im Tempel des Stadtgottes verbringen, damit sie Botschaften empfangen konnten, ein Brauch, der eine gewisse Ähnlichkeit mit der «Inkubation» in den Tempeln des klassischen Altertums hatte.

In der westlichen Welt erschienen die frühesten Traumbücher bald nach der ersten Gutenberg-Bibel im 15. Jahrhundert. Sie lehrten unter anderem, wie man weissagende Träume auslöst (iß vor dem Schlafengehen einen Salzhering, und du träumst von deinem zukünftigen Partner).

Ein Traumbuch, das sich auf die weitverbreiteten Schriften des Artemidorus stützte, wies fast jedem nur denkbaren Traumsymbol eine bestimmte Bedeutung zu.

Bei den Römern, die Prophezeihungen aller Art liebten, tobten sich Weissager bei der Deutung «wichtiger» Träume regelrecht aus: Galen (etwa 129 bis 199 n. Chr.) versuchte aufzuzeigen, daß ein Traum auf eine verborgene Krankheit hinweisen könne. Cicero war überzeugt, daß es weissagende Träume gab; Synesios von Kyrene, ein Platoniker (4. Jahrhundert n. Chr.), glaubte ebenfalls, daß wir aus Träumen «den Lauf der Zukunft erraten». Gerade diese Einstellung erzeugte eine Atmosphäre, in der Traumbücher florierten, die ein bestimmtes Symbol auf eine bestimmte Weise deuteten, ganz gleich, wer der Träumer war. Länger als 1500 Jahre verbreiteten sie die sehr einfache Ansicht, Träume seien willkürliche Symbole.

Im heutigen 20. Jahrhundert weist die Einstellung primitiverer Völker einige Ähnlichkeit zu derjenigen auf, die die westlichen Kulturen noch bis vor gar nicht so langer Zeit vertraten. Sie alle halten ihre Träume für wichtig, und viele von ihnen glauben, nicht anders als die alten Ägypter und Chinesen, ihre Träume zeigten die Abenteuer der Seele, wenn sie im Schlaf den Körper verließ. Diese Ansicht teilen sowohl die Eingeborenen von Grönland als auch die von Neu-Guinea. Einige afrikanische Stämme – und in Teilen von Afrika hält man das Traumleben für genauso wichtig wie das Wachleben – glauben, daß im Schlaf Schlachten stattfinden können; wenn ein Mann beim Aufwachen Muskelkater in den Armen hat, folgert er,

Landkarten der Traumwelt: Ein australisches *Tschuringa* (oben) illustriert einen Abschnitt aus der *Traumzeit* und zeigt, wie wichtig Träume vielen sogenannten «primitiven» Völkern waren. Eine Schamanentrommel (unten) aus Lappland hält ein Traumereignis fest: eine kosmische Reise durch die Mitte der drei Welten.

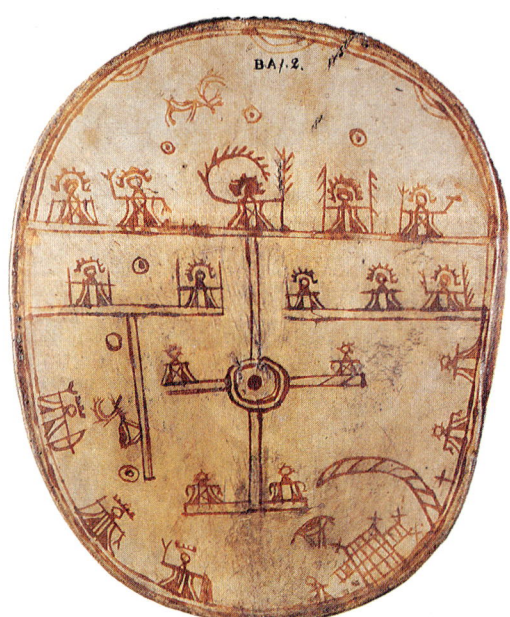

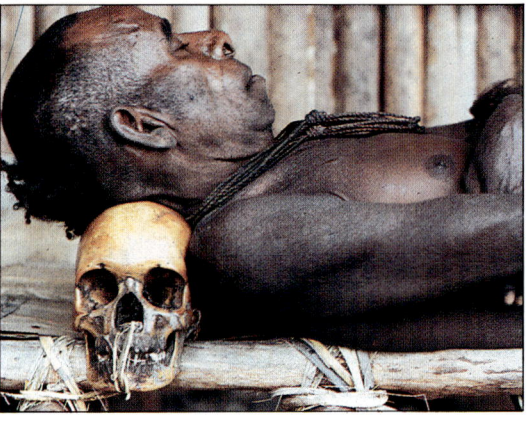

Bei vielen Völkern gilt Träumen als wichtiger Teil der Kunst: Nicht nur die Schamanentrommel aus Lappland (oben), sondern auch das **Mola** der Cuna, eines Indianerstammes aus Panama, trägt Muster aus Träumen. Den Kopf auf den Schädel eines Vorfahren gestützt, fühlt sich ein Mitglied der Asmat (Neuguinea) im Traum seinen Ahnen nahe.

daß er bei Nacht seine Keule geschwungen habe! Die Zulus halten Träume nicht für Botschaften von Göttern, sondern von Vorfahren. Manche Inder versuchen, einem schlafenden Feind das Gesicht zu bemalen, damit die Seele, die im Traum auf Abenteuer ausgezogen ist, den Körper nicht erkennt und für immer umherirren muß.

Die Indianer Amerikas betrachteten Träume stets als äußerst wichtig, vor allem in der Erziehung der Jugend. Ein Junge, der nach der Initiation ein reiches Traumleben hatte und eindrücklich darüber berichten konnte, galt als besonders weise und wertvoll für den Stamm. Starke Träumer wie zum Beispiel Schwarzer Elch vom Volk der Sioux legten ihr Leben und die Rolle, die Träume darin spielten, schrift-

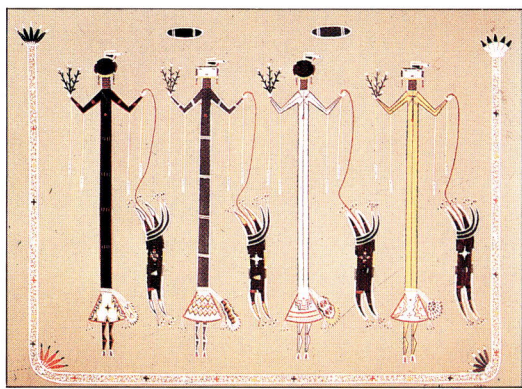

Die Visionen und Träume des Navajoindianers Bitahini bilden die Grundlage dieser Sandmalerei vom Federgesang. Das Bild zeigt übernatürliche Wesen, die Heilkräuter bringen.

lich nieder. Die Irokesen hielten Träume für die Sprache der Seele, wichtiger und wertvoller als die des Wachseins. Ähnlich wie bei Freud war ihre Theorie, daß Träume Hinweise auf die sehnlichsten und geheimsten Wünsche des Träumers seien, und zwar oft in äußerst komplizierter Verschlüsselung.

Welchen Wert die primitivste Gesellschaft Träumen beimißt, erkennt man auf faszinierende Weise bei den Senoi, einem Volk, das im Dschungel des zentralen Hochlands von Malaysia lebt und in den dreißiger Jahren von dem Anthropologen Kilton Stewart erforscht wurde. Die Senoi glaubten, die Menschen sollten die Gestalten und Mächte ihrer Träume um Beistand im täglichen Leben bitten: Sie analysierten jeden Morgen ihre Träume, und die Erwachsenen lehrten die Kinder, wie sie sich im Traumleben benehmen sollten. Die Träumer wurden bestärkt, ihre Träume zu pflegen, sie voll auszuleben und zu versuchen, jeden Traum zu einem befriedigenden, nützlichen Ende zu bringen. Es ist aufschlußreich, daß die Senoi, die anscheinend zu den am höchsten entwickelten Träumern der Welt gehören, besonders großen Wert darauf legen, ihre Fähigkeiten im klaren oder «bewußten» Träumen zu entwickeln.

Interessanterweise fanden Anthropologen bei der Erforschung der Träume vieler Gesellschaften eine ganze Reihe gemeinsamer Merkmale, die Jungs Vorstellung von einem der ganzen Menschheit eigenen kollektiven Unbewußtein widerspiegeln. In Irland, der Schweiz, China, Griechenland, der Ukraine, Nigeria, Tansania, Borneo und Sumatra, überall werden Träume von rohem Fleisch als Vorzeichen für Unglück gedeutet; Artemidorus deutet Feuer am Himmel als Vorzeichen für einen Krieg – genauso wie die Afrikaner. Und genau wie Artemidorus glauben die Afrikaner auch, daß der Verlust eines Zahns im Traum den Verlust eines Familienmitglieds bedeute.

Doch nun zurück zum moderneren Europa. Hier machte die Aufklärung des 18. Jahrhunderts Schluß mit der Ansicht, Träume seien bloß weissagende Symbole. Wie Carl Gustav Jung (1875 - 1961), einer der berühmtesten Traumdeuter unserer Zeit, überzeugend sagte: «Kein Traumsymbol kann von dem Menschen, der davon geträumt hat, abgetrennt werden; denn es gibt keine allgemeingültige Deutung für einen Traum». Mit anderen Worten, dein Traum gehört dir allein, und selbst wenn jemand anders genau denselben Traum träumt, würde er für ihn etwas anderes bedeuten.

Henry Havelock Ellis
(1859-1939), Schriftsteller
und Forscher auf dem Ge-
biet der Psychologie der Sexualität.

Nach vielen Jahrhunderten häufig irrationalen Umgangs mit Träumen tat das 19. Jahrhundert einen Schritt zur Erforschung ihrer wahren Bedeutung. Einer der Pioniere war der französische Psychologe Alfred Maury, der zahlreiche Experimente über den Zusammenhang zwischen äußeren Reizen und Träumen erdachte.

So entdeckte er zum Beispiel, daß eine Person, deren Lippen und Nase im Schlaf mit einer Feder gekitzelt wurden, träumte, daß ihr Gesicht mit Teer bestrichen und die Haut abgezogen würde. Als jemand neben dem schlafenden Maury eine Schere schliff, träumte der Psychologe, er höre Glockenläuten und gleich darauf Alarmsignale. Ein Beispiel für die Wirkung äußerer Reize, das den meisten Menschen bekannt vorkommen wird, ist der Traum des englischen Psychologen Havelock Ellis (1859 - 1939):

Ich träumte, ich sei in einem Hotel, und stieg viele Treppenfluchten empor, bis ich ein Zimmer betrat, in dem ein Zimmermädchen das Bett machte; das weiße Bettzeug lag überall verstreut und wirkte auf mich wie Schnee; dann wurde mir bewußt, daß ich sehr fror, und mir schien, als sei ich tatsächlich von Schnee umgeben, denn das Zimmermädchen meinte, ich sei sehr mutig, in dem Hotel so hoch emporzusteigen; das täten nur sehr wenige Leute, da es in dieser Höhe so kalt sei. Ich erwachte und fand, daß die Nacht kalt war und daß ich in die Laken verwickelt und teilweise entblößt war.

In seinem 1861 veröffentlichten Werk «Der Schlaf und die Träume» zählte Maury mehrere Fragen auf, die zu diesem Thema gestellt werden sollten. Wurden Träume durch äußere Reize ausgelöst? Wenn man die Füße eines schlafenden Menschen kitzelte, würde sein Unterbewußtsein sofort reagieren und in seinen Träumen ein Ereignis erfinden, das dieses Gefühl erklärte? Träumte ein Mensch um so lebhafter, je fester er schlief? War es möglich, die Länge eines Traums zu messen? Hingen Träume mit unbewußten Sehnsüchten oder Gefühlen des Träumers zusammen? Veränderten sich die Träume mit dem Älterwerden? War es möglich, die «wahre Bedeutung» der Träume zu entdecken? Wie wichtig waren sie überhaupt?

Von Maury stammt die heute noch weit verbreitete Ansicht, die Handlung der Träume sei irgendwie gerafft, so daß selbst ein ereignisreicher Traum nur sehr kurze Zeit dauert. Forschungen aus dem Traumlaboratorium indessen haben bewiesen, daß ein Traum in Wirklichkeit genauso lange währt wie ein Wachtraum desselben Inhalts, so dass ein ereignisreicher Traum tatsächlich eine verhältnismäßig lange Dauer hat. Maurys Theorie beruhte auf seinem berühmten Traum von der Guillotine, in dem eine Folge von Ereignissen zu seiner Hinrichtung unter dem Fallbeil führte. Als er erwachte, merkte er, daß ihm der Bettaufsatz auf den Hals gefallen war, und schloß daraus, daß alles, was er geträumt hatte, in den Zeitraum zwischen dem Unfall und seinem Erwachen zusammengedrängt gewesen sein müsse. Heute nimmt man an, daß es sich dabei nicht um einen Traum, sondern um ein Phantasiegebilde gehandelt hat.

Henri Bergson, Autor von
Materie und Gedächtnis (1896)
und *Schöpferische Entwicklung*
(1908).

Der französische Philosoph Henri Bergson (1859 - 1941) vertrat einen sogar noch rationaleren Standpunkt als Maury: Er sagte, Träume seien bloß vergessene Erinnerungen, die infolge physischer Reize aus dunklen Ecken hervorgezogen würden.

Freud, der große Pionier

Es war im Jahre 1900, als der Psychologe Sigmund Freud (1856 - 1939) sein Werk «Die Traumdeutung» veröffentlichte. Darin behauptet er, Träume seien keinesfalls zufällige, vielleicht sogar durch äußere Reize ausgelöste Irrungen, sondern im Gegenteil äußerst wichtige Offenbarungen unseres Innenlebens – verschleierte Erfüllungen der manchmal geheimsten Wünsche des Träumers, die er sich im wachen Zustand oftmals nicht eingestand. Gewiß gab es da eine Art Gerüst aus wirren und möglicherweise sinnlosen Bildern (die er den *manifesten Inhalt* des Traums nannte), aber dieses Gerüst stützte «Traumgedanken» – den *latenten Inhalt* –, die völlig logisch waren und bei einer Psychoanalyse interpretiert werden konnten. Freud zufolge vereinigten Träume zwei Funktionen: Sie erlaubten, daß verbotene Wünsche in verschleierter Form ausgedrückt wurden, und indem sie die wahre Natur dieser Wünsche eingestanden, ließen sie den Schläfer oder Träumer ungestört weiterschlafen. Der Traum, sagte Freud, ist der Wächter des Schlafs.

Dieses traumähnliche Porträt zeigt Sigmund Freud (1856-1939), den großen Wegbereiter der modernen Traumanalyse. Freuds These, Träume seien verschlüsselte Botschaften aus dem Unbewußten, ist die Grundlage der modernen Traumdeutung; viele seiner anderen Ansichten dagegen gelten inzwischen als überholt.

Die Frage, die man sich Freud zufolge über einen Traum stellen muß, lautet: «Warum habe ich ihn geträumt?» Wenn das so einfach wäre, dann brauchte man natürlich kein Geheimnis mehr zu entschleiern. Aber in Wahrheit sei es doch wohl so, meinte Freud, daß wir alle einen Zensor hätten, der in unserem Allerinnersten sitze und es uns oft verbiete, über einige unserer tiefsten Gefühle und Neigungen nachzudenken oder sie uns einzugestehen. Dieser Zensor, sagte er, verbiete es solch intimen Gedanken, in unser Bewußtsein vorzudringen, es sei denn, sie wären so verschleiert, daß ihre wahre Bedeutung nicht zu erkennen sei. Oft würden «unwahre» Gedanken durchgelassen, während «wahre» unbewußt blieben.

Aber es sei gewiß der Mühe wert, die Wahrheit unter dem Schleier zu suchen, denn während wir schlafen, meinte Freud, sei unser Bewußtsein so entspannt, daß es Träume erlaube, die mehr über unser wahres Wesen verrieten als jeder bewußte Gedanke. Die Schwierigkeiten beim Deuten unserer eigenen Träume liegt natürlich darin, daß wir unser eigener Zensor sind, und je eifriger wir versuchen, die wahre Bedeutung unserer Träume zu finden, um so stärker versucht die Zensur, dies zu verhindern; sie läßt uns wichtige Teile unserer Träume vergessen, oder sie läßt sie immer sinnloser und immer lächerlicher erscheinen.

Freud behauptete, bei einer Analyse könne herausgebracht werden, daß jeder Teil eines Traums in irgendeinem Sinn wahr sei. Wenn er mit einem Patienten auf seiner Couch sprach, suchte er sich zuerst eine besonders auffällige Episode aus einem Traum aus und begann dann, den Träumer danach auszufragen, indem er ihn oder sie aufforderte, darüber zu reden, wie es gerade kam, das heißt, ohne verzweifelt zu versuchen, ihr irgendeinen Sinn zu geben. Er glaubte, die wahre Bedeutung des Traums würde sich herausstellen, während der Patient jedem Teil davon allmählich immer mehr mögliche Bedeutung zuschrieb.

In Freuds eigenen Aufzeichnungen und in denen neuerer Analytiker gibt es zahllose Beispiele, wie diese Theorie wirkt. Hier nun ein einfaches Beispiel: Ein junger Mann träumt, hungrig zu sein und mit großem Genuß ein Omelett mit Champignons zu essen. Doch kaum ist er fertig, wird ihm schlecht; seine Mutter kommt, schilt mit ihm, weil er etwas gegessen hat, von dem er weiß, daß es ihm nicht bekommt, und zwingt ihn, eine Dosis Magensalz einzunehmen, um «die Krankheit loszuwerden». In der Analyse stellt sich heraus, daß dem Mann ein Mädchen gefällt, das gern Omelett mit Champignons ißt. Seine Wahl dieses Ge-

Die erstarrte Zeit heißt dieses Bild von Rene Magritte. Für einen Freudianer wäre die Lokomotive gewiß ein phallisches Symbol; die Darstellung enthält jedoch viele Traumsymbole, und nicht alle brauchen sexuell zu sein.

richts, sein Hunger darauf, verraten sein sexuelles Verlangen nach dem Mädchen; aber der Umstand, daß er sich nach dem Essen schlecht fühlt, zeigt auch, daß er sein Verlangen unterdrückt und daß diese Unterdrückung mit seinem Verhältnis zu seiner Mutter zu tun hat, die ihn (mit dem Salz) rein erhalten, das heißt, ihn von der sexuellen Erfahrung, die «schlecht für ihn» ist, reinigen will.

Es gibt Leute, die nach der Lektüre solcher Analysen immer noch glauben, ihre Träume seien einfache Variationen über Themen aus ihrem Alltagsleben. Sie behaupten, sie träumten von Schüssen, weil sie vor dem Schlafengehen zufällig einen alten Cowboyfilm gesehen haben. Aber sie müßten sich eigentlich fragen, warum sich ihr Unbewußtes ausgerechnet das Thema des Schießens ausgesucht hat anstatt eine romantische oder komische Szene aus demselben Film; oder gar, warum sich ihr Traum überhaupt um den Film drehte anstatt um die zahllosen anderen Ereignisse ihres Alltags. So mit Träumen umzuspringen ist, gelinde gesagt, unwissenschaftlich!

Wie seine anderen Schriften löste auch Freuds Werk über Träume Kritik aus. Aber sein Wert war unbestritten und wird dadurch noch erhöht, daß seit seiner Veröffentlichung fast jedes andere Werk über Träume Gebrauch davon machte und in gewissem Grad davon inspiriert wurde. Man kann indessen ruhig sagen, daß heute fast jeder, der auf diesem Gebiet arbeitet, einen Aspekt daraus ablehnt, nämlich Freuds Überzeugung, daß bestimmte «Symbole» immer dasselbe bedeuten. So behauptete er zum Beispiel, daß eine Schlange im Traum stets ein phallisches Symbol sei und den Penis darstelle. Seine Konzentration auf sexuellen Symbolismus in Träumen ist durchaus anfechtbar: «Alle komplizierten Maschinen und Apparate in Träumen bedeuten die Genitalien» oder «es besteht kein Zweifel, daß alle Waffen und Werkzeuge als Symbole für das männliche Glied verwendet werden» kommen uns heute viel zu schablonenhaft vor. Das heißt natürlich nicht, daß ein Gewehr oder fast jeder andere Gegenstand im Traum nicht doch den Penis darstellen kann. Freud gibt ein amüsantes Beispiel von einer Frau, die träumte, ein Badezimmer zu betreten. Dort fand sie einen nackten Mann, der sein Hemd am Hals festhielt und ausrief: «Entschuldigung, aber ich habe meine Krawatte nicht um!» Zweifellos stellt die Krawatte in diesem Traum den Penis dar. Aber es ist ein weiter Weg von hier bis zu der Behauptung, alle Krawatten in Träumen seien phallische Symbole. Kritiker halten auch Freuds Versuche, die wahre Bedeutung der Träume seiner Patienten zu entdecken, für bedenklich: Es sei ganz in Ordnung, den Patienten auf die Spur unzusammenhängender Assoziationen mit den Ereignissen und Symbolen seiner Träume zu setzen - aber woher wußte er, wann er aufhören mußte?

Jung und die Archetypen

Der zweite große Psychologe, dessen Werk über Träume nichts von seiner großen Bedeutung verloren hat, ist Carl Gustav Jung. Mit 79 Jahren schrieb er, er habe viele Jahre «alljährlich etwa zweitausend Träume sorgfältig analysiert» und dabei ein gewisses Maß an Erfahrung erworben.

Obwohl Jung ein Bewunderer und zeitweiliger Anhänger Freuds war, vertrat er doch in mancher Hinsicht eine andere Meinung:

Ich habe Freud nie recht geben können, daß der Traum eine Fassade sei, hinter der sich sein Sinn verstecke; ein Sinn, der schon gewußt ist, aber sozusagen boshafterweise dem Bewußtsein vorenthalten werde. Für mich sind Träume Natur, der keine Täuschungsabsicht innewohnt, sondern die etwas aussagt, so gut sie eben kann – wie eine Pflanze, die wächst, oder ein Tier, das seine Nahrung sucht, so gut sie es eben können.

Jung, der Träume nicht für so prosaisch hielt wie Freud, wurde wahrscheinlich durch einen Traum, den er 1909 selber träumte, an seine Theorie herangeführt. Darin fand er sich in einem unbekannten Haus, von dem er aber wußte, daß es ihm gehörte. Er erforschte zwei Stockwerke und fand dann eine Tür mit einer Treppe dahinter, die in einen schönen und offenbar sehr alten Keller führte; eine zweite Treppe führte noch tiefer hinab, diesmal in einen Keller, wo Knochen und Geschirr, darunter auch zwei menschliche Schädel, verstreut lagen. Für Jung bedeutete dies, daß unter beziehungsweise innerhalb der normalen Ebene des menschlichen Bewußtseins (das ist das Haus, in dem wir alle wohnen) eine weitere Schicht liegt, nämlich die unseres «Unbewußten», und daß sich darunter eine noch tiefere Schicht befindet, «die Welt des primitiven Menschen in uns selbst». Diese tiefste Ebene des Bewußtseins ist allen Männern und Frauen aller Rassen, Konfessionen und Kulturen gemein - das «kollektive Unbewußte», das eine so große Rolle in seiner psychologischen Theorie spielen sollte.

Jung war in seiner Traumdeutung sehr viel zurückhaltender als Freud. Er war sich der Schwierigkeiten bewußt und hob sie sogar hervor: «Ich habe keine Traumtheorie», schrieb er vielleicht nicht ganz aufrichtig.

Ich weiß nicht wie Träume zustande kommen. Ich bin auch durchaus nicht sicher, ob meine Art, mit den Träumen umzugehen, überhaupt den Namen Methode verdient. Ich teile alle Vorurteile gegen Traumdeutung als der Quintessenz aller Unsicherheit und Willkür. Aber auf der anderen Seite weiß ich, daß fast in der Regel etwas dabei

Carl Gustav Jung (1875-1961) war ursprünglich Freuds Schüler, trennte sich jedoch später wegen Meinungsverschiedenheiten von ihm. Jung gründete seine Theorien vom kollektiven Unbewußten und von den Archetypen auf Träume.

Die archetypischen Bilder von Mythos und Traum spiegeln gemäß Jung psychische Strukturen wieder, die allen Menschen gemeinsam sind. Die minoische Schlangengöttin (oben links) von 1600 v. Chr. und der schlangenähnliche Drache (oben) stellen beide die Anima, das heißt das weibliche Prinzip, dar. Der Brunnen (die Höhle) ist ebenfalls ein gemeinsames Symbol (links); hier sieht man es auf einem indischen Gemälde aus dem 17. Jahrhundert. Das Mandala (der Kreis unten) ist eng mit der Ganzheit und dem Selbst verbunden. Trotz der Allgemeingültigkeit solcher Symbole betonte Jung, daß die Deutung von Träumen und Symbolen weitgehend auf den persönlichen Umständen des Träumers und dem Zustand seines Geistes beruhe.

Das Paradiesgärtlein (um 1410) stammt aus dem Mittelalter. Das Bild enthält viele Symbole, die häufig in Träumen auftauchen und zu den Archetypen Jungs zählen.

herauskommt, wenn man lange und gründlich genug einen Traum recht eigentlich meditiert, d.h. mit sich herumträgt. Dieses Etwas ist natürlich kein wissenschaftliches Resultat, mit dem man prunken könnte, oder das sich rationalisieren ließe, sondern es ist ein praktisch wichtiger Wink, welcher dem Patienten zeigt, wohin der unbewußte Weg zielt.

«Große Träume», die «größten», «bedeutungsvollsten» von allen, meinte Jung, kämen aus der tiefsten Schicht des *kollektiven Unbewußten.* In einem Versuch zu erklären, was er mit diesem heute vielbenutzten Ausdruck sagen wollte, schrieb er:

Könnte man das Unbewußte personifizieren, so wäre es ein kollektiver Mensch, jenseits der geschlechtlichen Besonderheit, jenseits von Jugend und Alter, von Geburt und Tod, und würde über die annähernd unsterbliche menschliche Erfahrung von ein bis zwei Millionen Jahren verfügen. Dieser Mensch wäre schlechthin erhaben über den Wechsel der Zeiten. Gegenwart würde ihm ebensoviel bedeuten wie irgendein Jahr im hundertsten Jahrtausend vor Christi Geburt, er wäre ein Träumer säkularer Träume, und er wäre ein unvergleichlicher Prognosensteller auf Grund seiner unermeßlichen Erfahrung. Denn er hätte das Leben des Einzelnen, der Familien, der Stämme und Völker unzählige Male erlebt und besäße den Rhythmus des Werdens, Blühens und Vergehens im lebendigsten inneren Gefühle.

Leider, oder vielmehr glücklicherweise, träumt er; wenigstens erscheint es uns so, als ob dieses kollektive Unbewußte kein eigenes Bewußtsein seiner Inhalte in sich schlösse, wovon wir aber andererseits auch nicht ganz sicher sind, so wenig wie bei den Insekten. Auch scheint dieser kollektive Mensch keine Person zu sein, sondern etwas wie ein unendlicher Strom oder vielleicht ein Meer von Bildern oder Formen, die uns gelegentlich im Traum oder in abnormen geistigen Zuständen zum Bewußtsein kommmen.

«Große Träume» träumt man gewöhnlich, wenn man noch sehr jung ist, in der Pubertät, wenn man vor den Krisen der mittleren Jahre steht oder kurz vor dem Tod. Sie sind von allen Träumen am schwersten zu interpretieren, denn sie stecken voller Symbole, die nicht aus dem äußeren, ja, nicht einmal aus dem psychischen Leben des Träumers stammen, sondern aus einem großen Vorrat allgemeiner, universaler Ideen, einer Art gemeinsamer Erfahrung, die der ganzen Menschheit gehört. Diese Träume können von großen Helden, sagenhaften Widersachern – Schlangen, Drachen, Ungeheuern –, von verborgenen Schätzen, Höhlen, Quellen

Bild und Archetyp: Unter der Katschinamaske der Hopi (oben) verbirgt sich die Persönlichkeit des Trägers. Das schattenhafte Selbst (links) auf dem Bild von Peter Birkhauser ist schwarz, weil es aus der nächtlichen Welt des Unbewußten kommt.

und umschlossenen Gärten handeln. Man darf ruhig sagen, daß sich der Träumer in der bekannten Welt der Märchen bewegt, denn sowohl die Märchen als auch so uralte Sagen wie die von den Nibelungen und vom heiligen Gral stammen anscheinend aus demselben unerschöpflichen Reservoir allgemeiner menschlicher Erfahrung. «Kleine Träume» dagegen verwenden Symbole aus der alltäglichen Erfahrung und handeln von alltäglichen Angelegenheiten.

Traum und Wirklichkeit

Jungs Einstellung zu Träumen wirkt irgendwie romantisch: Manchmal scheinen er und die anderen Mitglieder der «Zürcher Schule» – Silberer, Maeder, Adler und Stekel – zu verlangen, daß wir unsere Träume als richtige Botschaften verstehen – aber von wem? Vielleicht sind wir selber Träume:«Man träumt nicht, man wird geträumt», schreibt er; «wir erleiden den Traum, wir sind die Objekte.» Er kommt uns genauso irritiert – beziehungsweise phantasievoll und kreativ – vor wie der chinesische Philosoph Tschuangtse, der um 350 v. Chr. schrieb:

> «Ich träumte, ich sei ein Schmetterling, hin und her flatternd mit allen Absichten und Zielen eines Schmetterlings. Plötzlich erwachte ich, und lag da wieder ich selbst. Nun weiß ich nicht, war ich ein Mensch, der träumte, er sei ein Schmetterling, oder bin ich ein Schmetterling, der jetzt träumt, er sei ein Mensch?»

Das Dilemma ist bekannt: Der französische Philosoph René Descartes fragte sich, ob es irgend etwas gäbe, was wirklicher sei als ein Traum – er war sich nicht ganz sicher, ob er wirklich in seinem Schlafrock am Feuer saß, denn schließlich hatte er ein paarmal geträumt, dies sei der Fall, während er in Wirklichkeit unbekleidet im Bett lag. Pedro Calderón de la Barca empfand dieselbe Verwirrung: «Denn jetzt, da ich schlafe», sagte er, «sehe ich, daß ich träume, wenn ich wach bin!» Auch Bertrand Russell beschäftigte sich mit diesem Problem: «Ich glaube nicht, daß ich jetzt träume, aber ich kann es nicht beweisen.»

Zu Jungs faszinierendsten Theorien gehört die von der *Persona* und dem *Schatten*. Die *Persona* ist das Gesicht, das wir im Alltagsleben zeigen, das «wir», das unsere Freunde kennen. Der *Schatten* ist das «wir», das wir unterdrücken und das hervortritt, wenn wir uns zu belügen versuchen, daß die *Persona* alles sei, was man von uns wissen soll. So könnte zum Beispiel ein selbstbewußter Geschäftsmann träumen, daß er ein König sei, der von einem Anarchisten überfallen wird. Der König ist die *Persona* – der Geschäftsmann herrscht wie ein König über seine Untergebenen und möchte dieses Ansehen auch bei seiner Familie und seinen Freunden genießen. Der Anarchist ist der *Schatten,* der weiß, daß er durchaus nicht königlich ist, sondern vielmehr ein Mensch wie alle anderen, dem es guttun würde, sich selbst besser zu erkennen.

Dasselbe Beispiel erinnert uns zufällig auch daran, daß Jung glaubte, Träume sollten dem Träumer ein sichereres Gleichgewichtsgefühl geben. Oft zeigt ein Traum die entgegengesetzte Ansicht zu der, die wir im Wachen haben, genauso wie manche Leute nur um des Streits willen ganz andere Ansichten als ihre wirklichen verbreiten. Wenn die bewußte Einstellung eines Menschen zum Leben ausgewogen sei, meinte Jung, kommentieren Träume seine Worte und Taten. Diese Kommentare werden selten so erschreckend sein, daß sie Besorgnis erregen. Neigt der Träumer jedoch in seinem bewußten Leben zu Extremen, dann kann es schon einmal geschehen, daß ihn seine Träume «necken», indem sie ihn in Lagen versetzen, in denen er gezwungen ist, seine Meinung zu ändern. (Der demonstrativ heterosexuelle Mann hat eher einen homosexuell orientierten Traum als derjenige, der Homosexualität als Teil des Lebens gelten läßt; der Mann, der fest an eine auf Besitz ausgerichtete Demokratie glaubt, könnte von Träumen geplagt werden, in denen die Armen der Welt ihm seine weltliche Habe wegnehmen.).

Zufällig entdeckte Jung, daß Träume, die dem Träumer äußerst unangenehm waren, oft eine sehr praktische Seite hatten. So geschah es zum Beispiel, daß ein junger Mann, der sich kürzlich mit einem schönen Mädchen aus guter Familie und von untadeligem Ruf verlobt hatte, heftig unter Träumen litt, die ihm ständig einflüsterten, sie sei nicht so tugendhaft, wie er denke. Jung schlug ihm vor, ein bißchen nachzuforschen – und dabei stellte sich heraus, daß seine Träume wahr waren. Die Verlobung wurde gelöst, und die Neurose des Patienten war geheilt.

Jung hielt nicht viel davon, seine Patienten in allen Einzelheiten über ihre Träume berichten zu lassen. Stattdessen forderte er sie auf, die Ereignisse ihrer Träume zu vergrößern, sie «weiterzuführen» und einen Schluß zu erfinden; dies, so glaubte er, könne zur Enthüllung ihrer Bedeutung führen. Er war der Ansicht, daß Träume das Gleichgewicht zwischen der bewußten und unbewußten Einstellung eines Menschen nicht nur verrieten, sondern sie auch in gewissem Grad zurechtrückten. Sogar undeutliche Träume, behauptete er, würden eine Antwort auf die Frage: «Welche bewußte Einstellung will der Träumer ausgleichen?» geben. Jung kam zu dem Schluß, daß jeder Mensch einen eingebauten, fast biologischen Hang zu psychologischer Gesundheit besitze und daß Träume widerspiegelten, auf welche Weise dieser Hang für die Verbesserung der geistigen Gesundheit und die Erzielung der Reife wirke.

Er beschäftigte sich auch mit «prophetischen» Träumen, die er nicht als echt prophetisch ansah, sondern als Beweis dafür, daß wir im Schlaf dazu fähig sind, unsere Gedanken in die Zukunft zu richten, und zwar manchmal sehr frei und gelegentlich genau richtig.

Warnungen und Voraussagen in Träumen spiegeln manchmal die unterschwellige Kenntnis einer Situation wider, die auf tatsächlich gemachte, aber nicht mehr bewußte Beobachtungen zurückgeht. Als zum Beispiel der Herzog von Portland träumte, die Galakutsche, für die er verantwortlich war, passe vielleicht nicht durch einen der Triumphbögen auf dem Weg (siehe Seite 58), mag ihm unbewußt eingefallen sein, daß die Kutsche zu hoch wirkte, und diese Befürchtung äußerte sich in Form eines Warntraums – der sich als richtig erwies.

Einige Träume, die die Zukunft vorauszusagen scheinen, lassen sich jedoch nicht so leicht erklären. Was hätte Jung wohl zu dem Traum gesagt, den der englische Astronom Edmund Halley träumte? Seinem Biographen John Aubrey zufolge verspürte Halley:

> . . . *im Alter von 24 Jahren einen starken Drang, eine Reise nach Sankt Helena zu unternehmen, um den südlichen Sternenhimmel zu beobachten. Bevor er aufbrach, träumte er, er sei auf See und sehe die Insel vom Schiff aus vor sich. Er berichtete der Royal Society, genauso habe jene Insel später ausgesehen, als er sich ihr in Wirklichkeit näherte.*

Noch viel mehr prophetische Träume sind schriftlich niedergelegt und beglaubigt. Wenige Tage vor seiner Ermordung hatte der amerikanische Präsident Abraham Lincoln einen Traum, in dem er deutlich seinen eigenen Sarg im Weißen Haus stehen sah, umringt von weinenden Menschen. Bischof Joseph Lanyi, Erzieher des Erzherzogs Franz Ferdinand, träumte nicht nur von der Ermordung seines Zöglings in Sarajewo im Jahre 1914, sondern las auch eine Messe für ihn am Morgen seines Todestags.

Aber solche klaren Träume sind wahrscheinlich die Ausnahme. Man braucht niemandem extra zu sagen, daß Träume verwirrend sind: Havelock Ellis war davon überzeugt, daß unser Verstand den Schwall wahlloser Bilder erst im Augenblick des Erwachens ordnet. Manche Leute behaupten immer noch, ihre Träume seien so willkürlich, so verworren, so eindeutig «sinnlos», daß sie auf gar keinen Fall irgend etwas Ernsthaftes über ihre Persönlichkeit und Motivierungen mitteilen könnten. Jung hingegen begann eine seiner ersten Schriften über dieses Thema (Die Traumanalyse, 1909) mit einer Warnung an den Leser, sich nicht zu der Ansicht verleiten zu lassen, ein Traum sei «ein Durcheinander aus zufälligen und sinnlosen Assoziationen».

Wir finden unsere Träume verwirrend, weil sie nicht denselben Gesetzen gehorchen wie das wirkliche Leben: Die Persönlichkeit scheint nichts mehr zu bedeuten – wir können gleichzeitig sowohl wir selbst als auch jemand anders, unser Chef kann auch unser Vater sein; wir stellen fest, daß wir Situationen genießen, die wir im wirklichen Leben verabscheuen würden, oder wir geraten in höchste Aufregung über ein Ereignis, das uns, wenn wir wach wären, kalt ließe. Ganz besonders beunruhigend sind die Träume, in denen unsere normalen Neigungen über den Haufen geworfen und ins Gegenteil verkehrt werden.

Freud nannte dieses Phänomen «Verschiebung»: Irgendeine Person, Sache, ein Gefühl oder eine Tätigkeit wird zu einer ganz anderen. Der Chef stellt den Vater dar oder der Vater den Chef; eine Krawatte kann tatsächlich einen Penis bedeuten, ein Sieg in einem Rennen eine berufliche Beförderung. So eine «Verschiebung» kann teilweise sein – der Chef stellt den Vater in einer völlig normalen Umgebung dar; sie kann aber auch total sein, so daß der ganze Inhalt des Traums etwas anderes «bedeutet» – man denke dabei an Jungs Traum, in dem das Haus und die Keller seine eigene Seele darstellten. Jeder, der seine eigenen Träume verstehen will, muß lernen, sich in dieser fremden Welt, in der fast nichts so ist, wie es aussieht, zurechtzufinden. Vor mehr als 2000 Jahren sagte der griechische Philosoph Aristoteles, der beste Deuter seiner Träume sei der Mensch, der «Ähnlichkeiten» verstehen könne – der sich mit Metaphern auskenne.

Die Hilfe, die uns Träume bieten, ist oft leichter zu begreifen, als Freud und Jung meinen. Der englische Schriftsteller Graham Greene machte nicht nur bei der Handlung einiger Romane, sondern auch bei deren Niederschrift ausgiebig Gebrauch von Träumen. In «Fluchtwege» (1981) erinnert er sich:

> Träume haben immer schon eine wichtige Rolle gespielt, wenn ich schreibe ... Der Ursprung meines Romans Schlachtfeld des Lebens war ein Traum, und Der Honorarkonsul begann ebenfalls mit einem Traum. Die Übereinstimmung mit einer Romangestalt kann so weit gehen, daß man nicht die eigenen, sondern die Träume der Romanfigur träumt. Das habe ich erlebt, als ich Ein ausgebrannter Fall schrieb. Die Symbole, die Erinnerungen und Assoziationen dieses Traums gehörten so eindeutig zu meiner Romanfigur Querry, daß ich am nächsten Morgen den Traum unverändert in den Roman aufnehmen konnte; er schloß dort eine Lücke in der Handlung, die zu schließen ich mich tagelang vergeblich bemüht hatte.

«Ich ziehe meine Träume der Wirklichkeit vor, weil ich darin immer die netteren Mädchen treffe», sagte ein anonymer Träumer. Das ist ein lustiger Einfall, aber nicht ganz ungefährlich. Jung wies darauf hin, daß man, vor allem, wenn man verhältnismäßig wenig von Traumdeutung versteht, allzu sehr darauf vertraut, daß das «Unbewußte es am besten weiß». (Er machte auch darauf aufmerksam, daß es in diesem Fall nicht sehr sinnvoll sei, bewußt zu sein!) Das Unbewußte funktioniere nur dann befriedigend, wenn das Bewußtsein seine Aufgabe völlig erfülle, schrieb er; ein Traum könne dann vielleicht ergänzen, was fehlt, oder uns voranhelfen, wenn all unsere Mühe umsonst gewesen sei.

Was ist Schlaf?

Das Bedürfnis nach Schlaf – der Drang, unsere normale Tätigkeit für ein volles Drittel jedes Tages niederzulegen – ist sehr stark. Wenn dies nicht so wäre, hätten sich die Tiere durch die natürliche Selektion inzwischen schon davon befreit, denn selbst bei leichtem Schlaf sind sie in dieser Zeit besonders gefährdet durch Angriffe von Feinden. Aber der Schlaf hält an fast allem, was sich bewegt, eisern fest. Und für alle gibt es ein gemeinsames Schlafmuster.

Der normale Schlaf folgt bei allen Menschen demselben Muster. Es hängt weder vom Klima noch vom Ort ab – die lange Dunkelheit der Arktis bewirkt kein anderes Schlafmuster als die kürzeren Dunkelheitsperioden anderer Erdteile, und bei Menschen, die viele Wochen unter der Erde und völlig abgeschnitten vom Rest der Menschheit verbrachten, änderte sich dieses Schlafmuster nur unwesentlich.

Weder der Körper noch die Seele sind in den Stunden des Schlafes tatsächlich bewußtlos. Gewiß sind Teile unseres Körpers entspannt – wie jeder weiß, der einmal versucht hat, einen schlafenden Menschen zu heben. Dennoch ändern wir im Schlaf von Zeit zu Zeit die Lage. Bestimmte Muskeln bleiben gespannt, und diejenigen der Augen und Lider halten die Augen geschlossen. Im großen und ganzen beschränkt sich die Muskeltätigkeit jedoch auf etwa 30 Sekunden jeder im Schlaf verbrachten Stunde. Während einer normalen Nachtruhe bewegen wir uns zwischen 20 und 40mal kurz: Die Bewegung macht uns halb wach, aber wir gelangen in diesen Perioden der Tätigkeit kaum jemals zu Bewußtsein.

Im Schlaf verändert sich auch unsere Reaktion auf Reize. In unseren wachen Stunden senden die einzelnen Sinnesorgane ständig Botschaften an das Gehirn, das sie prüft und anhand von gemachten Erfahrungen entscheidet, welche geistige oder körperliche Aktion unternommen werden soll. Wenn wir etwas Nasses, Glitschiges, Unangenehmes berühren, wird unser Gehirn informiert und befiehlt uns höchstwahrscheinlich, es loszulassen. Aber wenn man die Hand einer schlafenden Person mit etwas ähnlich Ekelhaftem in Berührung bringt, wird sie sich nicht unbedingt sofort entfernen. Offenbar gibt es irgendeine Unterbrechung oder Änderung der Route, auf der der Tastsinn dem Gehirn das Gefühl von dem,

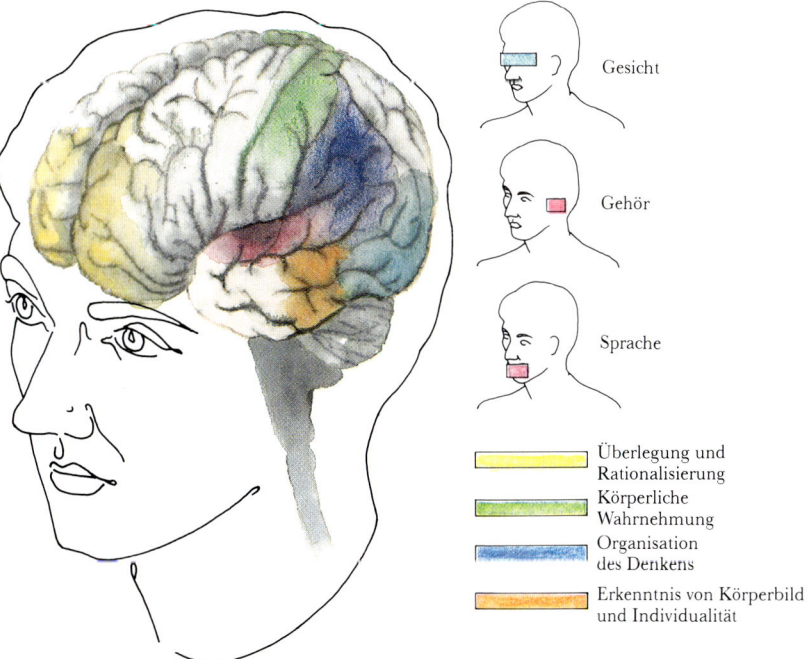

Bestimmte Teile des Gehirns steuern die menschlichen Handlungen, Funktionen und Fähigkeiten; sie übersetzen äußere Reize in ein geordnetes Bild der Welt. Im Traum aber bewirken die gleichen Reize ein ganz anderes Bild. Die hier dargestellte linke Hemisphäre des Gehirns hat mehr mit «rationalen» als mit «intuitiven» Fähigkeiten zu tun.

Gesicht

Gehör

Sprache

Überlegung und Rationalisierung

Körperliche Wahrnehmung

Organisation des Denkens

Erkenntnis von Körperbild und Individualität

was berührt wurde, mitteilt – obwohl dieses Gefühl das Gehirn tatsächlich erreicht und in Form einer Botschaft bis in unsere Träume vordringen kann.

Der Schlafzyklus scheint durch den sogenannten zirkadischen Rhythmus reguliert zu werden, die biologischen Vorgänge, die in Abständen von rund 24 Stunden regelmäßig wiederkehren. Der Ausdruck kommt von dem lateinischen *circa dies,* was *ungefähr einen Tag* bedeutet. Dieser Rhythmus macht sich auf verschiedene Weise bemerkbar, vielleicht am deutlichsten an unserer Körpertemperatur, die im Laufe eines Tages regelmäßig um zwei Grad steigt und fällt. Wenn sie am niedrigsten ist, normalerweise zwischen ein Uhr nachts und fünf Uhr morgens, fühlen sich die meisten von uns am wenigsten fähig zu komplizierten Gedankengängen und Handlungen; wenn der regelmäßige Lauf dieser Körpertemperatur durch eine plötzliche Zeitverschiebung gestört wird, verspüren wir den sogenannten *Jet lag.* Es kann drei bis zehn Tage dauern, bis sich der Körper an den veränderten Rhythmus zwischen Aktivität und Schlaf gewöhnt hat; nicht nur die Körpertemperatur paßt sich wieder an, sondern auch der Herzschlag, der Blutdruck und die Blutzellenzahl, der Stoffwechsel, die Nierenfunktion und eine ganze Reihe weiterer unbewußter physiologischer Funktionen.

Innerhalb des Rhythmus, der unseren Körper zum Schlaf überredet, ist noch ein weiterer Satz von Rhythmen am Werk, der sich im Schlaf selber reguliert. In Schlaflaboratorien überall auf der Welt wurde Material gesammelt, das zuverlässige Ergebnisse darüber liefert, was während eines durchschnittlichen Nachtschlafs mit uns geschieht. Elektroenzephalographen (EEG-Geräte), die die elektrische Tätigkeit des Gehirns – die Gehirnwellen – aufzeichnen, zeigten die verschiedenen Stufen der Gehirntätigkeit im bewußtlosen Zustand. Das Muster, das sich ergab, ist jedem normalen Schlaf eigen und zerfällt in regelmäßige und wiederkehrende Stufen, die von einer dem Wachsein ähnlichen (Stufe eins) bis zu einer fast komatösen (Stufe vier) reichen.

Diese zyklische Kurve des Schlafs, die vom leichteren zum tieferen und wieder zurück führt, wird in jeder Nacht mehrmals durchmessen. Jede Stufe dieses Zyklus kann man an den Schwankungen des Schreibers des EEG-Geräts ablesen, und jeder vollständige Zyklus dauert rund 90 Minuten.

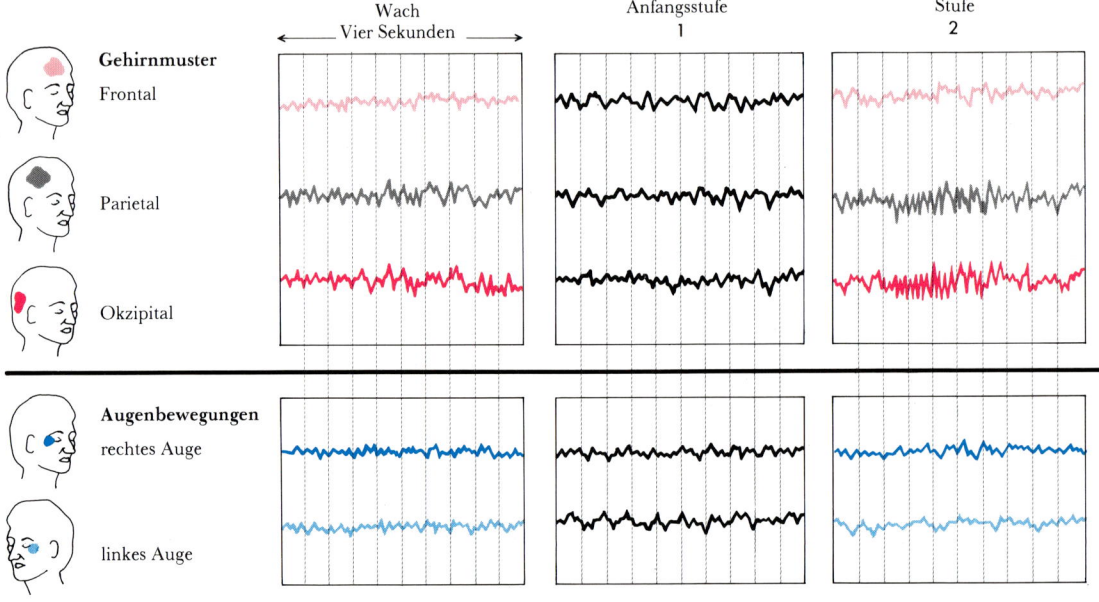

Jede Schlafstufe hat ihr typisches Muster, wie man an den elektrischen Strömen dreier Gehirnteile und an den Augenbewegungen der Testperson erkennt. Der «Alpharhythmus» der 1. Spalte zeigt die Person wach, jedoch mit geschlossenen Augen ruhend. Das Muster verändert sich mit Schlafbeginn (Anfangsstufe 1); die Augenbewegungen bleiben jedoch schwach. Stufe 2 weist «Schlafspindeln», d.h. enge Wellengruppen, auf. Im ersten 90minütigen Zyklus erreicht die Person schnell Stufe 4; nun

Stufe eins   Auf dieser Stufe ist der Schlaf am leichtesten. EEG-Aufzeichnungen sehen denjenigen des wachen Zustands sehr ähnlich. Wir dösen ein, unsere Muskeln entspannen sich, der Herzschlag wird langsamer. Im Laufe eines Nachtschlafs kehren wir mehrmals auf diese Stufe zurück und tauchen immer länger aus den tieferen Schlafstufen auf.

Stufe zwei   Sie beginnt recht bald nach dem Einschlafen. Rasch nähern wir uns dem wirklich tiefen Schlaf von Stufe vier. Schlafwandeln und -sprechen treten oft auf dieser Stufe auf. Dann erkennt man an den Aufzeichnungen des EEG-Geräts, daß sich der Schlaf der nächsten Stufe nähert.

Stufe drei   Hier kennzeichnen stärkere elektrische Impulse des Gehirns den Schlaf: Im wachen Zustand werden nur 60 Volt gemessen, auf Schlafstufe drei jedoch 300. Jetzt muß man sich schon sehr anstrengen, um uns aufzuwecken; wir atmen langsam und regelmäßig, unser Herzschlag hat sich verlangsamt, unsere Temperatur ist gesunken.

Stufe vier   Jetzt ist der Schlaf am tiefsten; das zeigen die tiefen, breiten Wellen des EEG. Im ersten Schlafzyklus der Nacht bleiben wir ziemlich lange auf dieser Stufe. Dann schwenken wir zurück auf Stufe eins, die in diesem und den folgenden Schlafzyklen von raschen Augenbewegungen (REM, vom englischen **Rapid Eye Movement**) und oft lebhaften Träumen begleitet wird.

Im Laufe einer normalen Nacht verbringen wir zuerst viel Zeit auf Schlafstufe vier, die anscheinend sehr wichtig für uns ist – je erschöpfter wir körperlich und geistig sind, um so mehr davon brauchen wir. Normalerweise beansprucht Schlafstufe vier 30 von den 90 Minuten der ersten Periode. Dann, beim Zurückgleiten auf Stufe zwei, beginnt eine sonderbare Phase, in der uns das leiseste Wispern eines bekannten Namens aufweckt, während wir bei einer sogar ziemlich lauten Explosion friedlich weiterschlummern. Und nun kommt der interessanteste Teil un-

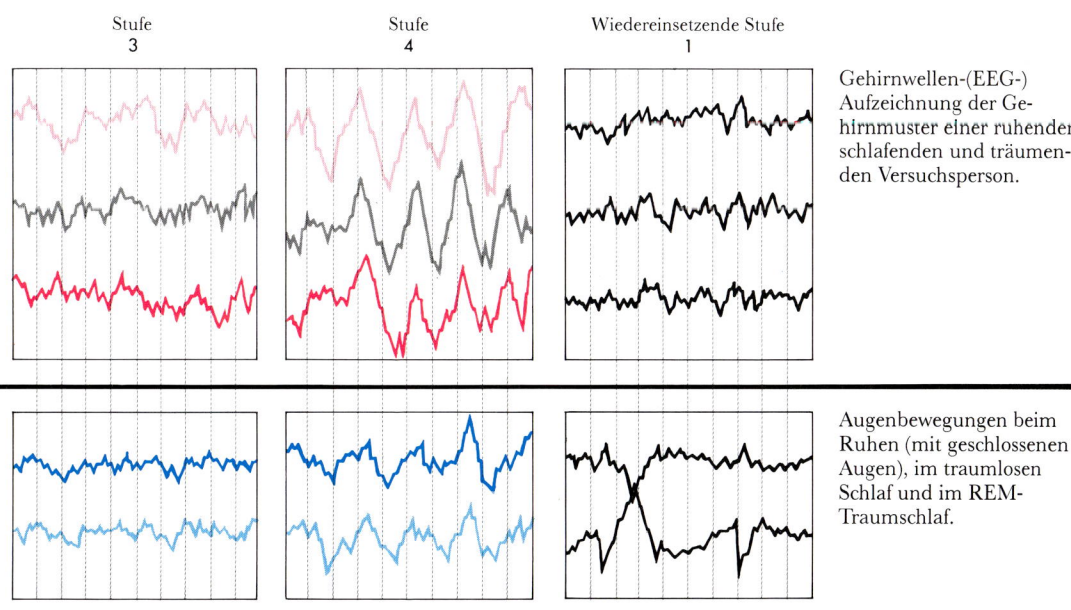

|Stufe 3|Stufe 4|Wiedereinsetzende Stufe 1|

Gehirnwellen-(EEG-) Aufzeichnung der Gehirnmuster einer ruhenden, schlafenden und träumenden Versuchsperson.

Augenbewegungen beim Ruhen (mit geschlossenen Augen), im traumlosen Schlaf und im REM-Traumschlaf.

sind die Gehirnwellen tiefer und breiter und denen des Komas recht ähnlich. Auf dieser Stufe treten gelegentlich Alpträume auf, im allgemeinen aber verbindet man sie mit traumlosem Schlaf (die hier verzeichneten Augenbewegungen sind irreführend).

Dann nähern sich die Gehirnwellenmuster wieder Stufe 1; doch während auf der Anfangsstufe fast keine Augenbewegungen auftreten, zeigen sich auf der wieder einsetzenden Stufe 1 die raschen Augenbewegungen (REM), die eng mit dem Träumen verbunden sind.

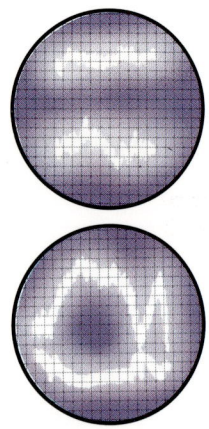

Im Schlaf gibt es verschiedene Augenbewegungen. Im Tiefschlaf zeigt das Oszilloskop schwache Bewegung (oberer Kreis); auf der mit lebhaften Träumen verbundenen REM-Stufe (unterer Kreis) erkennt man rasche Augenbewegungen (REM).

Die unterschiedlichen Muster des tiefen und des REM-Schlafs: Auf der REM-Stufe treten gleichzeitig mit den Augenbewegungen Veränderungen in Atmung, Blutdruck und Pulsschlag ein. Dies bedeutet, daß die Person erregt ist.

seres Schlafmusters: Wir begeben uns zurück auf Schlafstufe eins – aber mit einem Unterschied. Während diese Periode des Schlafbeginns beim ersten Mal von undeutlichen, zusammenhanglosen Bildern begleitet wird, ist nun, am Ende des ersten neunzigminütigen Zyklus, der Punkt gekommen, an dem wir richtig zu träumen anfangen.

Bei dieser Wiederaufnahme von Schlafstufe eins beobachten wir rasche Augenbewegungen (REM); beide Augen bewegen sich schnell und munter in völliger Übereinstimmung, genauso, als ob der Schläfer unter seinen flatternden Augenlidern irgend etwas beobachte. Versuchspersonen, die aus dieser und den folgenden Phasen des REM-Schlafs geweckt wurden, berichteten fast alle von lebhaften, detaillierten Träumen. Auch auf anderen nicht-REM-Schlafstufen wurden Augenbewegungen beobachtet, und Schläfer, die man in diesem Moment aufweckte, berichteten von Träumen, die jedoch schwach und bruchstückhaft waren, aber der Zusammenhang zwischen REM-Schlaf und optisch detaillierten, meist lebhaften Träumen ist heute wissenschaftlich belegt und anerkannt.

Die erste Periode des REM-Schlafs dauert vermutlich nur kurze Zeit, und es wird Ihnen wahrscheinlich nicht gelingen, sich Ihre Träume daraus ins Gedächtnis zurückzurufen, es sei denn, Sie blieben unmittelbar danach mindestens zehn Minuten wach. (Der Gedächtnisverlust wird vemutlich durch das Hinabgleiten auf tiefere Schlafebenen verursacht). Aber während dieser Zeit passiert eine Menge: Die Gehirntemperatur steigt, Herzschlag und Blutdruck schwanken, und wir atmen regelmäßiger, wobei das Gehirn mehr Sauerstoff verbraucht. Der Körper bleibt erstaunlich ruhig, wir wälzen uns nicht im Bett herum, aber die vom EEG-Gerät aufgezeichneten Signale sind denen scharfer, wacher Konzentration oft ähnlich. Nach etwa zehn Minuten sinkt der Schläfer wieder in tieferen Schlaf zurück, erreicht jedoch diesmal nicht Stufe vier oder verbringt viel weniger Zeit in diesem Zustand. Beim erneuten Anstieg auf Stufe eins macht der Schläfer einen längeren, etwa 20 Minuten dauernden REM-Schlafzyklus mit Träumen durch. Dann folgt der nächste Abstieg auf NREM (Nicht-REM)-Stufen, und so geht der Neunzigminutenzyklus weiter bis zum Morgen, wobei die letzte Periode des REM-Schlafs wahrscheinlich die lebhaftesten und stärksten, bestimmt aber die

Tiefschlaf   **REM-Schlaf**

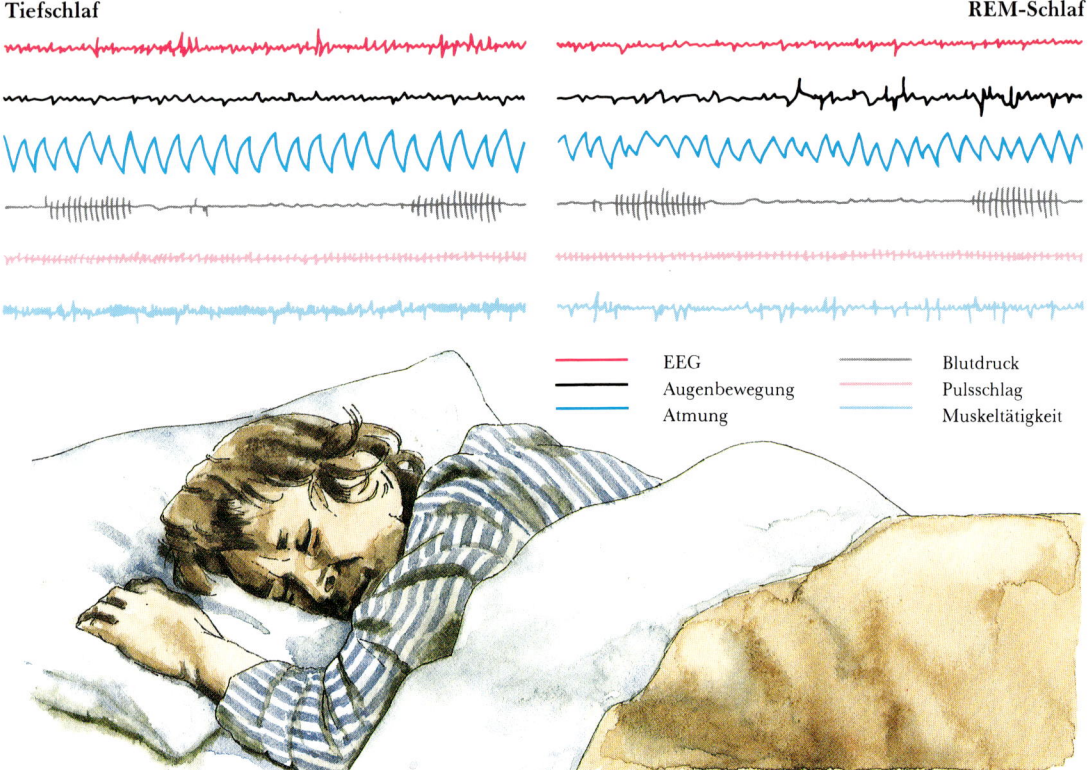

EEG		Blutdruck
Augenbewegung		Pulsschlag
Atmung		Muskeltätigkeit

am besten im Gedächtnis behaltenen Träume hervorbringt. Die Perioden des NREM-Schlafs werden jedoch mit jedem Zyklus kürzer und die REM-Perioden länger. Es wurde geschätzt, daß wir annähernd 12 Prozent einer achtstündigen Schlafperiode auf Schlafstufe vier verbringen und 25 Prozent auf Schlafstufe eins.

Es sieht vielleicht so aus, als ließen sich die Mechanismen des Schlafs ganz einfach beobachten. Aber innerhalb der Einteilung unserer Schlafzeit in vier oder fünf neunzigminütige Perioden gibt es viele Variationen: Innerhalb jeder sind Abstufungen möglich, Unterschiede zwischen einzelnen Personen und Schwankungen im Schlafmuster eines Menschen von Nacht zu Nacht und von Stufe zu Stufe. Das EEG ist ein hilfreiches Gerät, aber der Wissenschaftler kann damit nicht zwei «Gehirnwellen» vergleichen oder Unterschiede dazwischen ausmachen, obwohl so etwas vorkommt. Computeranalysen, die sich auf die Untersuchung der Schlafmuster gesunder Menschen und solcher, die unter dem Einfluß von Drogen stehen oder unter Geisteskrankheiten leiden, stützen, werfen ein erstes Licht auf bestimmte Tatsachen.

Die gründliche Beobachtung vieler Tausend Menschen in Schlaflaboratorien überall auf der Welt hat eine Menge über Schlafmuster und ihre Konsequenzen offenbart, zum Beispiel über das, was wir guten oder schlechten Schlaf nennen. An der Universität von Chicago untersuchte Lawrence J. Monroe «gute» und «schlechte» Schläfer und entdeckte, daß schlechte Schläfer meistens übertreiben, wenn es um ihre schlaflos verbrachten Stunden und um die Zeit, die sie zum Einschlafen brauchen, geht. Aber es gab auch auffällige Unterschiede zwischen den beiden Schläfergruppen. Die schlechten Schläfer waren häufig körperlich unruhiger als die guten und blieben länger auf Schlafstufe zwei, so daß man sie viel leichter aufwecken konnte. Auch war bei ihnen der REM-Schlaf auffallend kürzer, und sie schienen sich an wenig erinnern zu können. Hier spielen wahrscheinlich psychologische Faktoren eine größere Rolle als physiologische.

An Schlaflosigkeit Leidende, die ihren Ärzten erzählen, sie schliefen nie, irren sich meistens. Vor einigen Jahren fand man im Downtown Medical Center in Brooklyn, New York, daß Leute, die angeblich unter Schlaflosigkeit litten, im Laboratorium wie die Murmeltiere schliefen – aber trotzdem am Morgen behaupteten, sie hätten kein Auge zugetan. Man sollte sie aber deswegen nicht schelten, denn eine Untersuchung ihrer EEG-Aufzeichnungen beweist, daß sie selbst in ihrem tiefsten Schlaf stets kurz vor dem Aufwachen zu stehen scheinen und daß sie

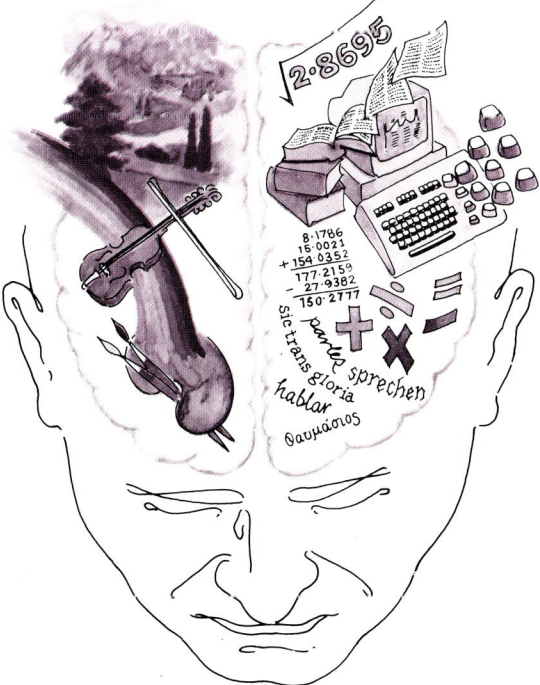

Die rechte und die linke Hemisphäre des Gehirns steuern verschiedene geistige Funktionen. Aus EEG-Aufzeichnungen geht hervor, daß die linke Hemisphäre rationale Fähigkeiten wie Sprache, Umgang mit Zahlen und analytisches Denken kontrolliert; sie steuert die rechte Hälfte des Körpers und ist die dominierende Hemisphäre. Die rechte scheint mehr mit äußeren Eigenschaften, mit visueller und räumlicher Gliederung zu tun zu haben; sie ist daher die «künstlerische» Seite. Die höhere Bewertung der von der linken Hemisphäre gesteuerten Funktionen mag schuld an der Dominanz dieses Teils des Gehirns sein, dies manchmal zum Nachteil der Tätigkeiten der rechten Hemisphäre.

bestimmt nicht so erfrischt erwachen wie ein Mensch mit einem normaleren Schlafmuster.

Die Beschaffenheit des Schlafs ist ein interessantes Forschungsobjekt, das jedoch bisher zu wenig wirklich schlüssigen Ergebnissen geführt hat. Die ersten Experimente mit Geisteskranken fanden Anfang der sechziger Jahre an der Universität Yale statt und wurden dort und anderswo fortgesetzt. Im St. Elizabeth Mental Hospital in Washington wurden schizophrene Patienten untersucht, aber die Ergebnisse solcher Arbeit sind oft zweifelhaft. So haben beispielsweise einige Schizophrene einen völlig normalen REM-Schlafzyklus, während sie andere Gehirnwellenrhythmen aufweisen, die stark von der Norm abweichen. Dies scheint ein Feld zu sein, auf dem noch viele Jahre gearbeitet werden muß.

Eine fast schon lächerliche, aber manchmal gefährliche und sogar tragische Verhaltensweise – die aber zum Glück verhältnismäßig selten vorkommt – ist das Schlafwandeln. Es gibt verschiedene Formen, in den meisten Fällen wird jedoch irgendein Traumereignis szenisch dargestellt. Eine englische Lady erwachte aus dem Schlaf und sah, daß ihr Butler auf ihrem Bett den Tisch für 14 Personen gedeckt hatte; eine amerikanische Hausfrau zog ihren Bademantel an, packte ihre Hunde ins Auto und fuhr über 30 Kilometer, bevor sie am Steuer erwachte.

Forschungen haben gezeigt, daß nicht im REM-Schlaf, wo sich der Körper gewöhnlich kaum bewegt, schlafgewandelt wird, sondern in der NREM-Periode von Schlafstufe zwei; Forscher haben überdies festgestellt, daß das Schlafwandlergehirn deutlich anders auf sensorische Informationen, die im Tiefschlaf dorthin übertragen wurden, reagiert, aber ein Heilverfahren gibt es bisher nicht.

Das Wachstum der pharmazeutischen Industrie und die zunehmende Bereitschaft mancher Ärzte, ihren Patienten wahllos Barbiturate und Schlafmittel zu verschreiben, haben zu Störungen des normalen Schlafmusters und vielleicht auch zu bleibenden Schäden geführt; über die Auswirkungen, die einige Barbiturate auf das Gehirn haben können, ist wenig bekannt. Amphetamine, diese Muntermacher, die verschrieben werden, um den Organismus anzuregen und die augenblickliche Müdigkeit zu vertreiben, haben ebenso radikale Auswirkungen auf das Schlafmuster und sind vielleicht sogar noch gefährlicher, wenn sie in allzu großen Mengen eingenommen werden.

Die Beliebtheit der Barbiturate ist leicht verständlich, und es ist schwer, einen Verbraucher davon zu überzeugen, daß eine Pille, die etwas so Beruhigendes und Wohltuendes wie «traumlosen Schlaf» bewirkt, schädlich sein kann. Doch abgesehen von den offensichtlichen Problemen der Abhängigkeit und versehentlichen Überdosen führen Schlafmittel bestimmt nicht zu dem, was man «normalen» Schlaf nennen könnte: Schläfer, die unter dem Einfluß von Barbituraten (oder Alkohol) stehen, bekommen, zumindest so lange, bis sie sich an die Droge gewöhnt haben, sehr viel weniger REM-Schlaf, und dieser Mangel – und folglich auch ein Mangel an Träumen – hat nachweislich eine physiologische, vielleicht auch eine biochemische Auswirkung. Wissenschaftliche Experimente haben bestätigt, daß das anomale Verhalten von Drogen- und Alkoholsüchtigen mit einem Mangel an normalem REM-Schlaf zusammenhängt. (Dies wird vielleicht durch chemische Stoffe des Körpers ausgelöst, die sich nicht mit Drogen und Alkohol vertragen). Man hat versucht, einen Stoff zu produzieren, der den REM-Schlaf hervorrufen und verlängern kann, jedoch bisher ohne überzeugende Ergebnisse.

Es wurde festgestellt, daß senile und geistig behinderte Menschen weniger als normalen REM-Schlaf finden. Noch viel weniger (bis zu 80 Prozent) finden Frühgeburten, die vermutlich eine Menge «aufzuholen» haben, in der Zeit bis zu dem errechneten Geburtstermin. Das weist darauf hin, daß der REM-Schlaf möglicherweise eine Rolle bei den höher entwickelten Funktionen des Gehirns, wie Denken, Erinnern und Lernen, spielt. Versuchspersonen, die Brillen mit verzerrenden Gläsern tragen und daher buchstäblich eine neue Art und Weise, die Welt zu sehen, lernen mußten, erlebten ebenfalls ungewöhnlich viel REM-Schlaf – ein weiterer Beweis für eine Verbindung zwischen dieser Art Schlaf und den Funktionen des Lernens und Erinnerns.

Der NREM-Schlaf andererseits, der gemeinhin als Zustand gilt, in dem Träu-

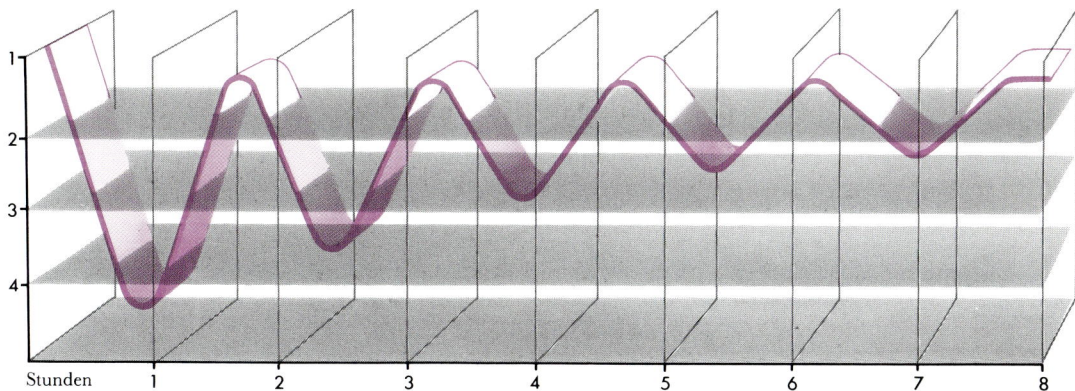

Stunden 1 2 3 4 5 6 7 8

**Das Muster einer acht-
stündigen Schlafperiode**
zeigt eine Reihe vom Wel-
len. Nach dem ersten neunzigminütigen Zyklus, in
dem der Schläfer rasch Stufe
4 erreicht, bleibt er mit jedem Zyklus länger auf
Schlafstufe 1, auf der REM-
Schlaf und Träume auftre-
ten. Die meisten Versuchspersonen in Traumlaboratorien, die zu diesem Zeit-
punkt aufgeweckt wurden,
berichteten von lebhaften,
ausführlichen Träumen.
Auch auf Nicht-REM-
Stufen kommen Träume
vor, aber sie unterscheiden
sich in Quantität und Qualität von den REM-Träu-
men.

me keine so große Rolle spielen, könnte durchaus daran beteiligt sein, den ganzen
Körper und nicht nur das Gehirn instandzuhalten. Experimente haben gezeigt,
daß Sportler nach starken Anstrengungen viel mehr Schlaf der Stufen drei und
vier genossen. Es wurde ebenfalls beobachtet, daß diese tieferen Schlafstufen et-
was mit der Körperproduktion des Wachstumshormons, das nicht nur für das
Wachstum, sondern auch für die Instandhaltung und Reparatur des gesamten
Organismus durch Proteinsysthese wesentlich ist, zu tun haben. Es steht fest, daß
Menschen, die sich im Wachstum befinden – Kinder und Jugendliche – mehr
Zeit im NREM-Schlaf verbringen als Erwachsene, wie auch erwiesen ist, daß der
Entzug von NREM-Schlaf viel schlimmere Folgen hat als der von REM-Schlaf.
Dies alles weist darauf hin, daß REM- und NREM-Schlaf sowohl körperlich als
auch geistig verschiedene Funktionen haben.

Es bleibt jedoch noch viel zu tun, bevor wir wissen werden, was Schlaf wirklich
ist, was er für unseren Körper bedeutet und welche genauen Folgen Schlafentzug
hat. Viel wertvolle Arbeit wird bei der Untersuchung der chemischen Veränderungen im Körper während des Schlafs geleistet, obwohl es Zusammenhänge
gibt, die immer noch unklar sind: Warum zum Beispiel fühlen sich Leberkranke
besonders müde? Warum folgt auf sexuelle Befriedigung fast immer erquickender
Schlaf? (Die körperliche Bewegung hat damit offenbar nichts zu tun!) Was verursacht die überwältigende Müdigkeit, die im Anfangsstadium der Schwangerschaft auftritt? Welche Auswirkungen haben die Geschlechtshormone (und damit die Antibabypille) auf Schlafmuster? Gibt es (und das scheint gar nicht einmal
unmöglich zu sein) eine Verbindung zwischen Fruchtbarkeit und unseren Schlaf-
gewohnheiten? Die Arbeit an diesen und anderen Fragen geht weiter; einige sind
gelöst, für andere scheint es Antworten zu geben, wieder andere haben die Wissenschaftler noch nicht beantwortet.

Eins ist klar: Wenn wir ein gesundes Leben führen wollen, müssen wir schlafen,
am besten einen festen Zeitabschnitt innerhalb von 24 Stunden. Für den Durch-
schnittsmann und die Durchschnittsfrau sind Fragen über den Schlaf hypothe-
tisch. Dennoch könnte sich herausstellen, daß sie lebenswichtig für unsere Gesundheit, unser Wohlbefinden sind. Aldous Huxley hat sicher recht, wenn er sagt:
«Daß wir nicht viel kränker und verrückter sind, verdanken wir ausschließlich dieser seligsten und segensreichsten aller Gaben der Natur: dem Schlaf.»

Was ist der Traum?

In den letzten dreißig Jahren haben die Wissenschaftler gewaltige Fortschritte in der Erforschung der Mechanismen von Schlaf und Träumen gemacht. Die neunzigminütigen, immer wiederkehrenden Schlafzyklen, die aus den EEG-Aufzeichnungen ersichtlichen Schlafstufen, die Entdeckung des REM-Schlafs und sein Zusammenhang mit lebhaften Träumen, das Verhältnis zwischen REM- und NREM-Schlaf, die universale Natur der Träume – dies alles sind wissenschaftliche Entdeckungen ersten Ranges.

Subjektiv betrachtet ist das Wesen des Schlafs jedoch geheimnisvoll, und Träume sind ein sogar noch größeres Geheimnis. Es gibt sie, wir alle kennen sie, aber kein Mensch kann den Traum eines anderen sehen. Es ist, als seien all unsere Leitungen zur Wirklichkeit abgeschnitten, als beträten wir eine Welt, in der es weder Zeit noch Raum gibt: Wir können wieder jung sein, wir können in der Vergangenheit oder Zukunft leben oder irgendwo anders, wo keine von beiden regiert, wir können durch eine Tür in London schreiten und in Indien oder Australien wieder herauskommen oder auch an einem völlig unbekannten Ort.

Viele Träume führen uns in das Land der Märchen, wo sich ein Stein in einen Kuchen verwandelt, eine Mutter in eine böse Hexe und unser schlimmster Feind in unseren Retter. Ja, die Verbindungen zwischen Märchen und Träumen wurden von vielen Forschern aufgespürt; beide gestatten Einblick in die Funktionsweise des Unbewußten mit seiner Sprache aus Symbolen und Verwandlungen, beide kennen keine Logik, und beide haben eine geheimnisvolle «subjektive Wirklichkeit».

Im Vergleich mit dem Wachleben mögen unsere Träume willkürlich, seltsam und unerklärlich wirken, aber sogar im Schlaf gelingt es uns manchmal, dies zu erkennen. «Es ist ja nur ein Traum», sagen wir uns, wenn uns das Ungeheuer schon über den Rand des Abgrunds stößt. Einige Träumer können sogar die Ereignisse sogenannter «klarer» Träume beeinflussen. Neue wissenschaftliche Methoden ermöglichten es, daß klare Träumer, die merkten, das sie träumten, Zeichen geben können, so daß der Augenblick auf den EEG-Aufzeichnungen festgehalten wird.

Auf dem Gebiet klarer Träume wurde jüngst sehr viel interessante Arbeit geleistet. Einige Forscher behaupten, ein klarer Traum könne dem Träumer zu einem besseren Verständnis der wirklichen Lage verhelfen, weil er – oder sie – Personen aus dem Traum fragen kann, warum sie auftreten und was sie wollen. Auch ist es möglich, einen «schlechten» Traum noch einmal ablaufen zu lassen und ihm ein glückliches Ende zu geben oder gar einen schönen Traum herbeizuführen, der für gute Laune beim Erwachen sorgt.

Aber die Erforschung klarer Träume steht noch ganz am Anfang, und diese Art des Träumens weist große Unterschiede zum normalen Typus auf. Wir haben uns vorgenommen, in diesem Buch zu zeigen, wie die Träume, die wir alle jede Nacht haben, anders und zweckmäßiger betrachtet werden können, und dafür brauchen wir die gewöhnlichen Träume und keine besonderen oder künstlich herbeigeführten, so interessant sie auch sein mögen.

Bleibt jedoch die Frage: Was sind Träume, und warum träumen wir? Die Fachleute streiten sich weiterhin, wie wir in einem früheren Kapitel gezeigt haben. Aber es herrscht auch eine gewisse Einigkeit, und in den letzten 30 Jahren wurden unzweifelhaft Fortschritte auf dem Gebiet dessen, was beim Träumen *physisch* mit uns geschieht, gemacht.

Die Fachleute streiten sich immer noch, wieviel Zeit wir mit Träumen verbringen, aber es ist gewiß eine ganze Menge. Oft vergessen wir alle unsere Träume, manchmal erinnern wir uns an ein paar. Manche Leute mögen behaupten, sie träumten nie; aber was in Wirklichkeit geschieht und wofür es mehr als genug wissenschaftliche Beweise gibt, ist, daß Leute, die «niemals» träumen, ihre Träu-

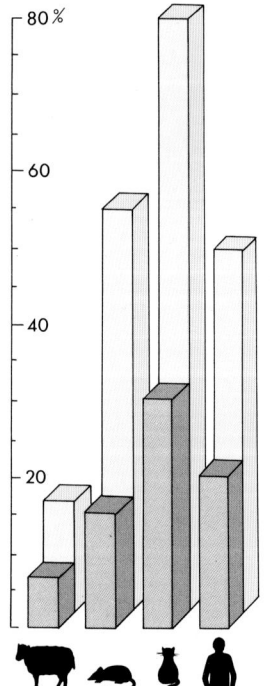

Anscheinend brauchen alle Säugetiere die Art von REM-Schlaf, bei der die Menschen träumen. Junge Tiere (lila) verbringen stets mehr Zeit in diesem Zustand als erwachsene.

«Klare» Träume, in denen der Träumer weiß, daß alles «ja nur ein Traum» ist, wurden in Schlaflaboratorien künstlich herbeigeführt. Oft kam es den Träumern so vor, als verlasse der Geist den Körper. Solche Träume gibt es anscheinend nur im REM-Schlaf. Die Aufzeichnungen der Augenbewegungen eines Träumers, der einen klaren Traum träumt (unten), weist ein Zeichen auf, das mit dem Forscher im voraus abgemacht wurde. Die für den REM-Schlaf typische Muskelhemmung verhindert normale Bewegungen, aber Augenzeichen kommen durch.

Augenbewegungen im REM-Schlaf   Augenzeichen

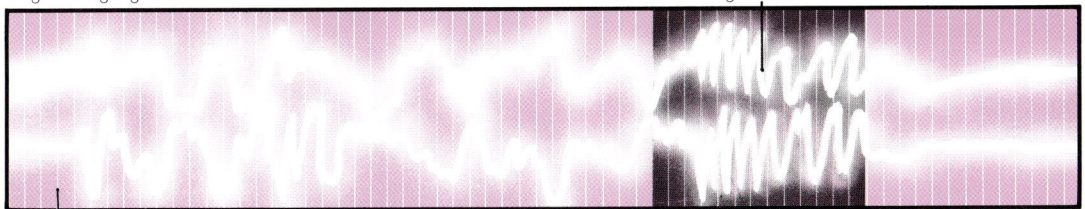

Sekunden

me beim Aufwachen vergessen. Es ist ganz natürlich, daß wir einige unserer Träume vergessen; schließlich vergessen wir ja auch viele Ereignisse aus unserem Leben, und sei es auch nur, weil wir nicht genug Zeit haben, um sie uns ins Gedächtnis zurückzurufen. In unseren Träumen wie auch im Wachleben sind wir wählerisch; wir neigen dazu, uns an wichtige oder lebhafte Träume zu erinnern und diejenigen zu vergessen, die trivial, scheinbar bedeutungslos oder schmerzlich sind. Es ist interessant, dass Versuchspersonen aus dem Laboratorium oft weniger ereignisreiche Träume melden als Leute, die «natürlich» träumen; das scheint darauf hinzuweisen, dass Lebhaftigkeit ein Faktor beim Erinnern ist, ob wir nun schlafen oder wachen.

Man kann heute sehr genau sagen, wann bestimmte Traumtypen beginnen. Vor 30 Jahren bemerkte Dr. Nathaniel Kleitman aus Chicago, daß schlafende Menschen von Zeit zu Zeit ihre Augäpfel bewegten und die geschlossenen Augenlider zu flattern begannen. Wenn man sie aus dieser durch rasche Augenbewegungen (REM) gekennzeichneten Schlafperiode weckte, stellte sich jedesmal heraus, daß sie geträumt hatten. Es ist allgemein anerkannt, daß die gemeinsame und übereinstimmende Bewegung der Augen anzeigt, daß wir uns im Traum «umschauen»; oft bestätigten Schläfer, die aus REM-Träumen geweckt wurden, dass sie, wenn ihre Augenbewegungen besonders erregt und heftig waren, beim Pferderennen oder etwas Ähnlichem zugesehen hätten.

Andererseits aber treten rasche Augenbewegungen auch bei Menschen auf, die von Geburt an blind sind und die daher nur von Berührungen und Gerüchen träumen, so daß dies offenbar noch nicht alles ist. Wie wir gesehen haben (Seite 32), fallen weitere physische Erscheinungen mit den raschen Augenbewegungen zusammen: Die elektrischen Gehirnströme fließen unaufhörlich weiter, und mit Beginn des REM-Schlafs beginnt eine Welle neurologischer Aktivitäten. So kann der Blutdruck stark ansteigen, können Puls und Atmung unregelmäßig werden und alle Symptome dessen, was man im wachen Zustand große Erregung – vielleicht sogar Panik – nennen könnte, offen zutage treten.

Dennoch scheinen diese physischen Zeichen nicht immer mit ebenso aufregen-

Am Anfang des ersten neunzigminütigen Schlafzyklus hat ein normaler Mensch bruchstückhafte Träume mit isolierten Bildern; sie werden «hypnagogische» oder schlafbringende Träume genannt. Dieser Schlaf wird nicht von raschen Augenbewegungen (REM) begleitet.

Im ersten neunzigminütigen Schlafzyklus werden bald tiefe und meistens traumlose Schlafstufen erreicht. Schon nach einer halben Stunde zeigt das EEG-Muster des Schläfers einen komaähnlichen Schlaf an, aus dem selten Träume gemeldet werden.

den Träumen einherzugehen. Ja, der Körper bewegt sich im REM-Schlaf fast gar nicht. Experimentatoren haben darauf hingewiesen, daß wir, wenn wir uns im REM-Schlaf befinden, körperlich regungslos sind, aber daß bei körperlicher Unrast im Schlaf selten von Träumen berichtet wird. So scheint es also eine regelrechte Bewegungshemmung zu geben, vielleicht eine Art Sicherung, die uns davor bewahrt, aus dem Bett zu fallen und uns womöglich zu verletzen. Schlafwandler wandeln nicht im REM-Schlaf, und auch Menschen, die öfter im Schlaf sprechen, tun dies nicht mitten in einem REM-Traum; anscheinend werden Teile des Muskelsystems durch den Vorgang des Träumens ruhiggestellt, behaupten diese Wissenschaftler. Das Schlafwandeln ist vielmehr ein Produkt der geheimnisvollen Träume, die uns der NREM-Schlaf bringt.

Was es mit den raschen Augenbewegungen auf sich hat, weiß man immer noch nicht genau. Einiges weist darauf hin, daß sie mit den Alpha-Rhythmen des Gehirns zusammenhängen, die – unter anderem – mit Meditation und Entspannung zu tun haben. Man hat entdeckt, daß Menschen, die sich beim Meditieren in einem «Alpha-Zustand» befinden, diesen verstärken können, indem sie die Augäpfel unter den geschlossenen Lidern nach oben rollen, und daß wir – vielleicht unbewußt – die Rhythmen unseres Intelligenzzentrums durch Augenbewegungen regulieren. Die Arbeit an der Erforschung des Zusammenhangs zwischen Augenbewegungen und den allerwichtigsten Rhythmen des Gehirns geht weiter, neuere Ergebnisse weisen jedoch darauf hin, dass es große Unterschiede zwischen den raschen Augenbewegungen des Traumschlafs und denen, die die Alphawellen begleiten, geben könnte.

Eins scheint jedoch bewiesen zu sein: Rasche Augenbewegungen sind eng verbunden mit den sogenannten «abenteuerlichen Träumen» – Träumen, in denen wir auf die eine oder andere Weise sehr aktiv sind. Es hat sich ebenfalls herausgestellt, daß die NREM-Träume, die wir in den Schlafperioden haben, in denen sich unsere Augäpfel überhaupt nicht bewegen, meistens verbal, gedankenvoll oder intellektuell sind. Experimentatoren weckten Schläfer aus diesen NREM-Perioden auf und fragten sie, ob ihnen etwas «durch den Sinn gegangen» sei, und die meisten bestätigten, daß sie im Schlaf «über irgend etwas nachgedacht» oder eine

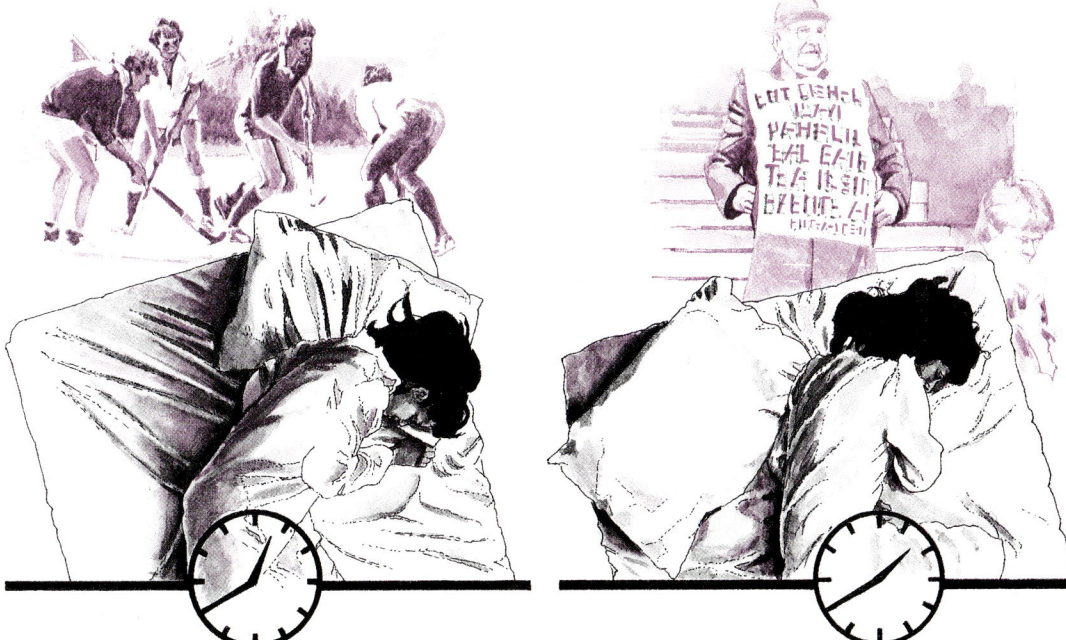

Lebhafte Träume begleiten oft die Rückkehr auf Schlafstufe 1 am Ende jedes Schlafzyklus. Das EEG-Muster dieser Schlafstufe wird nun von raschen Augenbewegungen (REM) begleitet: Ein Hinweis, daß der Schläfer aufmerksam etwas Interessantes beobachtet.

Im Gedächtnis behaltene Träume von tieferen Schlafstufen, auf denen es keine raschen Augenbewegungen gibt, sind meistens verbal und «gedankenvoll», das heißt ganz anders als die bildlichen, lebhaften Träume des REM-Schlafs.

Zuweilen tut sich die Bilderwelt der Offenbarung im Träumen kund. Der deutsche Chemiker August Kekulé sah in seinem berühmten Traum eine Schlange, die sich in den Schwanz biß, und erkannte darin sofort die Ringstruktur des Benzols. Solche Träume, deren Inhalt im wachen Zustand oft verfliegt, werden von einigen Forschern dem Nicht-REM-Schlaf zugeordnet.

wichtige Botschaft empfangen hätten. Wenn man sie aus dem REM-Schlaf weckte, berichteten sie meistens, sie hätten irgend etwas getan oder beobachtet. Es sieht so aus, als seien wir im NREM-Schlaf fähig, etwas zu «lernen», oder als fielen uns gerade dann Lösungen für Probleme ein. Es ist mehrfach vorgekommen, daß Wissenschaftler im Schlaf Probleme lösten. John von Neumann, der Mathematiker, der die Grundlagen für die moderne Computerwissenschaft legte, schrieb im Schlaf oft Theoreme! Wenn wir unsere Träume um Hilfe bei der Lösung von irgendwelchen Problemen bitten, dann kann es durchaus geschehen, daß uns die Antwort im NREM-Schlaf traumsymbolisch erscheint.

Wie wichtig ist das Träumen für ein gesundes Leben? Früher galt es als ausgemacht, daß ein Mensch, den man nicht träumen ließ, verrückt werden würde. William C. Dement, der sich in den fünfziger Jahren mit Traumentzug zu beschäftigen begann, war dieser Meinung. Seine Experimente zeigten, wie entschlossen zu träumen der Mensch ist. Dr. Dement weckte seine Versuchspersonen in dem Augenblick, da der REM-Schlaf begann. Nach vierzehn Tagen brauchten die Personen ihre Träume so dringend – so sah es jedenfalls aus –, daß sie, selbst wenn man sie auf die Beine stellte und schüttelte, lauten Geräuschen aussetzte oder gewaltsam wachhielt, innerhalb von Sekunden in den bewusstlosen Zustand zurückfielen, der sich am Ende nicht mehr unterbrechen ließ. Und wenn diese Personen dann normal schlafen durften, waren ihre REM-Schlafperioden anfangs viel länger als gewöhnlich, als wollten sie die verlorene Traumzeit nachholen.

Die in den sechziger Jahren vorherrschende Meinung, es gebe ein echtes «Bedürfnis zu träumen», ist jedoch kürzlich unter Beschuß geraten. Gewiß ist da ein Zwang, in REM-Schlaf zu fallen, aber in Experimenten, in denen bestimmte Drogen benutzt wurden, um den REM-Schlaf zu unterdrücken (und damit natürlich auch die REM-Träume), wurden bei den Versuchspersonen keine nachteiligen Folgen festgestellt. Einige Forscher behaupteten, REM-Entzug könne sogar seelische Störungen, wie zum Beispiel Depressionen, lindern.

Andere Experimente haben gezeigt, daß Menschen unter REM-Schlaf- und REM-Traumentzug ängstlich und unsicher werden können und daß sie, wenn man sie wieder träumen läßt, viel mehr als gewöhnlich träumen, um die verlorene Zeit nachzuholen. Bei Traumentzug wurden bestimmte Persönlichkeitsveränderungen beobachtet; zum Beispiel fangen manche Leute an, sich leichtsinnig zu benehmen und einen ungewöhnlich starken Geschlechtstrieb zu entwickeln.

Andererseits ist es schwer, Traumentzug von Schlafentzug zu trennen, denn trotz der jüngsten Fortschritte in der Beobachtungs- und Aufzeichnungstechnik von Träumen, trotz strengster Überwachung und modernster wissenschaftlicher Geräte kann es passieren, daß Menschen träumen, ohne daß dieser Umstand registriert wird. Eine Versuchsperson, die von ihrem Traumbedürfnis zur Verzweiflung getrieben wird, bringt es fertig, alle zuvor beobachteten physischen Regeln zu brechen und sich direkt vor der Nase der Beobachter und ihrer Apparate einen Traum zu schnappen. Dennoch hat der Entzug von Schlaf sehr viel schlimmere Folgen als der von Träumen.

Was wir auch immer träumen, unsere Sinne halten eisern daran fest; bekanntlich ist es sehr schwer, jemanden aus dem REM-Schlaf aufzuwecken – in solchen Augenblicken sind wir wahrscheinlich der Alltagswelt so fern wie nur möglich. Lautstärken von bis zu 80 Dezibel waren nötig, um jemanden aus dem Traumschlaf aufzuwecken. Andererseits schlüpfen manchmal leise Geräusche durch und dringen bis in unsere Träume vor – zum Beispiel Namen.

Offenbar befördert unser Körper immer noch genaue Botschaften von unseren Sinnen zu unserem Gehirn, obwohl sie manchmal verzerrt ankommen: Mache den Fuß eines Schläfers naß, und er tritt im Traum in eine Pfütze, klopfe ihm auf den Kopf, und er träumt, er werde überfallen. Vielleicht noch interessanter ist, daß wir im Traum anscheinend ganz deutlich hören, obwohl der Verstand auch hier Fehler machen oder Schabernack mit den Geräuschen treiben kann.

Ärzte berichteten, daß Patienten nach größeren Operationen Gespräche wiedergeben konnten, die sie «gehört» hatten, als sie unter starker Narkose auf dem Operationstisch lagen. Aber der Verstand eines Schläfers arbeitet nicht immer so ver-

Diese Aufzeichnung von 13 Schlafperioden zu je sechs Stunden zeigt, wie verschieden die REM-Perioden (waagrechte Balken) ein und derselben Person von Nacht zu Nacht ausfallen können. Das Gesamtbild der Augenbewegungen (unten) aller 13 Perioden beweist, daß die REM-Schlafstufen, auf denen mit denkwürdigen Träumen zu rechnen ist, von den Forschern vorhergesagt werden können.

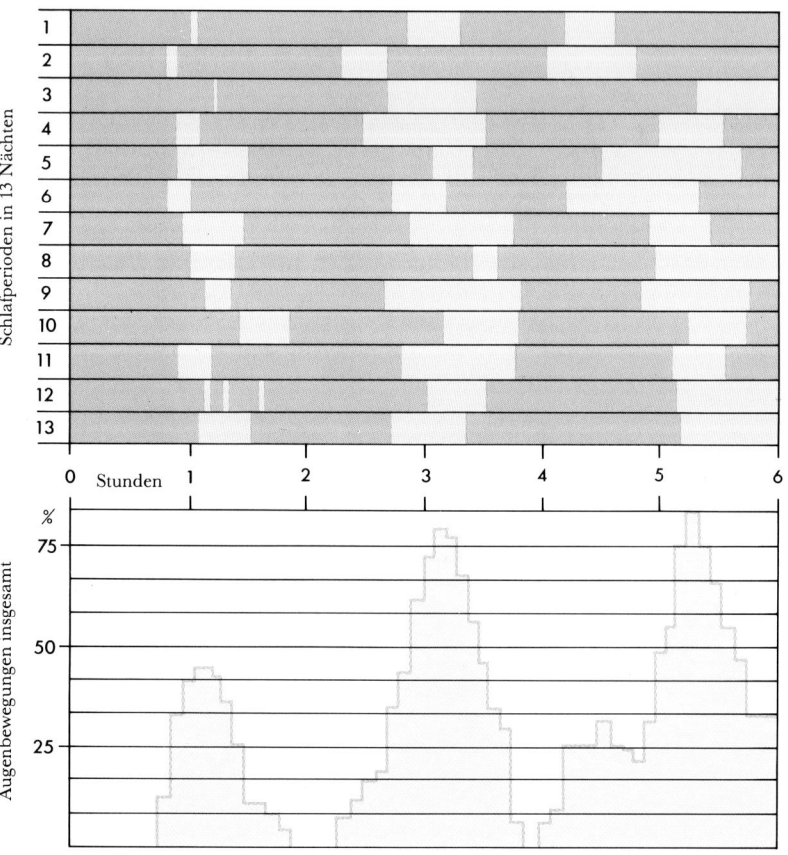

nünftig. Bei einem Experiment an der Universität von Edinburgh wurde schlafenden Studenten eine Liste mit Namen, darunter auch denen von Freunden und Freundinnen, vorgelesen, und es stellte sich heraus, daß ihre Handflächen beim Klang dieser Namen deutliche psychogalvanische Reaktionen zeigten. Und gelegentlich drangen die Namen sogar bis in die Träume der Studenten vor, wenn auch oft verzerrt. Ein Mann hörte den Namen seiner ehemaligen Freundin Jenny; aber sein träumender Verstand verzerrte ihn so, daß er träumte, er öffne einen Safe mit einem *jemmy* (Brechstange). Interessanterweise fiel ihm auf, daß die Brechstange der einzige farbige Gegenstand in diesem Traum war – sie war «irgendwie rot». Das Mädchen Jenny war ein Rotschopf!

Ein anderer Schläfer träumte, als der Name Sheila ausgesprochen wurde, er habe ein Buch in der Universität liegengelassen, einen Band Gedichte von *Schiller*. Ein Mädchen hörte den Namen Robert und träumte von einem *rabbit* (Kaninchen), das in einem Film mitspielte und «verzerrt» aussah.

Warum unser Verstand im Traum so anders urteilt, so andere Visionen hervorbringt und sich so anders verhält als im Wachleben, bleibt ein Geheimnis. Nach einer interessanten Theorie hat das mit den beiden Hälften des Gehirns, der rechten und der linken, zu tun.

Der amerikanische Psychologe Robert Ornstein hat vermutlich als erster festgestellt, daß die beiden Hälften des Gehirns verschiedene Funktionen haben (siehe Seite 33). Inzwischen wurde endgültig bewiesen, daß die linke Seite für unsere Lernfunktionen zuständig ist und die Sprache überwacht; sie ist gewöhnlich die dominante Hemisphäre. Die rechte Seite hat offenbar mit unserer Phantasie, unserer künstlerischen Begabung zu tun. Über die Beziehung zwischen ihnen weiß man nichts genaues; so ist zum Beispiel unklar, ob sie die gleichen Fakten speichern und Erinnerungen gleich behandeln.

Im Schlaf geht die meistens fieberhafte Tätigkeit der Nervenzellen in dem die beiden Hälften verbindenden Nervenstrang, dem sogenannten Balken, stark zurück, und es mag sein, daß Veränderungen, die in diesem Kommunikationssystem stattfinden, etwas damit zu tun haben, daß wir, wenn wir träumen, so ganz und gar anders sind als im Wachleben.

Zu den physischen Zeichen, daß ein REM-Traum abläuft, gehören erhöhter Sauerstoffverbrauch im Gehirn, mehr Adrenalin im Blut und, bei Männern, Erektionen, die während der ganzen Traumperiode anhalten können. Dr. Charles Fisher vom Mount Sinai Hospital in New York beobachtete diese Erscheinung zuerst im Jahre 1964, obwohl zwei deutsche Wissenschaftler bereits 1944 und 1947 Abhandlungen veröffentlicht hatten, in denen stand, daß bei allen 17 männlichen Versuchspersonen, die sie 27 Nächte lang beobachtet hatten, Zyklen von Erektionen aufgetreten waren. Diese hatten 95 Prozent der REM-Schlafzeit gedauert. Seit den sechziger Jahren wurde diese Erscheinung sowohl bei Neugeborenen als auch bei alten Männern beobachtet; tatsächlich betrifft sie alle Altersstufen. Es sieht so aus, als hingen diese Erektionen nicht mit Träumen sexueller Art zusammen; sexuelle Erregung schien dabei meistens keine Rolle zu spielen. Die einzige Art REM-Traum, in der es beim Mann nicht zu einer Erektion kommt, ist die, in der er Angst verspürt.

Wenn REM-Träume künstlich unterbrochen werden, kommt es während des Schlafs in regelmäßigen Abständen zu Erektionen, und zwar immer dann, wenn REM-Träume an der Reihe gewesen wären. Das deutet darauf hin, daß es irgendeine innere Uhr gibt, die sowohl Träume als auch Erektionen auslöst. Es besteht kein Grund zu der Annahme, daß bei Frauen nicht ein ähnlicher Rhythmus, begleitet von ähnlichen körperlichen Symptomen, auftritt, aber anscheinend sind keine Versuche gemacht worden, die dies bestätigen.

Welchen physischen Grund es auch immer für die Störungen geben mag, die unseren Körper befallen, wenn wir träumen, es bleibt die Frage: Warum träumen wir überhaupt?

Die interessanteste und vielleicht auch zutreffendste Antwort ist, daß wir träumen, um unser geistiges und seelisches Gleichgewicht zu bewahren. Ein großer Teil der allerneuesten Forschung stützt die vor vielen Jahren von dem Neurologen Hughlings Jackson (1835 – 1911) vorgebrachte Theorie, daß der Schlaf uns befähigt, diejenigen Erinnerungen an Ereignisse des vorangegangenen Tages, die wir nicht mehr benötigen, loszuwerden und diejenigen, die wertvoll für uns sind, aufzuzeichnen – gerade so wie ein Computer das, was wir zum ständigen Gebrauch aufheben wollen, «speichert», und das, was wir für unnötig halten, «vergißt» beziehungsweise «löscht».

Aber mit dem Träumen hat es mehr auf sich als nur das. Viele Träume sind alles andere als unsinnig; es scheint so, als trete das bruchstückhafte Träumen bezeichnenderweise beim «Eindösen», einem NREM-Zustand, auf. Einer anderen Ansicht zufolge sollen unsere Träume davon abhängen, ob unser Gefühlsleben ausgeglichen ist oder nicht; sie korrigieren oder kommentieren unseren bewußten Zustand in einer Sprache, die sich manchmal interpretieren läßt. Die Untersuchung unserer Träume – der Ereignisse, die wir im Traum erleben «dürfen», während wir im Wachleben wahrscheinlich alles tun würden, um sie zu vermeiden, erlauben es Psychologen und Psychiatern, uns viel über unseren Charakter, unsere Motivierungen, über den Zustand unserer geistigen und seelischen Gesundheit mitzuteilen.

Es sieht fast so aus, als gäbe es zwei Wesen in uns allen. Das eine führt ein ganz gewöhnliches Alltagsleben mit dem üblichen Druck, fühlt sich nicht anders als die meisten anderen, ist ein Mitglied unserer vielfältigen Gesellschaft. Das andere sieht sich als gänzlich individuell, als völlig verschieden von jedem anderen lebenden Menschen. Wiederum anders ist das «Ich», das einst ein Kind war. Während wir heranwachsen, stehen wir alle unter den formenden Einflüssen von Umwelt und Erziehung, und viele Leute meinen, daß genau der Vorgang, die Welt zu erfahren, uns der echten Wirklichkeit entfremdet – daß man uns lehrt, viele unserer natürlichen, animalischen Instinkte zu unterdrücken, und daß wir so den Kontakt zu uns selber verlieren. Vielleicht sind Träume Botschaften aus dieser verlorenen Welt, dem «subjektiven» Selbst.

Unglücklicherweise sind sie verschlüsselt. Wir brauchen uns nicht zu wundern, daß es solche Botschaften gibt; jeder Künstler weiß, daß die Inspiration «aus heiterem Himmel» kommt; ein Dichter «empfängt» einen Vers oder gar ein ganzes Gedicht; ein Romanschriftsteller wird gewahr, daß seine Personen Dinge sagen und tun, die ihm selber niemals einfallen würden. Die Sprache des Unbewußten kommt laut und deutlich durch, obwohl sie Symbole und Bilder, Wortspiele und Doppelsinnigkeiten verwendet, um sich auszudrücken. Der Wortschatz ist bei jedem Menschen anders, denn er beruht auf individuellen, subjektiven Erfahrungen. Aber es ist immer noch ungeklärt, warum die Botschaften unbedingt in einem Kode ausgedrückt werden müssen, der oft so schwer zu verstehen ist.

Aber vielleicht liegt das gar nicht so sehr daran, daß wir nicht verstehen können, sondern daß wir dies nicht *wollen* – entweder leugnen wir, daß die Botschaften wichtig sind, oder wir geben uns keine Mühe, sie zu entschlüsseln. Das ist ein Fehler. Träume kommen – anscheinend – aus den Tiefen unserer Seele. Wir empfangen sie, ohne sie eingeladen zu haben, aber sie dringen auf jeden Fall zu uns durch, weil sie *müssen,* und die Kraft hinter ihnen ist (wie wir gerade gesehen haben) fast unwiderstehlich. In unseren Träumen sprechen wir gezwungenermaßen mit uns selbst, und da sollten wir lieber zuhören!

Wie man sich seine Träume ins Gedächtnis zurückruft

Wer sich seine Träume nicht ins Gedächtnis zurückruft, versäumt zweifellos einen sehr interessanten Teil des Lebens. Wahrscheinlich könnte er sich psychologisch rascher entwickeln, wenn es ihm gelänge, sich bewußt zu werden, was die Träume sagen. Die Unfähigkeit, sich seiner Träume zu erinnern, hat wahrscheinlich nichts mit einfacher Gedächtnisschwäche zu tun. Psychologische Tests verraten, daß einige sogenannte «Vergeßliche» sich nicht gern an ihre Träume erinnern, genauso wie sie auch in ihrem Alltagsleben dazu neigen, Aufregungen aus dem Weg zu gehen. Es sieht so aus, als seien Vergeßliche oft gehemmter, konformistischer und selbstbeherrschter als diejenigen, die ein gutes Traumgedächtnis haben. Der Traumforscherin Anne Faraday zufolge sind sie weniger bereit, «derjenigen – von manchen Leuten Selbst-Bewusstheit genannten – Dimension der Erfahrung entgegenzutreten, die ein starkes Interesse an der inneren, subjektiven Seite des Lebens anzeigt». Denn Träume sind, wie wir gesehen haben, Botschaften aus jenem Teil unserer selbst, mit dem wir gewöhnlich keine Verbindung haben, dessen tief verwurzelte Instinkte und Neigungen wir uns normalerweise nicht eingestehen. Wenn wir uns anhören, was sie zu sagen haben, können wir vollkommener werden, können wir das, was uns wie unvernünftiges Verhalten und Verlangen erscheint, besser verstehen.

Vielleicht gibt schon der Gedanke, daß Ihre Träume Ihnen praktische Hilfe leisten können, den Anstoß, daß Sie sich ihrer erinnern, und wenn Ihr Erinnerungsvermögen schwach ist, könnte es allein schon deswegen besser werden, weil Sie diese Worte gelesen haben. Experimente zeigten, daß blosse Motivierung genügt, um hier einen Fortschritt zu bewirken. Von zwei Laboratoriumsgruppen schnitt diejenige, die gebeten worden war, ihre Träume im Gedächtnis zu behalten, viel besser ab als die andere.

So scheint es also einen auf Erinnerung programmierbaren Mechanismus zu geben, der aktiviert werden kann, genauso wie sich manche Leute vornehmen, zu einer bestimmten Zeit aufzuwachen, und es dann auch tun.

Eine lebhafte Diskussion mit einem Freund über das, was Sie geträumt haben, könnte der Anfang sein, wie Sie Ihre Träume auf eine wirklich faszinierende Weise freilassen. Geben Sie sich ein paar Nächte damit zufrieden; Sie werden womöglich feststellen, daß Ihre Träume ganz langsam zu Ihnen zurückkehren — und wenn das geschieht, brauchen Sie sich keine Sorgen mehr zu machen; Sie haben gut angefangen und werden bald damit fortfahren, daß Sie sich überlegen, was die Symbole, die in Ihren Träumen vorkommen, denn nun wirklich für Sie bedeuten.

Aber möglicherweise ist die Sache nicht ganz so einfach; Sie sollten sich jedenfalls unbedingt einen systematischen Plan zurechtlegen, wie Sie sich Ihre Träume ins Gedächtnis zurückrufen und darin bewahren können. Eine wirklich klare und detaillierte Erinnerung an den Inhalt Ihrer Träume wird Ihnen helfen, ob Sie nun aus reinem Interesse einen Blick darauf werfen oder ob Sie versuchen wollen, ein bestimmtes Problem zu lösen - vielleicht ein praktisches, vielleicht eins, das Ihre Persönlichkeit betrifft. Wenn Sie das Gefühl haben, unter besonderem Stress zu leben oder zu arbeiten, wenn Sie Schwierigkeiten haben oder vor sehr wichtigen Entscheidungen stehen, dann möchten Sie vielleicht Ihre Traumarbeit verstärken, doch es scheint, als brauche das Unbewußte einige Zeit - meistens mehrere Nächte -, um sich konstruktiv mit Problemen zu befassen, so daß Sie Geduld haben müssen. Und selbst dann können Ihre Traumkommentare so verstümmelt sein, daß Sie mehr Träume «bestellen» müssen, damit Ihnen überhaupt geholfen wird! Denn wie wir sehen werden, führt Ihr träumendes Selbst tatsächlich solche Bestellungen aus. Beim Weiterlesen werden Sie erfahren, wie man am besten interpretiert und selbst vom närrischsten Traum Hilfe erwarten kann.

Wie man das Erinnerungs- vermögen stärkt

Wie wir gesehen haben, behaupten manche Leute, sie träumten überhaupt nicht, oder sie fänden es zumindest unmöglich, sich ihrer Träume zu erinnern. Wenn Sie zu den «Vergeßlichen» gehören, müssen Sie sich immer wieder vor Augen halten, daß Sie tatsächlich jede Nacht träumen, und das sogar mehrmals. Die in Traumlaboratorien gewonnene Erfahrung bestätigt dies eindeutig — es ist eine biologische Tatsache, daß die REM-Traumperioden in jedem neunzigminütigen Schlafzyklus bei jedem Menschen wiederkehren (und daß weniger lebhafte und visuelle Träume im NREM-Schlaf vorkommen)—, aber das kann sich jemand, der sich fast nie an seine Träume erinnert, wahrscheinlich nicht vorstellen.

Jedermann sollte es nach einiger Übung fertigbringen, sich seiner Träume zu erinnern. Wir *müssen* unsere Träume ebenso wenig vergessen, wie wir irgendeine der vielen Tatsachen und Ereignisse unseres täglichen Wachlebens vergessen *müssen*. Wir sind wählerisch bei den Geschehnissen des Tages, die wir bewußt im Gedächtnis speichern, und ähnlich scheint unsere Seele unsere Träume zu zensieren - manchmal gründlicher, als wir eigentlich wünschen. Andererseits aber können Träume genauso lange im Gedächtnis bleiben wie etwas, was wir «wirklich» erlebt haben: Freud erfuhr von seinen Patienten oft Träume, die sie ein Vierteljahrhundert zuvor geträumt hatten, und er selbst behauptete, sich an einen Traum erinnern zu können, den er 40 Jahre, bevor er ihn niederschrieb, geträumt hatte.

Es gibt mehrere Theorien, warum manche Leute ihre Träume so leicht vergessen. Frühe Forscher meinten, daß einige Träume einfach zu schwach, zu unbedeutend seien, um im Gedächtnis zu bleiben. Andere werden vielleicht vergessen, weil sie zu willkürlich sind — im Wachleben neigen wir dazu, Fakten, Namen und Daten zu behalten, weil sie Teil einer ganzen Kette von Ereignissen sind oder zumindest zu irgendeinem bestimmten Gebiet unseres Lebens gehören. Träume sind oft willkürlich: Da keine anderen begleitenden Ereignisse sie leichter merkbar machen, «zerbröckeln» sie, sobald wir versuchen, sie zu fassen.

Einige Träume scheinen tatsächlich zu dieser bruchstückhaften Sorte zu gehören. Forscher wiesen darauf hin, daß eine besondere Art Traum, der sogenannte «hypnagogische» Traum, gleich zu Anfang des Schlafs vorkommt. Meistens besteht er aus willkürlichen, bruchstückhaften Bildern, die selten lange im Gedächtnis bleiben. Dr. Anne Faraday hat eine interessante Technik vorgeschlagen, wie man diese «Träumchen» einfängt. Der Eintritt des Schlafs verringert den Muskeltonus. Sie sollten sich also auf dem Rücken und mit aufgestütztem Ellenbogen schlafen legen; sobald Sie einschlafen, fällt der Arm herab, und Sie wachen genau in dem Augenblick auf, in dem diese «schwachen» Träume durchkommen.

Diese «Träumchen» lassen sich von Natur aus schlecht behalten, da sie möglicherweise nicht viel mehr sind als eine Art geistiger «Hintergrundmusik». Doch wie Freud in «Die Traumdeutung» schrieb, vergessen die Menschen ihre Träume oft mehr oder weniger absichtlich: entweder, weil sie einfach nicht genügend interessiert sind, um sich anzustrengen (sie sind nicht «auf Erinnerung programmiert«), oder weil sie vielleicht ein bißchen Angst haben, was sie daraus erfahren können.

Die Erinnerung an einen Traum kann auch im eigentlichen Augenblick des Erwachens unterdrückt werden, was zu dem bekannten Gefühl führt zu wissen, daß man geträumt hat, sich jedoch nicht mehr an die Einzelheiten erinnern kann. Aber Unterdrückung ist natürlich nicht der einzige Grund für die Unfähigkeit, sich daran zu erinnern. Experimente haben bewiesen, daß jeder, der aus einem Traum geweckt wird, diesen nicht behält, es sei denn, er bliebe, den Traum im Sinn, mindestens zehn Minuten wach. In dieser Zeit kann das Gedächtnis die Fährte aufnehmen. Sonst löschen die NREM-Perioden des Schlafzyklus den Traum wieder aus.

Da das menschliche Schlafmuster zyklisch ist, beginnt, wie wir gesehen haben, bei jedem Menschen mehrmals nächtlich die REM-Periode des Traumschlafs. Die meisten dieser Träume werden überhaupt nicht im Gedächtnis gespeichert; geschieht dies doch einmal, dann ist der Schläfer direkt aus einem Traum erwacht und so lange wachgeblieben, daß sich die Erinnerungsfährte bilden konnte. So stammen also die meisten erinnerten Träume aus der langen REM-Schlafperiode, die den letzten Teil des Schlafzyklus morgens vor dem Aufwachen vollendet — es sei denn, Sie wären irgendwann mitten in der Nacht spontan aufgewacht.

Träume sind faszinierend, und niemand braucht sie mehr zu fürchten als irgend-

Samuel Taylor Coleridge (1772-1834) schrieb sein berühmtes Gedicht *Kubla Khan* nach einem durch Laudanum ausgelösten Traum. Es blieb unvollendet, weil ein Besucher den Dichter bei der Arbeit störte.

ein anderes Mittel zur Selbsterkenntnis. Niemand braucht auf die höchst interessante Auskunft und Hilfe, die sie bieten können, zu verzichten.

Sagen Sie sich immer wieder: «Ich erinnere mich an einen der Träume von heute nacht» und nicht: «Ich hatte heute nacht einen Traum». Wenn Sie lernen wollen, sich Ihre Träume ins Gedächtnis zurückzurufen, hat sich die folgende Methode bestens bewährt: Legen Sie Notizblock und Bleistift ans Bett, und notieren Sie Ihren Traum gleich nach dem Aufwachen. Sie brauchen ihn an diesem Punkt nicht in allen Einzelheiten aufzuschreiben, aber wenn Sie die Grundbestandteile des Traums rasch mit ein paar Worten zu Papier bringen – wo Sie waren und, wichtiger noch, wie Sie sich fühlten (ängstlich, freudig, amüsiert oder was auch immer)–, dann werden Sie feststellen, daß Sie sich später genauer an den Traum erinnern können. Wenn Sie sich ernsthaft mit Ihren Träumen beschäftigen wollen, sollten Sie nach den Notizen einen detaillierten Bericht anfertigen. Sie werden feststellen, daß Ihnen, während Sie den Traum schriftlich niederlegen, mehr einfällt, selbst wenn Sie sich anfangs nur schlecht erinnern konnten.

Das ist ein brauchbarer Anfang und ein äußerst angenehmer obendrein. Besorgen Sie sich zur Ermunterung ein besonderes Notizbuch, und widmen Sie der Ar-

Die Ankunft neuer Wörter von Giovanni Segantini faßt knapp zusammen, wie Träume, die im Nicht-REM-Schlaf geträumt werden, aussehen. Wegen ihrer bruchstückhaften, flüchtigen, aber dennoch scheinbar bedeutungsvollen Art kann man sich ihrer oft nur äußerst schwer erinnern.

beit die größte Aufmerksamkeit. All dies trägt dazu bei, den Nebel zu lichten. Später, wenn Sie erkennen, was der Traum denn nun wirklich für Sie bedeutet, können Sie Ihre eigenen Interpretationen und Kommentare aufschreiben, vielleicht in einer anderen Farbe. So erkennen Sie Ihre bewußte Reaktion auf Ihre Träume auf den ersten Blick, und selbst wenn dies Ihrer unbewußten Bedeutung genau entgegengesetzt zu sein scheint, besteht vielleicht doch ein Zusammenhang.

Am besten ist es, wenn Sie sich nach dem Erwachen aus einem Traum so wenig wie möglich bewegen; greifen Sie entspannt und immer noch in der Stimmung des Traums nach Block und Bleistift, und vor allem strengen Sie sich nicht allzu sehr an, sich an jede Einzelheit zu erinnern – lassen Sie den Traum zu sich kommen, anstatt ihm hinterherzujagen!

Vergeßliche werden vielleicht feststellen, daß das, was wir bisher vorgeschlagen haben, ausreicht, um sie auf den «Königsweg zum Unterbewußtsein», wie Freud es nannte, zu bringen. Eine drastischere Methode ist es, den Wecker während der Nacht alle 90 Minuten läuten zu lassen und sofort aufzuschreiben, was einem vor dem Aufwachen durch den Sinn gegangen ist. Auf diese Weise werden Sie, wie Dr. Faraday sagt, wahrscheinlich nicht nur Material aus den traumreichen REM-Phasen auflesen, sondern auch einige der seltsameren, womöglich sogar tieferen Träume, die in den NREM-Phasen vorkommen.

Zu viele Träume sind jedoch genauso schwer zu handhaben wie zu wenige. Wahrscheinlich werden Sie am Anfang nachts alle paar Stunden aufwachen, weil Sie sich Notizen über Ihre Träume machen wollen. Das heißt zwar, daß Sie eine große Anzahl Träume sammeln, mit denen Sie arbeiten können, aber es heißt auch, daß Ihr Schlafmuster ernstlich gestört wird, und das kann ziemlich anstrengend sein. Oft brauchen wir Hilfe von unseren Träumen, wenn wir unter Streß stehen: zum Beispiel wenn wir Zweifel haben über unser Vorgehen in einer Sache, über unsere Gefühle für jemanden, über einen wichtigen Aspekt unseres Lebens. Hier empfiehlt es sich, Personen und Situationen einmal so zu sehen, wie unsere Träume, die uns oft neue Aussichten, neues Verständnis schenken, uns klar und deutlich weisen. Aber in solchen Zeiten brauchen wir auch guten, festen Schlaf. Wenn Sie sich in so einer Lage befinden, müssen Sie mit aller Kraft das Gleichgewicht bewahren. Es kann passieren, daß Sie nach ein paar unruhigen Nächten als Folge ihrer Nachforschungen schließlich gelassener werden und feststellen, daß Sie sich ganz automatisch an Ihre Träume erinnern, wenn sie morgens erfrischt erwachen, und das wäre der Idealzustand. Trotzdem sollten Sie Papier und Bleistift bereithalten, sich flüchtige Notizen machen - das ist immer noch der beste Weg, ein gutes Gedächtnis zu entwickeln - und Ihre Aufzeichnungen zu einem späteren Zeitpunkt genauer ausarbeiten.

Auf dieser aquarellierten Zeichnung hielt Albrecht Dürer 1525 sein *Traumgesicht von den fallenden Wassern* fest: «[Ich] habe im Schlafe diese Erscheinung gesehen, wie viele große Wasser vom Himmel fielen; und das erste traf das Erdreich ungefähr vier Meilen von mir mit einer solchen Furchtbarkeit und einem übergroßen Geräusch, und es zerspritzte und ertränkte das ganze Land. Dabei erschrak ich gar schwer, daß ich davon erwachte ... Als ich aber am Morgen aufstand, malte ich es hier oben, wie ich es gesehen hatte. Gott wende alle Dinge zum Besten!»

Wenn Sie das tun, müssen Sie jedoch in einer anderen Hinsicht sehr vorsichtig sein: Es kann passieren, daß wir unsere Träume beim Nacherzählen ausschmükken, und während das zweifellos eine ausgezeichnete Übung für die Phantasie ist, kann es die Träume verdrehen, so daß wir am Ende die Ereignisse, die wir erfinden, ernster nehmen als das, was wir tatsächlich geträumt haben. Schreiben Sie auf, was Sie geträumt haben, und nicht, was Sie glauben, geträumt haben zu sollen! (Übrigens erzählen manche Leute ihre Träume gern in der Gegenwart: «Ich stehe auf Deck eines Schiffes...» Sie finden dies leichter als den Gebrauch der Vergangenheit; auch Sie sollten es einmal probieren.)

Wenn Sie nicht gern schreiben, können Sie ihren Traum auch zeichnen oder malen. Dieser andere Weg kann genauso erfolgreich sein – der Grundvorgang ist derselbe, und der Bericht könnte sogar genauer werden, da Sie vermutlich mehr Zeit für die Produktion eines Bildes brauchen (ganz gleich, wie gut Sie als Künstler sind) als für die simple Niederschrift Ihrer Traumerfahrung.

Freunden Sie sich mit Ihren Träumen an

Die nächste Stufe wird gemischte Gefühle bei Ihnen hervorrufen — und eins davon könnte Verlegenheit über unseren Vorschlag sein. Einige Analytiker benutzen bewußt die Verlegenheit ihrer Patienten, um Traumerinnerungen aus ihnen herauszuholen und sie zu interpretieren, doch da Sie ja ganz allein an Ihren Träumen arbeiten, wäre dies eher hinderlich als hilfreich. Kümmern Sie sich also nicht darum, denn sonst unterbrechen Sie den positiven Strom von Ihrem Unbewußten zu Ihrem Bewußten und kommen nicht voran. Wenn Sie ein praktischer, materialistischer Typ sind, ist die Gefahr der Verlegenheit größer, wenn Sie jedoch vorankommen wollen, müssen Sie irgendwie damit fertigwerden. Denken Sie daran: Sie haben es nicht nötig, sich wie ein Dummkopf vorzukommen; Sie können ja üben, wenn niemand dabei ist!

Im Grunde müssen wir lernen, *mit unseren Träumen zu sprechen;* wir müssen uns auf guten Fuß mit ihnen stellen. Das Verfahren ist etwa so, als spielten Sie mit sich selber Schach, als stellten Sie die Figuren auf und spielten dann abwechselnd auf beiden Seiten, erst Weiß und dann Schwarz. Gute Beziehungen zu unseren Träumen herzustellen, geht ähnlich vor sich, und Lesern, die ihr Erinnerungsvermögen schwach oder das Verfahren sonstwie schwierig finden, schlagen wir die folgende Methode vor, die schon seit vielen Jahren von Gestalttherapeuten und Analytikern angewandt wird.

Die Idee stammt wohl ursprünglich von Dr. F.A. Perls, einem der einflußreichsten Gestalttherapeuten. Nehmen wir einmal an, Sie hatten einen Traum, an den Sie sich erinnern können, aber der irgendwie keinen Sinn ergibt. Stellen Sie zwei Stühle einander gegenüber und setzen Sie sich auf den einen. Entspannen Sie sich, schauen Sie geradewegs auf den leeren Stuhl – auf dem nun Ihr Traum oder ein Bild daraus sitzt – und spielen Sie einfach ein Frage-und-Antwort-Spiel. Stellen Sie eine Frage, und setzen Sie sich dann sofort auf den anderen Stuhl, damit Ihr Traum antworten kann. Es ist durchaus möglich, daß Sie sich anfangs albern vorkommen, aber Sie werden feststellen, daß das System erstaunlich gut funktioniert, wenn man es erst einmal ausprobiert hat. Die Unterhaltung könnte folgendermaßen verlaufen:

«Warum kann ich nicht verstehen, was ihr wirklich bedeutet?»
«Weil du dich nicht darum kümmern würdest, was wir dir sagen wollen.»

«Werdet ihr mir helfen, wenn ich versuche, euch zu vertrauen?»
«Vielleicht, aber du leistest uns Widerstand.»

«Was soll ich also tun?»
«Verringere deinen Widerstand.»

«Aber denkt doch einmal an den Traum von heute nacht: Was bedeutet er? Ich bin noch nie in Edinburgh gewesen.»
«Was bringst du mit Edinburgh in Verbindung?»

«Ich hatte einmal eine Freundin, deren Mutter von dort stammte.»
«Und wie verhielt sie sich zu dir?»

Dr. Frederick A. Perls war der Gestalttherapeut, der sich das Spiel mit dem «leeren Stuhl» ausdachte, in dem Trauminhalte isoliert und erschlossen werden.

«Nun...»

und so weiter.

Falls ein besonders lebhaftes Symbol in Ihren Träumen erscheint, können Sie es persönlich ansprechen. Vielleicht ist es ein Symbol, das in mehreren Träumen und unter verschiedenen Umständen wiederkehrt. In diesem Fall könnte das Zwiegespräch folgendermaßen verlaufen:

«Was in aller Welt hast du, ein Honigtopf, in diesem Traum zu suchen?»
«Darüber solltest du dir wirklich einmal Gedanken machen — du liebst Süßes, nicht wahr?»

«Ja.»
«Aber du hast noch nicht gemerkt, daß ich jedesmal, wenn du mich siehst, ein bißchen leerer bin.»

«Ja, und?»
«Du stopfst dich voll mit dem Honig, der rasch zur Neige geht.»

«Du meinst, ich sei hemmungslos?»
«Genau! Es würde mir nicht so viel ausmachen, wenn du den Honig ein wenig verteiltest — wie wär's, wenn du anderen Leuten etwas abgäbst, anstatt alles selber zu verschlingen? Bald ist kein Honig mehr da, und wenn dann jemand anders kommt, der Appetit auf Süßes hat, ist nichts mehr für ihn übrig.»

Meistens erzählt ein wiederkehrendes Symbol, ebenso wie ein wiederkehrendes Thema, etwas Wichtiges. Wenn Sie es auf diese Weise befragen, können Sie eine weitere Perspektive gewinnen.

Wenn Ihnen die Bedeutung eines bestimmten Traums immer noch unklar ist, können Sie darum bitten, daß Ihnen ein *weiterer* Traum «gesandt» wird, der Ihnen hilft, den ersten zu deuten. Das führt oft zu ausgezeichneten Ergebnissen. Machen Sie sich übrigens keine Gedanken über die ziemlich seltsame Situation, in der Sie sich selber um die Übersendung einer Botschaft bitten! Die Verbindung zwischen dem bewußten und dem unbewußten Selbst ist häufig schwach, es sei denn, Sie wären ganz besonders ausgeglichen. Sie müssen schon ein ziemlich lautes Signal in Richtung auf Ihr unbewußtes Selbst geben, wenn Sie einer Antwort sicher sein wollen!

Zögern Sie nicht, mit Ihren Träumen zu streiten, aber hören Sie genau zu, was sie erwidern, und bedenken Sie, daß die Antworten, die Sie erhalten, unmittelbar auf das anspielen, was gegenwärtig in Ihrem Unbewußten vor sich geht; allein schon das ist äußerst interessant.

Die zweite Methode, mit seinen Träumen zu sprechen, ist vielleicht weniger peinlich, kann aber genauso lohnend sein. Wenn Sie bequem im Bett liegen und gerade eben anfangen, sich so richtig schläfrig zu fühlen, dann beginnen Sie eine Unterhaltung mit Ihren Träumen, und zwar nicht viel anders, als ich es beschrieben habe – Sie brauchen nicht laut zu sprechen –, sozusagen nur «mit sich selber». Viele Leute finden diese Methode genauso wirksam, und sie ist gewiß eine, zu der Sie sich aufschwingen können, wenn Ihre Traumstudien erst einmal richtig in Gang sind.

Die Sprache der Träume

In jedem Traum gibt es zahlreiche Symbole, und wenn Sie Ihre Träume deuten, dürfen Sie niemals vergessen, daß «Sie» nicht immer nur «Sie selber» sind. Sie können sich in andere Menschen und sogar Gegenstände verwandeln, so daß Sie Ihren Traum von allen Seiten betrachten müssen. Vielleicht unterhalten Sie sich im Traum mit einem Freund. Gehen Sie davon aus, daß Sie Sie selber, aber auch der Freund sind — das wird Ihnen eine andere Perspektive geben. Gehen Sie aber auch davon aus, daß Sie einer der Gegenstände aus dem Traum sind — vielleicht ein Buch, ein Stück Obst... Das mag zwar komisch erscheinen, aber wenn Sie sich an die Stelle des Gegenstands setzen (wie wir bereits im vorigen Kapitel über das Erinnern an Träume vorgeschlagen haben) und darüber nachdenken, was mit ihm geschieht, wie er verwendet wird, und dann die Handlung oder die Umstände auf sich selber beziehen, dann kann sich erweisen, daß Ihr Traum das Symbol verwendet, um Ihre Lage anders und neu zu beleuchten. Was dem Gegenstand widerfährt, wie die Menschen auf ihn reagieren oder was sie damit machen, kann bedeutsam sein. Natürlich hat der Gegenstand meistens irgendeine Verbindung zu Ihnen: Ein Schriftsteller zum Beispiel könnte in seinem Traum ein Schreibstift oder ein Manuskript werden. Freud nannte das, was in so einem Traum geschieht, Verschiebung.

Sie müssen sich unbedingt die Frage stellen, wie Sie sich in Ihrem Traum gefühlt haben. Waren Sie glücklich? Ängstlich? Sorgenvoll? Haben Sie angegeben, den Chef gespielt? Waren Sie niedergeschlagen, furchtsam? Auf diese Weise können Sie sich in Ihren Träumen auf Ihre bewußten Gefühle beziehen; wahrscheinlich erfahren Sie etwas Wichtiges über Ihre Reaktionen auf Situationen des Alltagslebens.

Wenn Sie irgendwelche Schwierigkeiten haben, mit diesem zugegebenermaßen nicht einfachen Konzept zurechtzukommen, bitten Sie Ihre Träume, Ihnen noch mehr zu helfen und die Lage weiter aufzuhellen (siehe Seite 47).

Der Traum der Sultanin, eine französische Illustration aus dem 19. Jahrhundert, zeigt, wie ein Objekt in einem Traum – hier ist es die gefangene Hirschkuh – den Träumer selbst darstellen kann. Freud gehörte zu den ersten, die diese «Verschiebung» entdeckten, und beschrieb sie in seiner *Traumdeutung.*

Viele unserer Träume sind so wirr und undeutlich, als veranstalte unser Unbewußtes eine Art Frühjahrsputz. Wie wir bereits gesehen haben, sind mehrere Theoretiker der Ansicht, eine der Hauptfunktionen der Träume sei es, die buchstäblich Millionen von Eindrücken, die wir im Laufe unseres Wachlebens empfangen, zu sortieren und die wichtigsten zu speichern; die übrigen Wahrnehmungen würden aus unserem Bewußtsein gelöscht, und diese wirren Träume seien gleichsam das bespielte Band, das auf dem Bildschirm des Computers vorbeisaust. Eine Tiefenanalyse würde zweifelsohne einen Haufen Müll aussondern, aber im allgemeinen sind richtig wirre Träume relativ unwichtig; man sollte sie verfliegen lassen. Jedes wirklich wichtige Bild wird in Ihrem Gedächtnis hängenbleiben und Sie zwingen, sich gründlich damit zu beschäftigen. Wenn Sie versuchen, auf jedes Ereignis aus jedem Traum einzugehen, wird Ihr Schlafleben am nächsten Tag Stunden Ihres Wachlebens in Anspruch nehmen, was Sie müde und reizbar machen und die Fortschritte aufhalten wird. Es ist nicht immer leicht, da zu erkennen, was man «Unsinnsträume» nennen könnte, aber Sie werden wahrscheinlich zu gehöriger Zeit instinktiv merken, welche Träume wichtig sind und welche nicht. Ihre Entscheidung wird schon richtig sein.

Symbolismus und Wortspiele in Träumen

Sowohl Freud als auch Jung glaubten an einen Schatz allgemeingültiger Symbole, die sich über Zeit und Raum erstreckten – Symbole, die der ganzen Menschheit eigen seien und in dem von Jung so genannten kollektiven Unbewußten wohnten. Manchmal, wie wir an anderer Stelle in diesem Buch sehen, ging ihre Begeisterung mit ihnen durch: Inzwischen sind sich fast alle Psychologen einig, daß Freuds Hang, jeden länglichen Gegenstand als Phallus anzusehen und jeden hohlen als Vagina, lächerlich ist. Und wir möchten bei der Ansicht (die von den modernsten Traumanalytikern vertreten wird) bleiben, daß ein Bild in einem Traum eine Bedeutung hat, die allein vom Träumer abhängt. Wir leben zwar alle in derselben Welt, und daher werden einige Symbole und Bilder weitgehend ähnlich gedeutet.

Das Symbol des Kreuzes hat je nach kulturellem Hintergrund verschiedene Bedeutungen. Die Traumillustration (links) des französischen Künstlers J. Grandville erzählt von Verwirrung und Gewalt. Das brennende Kreuz des Ku-Klux-Klan ist ein bekanntes rassistisches Symbol. Aber die ursprüngliche christliche Bedeutung des Kreuzes (gegenüber oben) ist in der westlichen Welt immer noch vorherrschend.

Dennoch haben sogar die bekanntesten verschiedene Bedeutungen bei verschiedenen Menschen, und das nicht nur auf Grund persönlicher Erfahrung, sondern auch auf Grund von Erziehung, kulturellem Hintergrund und Umwelt. Nehmen wir zum Beispiel einmal das christliche Kreuz; es bedeutet nicht nur für den gläubigen Christen und seinen Freund, den Atheisten, etwas ganz Verschiedenes, sondern es hat auch für ihren gemeinsamen Freund, den Juden, einen wiederum völlig anderen Sinn. Im alphabetischen Verzeichnis verweisen wir dort auf Symbolismus und Mythologie, wo uns das betreffende Symbol allgemeingültig erscheint und wo die symbolische Bedeutung vielleicht so stark ist, daß sie dem persönlichen Namenszug ein besonderes Flair verleiht.

Wortspiele bilden einen wichtigen Teil des Symbolismus der Träume; wir träumen sie sehr oft (das wird der alphabetische Teil des Buches zeigen). Experimente haben die assoziative Natur des Unbewußten, das in Symbolen und Bildern spricht, aufgezeigt, und so braucht man sich nicht darüber zu wundern. Vielleicht träumen Sie von einem Ort ganz ohne Licht. Denken Sie darüber nach. Gibt es einen Aspekt in Ihrem Leben, wo Sie «im Dunkeln tappen»? Bedrückt Sie irgendein spezielles Problem, weil Sie nicht alle Seiten «im rechten Licht» sehen? Das nur als einfaches Beispiel für einen Wortspiel-Traum.

Überlegen Sie sich einmal, daß jeder Traum, den Sie verwirrend finden, voller Wortspiele stecken könnte. Natürlich spielt hier auch die Sprache eine Rolle. Englische und amerikanische Wortspiele sind ganz anders als deutsche. Wir werden unser Bestes tun, um dies im Deutungsteil zu berücksichtigen.

Das Einschlafen

Sehr viele Träume stellen sich ein, wenn wir gerade einschlafen. Manchmal träumen wir sogar, wir fielen, was die verschiedensten Bedeutungen haben kann, darunter auch die, daß wir einfach nur in Schlaf fallen — wieder ein Wortspiel-Traum und nichts, was uns beunruhigen sollte. Manche Leute finden diesen Traum unangenehm, aber vielleicht beruhigt und entspannt sich der Körper bloß, «fällt» in Schlaf durch das Nachlassen des Muskeltonus.

Das Stadium, in dem sich unsere letzten wachen Gedanken in die ersten Träume der Nacht verwandeln, ist interessant und ein Gebiet der Traumdeutung, dem wir uns ausführlich widmen sollten. Versuchen Sie, es zu erkennen. Das braucht die Entspannung nicht aufzuhalten, sondern könnte sie sogar fördern. Wenn Schlafstufe eins zum ersten Mal einsetzt, kommt es nicht zu REM-Schlaf mit lebhaften Träumen. Die Träume, die diesmal geträumt werden, sind meistens kürzer als REM-Träume, obwohl sie manchmal eine leichte Ähnlichkeit zeigen. Wenn Sie sich später an Ihre Gedanken und das darauffolgende Traummuster erinnern können, wäre es sehr leicht möglich, daß Sie weitere Anregungen für Ihre Deutung erhalten, denn es besteht vielleicht irgendeine wichtige Verbindung zwischen den Vorgängen in Ihrem Bewußtsein und dem darauffolgenden Traum, die Hinweise gibt, wie sich ein Aspekt Ihres Lebens in Ihrem Inneren entwickelt. Bedenken Sie ebenfalls, daß ein «Aufwachtraum» auch künstlich ausgelöst werden kann, beispielsweise durch Ihren Wecker. Vergessen Sie in so einem Fall nicht, daß das Geräusch den Traum zumindest verzerrt hat, und nehmen Sie sich Zeit, um sich mit nachfolgenden Träumen zu beschäftigen, bevor Sie irgendwelche schwerwiegenden Schlüsse bezüglich seiner Deutung ziehen. Der Traum könnte unwichtiger sein, als Sie denken. Einige Fachleute halten die allerersten Eindrücke, die sich beim Einschlafen einstellen – undeutliche Bilder, Stimmen usw. – für nicht viel mehr als das, was Sir Peter Medawar «Assemblagen aus Gedanken – Elemente ohne jegliche Bedeutung» nannte, das heißt, für ebenso unwichtig wie das Summen beziehungsweise «Geräusch» eines elektrischen Apparats.

«Schock»-Träume und Nachtmahre

Eine sehr einfache Traumart, die manchmal schockierend ist, mit der Sie aber meistens mühelos fertig werden, ist diejenige, in der ein traumatisches Ereignis Ihres Lebens wiederkehrt — vielleicht, daß Sie überfallen, beraubt, sexuell belästigt oder in einen plötzlichen Unfall verwickelt wurden. Das ist ein Traum, an dem kaum etwas Geheimnisvolles ist; Ihre Seele reitet bloß auf dem traumatischen Ereignis herum, und mit der Zeit verblassen solche Träume gewöhnlich. Wenn sie län-

Der Nachtmahr von Johann Heinrich Füssli zeigt einen Inkubus, der auf einem Mädchen hockt, während ein greulicher «Nachtmahr» im Hintergrund lauert. Früher war der Glaube, daß solche Träume Besessenheit von bösen Geistern bedeuteten, weit verbreitet. Die moderne Forschung über Nachtmahre und Alpträume führte zu widersprüchlichen Ergebnissen.

ger als ein paar Monate anhalten, sollten Sie die Sache vielleicht mit einem Psychologen besprechen oder wenigstens einem verständnisvollen Freund Ihr Herz ausschütten.

Das Wort «Nachtmahr» oder «Alptraum» bedeutet im Volksglauben ein «koboldhaftes, gespenstisches Wesen, das sich nachts auf die Brust des Schlafenden setzt und bei ihm ein bedrückendes Gefühl der Angst hervorruft». Der Glaube an Inkubi und Sukkubi – männliche oder weibliche Gespenster, die ihre Opfer quälen und ihnen im Schlaf Alpträume verursachen – kommt bei vielen Völkern vor. Einige Forscher behaupten, Alpträume – wirkliche Angst erregende Träume – gäbe es viel seltener als allgemein angenommen. In der Kindheit häufig auftretend, halten sie selten das ganze Leben hindurch an, und wenn, dann deutet dies meistens auf ein tief eingewurzeltes Problem hin.

In seinem Buch *A Note on the Nightmare* («Eine Anmerkung zum Alptraum»), 1970, bezweifelt Ernst Hartman, daß es solche Träume häufig gibt. In *Two Studies of Childhood Dreaming* («Zwei Studien kindlicher Träume»), 1969, weist David Foulkes darauf hin, daß Kinder oft schreckliche Träume erwarteten, während dies in Wirklichkeit selten der Fall sei. Ernest Jones, eine ältere, aber äußerst angesehene Autorität, behauptet in seinem Buch *On the Nightmare* («Der Nachtmahr»), 1909-1910, daß gesunde Menschen tatsächlich nie Alpträume hätten, daß diese stets «der Ausdruck eines heftigen Konflikts zwischen einem gewissen unbewußten sexuellen Verlangen und großer Angst» seien. Er meint, ein sexuell normaler Mensch könne einen furchtbaren Traum von homosexuellem Geschlechtsverkehr haben und sei dann entsetzt über die Entdeckung, daß solche unbewußten Wünsche in ihm lebten.

Neuere Forschungen haben jedoch bewiesen, daß nicht weniger als eine Million Menschen in Großbritannien wöchentlich zwei oder mehr Träume haben, die so schrecklich sind, daß sie davon erwachen. Dies passiert meistens im REM-Schlaf,

Diese Illustration des politischen Zeichners James Gillray zeigt einen «Sorgentraum» des britischen Staatsmanns William Pitt. Sie trägt die Überschrift *Politische Träume, Friedensvisionen und perspektivische Schrecken* und vermittelt einen guten Eindruck von dieser Art Träume.

aber es gibt auch NREM-Alpträume, und zwar fast immer auf Stufe vier des ersten neunzigminütigen Zyklus. Auch der *Pavor nocturnus*, das heißt das nächtliche Aufschrecken aus dem Schlaf (meist bei Kindern), gehört zu Schlafstufe vier. Forschungen in Traumlaboratorien haben gezeigt, daß diese quälenden Träume manchmal durch ein plötzliches Geräusch ausgelöst werden, so daß Menschen, die unter Alpträumen leiden, es einmal mit Wattepfropfen in den Ohren versuchen sollten.

«Sorgen»-Träume

Träume, in denen man sich über irgend etwas Sorgen macht, treten viel häufiger auf: Tatsächlich machen wir alle von Zeit zu Zeit diese Erfahrung. Der Kummer, den wir im Schlaf empfinden, mag im Vergleich zu den Problemen unseres Wachlebens geringfügig sein oder in keiner Beziehung zu ihnen stehen. Aber man sollte Sorgenträume deshalb nicht ignorieren, denn es gibt keinen Grund dafür, daß Angst in einem Traum ausgedrückt wird, wenn sie nicht in unserem Wachleben irgendeine Rolle spielt. Oft verdanken wir der Untersuchung eines Sorgentraums den Hinweis auf Lebensbereiche, denen wir nicht genug Aufmerksamkeit geschenkt haben. Freud glaubte, Angstträume verrieten im allgemeinen den Wunsch, irgendein Verlangen oder Gefühl, meistens sexueller Natur, zu unterdrücken. Er betonte, daß es hier wichtig sei, die Quelle der Angst in unserem Wachleben zu suchen. Aber solche Träume können auch unbewußte Zweifel und Ängste über viel irdischere Fakten und Ereignisse in Ihrem Leben widerspiegeln, Dinge, die sich in Ihre Seele eingegraben haben, aus Ihrem Bewußtsein jedoch verschwunden sind.

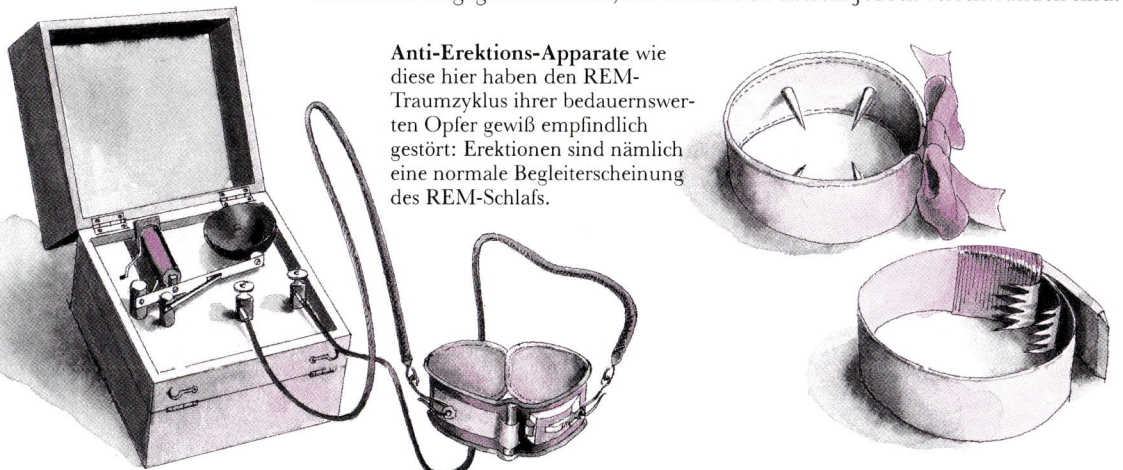

Anti-Erektions-Apparate wie diese hier haben den REM-Traumzyklus ihrer bedauernswerten Opfer gewiß empfindlich gestört: Erektionen sind nämlich eine normale Begleiterscheinung des REM-Schlafs.

Sexuelle Träume

Die Viktorianer waren furchtbar unglücklich über sexuelle Träume, besonders bei Jugendlichen. Professor Orson Squire Fowler, ein bekannter viktorianischer Arzt, empfahl jungen Männern, vor dem Schlafengehen stets ein kaltes Bad zu nehmen, nie auf dem Rücken zu schlafen und sich notfalls ein Handtuch mit einem dikken Knoten direkt unter dem Rückgrat umzubinden (um es sich so unbequem wie möglich zu machen und deshalb kein Opfer wollüstiger Träume zu werden). Andere Ärzte erfanden fürchterliche Apparate, die unglückseligen Jünglingen umgeschnallt wurden und ihnen im Falle einer Erektion einen elektrischen Schlag versetzten. Leider wird sie das des REM-Schlafs und der damit verbundenen Träume beraubt haben, da, wie wir gesehen haben, REM-Träume und Erektionen zusammengehören. Auch in NREM-Schlaf kommen Erektionen vor, aber am Anfang und Ende der REM-Periode sind sie am häufigsten.

Erektionen sind jedoch nicht unbedingt mit sexuellen Träumen verbunden. Auch die Theorie, daß sexuelle Träume bloß die Folge sexueller Spannung, die ein Ventil sucht, sind, überzeugt nicht völlig. So berichteten beispielsweise Männer, die so schwer verwundet waren, daß sie keine sexuellen Gefühle mehr empfanden, dennoch von solchen Träumen — und die waren gewiß nicht das Ergebnis körperlicher sexueller Spannung. Und wenn die Ventiltheorie stimmt, warum berichten dann so viel mehr Männer als Frauen von Sexträumen? Wir können bestimmt nicht davon ausgehen, daß Frauen weniger sexuelle Gefühle haben als Männer. Das ist eine schwierige Frage — aber niemand sollte sich Sorgen machen über einen erfreulichen sexuellen Traum. Nichtsdestoweniger sind Träume mit einem offenen oder verborgenen sexuellen Inhalt oft sehr aufschlußreich und sollten ernsthaft untersucht werden.

Der «Stimmungs»-Traum

Besonders interessante und oft bewegende Träume sind diejenigen, die vor allem den Eindruck von etwas Geheimnisvollem — einen echten «Traumeindruck», wenn Sie so wollen — in uns hinterlassen. Sie sind in vieler Hinsicht ausgesprochen lebhaft, obwohl es fast unmöglich ist, sie in Worte zu kleiden, denn dieses alles umfassende Gefühl und die sehr ungewöhnlichen und persönlichen Bilder scheinen sich jeder Spache zu entziehen. Diese Träume sind nicht nur wichtig, sondern sie fassen auch unsere augenblicklichen Empfindungen auf eine äußerst subtile Weise zusammen. Sie helfen uns vielleicht nicht immer, Entschlüsse zu fassen — das tun

Das Dorf der Seejungfern von Paul Delvaux spiegelt ein wenig vom dem wider, was man bei einem «Stimmungstraum» empfindet. Trotz ihrer Lebendigkeit sind diese Träume sehr schwer zu beschreiben. Sie greifen persönliche Bilder auf und haben etwas Unheimliches.

Die beiden nebenstehenden Zeichnungen wurden nach Träumen im Schlaflabor angefertigt und zeigen Stühle von der Seite und von oben. Gleiche Elemente können also in unterschiedlicher Form in «verwandten» Träume auftauchen.

die irdischen Träume —, aber sie können unsere Gefühle und unsere Phantasie dazu anregen, neue Wege zu suchen, und sind daher im Grunde schöpferisch. Vielleicht sind solche Träume die Keimzelle neuer kreativer Arbeit oder der Anfang von Entwicklungen in unserem Leben, die alsbald Form annehmen und Bedeutung gewinnen werden. Wir sollten unserem Unbewußten freudig erlauben, seine Arbeit zu tun, im Wissen, daß wir nach und nach mehr erfahren werden.

Serienträume
Wenn Sie echte Hilfe von Ihren Träumen erwarten, dürfen Sie niemals einen Traum allein untersuchen. Experimente in Traumlaboratorien haben bewiesen, daß innerhalb einer bestimmten Schlafperiode mehrere Träume dieselben Elemente enthalten und daß in manchen Nächten sogar alle Träume Variationen desselben Themas zeigen.

Andererseits aber sind deren Verbindungen auch manchmal «verkleidet». Es ist durchaus möglich, daß Sie eine ganze Reihe von Träumen haben, die in jeder Hinsicht völlig verschieden wirken, die sich aber dennoch auf ein und dieselbe Sache beziehen. Das liegt daran, daß unser Unbewußtes nach jedem geeigneten Symbol greift und es dazu verwendet, das Thema, das es am stärksten beschäftigt, zu kommentieren, obwohl wir uns dieser Beschäftigung im Wachleben gar nicht bewußt sind. Wenn wir uns eines Traums erinnern, in dem etwas, was wir am Tag zuvor erlebt haben — vielleicht eine Fernsehsendung oder eine beiläufige Bemerkung von jemandem —, vorkommt, dann tun wir das, weil diese Sendung oder Bemerkung ein passendes Stichwort für unser Unbewußtes und das, was es uns zu sagen hat, ist. In der nächsten Nacht träumen Sie vielleicht etwas ganz anderes, doch während Sie fortfahren mit Ihren Experimenten, werden Sie allmählich erkennen, daß die Serie von Träumen einen Sinn ergibt und Ihnen immer wieder dasselbe sagt; es kann Ihren Träumen damit gelingen, Sie zu beruhigen, Ihnen zu helfen, einen Entschluß zu fassen oder Ihre Probleme zu bewerten.

Natürlich müssen Sie Ihre Geschicklichkeit und Ihren Scharfblick schulen, wenn Sie Ihre Träume gründlich deuten wollen, aber wir können gar nicht oft genug sagen, daß es sich lohnt, also halten Sie bitte durch. Vielleicht haben Sie ein Problem, das Sie bedrückt. Sie träumen eines Nachts, Sie schleppten einen schweren Einkaufskorb; in der nächsten träumen Sie, Sie grüben Ihren Garten um oder seien in eine lange, komplizierte Angelegenheit verwickelt, die Ihnen buchstäblich nichts sagt. Die Träume könnten einfach Ihre augenblicklich unangenehme Lage illustrieren, Ihre bewußten Gefühle widerspiegeln: Der Korb ist voll von Ihren Problemen; der Traum schlägt Ihnen vor, deren Oberfläche zu durchdringen, sie wie die oberste Erdschicht aufzugraben. Die Verwirrung der Ereignisse in Ihrem Traum ist ein Spiegelbild Ihrer verworrenen Situation und sagt Ihnen, daß Sie zuerst einmal Ordnung schaffen müssen. Unterschiedliche Träume können also die gleiche Stimmung ausdrücken.

Die Symbole in Ihren Träumen mögen vielleicht nichts gemeinsam haben, aber sie werden den Anstoß dazu geben, daß Sie den Dingen mutig entgegentreten. Später vielleicht wird sich das Thema Ihrer Träume weiterentwickeln: So könnten Sie beispielsweise ein «Licht am Ende des Tunnels» sehen, ein Fenster öffnen, Auto

Phantasien über einen verlorenen Handschuh (1881) von Max Klinger ahnt bereits die moderne Traumtheorie voraus. Ein Handschuh, den der Künstler aufhebt, löst einen romantischen (unten), einen phantastischen (S. 57 oben) und einen alpdruckartigen (S. 57 unten) Traum aus.

fahren und absolut sicher sein, daß Sie auf dem richtigen Weg sind — in diesem Fall deutet alles darauf hin, daß Sie nun wissen, was Sie tun müssen, und wenn auch Ihre Probleme vielleicht noch nicht ganz gelöst sind, nähern Sie sich ihnen konstruktiv und positiv. Wenn Sie sich in solchen Zeiten nicht um Ihre Träume kümmern, befinden Sie sich selbstverständlich in derselben Gemütsverfassung — aber wieviel beruhigender ist es zu wissen, was vorgeht, einen Hinweis von Ihrem Unbewußten zu empfangen, daß Sie in psychologischer Hinsicht mit sich im reinen sind.

Es lohnt sich auch zu lernen, wie Serienträume weitergehen können, während sich Ihre Einstellung zu Ihren Problemen ändert. Vor ein paar Jahren erhielt eine gewisse Julia Parker den Auftrag, eine sehr lange Buchreihe zu schreiben, was bedeutete, daß sie innerhalb ziemlich kurzer Zeit rund eine halbe Million Wörter zu Papier bringen mußte. Sie hatte alles Material im Kopf, aber das Ausmaß der Arbeit, die vor ihr lag, entmutigte sie. Dann hatte sie einige Träume. Der erste handelte von einem riesigen, leeren Lagerhaus, das sie mieten wollte. Im zweiten befand sie sich in einem großen, schönen Gebäude voller herrlicher Materialien für Kunst und Handwerk, die sie einkaufte. Im dritten Traum hatte sie eine Menge Antiquitäten geerbt und erzählte einer Freundin, sie wolle sie wieder in Ordnung bringen und irgenwie verwenden. Im letzten Traum der Serie tanzte sie Step.

Es schien ihr, als wolle der erste Traum ihr sagen, daß sie aufgeschlossen sei für das, was vor ihr lag, der zweite, daß sie ihre Gedanken sammle, und der dritte, daß sie bereit sei, all ihre Erfahrungen und Kenntnisse über das Thema, das sie behandeln sollte, anzuwenden. Der vierte war anders in Zusammenhang und Symbolis-

mus, aber vielleicht der wichtigste: In ihrem Inneren bestand eine Verbindung zwischen steppen und tippen — eine Art Wortspiel. Der Traum verriet ihr, daß sie ihre Zweifel überwunden hatte und bereit war, an die Arbeit zu gehen. Natürlich weisen wir auch hier wieder darauf hin, daß diese Deutung allein für Julia Parker zutrifft. Und nur Sie allein können mit Gewißheit sagen, was etwas Ähnliches für Sie bedeuten würde.

Der Wiederholungstraum

Die meisten von uns haben von Zeit zu Zeit Wiederholungsträume. Bei vielen taucht der alte Freund nur alle paar Jahre auf, während er sich bei anderen in kürzeren Abständen meldet. Im wesentlichen sieht es so aus, als wolle er uns immer wieder an etwas erinnern, was wir uns sehr wünschen oder dringend brauchen. Mißverstehen oder überbewerten Sie nun nicht das Wort «etwas», denn selten bezieht sich der Traum auf etwas Materielles. Vielleicht sehnen Sie sich nach Liebe und Zuneigung, nach einem besseren Sexualleben oder, am wichtigsten von allem, nach der Lösung eines tiefsitzenden, ungeklärten psychologischen Problems.

Man kann davon ausgehen, daß Wiederholungsträume seit langem bestehende Probleme widerspiegeln, die durch irgendeinen äußerlichen Eindruck wieder an die Oberfläche des Unbewußten kamen. Jedesmal wenn der Traum wiederkehrt, will er uns wahrscheinlich sagen, wie weit wir mit deren Lösung gekommen sind. Es ist daher wichtig, daß Sie sich den kleinsten Unterschied zwischen dem letzten und vorletzten Traum notieren: Eine Neuordnung der Reihenfolge der Ereignisse, Veränderungen des visuellen Inhalts, der Akzente, können bedeutsam sein.

Alle Wiederholungsträume müssen genauestens bearbeitet werden. Ein Blick in den Deutungsteil dieses Buches könnte Sie auf den richtigen Weg bringen. Aber vergessen Sie nicht, daß Sie Ihren Traum beim Deuten im Sinne Ihrer gesamten Lebenseinstellung und Ihres individuellen Standpunkts betrachten sollten, denn er spricht für einen Zwiespalt zwischen den Tiefen Ihres Unbewußten und Ihrer äußeren Persönlichkeit. Vor allem aber schieben Sie ihn nicht beiseite, sagen Sie nicht einfach: «Oh, schon wieder dieser langweilige alte Traum!» — und vergessen Sie ihn nicht bis zum nächsten Mal. Sie sollten auch keine Angst vor einem Wiederholungstraum haben. Zugegeben, wenn er schrecklich ist, könnte dies sehr wohl heißen, daß Sie sich mit etwas an Ihrer eigenen Person beschäftigen müssen, was unangenehm ist — vielleicht etwas, was Sie überhaupt nicht wußten und dessen Bedeutung Sie einfach nicht begreifen können. Aber Sie müssen sich mit Ihrem Traum auseinandersetzen und versuchen, der Tatsache ins Auge zu blicken, daß er Ihnen etwas über Sie selbst, wahrscheinlich etwas Wichtiges, erzählen will.

Man packt einen Wiederholungstraum am besten so an, indem man ihn jedesmal in allen Einzelheiten aufschreibt (und zwar noch ausführlicher als andere Träume) und die feinen Veränderungen darin sehr sorgfältig untersucht. Wahrscheinlich werden Sie jedesmal, wenn er eintritt, etwas klarer sehen, was er Ihnen sagen will (und wenn es sich um einen schrecklichen Traum handelt, wird er Sie um so weniger beunruhigen, je tiefer Sie in seine Bedeutung eindringen).

Selbst wenn Sie Ihren Wiederholungstraum in allen Einzelheiten erzählen können, versäumen Sie nicht, ihn jedesmal neu aufzuschreiben und sich zu fragen, was in Ihrem Leben zur Zeit seines Auftretens geschah. Es ist durchaus möglich, daß Sie im Laufe der Zeit ein deutliches Muster erkennen. So könnte der Traum zum Beispiel kommen, wenn ein Besuch bei Ihrer Mutter fällig ist. Selbst wenn er anscheinend nicht das geringste mit Ihrem Verhältnis zu Ihrer Mutter zu tun hat, könnte er Ihnen etwas Wichtiges darüber mitteilen. Aber in mancher Hinsicht sind es die feinen *Veränderungen* in dem Traum, die von so großer Wichtigkeit sind.

Warnträume

William Cavendish-Bentinck, Herzog von Portland, der im Jahre 1901 die Krönung von König Eduard VII. organisieren half, berichtet in seinen Memoiren von einem ungewöhnlichen Traum, den er träumte, als die Pläne für die Zeremonie schon ziemlich festlagen. Er schreibt:

Auf dem Weg zur Westminster-Abtei mußte die Staatskarosse den Torbogen am Gebäude der Horse Guards passieren. Ich träumte, daß sie im Torbogen steckenblieb und daß einige diensthabende Mitglieder der Leibgarde die Krone von der Karosse schlagen mußten, um diese freizubekommen. Als ich das Oberst Ewart, dem Oberstallmeister, erzählte, lachte er und sagte: «Was kümmern uns Träume!» Ich antwortete: «Lassen Sie mich für alle Fälle die Karosse und den Bogen ausmessen.» Gesagt, getan, und zu meinem Erstaunen stellte sich heraus, daß der Bogen fast zwei Fuß zu niedrig war, um die Karosse durchzulassen. Triumphierend kehrte ich zu Oberst Ewart zurück und sagte: «Was halten Sie jetzt von Träumen?» «Ich halte es für ein verdammtes Glück, daß Sie einen hatten», antwortete er. Es stellte sich heraus, daß die Karosse schon lange nicht mehr durch den Bogen gefahren und die Straße inzwischen durch Reparaturen angehoben worden war.

Dies ist ein wirklich ungewöhnliches Beispiel für einen Warntraum. Die Menschen des Altertums glaubten, daß es der Hauptzweck der Träume sei zu warnen: Träume waren Botschaften der Götter. Das älteste erhaltene Traumbuch, der 2000 v. Chr. in Ägypten geschriebene sogenannte Chester-Beatty-Papyrus, zählt die Symbole auf, mit denen die Götter vor kommenden Ereignissen warnten; Priester — «Meister der geheimen Dinge» — wurden berufen, solche Träume zu deuten. Zwar denken wir heute nicht mehr so fatalistisch, aber es wäre immer noch unklug, keine Notiz von einem Warntraum zu nehmen. Vielleicht erkennen Sie, daß er keine Bedeutung hat, aber zuweilen werden Sie — genau wie der Herzog von Portland — froh sein, daß Sie ihn beachtet haben. Wahrscheinlich werden Sie nicht gerade eine Krönung organisieren müssen, aber vielleicht die Hochzeit Ihrer Tochter! Oder, viel einfacher, Sie träumen, daß die Leine Ihres Hundes reißt, daß die Bremsen Ihres Autos versagen...

Der ehemalige Erzieher von Erzherzog Franz Ferdinand, Bischof Lanyi, sah 1914 dessen Ermordung im Traum voraus und versuchte, das Opfer zu warnen. Möglicherweise spiegeln prophetische Träume wie dieser unbewußte Kenntnisse wieder, oder sie sind reine Zufälle, aber es besteht kein Zweifel, daß solche «Warnträume» manchmal «wahr werden».

Es mag sein, daß Träume wie der des Herzogs von Portland die Folge von Beobachtungen und Eindrücken sind, die der Träumer in wachen Stunden gemacht, die er aber entweder vergessen oder nicht bewußt aufgenommen hat; das heißt, seine Augen werden ihm beim Betrachten des Bogens gesagt haben, daß dieser für die Karosse zu niedrig sei, doch könnte er den Gedanken wieder verworfen haben. Viele eindeutig prophetische Träume lassen sich so erklären, denn es zeigt sich, daß sie auf irgend etwas zurückgehen, was dem Träumer einmal bekannt war und was er in seinem Bewußtsein zurückgedrängt hat.

Dies ist wieder ein Gebiet, auf dem Träume uns zu helfen vermögen, entweder indem sie uns eingeben, was passieren könnte, oder indem sie uns einfach vorschlagen, was wir tun sollten. Bedenken Sie auch, daß ein Traum von einem Körperteil oft bedeuten kann, daß dieser Teil Ihre Aufmerksamkeit benötigt. Oft enthalten unsere Träume Warnungen vor Krankheiten, und Schmerzen, die man im Traum verspürt, können sehr aufschlußreich sein. All dies beweist immer stärker, daß wir im Schlaf sowohl psychologische als auch physiologische Informationen anzapfen können, die kein Arzt, und habe er auch die modernsten medizinischen Apparate, bemerken würde.

Vor einem muß jedoch gewarnt werden: Wenn der Traum wirklich böse ist — wenn das, was er Ihnen nahelegt, aus einer Handlung oder einer Reihe von Handlungen besteht, die Ihnen zutiefst zuwider sind oder anderen Menschen Schaden zufügen könnten, dann müssen Sie ihn wirklich sehr sorgfältig prüfen. Sind Sie dann immer noch ratlos, sollten Sie vielleicht einen Analytiker aufsuchen, der Ihre Träume gründlich mit Ihnen durchgeht. Das ist natürlich der äußerste Weg, etwas über sich selbst zu erfahren.

Erwachen aus einem Traum   Wie oft sagen wir, wenn wir einen Traum erzählen: «Gerade als es spannend wurde, bin ich aufgewacht.» Wie schade! Sie befinden sich in einer höchst romantischen Umgebung, Ihr Traumidol will Sie gerade umarmen — und plötzlich sind Sie hellwach. Solche Träume sind doch ganz offensichtlich Wunscherfüllungen, und trotzdem wachen wir so oft auf, bevor sie zu Ende sind!

Freud wies als erster darauf hin, daß Träume fast immer ein Versuch des Träumers sind, sich, wenn auch nur im Schlaf, Wünsche zu erfüllen, die aus irgendeinem Grund im Wachleben unerfüllbar bleiben. Aber diese Theorie war vor allem für Träume gedacht, die viele Träumer unanständig fanden; Freud glaubte, daß uns unser Unbewußtes im Traum auf Wünsche aufmerksam macht, über die wir uns schämen würden, wenn sie an die Oberfläche kämen, während wir wach sind. Diese Theorie hat Schwächen, die spätere Traumforscher aufzeigten: Es ist zum Beispiel schwer einzusehen, wieso ein «Schock»- oder «Sorgentraum» etwas mit Wunscherfüllung zu tun haben soll. Moderne Psychiater neigen im allgemeinen dazu, sich nicht mit dem Wunscherfüllungs-Aspekt eines Traums zu beschäftigen, außer wenn er offensichtlich ist, sondern lieber mit dem allgemeinen Seelenzustand des Träumers, und den Traum in diesem Zusammenhang zu betrachten.

So bleibt also die Frage, warum wir so oft vor dem Höhepunkt eines erfreulichen Traums erwachen, unbeantwortet. Wollen uns unsere Träume etwa necken? Oder sagt uns diese Art Traum, daß wir noch nicht alles erreicht haben, was wir vom Leben erwarten — daß unsere sehnlichsten Träume also noch nicht in Erfüllung gegangen sind? Welcher Traum könnte deutlicher ein Wortspiel sein? Ebenso könnte es eine Versicherung sein, daß wir es endlich «geschafft» haben, wenn eine wunderbare Traumgeschichte vollständig ist und ein natürliches Ende findet, so daß wir, wenn wir den Traum einem Freund erzählen, sogar ein Teil davon sind. Sollten Sie diese wirklich herrliche Traumerfahrung machen, fragen Sie sich: «Habe ich es geschafft? Habe ich endlich mein Ziel erreicht?» Der Traum gibt Ihnen die Antwort.

Alles in allem wird Ihnen dieses Buch bloß das Tor zur Traumdeutung öffnen. Sie werden bald sehen, daß der folgende lange Deutungsteil ganz anders ist als alle anderen, die Sie vielleicht schon in bekannten Traumbüchern gelesen haben. Der Deutungsteil richtet sich an *Sie*. *Sie* müssen sich anstrengen, damit dieses Buch Ihnen nützt.

Wenn Sie zu ausführlicheren Büchern über dieses Thema fortschreiten, werden Sie ganze Welten entdecken, mit denen wir uns hier nicht beschäftigen können. Dies ist jedoch Ihr Anfang: Wenn Sie den folgenden Teil benutzen, werden Sie immer mehr dazulernen, denn obwohl die Fragen Sie dazu anregen sollen, über Ihre eigenen individuellen Reaktionen auf Ihre eigenen individuellen Traumsymbole nachzudenken, zeigen wir jedes Symbol möglichst auch in seinem geschichtlichen und mythologischen Zusammenhang.

Es kann leicht passieren, daß man sich zu sehr auf die Grundbedeutung eines Symbols verläßt — selbst erfahrene Analytiker tappen in diese Falle und drängen ihren Patienten ihre eigene Deutung eines Traums auf. Und während sie eigentlich genau wissen sollten, was jedes Symbol für einen Patienten, mit dem sie intensiv gearbeitet haben, bedeutet, neigen sie manchmal zu vorgefaßten Meinungen.

Weil Sie dagegen auf eigene Faust arbeiten, können Sie Ihren Träumen einzig Ihre eigene Deutung geben, vorausgesetzt, Sie beantworten die Fragen ehrlich und ziehen nicht gleich Schlüsse hinsichtlich der Bedeutung Ihrer Träume. Sie sollten die Fragen nur als Anregung betrachten, die Ihnen bei der Entdeckung dieser Bedeutung helfen können. Abgesehen von der Couch des Analytikers gibt es keinen besseren Weg zur Traumdeutung. Aber wenn Sie tief unglücklich über einen Traum oder eine Reihe von Träumen sind, sollten Sie sich natürlich um fachmännische Hilfe bemühen. Schließlich behandeln Sie ja auch ernsthafte Krankheitssymptome nicht selbst, sondern gehen zum Arzt. So könnten Sie also den Rat eines Fachmanns benötigen, wenn Sie das deutliche Gefühl haben, Ihre Träume erzählten Ihnen unangenehme Dinge und hätten Sie auch nach der Bitte um Hilfe nicht beruhigt. Das wird nur bei einer kleinen Minderheit von Lesern der Fall sein; für die Mehrheit wird die Erforschung Ihres Traumlebens ganz neue und ungeheuer reiche Ebenen der Erfahrung und Befriedigung erschließen.

Regeln für die Traumdeutung

Der Umgang mit den Regeln für die Traumdeutung

Wie wir bereits betont haben, sind Ihre Träume völlig individuell, und kein Buch kann Ihnen sagen, was ein Traum oder ein Traumsymbol bedeutet. Die Deutung müssen Sie ganz allein anpacken, und dazu will dieses Buch anregen.

Wie in Kapitel 5 vorgeschlagen, werden Sie die Hauptpunkte Ihrer Träume schnell notiert haben. Entscheiden Sie nun, was das wichtigste Element darin ist — die Handlung, die Stimmung, eine bestimmte Person oder gar ein Gegenstand. Meistens werden Sie feststellen, daß das nicht halb so schwer ist, wie es aussieht. Oft werden Sie instinktiv wissen, auf welchen Aspekt Ihres Traums Sie sich konzentrieren müssen. Erscheint nach einiger Überlegung ein Element bedeutungslos, beschäftigen Sie sich mit einem andern Aspekt des Traums und versuchen Sie, ihn mit Ihrem wirklichen Leben — Ihrem Wachleben — in Verbindung zu bringen.

Traumbeispiel

Der folgende Traum wurde von einem Mann geträumt.

Sie träumen, Sie laufen durch einen dunklen Tunnel, der nach einer Weile in einen im hellen Sonnenlicht liegenden Hof führt. Um Sie herum erhebt sich ein prächtiges Schloß mit Türmchen und Zinnen. Sie fühlen sich überhaupt nicht bedroht, sondern beginnen, das Gebäude zu erforschen und steigen Treppen empor, die stets außerhalb des Gebäudes zu verlaufen scheinen. Sie suchen nach einem Eingang, finden aber nicht gleich einen. Dann stoßen Sie auf einen Torweg mit einer massiven Tür, die bedrohlich oder gefährlich aussieht. Sobald Sie aber Ihre Hand darauf legen, öffnet sie sich mühelos, und Sie treten ein in einen breiten, hellen Gang, an dessen Ende Sie einen Stuhl auf einer Plattform stehen sehen;

beim Nähertreten erkennen Sie, daß es ein Thron ist, auf dem eine Frau sitzt. Obwohl Sie sich fürchten, gehen Sie langsam darauf zu und sehen, daß die Frau jemand ist, den Sie kennen und bewundern, aber gefährlich finden. Kaum haben Sie die Stufen des Throns erreicht, erhebt sie sich jedoch, geht auf Sie zu, nimmt Sie bei der Hand und führt Sie durch eine Tür auf eine breite Terrasse mit einer prachtvollen Aussicht über ein weites, ausgedehntes Land. Unten können Sie ein Haus sehen und erkennen es als Ihr eigenes. Von dort aus führen viele Straßen durch das Land, winden sich, verschwinden hinter Hügeln und verlieren sich am Horizont. Die Frau deutet nach unten, und Sie sehen eine Straße, die aus dem Schloß direkt zu Ihrem Haus führt. Sie ergreift wieder Ihre Hand und geleitet Sie eine Treppe hinab, die zum Ausgang des Schlosses führt. Sie wachen auf.

Wenn Sie entschieden haben, welches das wichtigste Element eines Traums ist, schlagen Sie im Traumwörterbuch nach. Da es unmöglich ist, in einem einzigen Buch alle Situationen und Gegenstände zu nennen, die in Träumen vorkommen können, werden Sie es vielleicht nicht finden — nicht einmal unter einem sinnverwandten oder ähnlichen Stichwort. Nehmen Sie in so einem Fall das nächstwichtige Thema oder Objekt; es könnte durchaus sein, daß Ihnen dies einen Hinweis auf die Bedeutung gibt. Die Atmosphäre ist oft genauso wesentlich wie das Thema: Wenn Sie beispielsweise von einer zerbrechenden Uhr träumen, könnte es sein, daß das Element des Verfalls, des Zerbrechens, genauso viel bedeutet wie die Tatsache, daß es eine Uhr ist, die da zerbricht.

Unter dem betreffenden Stichwort des Wörterbuchs finden Sie eine Reihe Fragen, die Ihnen mehrere Anregungen geben, wie Sie an den Traum herangehen sollten, und die Ihnen entscheiden helfen, auf welchen Aspekt Ihres Wachlebens sich der Traum bezieht — ob es eine gefühlsmäßige Situation ist oder eine Person oder eine Entscheidung, die Sie treffen müssen (oder getroffen haben) und so weiter. Es

Traumanalyse

Beim Durchlesen Ihrer Aufzeichnungen unterstreichen Sie die Wörter oder Sätze, die wichtig zu sein scheinen. Sie sind äußerst interessiert an der *Frau*, die im Traum auftritt; im Wachleben kennen Sie sie nicht besonders gut, und obwohl Sie sie attraktiv finden, scheint sie an Ihnen nicht besonders interessiert zu sein. Die Umgebung, in der sie Ihnen im Traum erscheint, ist zweifellos wichtig. Sie schlagen das Stichwort *Gebäude* auf und finden den Hinweis, daß diese in Traumen oft Gebiete unserer Persönlichkeit darstellen. Ein *Tunnel*, lesen Sie, ist manchmal ein sexuelles Symbol; könnte es also sein, daß sich der ganze Traum – da er ja mit einem Tunnel anfängt – irgendwie auf Ihre Sexualität bezieht? Sie treten aus ihm heraus in helles Sonnenlicht, was anzudeuten scheint, daß Sie in die richtige Richtung gehen.

Was hat das *Schloß* zu bedeuten? Es ist kein furchteinflößendes Gebäude. Stellt es, wie das Traumlexikon sagt, Ihre eigene Persönlichkeit oder Libido dar? Und wenn, weist der Umstand, daß Sie es zu erforschen beginnen und dabei aufwärts steigen, daraufhin, daß Sie im Wachleben anfangen, einen bis dahin vernachlässigten Aspekt Ihrer Persönlichkeit, Ihres Lebens zu erforschen? Sie suchen nach einem *Eingang*, und das spricht dafür, daß Sie nach einem bisher unterdrückten Element in sich selber suchen. Und als Sie dann den Eingang, den *Torweg*, finden, kommt er Ihnen zuerst unpassierbar vor – doch als Sie die schwere Tür berühren, öffnet sie sich mühelos. Vielleicht sagt Ihnen Ihr Unbewußtes, daß irgendein scheinbar schwieriger Aspekt Ihres innern Lebens leichter zugänglich ist, als Sie denken.

Nun kommt der Gang – diesmal ist es kein Tunnel –, der zu dem Thron führt, auf dem die Frau im Mittelpunkt des Traums sitzt. Die Helligkeit und Weite des Ganges sagen wiederum: «leicht erreichbar» – und der Umstand, daß es ein Gang und kein Zimmer ist, weist darauf hin, daß Sie in eine Richtung geführt oder gedrängt werden. Der Thron läßt eindeutig darauf schließen, daß Sie die Frau irgendwie als unzugänglich, ja, sogar als «höherstehend» empfinden; aber sie steigt zu Ihnen herab, nimmt Sie bei der Hand und führt Sie wieder ins Licht, wo Sie eine herrliche

Aussicht erwartet, die in allen Einzelheiten auf Weite hinweist und auf die Möglichkeit, das Unbekannte zu erforschen (die *Straßen*, die in viele Richtungen führen). Kurz bevor Sie aufwachen, geleitet die Frau Sie in Richtung Heimat.

Man kann die Deutung unmöglich weiterführen, wenn man nicht der Träumer ist, dessen Traum wir hier beschrieben haben. Aber es ist zumindest denkbar, daß er eine starke, wenn auch bisher weitgehend unterdrückte Zuneigung zu der Frau in dem Traum empfindet (der Tunnel mag durchaus ein Zeichen für die sexuelle Komponente dieser Zuneigung sein), daß diese ihm jedoch irgendwie unerreichbar vorkommt. Sein Unbewußtes will dem Träumer sagen, daß die Frau ihm zwar viel zu «fern» für eine gute Beziehung ist, daß sie aber sein Leben erschließen und ihm neue Aspekte zeigen könnte – und ihm sogar entgegenkommen würde.

Hüten Sie sich jedoch – tun Sie es immer – vor einer allzu einfachen Betrachtungsweise; Träume sind äußerst raffiniert, oft sogar verwirrend und hinterhältig in ihrer Aussage. Es mag sein, daß unser Träumer auf der falschen Spur ist, wenn er die Frau im Traum für eine Frau hält, die er im Wachleben kennt, oder glaubt, das, was sie im Traum tat, habe etwas mit dem «wirklichen Leben» zu tun. Der Traum braucht überhaupt nicht auf sie und sein Verhältnis zu ihr anzuspielen. Vielleicht weist ihre Persönlichkeit im Traum auf Elemente hin, die der Träumende in seinem eigenen Innenleben pflegen sollte. Sie könnten durchaus auf die «Anima», die weibliche Seite seines Lebens, verweisen, die er auf Grund seiner Erziehung und Umwelt unterdrückt. Die Scheu, die er im Traum vor der Frau empfindet, mag eine Scheu vor seiner eigenen Sexualität oder Widerwillen, sie zu akzeptieren, sein. Aber auch das darf nur als behutsame Anregung verstanden werden, zumindest am Anfang. Stellen Sie jede Deutung immer wieder in Frage, bevor Sie sie gelten lassen. Sie werden merken, daß die «richtige» Deutung eines Traums dieselbe unmißverständliche Befriedigung auslöst, wie bei der Akupunktur die Nadel, die den richtigen Punkt trifft.

ist wichtig, daß Sie Ihren Traum von vielen Seiten betrachten, daß Sie «darin umhergehen». Folgen Sie jeder Spur, die er enthält, jedem Hinweis. «Werden» Sie jeder wichtige Gegenstand, der möglicherweise etwas Bedeutsames symbolisieren könnte, und betrachten Sie den Traum von diesem Standpunkt aus.

Ganz selten ist ein Traum gänzlich undurchsichtig. Machen Sie sich darüber keine Sorgen! Manchmal wird Ihnen seine Bedeutung erst Stunden später klar. Manchmal ist er nur ein Phantasiegebilde, das wenig oder gar nichts bedeutet.

Traumthemen   Wie wir bereits hervorgehoben haben, stecken Träume voller Symbole, die nur im Licht unserer eigenen individuellen Erfahrung gedeutet werden können — unserer Erziehung, unserer Umwelt, unserer ganzen Persönlichkeit. Viele dieser Erfahrungen sind mindestens den Menschen der westlichen Welt gemeinsam, und wenn es uns möglich wäre, für einen Augenblick in den Traum unseres Nachbarn zu schlüpfen, dann würden wir in groben Umrissen unsere eigene Umgebung erkennen. Wir befinden uns in einer Groß- oder Kleinstadt, auf dem heimatlichen Lande, in einer dichten Menge unserer Zeitgenossen, am Strand oder am Flußufer, aber stets in einer Welt, die wir kennen.

Ähnlich ist es mit bestimmten Themen, die in vielen Träumen vorkommen: Es gibt Träume, in denen wir fliegen oder fallen, in denen wir peinlicherweise plötzlich nackt sind, in denen eine Katastrophe eintritt oder in denen wir jagen, beziehungsweise von irgend jemandem oder irgend etwas gejagt werden.

Wir haben 16 besonders verbreitete Themen und Situationen ausgewählt und machen Vorschläge, wie Sie sie behandeln sollten, damit Sie sie als Teile Ihres ganz persönlichen Traums sehen und nicht bloß als Hintergrund. Natürlich gibt es noch viel mehr, und unsere Beispiele sind deshalb notgedrungen etwas willkürlich, aber sie gehören zu denen, die die Träumer, mit denen wir sprachen, am häufigsten erwähnten.

Bedenken Sie jedoch, daß es zwar wichtig ist, die Landschaft, in der die Träume spielen, und die Umstände, unter denen sie eintreten, in Betracht zu ziehen, daß es aber innerhalb der Träume stets höchst bedeutsame individuelle Symbole gibt. Die Künstler, die wir baten, diese Themen zu illustrieren, bringen dies eindrucksvoll heraus: So könnte jeder Leser dieses Buches einen Traum träumen, in dem das Wetter eine wichtige Rolle spielt — bei einigen würden Wind und Regen vielleicht sogar bis in das Zimmer hinein dringen; aber wahrscheinlich nur einer, nämlich der Künstler, der das Bild auf Seite 75 gemalt hat, träumte, daß ein Avocadobäumchen aus dem Sitz eines gewöhnlichen Stuhls wächst. Auch die anderen Bilder zeigen Grundthemen, von deren Hintergrund sich Symbole oder symbolische Ereignisse abheben.

Während es wahrscheinlich gerade die individuellen Symbole und Ereignisse sind, die deutlich in Ihrem Gedächtnis haften bleiben und an die Sie sich nach dem Aufwachen als erstes deutlich erinnern, kommt es auch sehr stark auf die gesamte Atmosphäre an, und im alphabetischen Verzeichnis werden Sie sehen, daß wir Sie so oft auf diesen Hintergrund, dieses Thema verweisen. Wenn Sie zum Beispiel träumen, Sie würden gejagt, ist es nicht nur wichtig, daß Sie sich an das Ungeheuer, das hinter Ihnen her war, erinnern und es benennen; oft enthüllt die Landschaft, in der die Jagd stattfindet, diejenige Region Ihres Lebens oder Inneren, auf die der Traum anspielt. Ein Traum, in dem Wasser das Hauptthema ist, kommentiert höchstwahrscheinlich Ihren Gefühlszustand, aber auf die Form, die das Wasser hat, kommt es an: das Meer — nun gut, aber ist es ruhig oder bewegt? Kalt oder angenehm warm? Und so weiter.

Verallgemeinerungen über diese Traumthemen anzustellen ist genauso unmöglich wie über die einzelnen Symbole, die nachfolgend verzeichnet sind. Wir haben deshalb versucht, Wege zu weisen, wie Sie sowohl das Grundthema als auch das einzelne Symbol betrachten können, damit Sie beide in den richtigen Zusammenhang mit dem wachen und dem unbewußten Leben bringen und ihren Sinn und ihre Bedeutung erkennen.

Traumthemen

Verfolgung

*Verfolgungsträume treten häufig auf und sind manchmal sehr beängstigend.
Der böse Wolf, ein Skelett hinter der Tür, schwarze Hunde, Katzen, Pferde,
übernatürliche Erscheinungen aus anderen Welten... alles mögliche kann
uns in unseren Träumen verfolgen, manchmal bis zum Alpdruck. Wir dürfen
auf keinen Fall zulassen, daß uns schreckliche Symbole bis in unsere wachen
Stunden verfolgen, und das geht am besten, wenn wir gründlich aufklären, was
sie darstellen. Wenn sie dann immer noch hinter uns her sind, könnte das
bedeuten, daß wir es nicht geschafft haben, uns mit der Urquelle des Traums
zu einigen. Wir sollten mehr innere Kraft gewinnen, damit wir mit jenen
schwächeren Elementen unserer Persönlichkeit fertigwerden, die uns daran
hindern, umzukehren und unseren Problemen entgegenzutreten.*

Beachten Sie zwei Dinge: Wenn Sie verfolgt werden, gelang es Ihnen, Ihren Verfolger abzuschütteln oder sich umzudrehen und ihm oder ihr gegenüberzutreten? Und welche Gestalt hatte Ihr Verfolger? Wenn es sich um einen Wiederholungstraum handelte, sollten Sie (wie immer) sorgfältig aufschreiben, inwiefern sich ein Traum vom nächsten unterschied und wie er sich entwickelte. Es hat etwas zu bedeuten, wenn sich der Zwischenraum zwischen Ihnen und Ihrem Verfolger vergrößert — es könnte sein, daß Sie sich tatsächlich von Ihrem Problem entfernen, weil es immer unwichtiger wird, weil Sie fest entschlossen sind, ihm zu entkommen, oder weil Sie es einfach nicht beachten wollen. Wenn dagegen Ihr Verfolger aufholt, verstricken Sie sich darin vielleicht immer fester, fürchten Sie, das Leben umzingele Sie so sehr, daß Sie manövrierunfähig sind. Der Traum könnte ferner hervorragende Fortschritte anzeigen oder Sie ermutigen, stehenzubleiben und Ihrem Problem entgegenzutreten.

Wenn Sie sich fragen, wer oder was Sie jagte, bedenken Sie, daß es eine Person, ein Problem oder sogar ein Element Ihrer selbst sein kann, vor dem Sie weglaufen. Wenn Ihr Verfolger ein Tier war, versuchen Sie herauszubekommen, was das Tier im Wachleben für Sie bedeutet: Lieben oder hassen Sie es? Fürchten Sie es? Erinnert es Sie an jemanden, den Sie kennen? Wenn Ihr Verfolger irgendeinen unerwünschten Charakterzug Ihrer selbst darstellt, müssen Sie entscheiden, ob Sie ihn ignorieren oder diese besondere Schwäche überwinden wollen. Bösartige Tiere, die Sie verfolgen, wurden als bösartige Instinkte des Träumers selber gedeutet oder als etwas, wovon er sich nicht befreien kann.

Was nun aber, wenn Sie jemanden oder etwas jagten? Auch hier müssen Sie bestimmen, wen oder was das verfolgte Wild darstellt. Es könnte sein, daß der Traum irgendeine persönliche Schwäche herausstellt oder einen Minderwertigkeitskomplex beschreibt: Sie jagen hinter einer Möglichkeit her, selbstsicherer zu werden. Oder das Wild stellt irgend etwas Materielles dar, um das Sie sich bemühen — einen Gegenstand Ihres Ehrgeizes oder ein Ziel; es könnte Ihnen helfen, Ihren diesbezüglichen Fortschritt abzuschätzen. Wenn Sie das, was Sie sagen, nicht einholen können, «verpassen» Sie dann irgendwie Ihren Zug? Überholen andere Sie, oder befürchten Sie das? Vielleicht sollten Sie sich mehr anstrengen, um aufzuholen — indem Sie härter arbeiten oder sich um eine bessere, inhaltsreichere Beziehung zu Ihrem Partner bemühen. Fühlen Sie sich augenblicklich irgendwie hoffnungslos im Hinblick auf eine Verbindung oder Situation, stehen Sie vielleicht sogar kurz vor dem Aufgeben? In solchen Zeiten brauchen wir Unterstützung von unseren Träumen: Sie (und trotz Zuneigung und Hilfe von Freunden und Familie vielleicht nur sie allein) können unser Selbstvertrauen stärken. Achten Sie auf positive Symbole, vor allem auf Vergrößerung des Vorsprungs vor Ihrem Verfolger oder auf den Augenblick, da Sie sich umdrehen, um ihm — oder ihr — entgegenzutreten.

Landschaft

*Träume, in denen wir uns in einer fremden, schönen Landschaft befinden,
gehören zu den angenehmsten und denkwürdigsten. Manchmal wachen
wir auf, als hätten wir erholsame Ferien verlebt. Aber auch die eindrucksvollste
Landschaft braucht nicht der beherrschende oder wichtigste Bestandteil eines
Traums zu sein. Und selbst wenn sie ganz offensichtlich wichtig ist, vergessen
Sie nicht, daß auch andere Bestandteile — manche vielleicht nur «Flecken»
auf der Landkarte — besondere Aufmerksamkeit und Deutung verdienen.*

Wenn Sie in Ihrem Traum auf einem Aussichtspunkt standen und die Szene betrachteten, ist es möglich, daß die Landschaft eine Situation aus Ihrem Wachleben darstellt, die Sie einschätzen wollen, bevor Sie einen Entschluß fassen. Denken Sie über die Einzelheiten des Traums nach und darüber, ob es sich um Symbole handeln könnte, die mit dieser «Rundschau» über Ihr Leben zu tun haben. Wenn Sie sich in einer belebten Landschaft befinden, in der viel passiert — zum Beispiel einer Großstadtstraße voller Verkehr und Fußgänger — ist dies vielleicht ein Hinweis auf Ihr Alltagsleben. Sie sollten sich einmal fragen, ob Sie Ihre körperliche und seelische Energie verschwenden oder sich zuviel zumuten. Bewegten sich die Personen Ihres Traums frei und ungehindert auf ihren Bestimmungsort zu, oder blieben sie im Verkehr stecken? Liefen sie gar ziellos herum wie Ameisen?

Vielleicht haben Sie sich aber auch in einer friedlichen, ländlichen Umgebung so richtig wohlgefühlt. Doch wenn diese Atmosphäre durch eine rücksichtslose Störung jäh unterbrochen wurde, ist Aufmerksamkeit geboten. Vielleicht stellt das störende Objekt ein beunruhigendes Problem, eine Person aus Ihrem Wachleben dar, irgend etwas, was Ihren Lebensstil oder Ihre Seelenruhe bedroht. Wenn eine ersehnte Landschaft vor Ihnen zurückweicht, so mag das ein Hinweis sein, daß Sie sich Wünsche oder Ziele entgleiten lassen — und eine durch Gitter oder auch nur aus einem hochgelegenen Fenster betrachtete Landschaft könnte auf Wünsche hindeuten, an deren Erfüllung

Sie gehindert werden (entweder durch ein äußeres Hindernis oder durch eigene Hemmungen). Werden Sie es schaffen, die Schranken zu durchbrechen?

Was Sie selbst in der Landschaft getan haben, kann wichtig sein. Vielleicht durchquerten Sie sie zielbewußt, was für Selbstvertrauen und Richtungssinn spricht. Oder Sie krochen zitternd umher: In diesem Fall könnte der Traum das Spiegelbild eines Mangels an Selbstvertrauen oder die Warnung vor allzu viel davon sein. Lassen Sie Ihre Intuition entscheiden, welches von beiden zutrifft. Wenn Sie von oben auf eine Landschaft hinunterschauten, dünken Sie sich womöglich anderen überlegen («Hochmut kommt vor dem Fall» — sind Sie in Ihrem Traum gestolpert?). Und wenn Sie sie zu rasch durcheilten, fragen Sie sich, ob das Leben an Ihnen vorübergeht.

Vielleicht steckten sie fest in einem Sumpf und konnten sich kaum bewegen; das mag auf eine Situation Ihres Wachlebens hinweisen, aus der Sie keinen Ausweg sehen. Überlegen Sie, was in diesem Zusammenhang im Traum geschah: Wurde eine Lösung angedeutet, die auf das Problem Ihres Wachlebens anwendbar wäre? Sahen Sie ein Symbol der Hoffnung? Vergessen Sie nicht, daß die Landschaft Sie selber sein kann, als wären Sie Gulliver, über die Zwerge klettern. Wie sah die Landschaft aus? War sie felsig und dürr oder eben und üppig? Gibt es eine psychische Parallele dazu? Müssen Sie etwas für Ihre Figur tun, abnehmen, Ihr Aussehen verbessern?

Betrachten Sie die verschiedenen Merkmale der Landschaft: Meere, Seen, Berge; wie war das Wetter? Sie könnten mehr oder weniger wichtig sein und Ihnen etwas über Ihre Gefühle und die Art, wie Sie sie ausdrücken sollten, sagen. Ein Landschaftstraum kann sehr wohl auch auf das Bedürfnis, einmal alles stehen- und liegenzulassen, hinweisen und Sie dazu anregen, einen Tapetenwechsel vorzunehmen oder Ferien zu machen.

Reisen

*Die Reise in ein fremdes Land und das Erwachen mit so lebhaften
Erinnerungen, daß wir beinahe glauben, wir wären wirklich dortgewesen,
gehören zu den erfrischendsten, anregendsten Traumerfahrungen von allen.
Gelegentlich wurde behauptet, das Déjà-vu-Gefühl, das heißt,
das Gefühl, etwas schon einmal erlebt zu haben, erkläre sich aus so einer
Erfahrung. Schon oft haben Leute Orte sehr genau beschrieben, die sie
außer im Traum noch nie gesehen haben.*

Wir würden dies heute wahrscheinlich damit erklären, daß wir bereits Fotos, Filme oder Fernsehsendungen über die Orte, die wir im Traum besuchten, gesehen haben, aber es ist trotzdem erstaunlich, wie oft uns die ganze Atmosphäre eines Ortes, ja, sogar sein eigentümlicher Geruch, bekannt vorkommen. ohne daß es vernünftige Gründe dafür gibt.

Träume vom Reisen, von fremden Orten, richten oft die Bühne her, bieten uns einen Hintergrund, ja, sogar ein Gerüst für unser Wachleben. Oft wagen wir uns in unseren Träumen ins Unbekannte, wenn wir im Wachleben vor einer neuen Arbeit oder Beziehung, vor einer wichtigen Veränderung oder Aufgabe stehen. Obwohl die Landschaft Ihres Traums und Ihre diesbezüglichen Empfindungen eine genaue Zusammenfassung Ihrer Gefühle im wachen Zustand sein können, sind auch die Bedingungen, unter denen Sie reisen, aufschlußreich. Vielleicht ziehen Sie etwas hinter sich her, wollen Sie einen Wagen reparieren, der eine Panne hat. Versuchen Sie in diesem Fall etwa verzweifelt, Ihren Partner für irgendein Projekt zu begeistern, oder verweigert Ihnen jemand die Mitarbeit, so daß Sie sich im Hinblick auf die Zukunft nicht ganz froh und glücklich fühlen? Wenn irgend etwas Sie behindert oder Ihre Entfaltung hemmt, kann ein Traum Sie ermutigen, das Für und Wider genau zu prüfen, Sie vor Schwierigkeiten warnen und Ihnen mitteilen, daß Sie psychologisch oder praktisch noch nicht richtig vorbereitet sind. Wenn die Aussicht immer gleich bleibt und Ihre Traumreisen Sie weit fort führen, dann ist das vielleicht ein Hinweis, daß Ihr Leben beengt ist und daß Sie Abwechslung, breitere Interessen und geistige Anregung brauchen. Sie könnten natürlich auch eine tiefe, unerfüllte Sehnsucht nach Reisen empfinden — so wie ein Hungriger vom Essen träumt.

Wie sah der Horizont in Ihrem Traum aus? War er klar oder finster? Öffnete er sich, wie üblich, beim Näherkommen, oder hinderte Sie irgend etwas, ihn zu erreichen? Vielleicht saßen Sie gemütlich in einem Flugzeug, «schwebten auf Wolken» (ein Wortspiel?); in diesem Fall sollten Sie sich fragen, ob Sie wirklich mit beiden Beinen auf der Erde stehen. Oft drückt sich Eskapismus in Reiseträumen aus.

Was für ein Transportmittel benutzten Sie? Ihr *Automobil,* vor allem wenn Sie ein Mann sind, ist mehr als nur das: Oft ist es eine Erweiterung der Persönlichkeit, oft steckt es voller sexueller Hintergedanken (wenn Sie am Steuer sitzen, wirkt der Kühler wie ein Teil von Ihnen und ragt vor. Ein Motorrad, ja sogar ein Fahrrad, kann dasselbe bedeuten). Wenn im Traum jemand mit Ihrem Auto zusammenstößt und es beschädigt, so kann das bedeuten, daß irgendwer Ihre Persönlichkeit verletzt oder nicht mit Ihnen klarkommt. Jemand, der Ihnen sagt, Ihr Auto sei schmutzig oder zu alt, könnte Ihre unbewußte Angst vor der Lebensmitte oder Ihr mangelndes Selbstbewußtsein verkörpern. Wenn Sie Ihr Auto im Traum liebevoll pflegen, spricht das für einen Hang zum Narzißmus.

Das peinliche Gefühl, keine Fahrkarte oder kein Geld dafür zu haben, könnte (wie Träume von Nacktheit) irgendwie auf Unzulänglichkeit oder Furcht hindeuten. Und wenn Sie Ihr Ziel erreicht haben (Sie haben es also geschafft!), weist der Traum vielleicht auf eine gewisse Selbstzufriedenheit hin. Wenn nicht, fragen Sie sich einmal, ob er nicht einen Anfang bedeuten könnte.

Katastrophen

Träume von Katastrophen wirken oft wie Alpträume: Schweißgebadet wachen wir auf und finden keinen Schlaf — oft vor Angst, der Traum könnte sich wiederholen. Aber so schlimm, wie sie aussehen, sind Katastrophenträume meist gar nicht. Natürlich möchte so ein Traum uns etwas sagen, vielleicht sogar etwas Wichtiges; gehen Sie also logisch an ihn heran, versuchen Sie, Ihre Gefühle während des Traums und dem Zeitpunkt des Erwachens mit kühlem Kopf zu betrachten. Denken Sie praktisch!

Nach einem Katastrophentraum bedenken Sie erst einmal, daß er vielleicht bloß Ihren körperlichen Zustand zusammenfaßt: Das Einsetzen der Menstruation kann bei einer Frau einen Traum von Blut auslösen, das Bedürfnis, Wasser zu lassen, einen Überschwemmungstraum. Etwas differenzierter wäre ein Traum von einem Vulkanausbruch, der auf den Ausbruch einer Hautkrankheit wie zum Beispiel eines Furunkels hinweist. Auf einer tieferen Ebene könnte sich so ein Traum auf den Durchbruch eines unterdrückten Gefühls ins Bewußtsein beziehen. In einigen dieser Fälle ist der Traum wahrscheinlich keine Beachtung wert; im letzten Fall sollte er jedoch unbedingt genauer untersucht werden.

Ihr Seelenzustand während des Traums kann Hinweise auf seine Bedeutung geben. War die Katastrophe tragisch, schrecklich, eindrucksvoll? Oder war sie eine Posse? Der Erfolg von «Katastrophenfilmen» läßt darauf schließen, daß irgend etwas in uns solche Ereignisse geradezu genießt.

Wenn Sie von etwas Handfestem, wie zum Beispiel von einem Autounfall, träumen, von etwas, was Ihnen, Ihrem Partner, Ihren Kindern oder Haustieren im Wachleben durchaus zustoßen könnte, dann sollten Sie die Kontrollen, die der Traum vorschlägt, durchführen — so mancher Traum hat zum Beispiel auf eine leichte Nachgiebigkeit des Bremspedals hingewiesen, die selbst einem vorsichtigen Fahrer entgangen war. Wie bereits erwähnt, können Träume uns warnen, indem sie Tatsachen «berichten», die unseren bewußten Sinnen entgangen, unterschwellig aber in unserem Bewußtsein hängengeblieben sind.

Oft sind Katastrophenträume Zeichen persönlicher Ängste. Einstürzende Gebäude weisen auf den Zusammenbruch materieller Gegenstände und Ziele hin und können eine Warnung sein, daß wir zuviel ausgeben oder daß wir selber «zusammenbrechen». Denken Sie also über Ihre Lage nach, und achten Sie auf weitere Zeichen in weiteren Träumen. Gleicherweise könnte ein Traum von Begrabenwerden bedeuten, daß Sie von Ihren Verpflichtungen verschlungen werden, und ein Traum von einem Erdbeben, daß Ihr Wachleben nicht so sicher ist, wie Sie glauben. Solche Träume konzentrieren sich wahrscheinlich auf ein bestimmtes wichtiges Problem, sei es psychologischer oder physischer Natur.

Weil Träume von Katastrophen — Erdbeben, Feuersbrünsten, Hungersnöten oder Seuchen — deprimierend sein können, darf man niemals vergessen, daß Träume gern übertreiben: Ein Traum von einem in Trümmer sinkenden schönen Haus spielt bloß auf einen Vorfall im Liebesleben eines befreundeten Architekten an, ein Traum von einer Seeschlacht auf einen Familienstreit um die Wahl des Seebades für die nächsten Ferien! Hier wie auch sonst immer dürfen Sie einen Traum nie wörtlich nehmen — suchen Sie nach der versteckten Bedeutung (die womöglich weniger beunruhigend ist, als Sie denken).

Katastrophenträume betreffen in der Regel persönliche Angelegenheiten. Können sie wirklich prophetisch sein? In ihrem Buch *The Dream Game* (Das Traumspiel, 1975) kommentiert Ann Faraday:

Gewiß können uns Träume wichtige praktische Hinweise geben, aber man kann sie fast immer direkt auf die unterbewußte Detektivarbeit des Herzens zurückführen; diese beruht auf winzigen Eindrücken und unmerklichen Schwingungen, die tagsüber, da der wache Verstand zu beschäftigt oder zu uninteressiert war, ganz normal aufgenommen wurden. Träume, die Warnungen einer dramatischen, übersinnlichen Art auszusprechen scheinen, werden nur in sehr wenigen Fällen wahr; auf jede unheimliche Geschichte, die in der Presse erscheint, kommen Tausende ebenso lebhafter Träume über den Tod von Freunden, Flugzeugabstürze, Überschwemmungen, Kriegsausbrüche und Präsidentenmorde, die sich nie buchstäblich bewahrheiten.

Gerade bei Katastrophenträumen fragen sich die meisten Leute, ob sie wohl prophetisch sind. Lebhafte Träume von Abstürzen und Morden werden manchmal tatsächlich wahr: Vier oder fünf Leute behaupten, sie hätten von der Ermordung Präsident Kennedys geträumt. Doch bedenken Sie, daß wir alle pro Nacht mehrmals träumen. Wäre es in Anbetracht der Bevölkerungszahl der westlichen Welt und Kennedys prominenter Stellung nicht erstaunlich gewesen, wenn niemand von seiner Ermordung geträumt hätte?

Wetter

Wenn Ihnen das Wetter in einem Traum auffällt, ist es wahrscheinlich wichtig; überzeugen Sie sich aber, daß es tatsächlich ein Schlüsselsymbol ist. Vielleicht hängt es ganz einfach mit Ihrer körperlichen Verfassung zusammen: Donner und Wind sind dann bloß ein Ausdruck von Verdauungsstörungen (man spricht in diesem Zusammenhang von «Winden»)! Wenn Sie von übermäßiger Hitze oder Kälte träumen und beim Aufwachen feststellen, daß Sie schwitzen, weil Ihre Decken zu dick sind, oder frieren, weil Sie sie abgeworfen haben, dann ist der Traum wahrscheinlich nicht mehr als der Ausdruck Ihres körperlichen Zustands!

Aber Träume vom Wetter können auch viel symbolischer sein. Jedermanns Laune wird vom Wetter beeinflußt, und die Wörter, mit denen Laune und Wetter beschrieben werden, sind oft austauschbar. So benutzt die Sprache der Träume häufig Wetterbilder. Wenn zum Beispiel die Sonne scheint und Sie Wärme und Glück verspüren, dann gehört Ihr Traum zu den beruhigenden. (Die Sonne ist ein Symbol, das starken Bezug auf unser allgemeines Wohlbefinden und unsere Lebenskraft hat.) Ein solcher Traum signalisiert innere Zufriedenheit und möchte Ihnen vermutlich raten, den augenblicklichen Kurs beizubehalten.

Träume, in denen das Wetter die Hauptrolle spielt, beziehen sich oft auf ein Problem oder Gebiet Ihres Lebens, das besonders stark vom Zustand Ihrer Gefühle abhängt — seien sie warm, kalt, stürmisch, leidenschaftlich, heiß oder verdorrt. Eine Schneelandschaft zum Beispiel — vor allem, wenn Ihr träumendes Selbst nicht auf die reine weiße Oberfläche treten möchte — kann etwas mit Ihrer Einstellung zur Jungfräulichkeit oder zumindest Reinheit zu tun haben. Vielleicht widerstrebt es Ihnen im Wachleben, sich gefühlsmäßig oder sexuell mit jemandem einzulassen. Wenn Sie sich dagegen in einer heißen, ausgedörrten Wüstenlandschaft befinden, so beschreibt dies treffend das Gefühl von Frustration oder unerfüllter Leidenschaft — es gibt eine klare Verbindung zwischen Hitze und sexuellem Verlangen. Kühles Wetter im Traum kann ähnlich symbolisch sein. Zugefrorene Seen und Eisberge symbolisieren häufig «erfrorene» Gefühle, so daß Sie sich, wenn so ein mächtiges Symbol in Ihrem Traum erscheint, fragen sollten, wie nahe Sie dem «Tauen» sind, oder, falls Sie die eisige Landschaft bewunderten und genossen, ob Sie überhaupt auftauen wollen? Vielleicht sind Sie von Natur aus eine Schneekönigin oder ein Schneekönig — aber ist das wünschenswert? Wenn Eis ein wiederkehrendes Symbol ist, sollten Sie Ihr Gefühlsleben ganz allgemein überprüfen und sich fragen, ob Sie dieses wirklich befriedigend ausdrücken. Oder ist es auf irgendeinem tiefliegenden psychologischen Grund eingefroren? In einem Wiederholungstraum, in dem das Klima eine wichtige Rolle spielt, sollten Sie auf Veränderungen achten und entweder durch Selbstanalyse oder in einer Therapie an Ihren Problemen arbeiten.

Wenn das Wetter in Ihren Träumen wechselhaft ist, kann auch das Ihre inneren Gefühle widerspiegeln. Vielleicht werden Sie im Wachleben von anderen Leuten herumgestoßen, oder die egoistische, launische Haltung dieser Leute Ihnen gegenüber bekümmert Sie mehr, als Ihnen bewusst ist. Vielleicht befindet sich ein Gebiet Ihres Wachlebens in Aufruhr, was der Traum in Sturm und Orkan übersetzt. Streit kann man als «stürmisch» bezeichnen; wenn der Sturm vorbei ist, herrscht Ruhe. Vielleicht sollten Sie Ihre Probleme direkt anpacken und Ihr Gesicht dem Wind zuwenden, um sich zu einem ruhigeren, fruchtbaren Leben durchzukämpfen. Wenn Sie Schutz vor einem Sturm suchten, sollten Sie sich dann von Ihrem Problem distanzieren oder die Hilfe anderer in Anspruch nehmen? Die Art des Schutzes, den Sie suchten, symbolisiert vielleicht einen hilfreichen Freund oder Verwandten.

Träume, die vom Wetter beherrscht werden, verdienen immer ernsthafte Aufmerksamkeit und bieten oft Anhaltspunkte für unseren nächsten Schritt. Wetterumschwung ist besonders wichtig, denn dann will der Traum Sie wahrscheinlich ermutigen, Ihre Gefühle und Meinungen nochmals abzuschätzen. Wenn Sie im Traum in einen Sturm geraten, seien Sie nicht allzu besorgt; es könnte ein ermutigender Wink sein, Ihrem Ärger freien Lauf zu lassen oder im Wachleben selbstbewußter aufzutreten.

Wenn Sie sich jedoch im Traum vor dem Sturm fürchteten, könnte das auf eine Hemmung hinweisen, wegen der Sie nicht laut und deutlich zu sprechen wagen. Prüfen Sie die Lage: Sind Sie immer noch beunruhigt, bitten Sie Ihre Träume um weitere Hilfe (siehe Seite 47). Wetterumschwung kann sich auch auf Entscheidungen beziehen.

Geburt, Tod und Verwandlungen

*Eine der stärksten und wunderbarsten Mächte in unserer Traumwelt ist
die Macht der Verwandlung — Vierbeiner verwandeln sich in Vögel,
Fische werden zu Tigern, Gebäude lösen sich in Wasser auf. Im Traum
ist, wie im Märchenland, alles möglich. Mag sein, daß die Begegnungen
unserer Kindheit in Büchern und Gutenachtgeschichten mit schönen
Königinnen, die sich in böse Hexen verwandeln, mit Fröschen, die zu
Prinzen werden, mit Geistern, die aus Flaschen entweichen, etwas mit
der Bereitschaft zu tun haben, mit der unsere grenzenlose Phantasie
unsere Träume in ein Kaleidoskop aus wechselnden Bildern und Symbolen
verwandelt.*

Verwandlungen dieser Art zeigen fast immer psychologische Veränderungen in unserem Wachleben an: Wenn wir auf einem Pferd reiten, das sich in eine Katze verwandelt, die sich ihrerseits in einen Hund verwandelt, dann mag dies sehr wohl ein Kommentar zu unserer wechselnden Einstellung gegenüber einem besonderen Problem, einer besonderen Situation sein, mit denen wir uns gern aussöhnen möchten. Wenn wir einen Gegenstand festhalten, der weich und schlaff wird und uns dann entgleitet, symbolisiert dies höchstwahrscheinlich eine Gelegenheit — oder gar das Leben selbst — das wir versäumen oder an uns vorübergehen lassen. Die Verwandlung jedes leuchtend bunten Gegenstands in etwas Mattes, Undefinierbares kann auf einen Mangel an Sicherheit oder Konzentration im Wachleben hinweisen.

Wie alle Traumarten wirkt auch das Verwandlungs-Phantasiebild oft wie eine äußerst einprägsame, klare Kurzschrift, die Ihnen, wenn Sie erst einmal ihren Sinn verstanden haben, sehr lebhafte Kommentare liefert. Wenn sich zum Beispiel ein bleiernes Gewicht in etwas ebenso Schweres, aber unendlich viel Angenehmeres verwandelt, könnte dies auf eine veränderte Einstellung zu unseren Pflichten hinweisen. Die Plötzlichkeit, mit der

solche Verwandlungen in unseren Träumen eintreten, spottet jedem Maßstab des Wachlebens — gerade so, als hätten Träume keine Zeit für Muße; eine plötzliche Veränderung im Traum kann eine sehr langsame im Wachleben kommentieren. Deshalb brauchen wir bei Verwandlungsträumen gelegentlich mehr als die übliche Anzahl von Frage-und-Antwort-Spielen (siehe Seite 47), um die Symbole zu entschlüsseln.

Verwandlungen können schrecklich sein, und die Verwandlung vom Leben zum Tod ist wohl die schrecklichste. Ein Traum, in dem Sie oder jemand anders tot sind, sollte nicht als Warnung aufgefaßt werden, obwohl nichts Sie hindert, sich nach der Gesundheit der betreffenden Person zu erkundigen oder Ihre eigene zu pflegen. Ein Todestraum ist wahrscheinlich nur ein weiteres Signal einer Veränderung, die Ihrem Unbewußten eher als Ihnen selber aufgefallen ist. Und wenn Sie so eine Veränderung an jemand anders bemerken, bedeutet das eine so enge Verbundenheit mit dieser Person, daß Sie ihr in schweren, unruhigen Zeiten eine grosse Hilfe zu sein vermögen. Folgen Sie Ihrer Intuition. So eine Person bedeutet Ihnen viel — entweder als Freund oder als Feind. Es ist möglich, daß Sie sich mit einem Hauptzug identifizieren, den Sie in ihrer oder seiner Persönlichkeit entdecken, und vielleicht bezieht sich Ihr Verwandlungstraum genau darauf: Wollen oder sollten Sie sich verändern?

Ebenso wie Todesträume sind auch Geburtsträume oft verkappte Verwandlungsträume; aber in diesen geschieht die Verwandlung vom Nichts zum Sein, und meistens zeigen sie eine ganz andere Art von Geburt: die Geburt neuer Ideen und Projekte — die wir als unsere «Kinder» betrachten dürfen.

Feuer

*Wenn wir vom Feuer träumen, geht es mit großer Wahrscheinlichkeit um
unsere Lebensfreude und Energie, ja, um unsere ganze Lebenseinstellung.
Im Wachleben stehen wir vielleicht vor irgendeiner Herausforderung,
und wenn wir das Feuer in unserem Traum als angenehm empfinden, dann kann
uns der Traum ermutigen, die Schwierigkeiten selbstbewußter anzupacken.*

Gewiß aber wird er uns ermutigen, den eingeschlagenen Kurs weiter zu verfolgen. Wenn wir ein Feuer anzünden, ist das vielleicht ein Hinweis, daß wir eine Aufgabe anpacken nehmen sollten — aber auch der Verlauf des Feuers, wie es brennt, verdient Beachtung.

Unsere Einstellung zum Feuer kann etwas über unsere allgemeine Lebenseinstellung aussagen — ob wir zuversichtlich oder ängstlich sind und wie weit wir dem Gefühl von Ärger Ausdruck geben. In bestimmten Zusammenhängen kann man es mit anderen Leidenschaften in Verbindung bringen, solchen, die von Liebe und Sexualität geprägt werden. Es gibt aber auch geistige Leidenschaften, und Feuerträume können etwas über die Kontrolle esoterischer Interessen aussagen. Religiöser Eifer und Schöpferkraft sind ebenfalls Aspekte, die das Feuer beleuchten kann.

Daher wollen uns Träume, in denen Feuer eine wichtige Rolle spielt, womöglich dazu ermutigen,

kühner, bestimmter, enthusiastischer, optimistischer und positiver zu sein. Wenn das Feuer außer Kontrolle gerät, müssen wir dagegen Vorsicht, Vernunft und Selbstbeherrschung entwickeln und das Leben gelassener betrachten — also buchstäblich «kühler.»

Ein Traum, in dem Sie wie Phönix heil dem Feuer entsteigen, ist besonders wichtig: Ihr Unbewußtes möchte Sie auf Ihre Fähigkeit, Schwierigkeiten und Rückschläge zu überwinden, das heißt, auf eine Art Wiedergeburt, hinweisen (siehe Wasser, Seite 80, und Geburt, Tod und Verwandlungen, Seite 76). Ein Traum, in dem Sie und Ihre Familie um eine Feuerstelle oder ein Lagerfeuer sitzen, kann ein Zeichen für Beruhigung und innere Zufriedenheit, für Wärme und Zusammengehörigkeit im Familienkreis sein.

Unterschätzen Sie nicht das vom Feuer symbolisierte schöpferische Element — denken Sie an die Rolle, die es beim Schmieden spielt. Ein Traum, in dem Feuer einen hohen Rang einnimmt, könnte Sie ermutigen, sich positiver, durch schöpferische Arbeit, auszudrücken — Sie anstacheln, tatkräftiger zu sein und dabei Ihr Selbstvertrauen zu steigern.

Wenn wir im Schlaf mit dem Feuer spielen — vielleicht mit Feuerwehrskörpern oder brennenden Streichhölzern (die wir so lange in der Hand behalten, wie wir nur können, ohne uns «die Finger zu verbrennen») —, dann mag es sich um ein Wortspiel handeln. Spielen Sie im Wachleben mit dem Feuer? Beschäftigen Sie sich mit etwas, was gefährlicher oder riskanter ist, als Ihnen bewußt ist? Bedenken Sie, daß wir im Traum manchmal klüger sind als im Wachleben! Ein Traum von einem ungemütlichen heißen Feuer sagt wohl genau dasselbe wie der verstorbene amerikanische Präsident Harry S. Truman: «Wenn du keine Hitze verträgst, geh raus aus der Küche!» Sollte man sich aus einer unangenehmen Situation zurückziehen? Oder warten, bis der Druck nachläßt?

Die *Sonne,* das mächtigste Feuersymbol der Mythologie, verweist in Träumen oft auf unsere psychologische Verfassung, auf ihren Entwicklungsstand. Vermutlich gibt es irgendwo in Ihrem Traum ein Symbol, das für Beruhigung spricht — obwohl der Traum allgemein sein kann und bloß die Tatsache hervorhebt, daß es um Ihren Enthusiasmus, Ihre Energie und Ihre allgemeine Lebensanschauung günstig steht und daß die innere Befriedigung gerechtfertigt ist.

Wasser

Unsere tiefsten Gefühle, Erkenntnisse und Instinkte werden hinterfragt, wenn unsere Träume den Symbolismus des Wassers benutzen; sie wollen uns entweder beruhigen oder uns tief verwurzelte Konflikte und Ängste ins Bewußtsein rufen. Vielleicht ermutigen sie uns, bis auf den Grund unserer Probleme zu tauchen, unseren Gefühlen freien Lauf zu lassen — oder aber einen gefühlsmäßigen Neubeginn zu suchen, einem tiefen, schöpferischen Drang Ausdruck zu verleihen.

Träume vom *Meer* beziehen sich oft auf Geburt oder Mutterleib; wir sollten stets erwägen, ob wir unseren Problemen nicht zu sehr dadurch zu entfliehen trachten, daß wir uns in Phantasien oder Selbsttäuschung verlieren («zurück in den Mutterleib»). Andere Träume — vielleicht von tiefen *Seen,* stehenden *Teichen, Wasserfällen, Quellen* — haben ihre individuelle Bedeutung, beziehen sich aber meistens auf unsere Unabhängigkeit des Denkens oder Handelns; ob wir «voll im Fluß» sind oder drohen, in übertriebener Begeisterung zu ertrinken. Jeder Traum, in dem Wasser gestaut oder eingedämmt wird, kann ein Gefahrensignal sein, kann uns raten, uns irgendwie zu befreien, unseren Gefühlen freieren Lauf zu lassen. Eine ungedämmte Flut dagegen kann darauf hinweisen, daß wir uns stärker beherrschen sollten. Wenn wir *schwimmen,* gelingt es uns mühelos, oder müssen wir uns anstrengen? Bezieht sich das etwa auf unser augenblickliches Wachleben? Wenn wir *untergehen,* sollten wir vielleicht den tiefsten Grund unserer Probleme untersuchen und uns bewußt überlegen, wie wir wieder an die Oberfläche kommen können.

Die Temperatur des Wassers hat etwas zu bedeuten: Ist es angenehm warm, oder sind da gar Eisberge? Wenn letzteres der Fall ist, ist vielleicht Ihr Gefühlsleben zu kalt. Stürme über dem Wasser sprechen unmittelbarer für inneren Streß als Stürme ohne Wasser. Ein Mangel an Wasser weist unverhüllt auf ein «ausgetrocknetes» Gefühlsleben oder geistige Dürre hin. Oft scheint Wasser auf unsere Phantasie Bezug zu haben, und Träume, in denen dieses Element erscheint, laden uns ein, phantasievoller zu sein, schöpferische Ideen zu pflegen; geistige Fähigkeiten und esoterische Interessen sind reif für die Entwicklung.

Unsere persönliche Einstellung zum Wasser ist sicherlich entscheidend für die Deutung aller Träume von diesem Element: Wenn wir das Wasser lieben, uns sicher und glücklich darin fühlen, sind unsere Träume anders als diejenigen von Leuten, die es hassen und fürchten.

Manchmal verkörpert das Wasser die fließenden, unentwickelten Seiten des Träumers; trotzdem sieht er in vielen Träumen vom Wasser sein Spiegelbild. Wasser ist daher ein mächtiges Symbol des Unbewußten; es spiegelt das Selbst wider auf einer Oberfläche, die glatt oder bewegt, ruhig oder stürmisch sein kann. Wie Sie sich im Wasser sehen, kann wichtig sein, aber bedenken Sie, daß es ein Spiegelbild ist.

Was nun aber, wenn Sie in Ihrem Traum durch einen Unterwassertunnel schwammen und im Tageslicht wieder auftauchen? Einer allgemeinen Deutung zufolge ist dies ein Geburtstraum. Höchstwahrscheinlich zeigt er den Wunsch an, wiedergeboren, neu geschaffen zu werden — vielleicht körperlich: Sollten Sie sich mehr bewegen, Ihre Ernährungsweise ändern? Vielleicht aber auch psychologisch. Es wäre nicht verwunderlich, wenn «wiedergeborene» Christen so einen Traum geträumt hätten. Wenn Sie eine Frau sind, kann ein Traum vom Gebären den Wunsch nach Mutterschaft signalisieren; ebenso wahrscheinlich ist jedoch, daß er den Wunsch nach der Ausführung eines schöpferischen Gedankens, nach der Erschaffung von irgend etwas (nicht unbedingt menschlichen Lebens) übermittelt.

Das Bild des Wassers als reinigendes Element darf nicht übersehen werden: Shakespeare benutzte es in *Macbeth,* und wenn Sie sich, wie Lady Macbeth, größte Mühe gaben, Ihre Hände oder einen anderen Körperteil reinzuwaschen, könnte das bedeutsam sein — vielleicht möchten Sie sich von etwas Unangenehmem befreien: Etwa in Ihrer Einstellung zu anderen? Oder in Ihrem Verhalten allgemein? So ein mächtiges Symbol ist nicht schwierig zu entziffern. Der Anblick eines schönen, fließenden *Stroms* andererseits dürfte ein hilfreiches, hoffnungsvolles Symbol sein; ein Bad darin könnte bedeuten, daß Sie sich im Wachleben anschicken, in neue, bisher unbekannte Gebiete des Lebens vorzudringen (als schafften Sie Ordnung, bevor Sie das Haus verlassen oder zur Arbeit gehen).

Das Wasser dient als Sinnbild für Taufe und Wiedergeburt; daher haben Träume vom Wasser viel mit dem Wunsch nach einem Neubeginn im Leben oder dem, alte Gewohnheiten beziehungsweise den augenblicklichen Lebensstil zu ändern, zu tun. Bei solchen Träumen empfiehlt es sich, sie auf religiöse und geistige Angelegenheiten zu beziehen.

Kleidung und Nacktheit

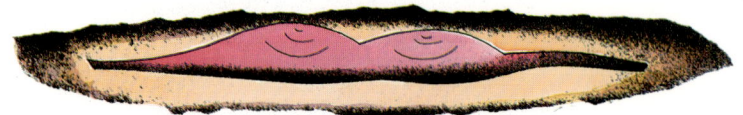

*Zu den Träumen, die fast jeder kennt, gehört der, nackt in der Gesell-
schaft von ganz normal gekleideten Menschen zu sein. Viele verbinden
diesen Traum mit der Sexualität, erwecken die Vorstellung, er beziehe
sich auf sexuelle Unzulänglichkeit oder Schuldgefühle. Das braucht nicht
unbedingt der Fall zu sein. Im Gegenteil, so ein Traum möchte vielleicht
bloß darauf hinweisen, dass Ihre Kleidung Aufmerksamkeit verlangt:
Vielleicht sind Sie unbewußt des Stils überdrüssig, den man von
Ihnen erwartet (wenn Sie beispielsweise in einer Bank arbeiten);vielleicht
aber sollten Sie einmal Ihre Reißverschlüsse und Knöpfe überprüfen!*

Selbstverständlich gibt es Umstände, unter denen
diese Art Träume durchaus sexuellen Beiklang haben
kann. Wenn Sie zum Beispiel ein junger Mann sind
und träumen, Sie hätten Ihre Hose verloren, dann mag
das ein unübersehbarer Hinweis darauf sein, dass Sie
sich Sorgen über Ihre Potenz machen. Wenn sich
ringsum niemand um Ihr Aussehen kümmert, will der
Traum beruhigen: Sie machen sich unnötige Sorgen!
Wenn die Zuschauer im Traum dagegen entsetzt sind
oder Abscheu ausdrücken, dann sollten Sie vielleicht
versuchen, sich im Umgang mit Ihrer Partnerin ein wenig zu entspannen und nicht ganz so selbstkritisch zu
sein; vielleicht aber ist Ihre Partnerin weniger ver-
ständnisvoll, als Sie sich wünschen. Wenn so ein
Traum richtig quälend ist und sich mehrmals wiederholt, sollten Sie Ihre Beziehung einmal genau prüfen;
vielleicht brauchen Sie professionelle Hilfe.

Aber auch hier kommt es auf die Umstände Ihrer
Träume an: Waren Sie auf einer Party oder bei der Arbeit? In diesem Fall besteht die Möglichkeit, dass Sie
verletzbar sind oder sich bei der Arbeit oder in der Freizeit in bezug auf Kollegen oder Freunde «preisgege-
ben» fühlen, vor allem gegenüber denjenigen, die Sie
besonders beeindrucken möchten.

Manchmal besteht eine Verbindung zwischen
Nacktheit und persönlicher Aufrichtigkeit — ein nack-
ter Körper erweckt die Vorstellung von «nackten Tatsachen», von unverhüllter Wahrheit. Aber was ist, wenn
Sie Ihre Nacktheit förmlich geniessen — vielleicht
beim Schwimmen oder Sonnenbaden? Achten Sie
auch hier wieder auf den Zusammenhang. Oder was
ist, wenn Sie als Stripteasetänzerin auftraten? Wollen
Sie im Wachleben schockieren? Und wenn ja, wollen
Sie bloss Aufmerksamkeit erregen, oder glauben Sie
wirklich, die Menschen in Ihrer Umgebung müssten
ein bißchen aufgerüttelt werden? Seien Sie ehrlich mit

sich selbst: Vielleicht sind Sie ein Exhibitionist ersten
Ranges, und solche Auftritte sind Ihnen ganz natürlich. Der Traum könnte eine Warnung sein, daß Sie zu
weit gehen. Wenn Sie Aufmerksamkeit suchen, vielleicht vom anderen Geschlecht, packen Sie es richtig
an? Der Traum (oder die Traumserie) wird dies fast mit
Sicherheit klarstellen oder Sie von Ihrer Handlungsweise und deren möglichen Konsequenzen warnen.

Manchmal tragen wir, wenn wir träumen, ein besonderes oder völlig «anderes» Kleidungsstück. Wollen wir jemand anderer werden, als wir sind? Und
wenn ja, wer? Sind Sie ein Wolf im Schafspelz? Wenn
Sie sich ein Kleidungsstück kaufen (oder, besser noch,
selber machen), das ganz und gar ausgefallen ist, dann
möchte der Traum vielleicht darauf hinweisen, dass
Sie Ihr Image ändern sollten. War das Kleidungsstück
im Traum sehr fremdartig, ist der Traum womöglich
eine Warnung — vor allem, wenn Sie es mit Stolz und
Vergnügen trugen und irgendeine Respektperson es
«unpassend» fand. Vielleicht spielen Sie in Ihrem
Wachleben Theater und tun so, als seien Sie jemand
ganz anderer, als Sie wirklich sind. Wenn Ihre neue
Ausstattung aber passend war und gut aussah, stehen
Sie vielleicht am Anfang einer neuen Aufgabe oder haben eine innere Veränderung im Hinblick auf Meinung oder Verhalten mit Glanz bewältigt und sind
nun bereit, damit vor die Welt zu treten. In diesem Fall
leistet der Traum natürlichen Beistand und stärkt Ihr
Selbstbewusstsein.

Bedenken Sie, daß Accesoires — Sonnenbrille,
Handtasche, Gürtel — im wirklichen Leben die Persönlichkeit erweitern und im Rahmen Ihres Traums
denselben Zweck erfüllen könnten. Betrachten Sie sie
einmal in diesem Licht; vielleicht zeigen sie Ihnen einen zwar nicht ganz so wichtigen, aber dennoch interessanten Aspekt Ihrer Persönlichkeit.

Fliegen

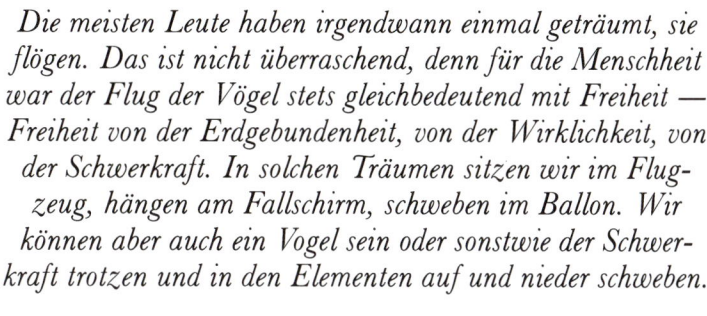

Die meisten Leute haben irgendwann einmal geträumt, sie flögen. Das ist nicht überraschend, denn für die Menschheit war der Flug der Vögel stets gleichbedeutend mit Freiheit — Freiheit von der Erdgebundenheit, von der Wirklichkeit, von der Schwerkraft. In solchen Träumen sitzen wir im Flugzeug, hängen am Fallschirm, schweben im Ballon. Wir können aber auch ein Vogel sein oder sonstwie der Schwerkraft trotzen und in den Elementen auf und nieder schweben.

Wie so viele Traumsymbole verband Freud auch das des Fliegens mit der Sexualität — mit sexuellem Verlangen, Orgasmus, ja, sogar Leben im Mutterleib. Das muß aber nicht sein, und es wäre falsch, diese Verbindung allzu sehr in den Vordergrund zu stellen. Das Bündnis zwischen Träumen vom Fliegen und Sexualität ist teilweise physiologisch bedingt (einige Forscher behaupten, es bestehe ein direkter Zusammenhang zwischen der Freilassung sexueller Energie und Flugträumen), aber es erinnert auch stark an die Ausdrucksfreiheit, die ein so wichtiger Teil eines guten sexuellen Verhältnisses ist. Eingedenk dessen kann man gewisse Aspekte von Flugträumen deuten: Wenn jemand beispielsweise träumt, er sei ein Vogel, der von anderen Vögeln gejagt oder von einem menschlichen Jäger beschossen wird, so kann dies auf die Furcht, in einer Beziehung gefangen zu werden, hinweisen. Andererseits ist das schlichte Vergnügen zu fliegen dem schlichten Vergnügen erfüllter Sexualität zu ähnlich, um ignoriert zu werden, und ein Traum von einem glücklichen Flug darf durchaus als Ausdruck des Wunsches nach, der Erinnerung an oder der Erfüllung einer erfreulichen sexuellen Beziehung gedeutet werden.

Träume vom Fliegen lassen sich jedoch ebenso gut mit anderen Erfahrungsgebieten in Zusammenhang bringen. Vielleicht wollten Sie mit irgendeiner grossen Leistung «hoch hinaus». Vielleicht schauten Sie auf eine Landschaft oder einen Innenraum hinab — kommt Ihnen der Ort aus dem wirklichen Leben bekannt vor? Dann sind Sie in Wirklichkeit wahrscheinlich einer Situation gewachsen oder versuchen, vor irgend etwas oder jemandem zu fliehen — was sahen Sie unter sich? Fürchteten Sie zu fallen, und wenn, können Sie Ihren Traum mit einer gefährlichen Aufgabe verbinden, die Sie im Wachleben ausführen müssen?

Wie sind Sie geflogen? Schwebten Sie hoch über der Erde, den Wolken, mit einem Gefühl von Freiheit und Ungebundenheit? Oder machten Sie kleine Hopser knapp über Hecken und Zäune? War der Flug lang oder kurz? Kletterten Sie vielleicht auf einen Berg und flogen nur dann, wenn Sie auf eine Schranke, einen Abgrund trafen? Träumten Sie in Ihrem Flugtraum auch vom Fallen, was häufig vorkommt?

Ältere Menschen träumen verhältnismäßig häufig vom Fliegen, vielleicht weil sie stärker danach verlangen, sich von Alltagsproblemen zu befreien. Das kann natürlich jedes Alter betreffen, aber die Älteren reagieren bewußt oder unbewußt auf die stetige Verringerung ihrer körperlichen Beweglichkeit, möchten sich von dieser Behinderung befreien und sie oder andere lästige Probleme, die sie an den Erdboden fesseln, loswerden. Wer immer wieder solche Träume hat, sollte versuchen, durch Entwicklung neuer Interessen neue Wege zu einem erfüllten Leben zu finden.

Essen und Trinken

Träume vom Essen und Trinken haben manchmal einen einfachen physiologischen Auslöser: Es wäre durchaus möglich, daß Sie, wenn Sie gerade eine Diät befolgen, im Traum an ein paar Festbanketten teilnehmen, bloß weil Ihnen Ihr Körper zu verstehen gibt, daß er sich nach dem Luxus einer normalen, ungestörten Mahlzeit sehnt! Natürlich ist Hunger an sich schon eine starke Motivierung für Träume vom Essen; je größer er ist, um so eindringlicher sind die Symbole.

Träume vom Essen haben jedoch eine andere Bedeutung, wenn wir nicht gerade Diät leben oder Hunger leiden. Vielleicht handeln sie von Selbstdisziplin, vor allem wenn unsere Eltern, als wir klein waren, verlangten, daß wir jeden Bissen auf unserem Teller aufaßen. Vielleicht wollen uns solche Träume zu mehr Selbstdisziplin ermutigen oder zumindest dazu, uns irgendwie (nicht unbedingt in Verbindung mit Nahrung) zurückzuhalten. Wenn wir im Traum im Essen herumstochern oder übertrieben heikel sind, könnte es sein, daß wir im Wachleben Gefühlsprobleme haben: Vielleicht unterdrücken wir etwas. Oder wir hacken auf einer bestimmten Schwierigkeit herum, beschäftigen uns nur mit deren Oberfläche, ohne richtig in die Tiefe vorzudringen. Wenn Sie sich im Traum zu einem regelrechten Festessen hinsetzen, sollten Sie darüber nachdenken, ob Sie im Wachleben bereit sind, sich von ganzem Herzen auf eine bereichernde sinnliche Erfahrung einzulassen. Wenn Sie sich mit Essen vollstopfen, könnte dies einen Hunger auf irgendeine andere, persönliche Form von Nahrung — Zuwendung oder Sicherheit — bedeuten.

Wenn wir im Wachleben Nahrung zubereiten und reichen, drücken wir damit oft Liebe aus, und zwischen den beiden Begriffen besteht eine sehr feste symbolische Verbindung. Wenn Sie im Traum Nahrung

zubereiten, vergleichen Sie dies einmal damit, wie sie
Ihre Liebe ausdrücken — gegenüber Partner, Familie
und Freunden. Sind Sie großzügig mit den Zutaten?
Ist das Essen gut und reichlich? Oder sind die Portio-
nen trocken und kümmerlich? Vielleicht reichten Sie
die Nahrung vielen Menschen in einem Hungerge-
biet. War genug für alle da? Wenn nicht, kann der
Traum eine Warnung sein, daß Sie gefühlsmäßig erschöpft sind. War da ein Hinweis auf Finanzen: Mußten Sie für das Essen bezahlen? Geld und Nahrung
hängen oft zusammen; gab es einen Hinweis, daß Sie
Liebe oder Freundschaft kauften oder kaufen wollten?
Gier auf Nahrung hat manchmal einen sexuellen Bezug, und Form und Farbe der Nahrungsmittel sind
von erheiternder Anzüglichkeit: Bananen, Spargel,
Tomaten (die einst «Liebesäpfel» genannt wurden).

Trinken bedeutet oft körperliches Wohlbehagen;
der Genuß von Wasser kann sich auf ein Bedürfnis
nach Reinigung von Leib und Seele beziehen. Wenn
die Speisen oder Getränke in Ihrem Traum Sie mit Widerwillen erfüllten, mag das mit irgendeiner Situation
Ihres Wachlebens zu tun haben, und Ihr Verhalten im
Traum ist äußerst wichtig. Träume von Brot beziehen
sich oft auf die Entwicklung psychologischer Ausgeglichenheit, darauf, wie man mit sich selber klarkommt.
Untersuchen Sie solche Träume sehr gründlich, denn
sie können Ihnen gut helfen, Ihre Fortschritte im Leben zu beurteilen.

Fisch, Fleisch und Geflügel

Obwohl es keine strengen Regeln für die Traumdeutung gibt, geht man häufig davon aus, daß in Träumen von Tieren die tiefsten «animalischen Instinkte» zum Vorschein kommen. Es gibt jedoch noch einen anderen Weg, an Träume von Vierbeinern, Fischen oder Vögeln heranzugehen, nämlich vom Standpunkt des Tieres aus. Betrachten Sie es genau: Aussehen, Größe, Verhalten, seinen Bezug auf die eigene und andere Arten, ob Sie es sympathisch oder abstoßend fanden. Auch wenn Sie sich nicht für Zoologie interessieren, haben Sie vielleicht unbewußt ein paar Tatsachen über das Tier, das Ihnen im Traum erschienen ist, mitbekommen.

Tauben können zwar ziemlich schmutzig und lästig sein — aber sie sind rührende Eltern, wenn auch unbegabte Nestbauer. Daher kann ein Traum von Tauben viel freundlicher und beruhigender sein, als Sie glauben. Aber es gibt auch andere Anspielungen: Freud hielt den Vogel für ein phallisches Symbol und Träume von fliehenden Vögeln für ein brennendes Verlangen, beim Geschlechtsakt gut zu sein.

Sie werden sich hoffentlich nicht um «Traumbuch»-Deutungen von Tierträumen kümmern — zum Beispiel, dass es Glück bringt, wenn man von einem Elefanten träumt. Dennoch haben einige traditionelle Deutungen eine allgemeingültige Grundlage.

So gibt es in der Hindumythologie einen *Elefanten*gott, den beliebten, rundlichen Ganescha, Beschützer der Banken und Bringer des Wohlstands. Träume von Elefanten könnten sich dieses Symbolismus bedienen. Es könnte aber auch sein, dass Sie Elefanten mögen, ihre sanfte Stärke, ihr zwangloses, einfaches Leben, das vielleicht durch harte Arbeit wohlverdienten Luxus symbolisiert, und diese Zuneigung kommt im Traumbild heraus. Elefanten haben auch ein notorisch langes Gedächtnis!

Viele Menschen fürchten sich vor *Schlangen,* und das Symbol der Schlange gilt unter Christen als mächtig. Oft bedeutet es seelisch-geistige Energie, schlafende Kräfte, die zerstörend wirken können, wenn man sie unterdrückt. Im Hinduglauben stellt die aufgerollte Schlange die geistige Energie dar, die durch Yogaübungen geweckt und zur Entfaltung gebracht werden muß. Andererseits aber verkörpert die Schlange Kräfte der Erde, wie zum Beispiel der Drache Python des Orakels von Delphi. Obwohl er vom Sonnengott Apollo erschlagen wurde, sprach Python noch weitere tausend Jahre durch den Mund der Priesterin seine vieldeutigen Prophezeiungen.

Die Furcht vor Schlangen (oder Würmern und ähnlich geformten Geschöpfen) ist uralt. Jung hielt sie für angeboren. Sie kann im Wachleben ebenso wie im Traum auf eine Angst vor dem Penis oder, bei Männern, auf sexuelle Schuldgefühle hinweisen. Vielleicht hat die Schlange eine bestimmte Farbe: Versuchen Sie, diese symbolisch zu deuten (eine grüne Schlange steht für sexuelle Eifersucht, eine rote für sexuelle Energie, eine blaue für geistige Energie usw.). Achten Sie darauf, wie Sie sich im Traum der Schlange gegenüber benehmen. Auch die Schönheit und Kraft des *Pferdes* kann einen sexuellen Beiklang haben, aber ein Traum von einem Pferd mag sich auch auf innere Stärke, Energie und Fortschritte, auf die Bewältigung von Schwierigkeiten beziehen. Unbewußte Hinweise auf Kraft (sexuelle oder andere) findet man in Träumen von einem *Stier,* während eine *Kuh* wahrscheinlich mit dem mütterlichen Instinkt zusammenhängt. Der *Löwe* gilt als Symbol ungezügelten Verlangens, das nicht unbedingt sexuell sein muß; er kommt oft um die Lebensmitte in Träumen vor.

Wer sich näher mit dem Verhalten seines Traumtiers beschäftigt, entdeckt gewöhnlich mindestens eine Einzelheit, mit der er sich identifizieren kann, und es sollte möglich sein, von da aus weiterzukommen. Es lohnt sich, auf die hybriden mythologischen Geschöpfe hinzuweisen — zum Beispiel Cheiron, halb Mensch, halb Pferd, oder Pan, halb Mensch, halb Ziegenbock, oder die Nixen und Wassermänner der Märchen. Selbst wenn Sie sich nicht bewußt an die Bedeutung dieser Geschöpfe erinnern, bringt es vielleicht Gewinn, wenn Sie ihre Geschichten erforschen. Träume, die mythologische Symbole verwenden, können Warnungen sein, vor allem dann, wenn in Ihrem Wachleben irgendeine Veränderung begonnen hat und der Weg nach vorn noch unklar ist.

Sexualität

Es ist einfach — und oft recht verlockend — fast jedes Symbol in fast jedem Traum so zu deuten, als habe es Bezug auf den Sex oder unsere Einstellung dazu. Das Glück eines erfüllten Sexuallebens ist uns allen äußerst wichtig, aber es kommt trotzdem nur allzu leicht vor, daß wir dieses Thema überbewerten, wie es viele Freudianer taten.

Manche Leute sind entsetzt oder beschämt über eindeutig sexuelle Träume. Aber wir erschaffen unsere Träume ja selber, und wenn wir entsetzt darüber sind, sind wir es über unsere eigene Natur — denn sexuelle Träume verraten oft, auf welche Weise wir unserer Sexualität gern Ausdruck verleihen würden. Wenn unsere Träume uns also an unsere tierische Natur erinnern, müssen wir entscheiden, was wir davon halten — ob wir diese Natur positiver ausdrücken, ob wir sie verändern oder ihre Energie anderen Zwecken zuführen sollten. Wenn Sie über einen sexuellen Traum schockiert sind, betrachten Sie ihn einmal auf diese Weise und fragen Sie sich auch, ob Ihre Sexualität nicht etwas entspannter sein könnte.

Träume von richtigem Geschlechtsverkehr sind verhältnismäßig selten; aber da Träume fast immer verschlüsselt sind und da Analytiker der meisten Schulen einiggehen, daß Sexsymbole in Träumen häufig vorkommen, darf man davon ausgehen, daß fast jedes Symbol in Ihren Träumen Ihnen etwas über Ihre Sexualität erzählen *könnte*.

Aspekte Ihrer Träume, die offenbar nichts mit Sex zu tun haben, sagen vielleicht etwas Wichtiges über ein Gebiet Ihres Wachlebens aus, in dem Sex eine große, aber nicht die grösste Rolle spielt. Sie beziehen sich zum Beispiel auf einfaches «Beisammensein»; wenn Sie Erregung, Gefahr, Hitze oder Leidenschaft ausdrücken, möchten sie Sie vielleicht anregen, Ihre Einstellung zum Sex zu ändern. Ein Gefühl von Freizügigkeit im Traum, von der Überwindung von — nicht notwendigerweise sexuellen — Hemmungen kann uns zu einem erfüllteren Sexualleben führen; wenn wir jedoch gescholten werden oder uns klein fühlen, werden wir vielleicht auf Hemmungen, von denen wir gar nichts ahnen, aufmerksam gemacht. Auch Träume, in denen Gewalttätigkeit vorkommt oder in denen die Betonung auf Aggression und Herrschaft über andere liegt, haben einen starken sexuellen Beiklang und wollen uns womöglich auf unsere Rücksichtslosigkeit gegenüber unseren Liebsten hinweisen. Träume von Kälte und Eis, von Einschränkung der Bewegungsfreiheit, können sich auf Frigidität beziehen.

Sexuelle Bilder in Träumen müssen nicht plump und deutlich, sondern können sogar sehr schön sein. Prächtige Blüten und Pflanzen, weiche Samte und Seiden, die glatten Formen eines Gegenstands, dies alles kann etwas über Sexualität aussagen, und das genauso eindringlich wie die bekannten Träume vom Fliegen, Treppensteigen, von einstürzenden Fabrikschornsteinen und Zügen, die durch Tunnel rasen! Doch selbst in so offenkundigen Symbolismen befindet sich oft auch noch eine geistige Botschaft, da ja die sexuelle und die geistige Seite unserer Natur nicht völlig getrennt sind. Bedenken Sie auch, daß ein Unterschied zwischen einem Gegenstand, der eindeutig einen Penis darstellt, und einem «phallischen Symbol» besteht, denn der Phallus verkörpert in hohem Maße die Macht der Schöpfung und der Fruchtbarkeit.

Denken Sie einmal über die Träume nach, die Sie im Laufe der Jahre hatten; es wäre seltsam, wenn sich eine wirklich lebendige Traumerinnerung nicht auf Ihre Sexualität beziehen würde. Vielleicht war sie wichtig für Ihre sexuelle Entwicklung — und vergessen Sie nicht, daß diese nicht nur in der Pubertät stattfindet: Auf die eine oder andere Weise verändert und entwickelt sich unsere Sexualität fort bis zum Tod. Jeder wirklich wichtige Traum, der Ihnen deutlich aufgefallen ist, jedoch keinen Bezug auf irgendeine Situation Ihres Wachlebens zu haben scheint, sollte als möglicher sexueller Traum betrachtet werden. Betrachten Sie ihn jetzt einmal im Licht dieser Erläuterungen: Es besteht die Möglichkeit, daß er eine Entwicklung Ihrer sexuellen Persönlichkeit andeutet.

Umgebung

Die Umgebung, der Schauplatz Ihres Traums, ist oft sehr wichtig, obwohl Sie immer abwägen müssen, wie wichtig sie denn für den Traum ist, den Sie deuten wollen. Wenn Gebäude in dem Traum eine große Rolle spielen, wirft dies höchstwahrscheinlich ein Licht auf bestimmte Gebiete unserer Persönlichkeit, denn im Traum können wir selber die Gebäude sein. Ein sehr prunkvolles, reichverziertes Haus hat vielleicht mit dem auffälligen Bild, das wir der Welt bieten, zu tun, ein sehr modernes mit unserer Überzeugung, wir müßten stets den letzten Schrei vertreten, sei es in der Mode, sei es in unserer Einstellung zum Leben.

Ehrfurchtgebietende Gebäude wie Kathedralen, Burgen, Schlösser sprechen oft für ehrgeizige Hoffnungen, vor allem, wenn wir zu ihnen aufblicken. Stiegen Sie bis aufs Dach? Versuchen Sie sich zu erinnern, ob Sie ängstlich oder froh waren. Begeisterte Sie der Anblick? Ihr Ehrgeiz könnte aber auch übertrieben sein. Steht er im richtigen Verhältnis zu Ihren Fähigkeiten? Wenn Sie in Ihrem Traum etwas bauen, bezieht sich dies womöglich auf einen Plan in Ihrem Wachleben: Haben Sie auch einen festen Grundstein gelegt? Wie sicher waren Sie sich des Erfolgs? Der Traum könnte viel über Ihre allgemeine Lebenseinstellung zu sagen haben — ein Traum von einem Palast und seinen «Marmorhallen» warnt Sie vor Schwülstigkeit, einer von einem Elfenbeinturm handelt ganz offensichtlich von Distanz und «Unberührbarkeit».

Freud hat nicht als einziger darauf hingewiesen, daß ein Haus ein eindrucksvolles Bild des menschlichen Körpers mit seinen verschiedenen Öffnungen sei, und das ist recht einleuchtend. Freud war auch der Ansicht, Treppensteigen sei immer ein sexuelles Bild, und Korridore hatten für ihn ebenfalls einen sexuellen Bezug. Wenn Sie meinen, so könne auch Ihr Traum gebaut sein, denken Sie einmal über Ihren Aufstieg nach: Fühlten Sie sich sicher oder ängstlich, war er leicht oder schwer... Vergessen Sie aber nicht, daß Freud behauptete, die meisten Träume hätten einen sexuellen Hintergrund. Es ist durchaus möglich, daß sich Träume von Zimmern, Korridoren und Fenstern (die sehr häufig vorkommen) ebenso wie die von Gebäuden auf andere Gebiete Ihres Lebens beziehen.

Viele Menschen träumen, daß sie in wohlbekannten Häusern neue, leere Zimmer entdecken — hinter einer Schranktür öffnet sich ein unbekannter Raum. Nach unserer Erfahrung weist dies meistens darauf hin, daß der Träumer bereit ist für eine neue intellektuelle Aufgabe, für die Erweiterung seines geistigen Horizonts, und daß er dies auch unbedingt will (ja, vielleicht sogar braucht). Das Symbol von der Leere, die gefüllt werden möchte, ist deutlich genug, und so ein Wink sollte befolgt werden! Denken Sie an Julia Parkers Traumserie von Seite 56. So etwas ist keineswegs ungewöhnlich, verrät uns viel und stärkt unser Selbstvertrauen. Zwei Gebäude spielten in Julias Träumen eine wichtige Rolle: ein grosses Lagerhaus und ein schönes Gebäude mit künstlerischen Inhalten. Wenn die Türen Ihres Traumhauses fest verschlossen, die Fenster verdunkelt oder zugemauert sind, wenn es Schilder gibt mit der Aufschrift EINTRITT VERBOTEN, dann sollten Sie sich fragen, was Ihren Fortschritt im Wachleben aufhält; vielleicht ist es ein Element Ihrer Persönlichkeit oder irgendeine grundlegende Hemmung. Das Verbotsschild könnte sich auf etwas beziehen, an das Sie sich noch nicht herantrauen; Schläge an die Tür symbolisieren womöglich Klaustrophobie oder das Bedürfnis, eine Gewohnheit abzulegen. Hier ist eine sexuelle Deutung durchaus möglich; das können jedoch nur Sie allein entscheiden.

Träume von verschiedenen Räumen können sich auf verschiedene Gebiete Ihres Wachlebens beziehen, je nachdem, was für Räume es sind: Wenn Sie sich in einer Küche befinden und kochen: Brauen Sie irgend etwas zusammen? Wenn Sie dagegen in einer Gefängniszelle sitzen: Fühlen Sie sich schuldig, oder erwarten Sie eine Strafe für irgend etwas? Ein Krankenhauszimmer kann darauf hinweisen, daß Sie Ruhe brauchen, wenn auch nicht gleich ärztliche Behandlung.

Träume, in denen wir ganz bewußt die Innenräume von Gebäuden erforschen, uns für verschiedene Zimmer interessieren, haben fast immer Bezug auf Herausforderungen und das Bedürfnis nach Erfüllung; dabei geht es ebenso sehr um unsere Persönlichkeit wie um unser Verlangen nach materiellem Erfolg. Diese Träume offenbaren unser Bedürfnis, neue Welten zu erobern, und können uns eine Menge darüber sagen, wie wir die Zukunft bewältigen können.

Farben

Die Forschung zeigt, daß wir meistens in Farbe träumen, aber daß diese unserem Gedächtnis rasch entschwindet, es sei denn, es gäbe einen besonderen Grund, sich ihrer zu erinnern. Manchmal vertritt eine Farbe deutlich eine Person, vielleicht jemanden, der sie häufig getragen hat. Und wenn eine Farbe in einer Reihe von Träumen wiederkehrt, lohnt es sich, gründlich zu untersuchen, auf wen oder was sie Ihre Aufmerksamkeit lenken will.

Wahrscheinlich stimmt es, daß sich die meisten Menschen der Rolle, die Farben in ihren Träumen spielen, nicht sehr bewußt sind. Angeblich soll übermässige Aufmerksamkeit auf Farben — oder deren Abwesenheit — entweder auf Extravertiertheit (wenn jemand die herrlichen Faben in seinen Träumen rühmt) oder auf Introvertiertheit (wenn jemand behauptet, er träume stets in Schwarzweiß) hindeuten. Wahrscheinlich brauchen Menschen, die im Wachleben nicht sehr auf Farben achten, keine bunten Träume, während Künstler und andere Leute, denen Farbe wichtig ist, eher farbig träumen. Ania Teilhard schreibt in ihrem Buch *Le Symbolisme du rêve* (Der Symbolismus der Träume, 1948), daß bunte Träume Beweise für ein lebhaftes Unbewußtes und eine besondere Vitalität des Träumers seien.

Gewiß sind viele Menschen farbenbewußt: Sie träumen von einem strahlendblauen Himmel, einem leuchtendroten Kleid, einer tiefschwarzen Leere, und manchmal verleiht Farbe einem Traumsymbol zusätzliches Gewicht. Der Farbsymbolismus hat eine lange Geschichte, und Farben, so wird behauptet, stehen oft in Beziehung zum kollektiven Unbewußten, so daß sogar die Assoziationen, die antike oder außereuropäische Kulturen hatten, zutreffen können.

Rot Dies ist im allgemeinen eine positive Farbe, die für Aktivität, Freude, Ausgelassenheit, Leidenschaft und sexuelle Erregung steht. Aber auch Blutdurst, Zorn, Rache, Martyrium und Grausamkeit zählen zu den Assoziationen. Bei den Hindus vertritt Rot die Grundkraft des Lebens, der Kreativität und der Ausdehnung; bei den Mayas weissagte sie Sieg und Erfolg und bei den Chinesen die Freude, das Glück und die Wärme der wohltätigen Sonne. Heute bedeutet Rot oft Gefahr und sagt «Stop». Ein Traum, in dem Rot eine wichtige Farbe spielt, könnte daher warnen wollen, andererseits aber auch auf Frohsinn und Munterkeit hinweisen.

Blau Geistigkeit, Gerechtigkeit, Wahrheit, Intellekt, Frieden, Keuschheit, Edelmut und Frömmigkeit stehen alle mit der Farbe Blau in Verbindung. Für Christen ist sie vor allem die Farbe der Jungfrau Maria, der Himmelskönigin, der großen Mutterfigur, so

daß sie auch Treue, Glauben und Ewigkeit bedeutet. Wenn Blau in Träumen vorherrscht, will es uns vielleicht anregen, unser Tempo zu verringern, Entspannung zu suchen, nachdenklicher zu sein.

Gelb Leuchtendes Gelb verkörpert das Licht der Sonne — Intuition, Glauben und reine Güte. Für die Indianer und die Hindus ist es das Licht des Lebens, der Unsterblichkeit. Dunkles, trübes Gelb dagegen symbolisiert Verrat, Unglauben, Heimlichkeit, Geiz. Safrangelb bedeutet im Buddhismus Entsagung, Demut und Wunschlosigkeit. Zwischen Gelb und der abstrakten Vorstellung von Gesundheit besteht eine mächtige Verbindung, so daß Sie Träume, in denen diese Farbe die Hauptrolle spielt, auf Ihr allgemeines Wohlbefinden beziehen sollten.

Grün Dies ist die Farbe der Pflanzenwelt und der Natur in ihren einfachen Formen. Es gilt vor allem als die Farbe der Hoffnung und der Freude, des Paradieses und des Überflusses; gleichzeitig ist es auch die Farbe des unreifen Getreides, unserer jugendlichen Unerfahrenheit, wenn wir noch «grün» sind. Deshalb kann es auch Torheit und Unschuld symbolisieren. Frühlingsgrün ist die Farbe der Unsterblichkeit, aber auch die der Eifersucht (die man oft mit den unsichtbaren Mächten des Feenreichs in Verbindung bringt). Im chinesischen Symbolismus bedeutet es den «Beginn großer Arbeit» und wirkt daher beruhigend auf jeden, der vor einer neuen, wichtigen Aufgabe steht.

Schwarz und Weiß Fast jede Kultur verbindet Weiß mit einer positiven, Schwarz mit einer negativen Kraft. In Träumen können beide Farben Bezug haben auf jede Verwandlung oder Veränderung, die Sie vorhaben oder auf die Ihr Unbewußtes Sie vorbereitet. Schwarz, die Farbe des Widerspruchs, bedeutet auch Leere sowie in vielen Kulturen den Tod und die Unterwelt — und daher häufig etwas, was «untergründig» geschieht. Die weiße Fahne signalisiert Kapitulation und Waffenstillstand, aber die Farbe Weiß wird auch mit Schlichtheit, geistiger Autorität, Keuschheit und Reinigung der Seele gleichgesetzt. Ein Traum, in dem Weiß vorherrscht, kann daher darauf hindeuten, daß Sie sich als «unerreichbar», als fern von allen Problemen, betrachten.

Menschenmengen

Träume, die von Menschenmengen handeln, sind im allgemeinen schwierig zu durchschauen, da sie sich auf viele Gebiete unserer Persönlichkeit beziehen können. Wie üblich muß man sich entschließen, welcher von mehreren möglichen Spuren man folgen will, um den Symbolismus so eines Traumes zu deuten. Klaustrophobie, die Angst, festgenagelt zu sein, ist ein Gefühl, das in solchen Träumen häufig vorkommt. Das kann sich unmittelbar auf Ihren Lebensstil beziehen oder auf Ihr Alter und die Gefühle und Erwartungen, die Sie damit verknüpfen.

Vielleicht sind Sie eine Frau, die durch Hausarbeit und Kinderpflege fast völlig in Anspruch genommen wird, sich aber nach mehr Selbstverwirklichung durch die Entwicklung neuer, anspruchsvollerer Interessen sehnt. Vielleicht sind Sie ein Mann, der jeden Tag am selben Schreibtisch oder an derselben Werkbank arbeitet und sich geistige Entfaltung wünscht. Oder Sie haben keine Arbeit, finden Ihre Tage langweilig und sinnlos und können dem deprimierenden Einerlei nicht entfliehen. In Ihnen sind viele Menschen, und alle, so meinen Sie, verdienen eine Stimme, Raum, um sich darin zu bewegen und auszudrücken. Vermutlich haben die anderen Ichs, die Ihre Träume bevölkern, einige Zeit gebraucht, um sich zu versammeln und laut zu werden; deshalb treten solche Träume meistens in der Lebensmitte auf. Sie scheinen ein Thema der Wechseljahre mit all ihren Belastungen und Veränderungen zu sein.

Andererseits können Sie aber auch viel jünger und ein geborener Rebell sein, der sich aus irgendeinem Grund nicht gegen die Routine wehren kann. In all diesen Fällen verkörpert die Menschenmenge vielleicht die Umstände, die die Selbstverwirklichung hemmen, die Flucht verhindern. Für die Hausfrau und Mutter, den überlasteten Geschäftsmann stellt die Menschenmenge die vielen Aspekte der Persönlichkeit, die vielen Fähigkeiten dar, die Aufmerksamkeit und Erfüllung verdienen. Sie sollten also darüber nachdenken, wie Sie Ihre Zeit und Energie verwenden; möglicherweise müssen Sie, wenn Sie vorankommen wollen, Zeit für die Selbstverwirklichung und die Entwicklung neuer Interessen gewinnen.

Aber natürlich kann ein Traum, in dem man Teil einer Menschenmenge ist, auch auf das Bedürfnis nach Anpassung hinweisen. Wenn Sie sich bereitwillig von den anderen mitreißen ließen, ist vielleicht im Wachleben Fügsamkeit Ihr natürlicher Weg zum Seelenfrieden, was weitere Symbole im Traum bestätigen oder dementieren können. Sie sollten sich also nicht nur auf Ihre eigenen Gefühle in dem Traum konzentrieren, sondern auch auf das Benehmen der Leute um Sie herum, auf das, was die Menschenmenge tat. Manchmal beziehen sich Träume von Menschenmengen auf Alltagsprobleme und unsere Versuche, mit ihnen fertigzuwerden. Eine Menschenmenge, in der wir hilflos sind, die über uns hinwegtrampelt, will uns vielleicht sagen, daß uns im Wachleben Probleme über den Kopf wachsen oder daß es uns nicht gelingt, uns zu wehren. Ein Traum von einer geordneten Menge mag ebenfalls für Fügsamkeit sprechen oder gar für das Bedürfnis nach dem Segen der Gesellschaft (war die Menge etwa eine Versammlung von Andächtigen?).

Wenn die Menschenmenge so etwas wie eine Mannschaft bildet, in der alle am selben Strang ziehen — sind Sie froh dabeizusein, oder versuchen Sie, sich selbständig zu machen? Sind Sie im Grunde teamorientiert oder ein Einzelgänger?

Wenn die Menschenmenge das «Establishment» darzustellen scheint, verweist sie etwa auf Ihre Eltern oder andere Respektspersonen — Lehrer, Vorgesetzte — und auf die Art und Weise, wie Sie zu ihnen stehen oder sie gar beeindrucken möchten? Sprachen Sie zur Menge, hielten Sie eine politische Rede, eine Predigt? Wenn das der Fall ist, besteht bei Ihnen vielleicht ein inneres Bedürfnis nach Macht über andere. Wenn die Menschen beeindruckt waren, könnte es sein, daß Sie im Wachleben durchaus in der Lage sind, über andere zu herrschen, und daß Sie diese Fähigkeit nutzen sollten — vielleicht sind Sie bereit für mehr Verantwortung. Doch wenn die Menge unruhig und uninteressiert war, nehmen Sie sich im Wachleben etwa zu wichtig? Haben Sie die Ansprache an die vielen Menschen mit Vergnügen gehalten? Das kann bedeuten, daß Sie gern klatschen.

Die Reaktion der Menschenmenge ist sehr wichtig; versuchen Sie also, ernsthaft darüber nachzudenken, vor allem, wenn der Traum verschiedene Aspekte Ihrer Persönlichkeit betrifft, denn dann kann er vielleicht gute Tips für Ihre zukünftige Entwicklung geben. Gehen Sie mutig und selbstsicher an Träume von Menschenmengen heran, gönnen Sie sich Raum, um sich zu bewegen und zu atmen.

Das Traumalphabet

Ihre gefühlsmäßige Reaktion auf die Situation und die Symbole in Ihren Träumen kann entscheidend für die Interpretation sein; doch die Gefühle, die Sie in Ihren Träumen empfinden, sind in einem Nachschlagewerk wie diesem kaum zu interpretieren. Bevor Sie die Hauptsymbole auf den folgenden Seiten nachschlagen, überlegen Sie sich, wie Sie sich im Traum fühlten. Zufrieden? Enttäuscht? Unglücklich? Ekstatisch? Ängstlich? Sexuell erregt?

Da so viele Träume die Quintessenz unserer Gefühle im Wachzustand repräsentieren, können uns die Gefühle, die wir in ihnen empfinden, bei der Interpretation auf die richtige Spur führen. Sie werden im alphabetischen Teil keine Adjektive finden: Es liegt an Ihnen, das entsprechende Adjektiv zu finden, wenn Sie die Symbole in Ihrem Traum abwägen, bzw. deuten. Wenn die Empfindungen in Ihrem Traum denen im Wach-

zustand entsprechen, handelt es sich wahrscheinlich um einen beruhigenden Traum. Wenn nicht — wenn Sie mit einer Person unzufrieden sind, mit der Sie im realen Leben gut auskommen, soll Sie der Traum vielleicht dazu veranlassen, Ihre eigenen Motive oder die des anderen in Frage zu stellen.

Wenn Sie beim Lesen des Stichworteintrags über das Hauptsymbol in Ihrem Traum zu dem Schluß kommen, daß unsere Deutungen nicht zutreffen, Sie jedoch einen anderen Sinn sehen — ausgezeichnet! Der Zweck dieses Buches ist nicht, Ihre Träume für einen anderen zu deuten, sondern Sie anzuregen, durch Reflexion zu eigenen Schlußfolgerungen zu gelangen; auch wenn diese nur durch die Ablehnung unserer Vorschläge erreicht wurde, so ist es doch immerhin gelungen, und unsere Aufgabe ist erfüllt!

A

Abbild Ein Traum Ihres eigenen Abbilds — also Ihr «Stil» und Ihr persönliches Auftreten — vielleicht in einem Spiegel, kann bedeuten, daß Sie es überdenken sollten, ändern sollten, wenn es langweilig oder altmodisch erscheint; aber der Kontext des Traums wird Ihren Zugang möglicherweise andeuten. Siehe KLEIDUNG (S. 82). Für «Götzenbild», siehe *Gott* und *Götze*.

Abend Abend, Sonnenuntergang, das Ende eines Tages, dies alles kann ein bedauernswertes Verlustbild sein (siehe *Ende*). Wer oder was war daran beteiligt? Aber der Abend ist auch eine Zeit der Entspannung und des Auskostens von Freizeit, also kann das darauf hindeuten, daß Sie Ihre Freizeit mehr genießen sollten. Kann es einen Bezug auf den «Lebensabend» geben — auf das, was Sie mit Ihrer Freizeit im Ruhestand anfangen sollten? Es kann auch um die Selbsterfüllung gehen, die Sie bisher erreicht haben.

Abenteuer Welcher Art war das Abenteuer? Stellen Sie sich die Frage, ob *Gewalt* eine Rolle spielte, oder war es eine *Romanze*, oder *Sex*? Und wie war Ihre Einstellung dazu? Fehlt im allgemeinen in Ihrem Leben das «gewisse Etwas», das in Ihrem Traum zum Ausdruck kam? Vielleicht brauchen Sie mehr Abenteuer, mehr Abwechslung.

Abfall Abfall in ihrem Traum kann abgedroschene Einfälle oder Vorhaben oder Meinungen symbolisieren, welche Sie nicht mehr verwenden oder achten können. Wenn Sie ihn zusammensammelten und abluden, ist der Kommentar offensichtlich (und positiv). Wenn Sie ihn mit Bedauern durchstöberten und womöglich etwas Verlorengegangenes suchten, steht eine andere Interpretation zur Verfügung: Ist Ihr Leben übersät von unnötigen Problemen oder gar von Leuten, die Ihre Zeit und Energie nicht wert sind?

Im Traum Abfall aufzuräumen verweist oft auf einen Prozeß psychologischer Frühjahrsreinigung, auf das Fallenlassen ausgeleierter Ideen oder ausgedienter Haltungen, oder es liegt nahe, daß die Zeit dazu für Sie gekommen ist. Wenn Sie mitten unter dem Abfall auf etwas Wertvolles stoßen, so kann dies ein bedeutsamer Hinweis darauf sein, daß mitten im gegenwärtigen Wirrwarr in Ihrem Kopf eine nützliche Idee oder ein Goldklümpchen Information verborgen liegt.

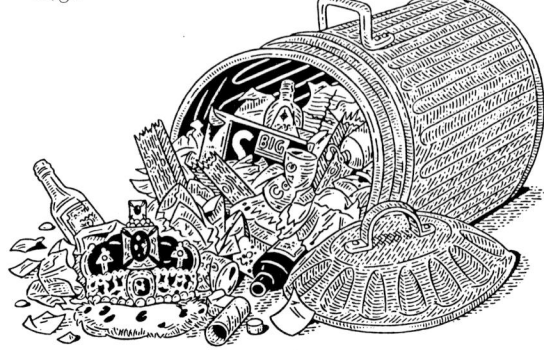

Abgrund Fallen Sie in einen Abgrund, so kann das bedeuten, daß Sie eine Falle sehen, ihr aber nicht ausweichen. Es kann Depression oder andere schlechte Gefühle bedeuten. Vielleicht sind Sie dabei, einen riskanten Sprung zu wagen, der aber eine Lösung bietet: Sind Sie sicher gelandet?

Ablehnung Das Traumthema ist seiner Natur nach mit *Weigerung* verwandt, weist jedoch vielleicht eine persönlichere Bedeutung auf. Möglicherweise haben Sie eine bestimmte emotionelle Haltung oder einen Gedankengang abgelehnt oder sollten dies tun — es kann sein, daß Sie dazu eher bereit sind, als Sie geglaubt haben!

Abmagerungskur Es muß nicht unbedingt im körperlichen Sinn sein, daß Sie abnehmen sollten: Vielleicht sollten Sie weniger arbeiten oder Ihre Freizeitaktivitäten einstellen.

Abscheu Alles hängt davon ab, *was* Ihnen Abscheu eingeflößt hat. Schlagen Sie bei diesem Symbol nach, und bedenken Sie es sorgfältig! Eine starke Empfindung ist häufig auf Sexualität ausgerichtet, kann sich aber auch auf ein anderes Lebensgebiet von Ihnen beziehen — auf Ihre Arbeit zum Beispiel.

Abschied War die Trennung freudig oder traurig? Ihr Traum kann das Ende einer Lebensphase (oder einer Beziehung) markieren. Wenn nicht, deutet er an, daß Sie ein solches Ende anstreben, etwas oder jemanden verabschieden sollten — vielleicht ein Hindernis im Leben?

Abschuß Wahrscheinlich bezieht er sich auf das «Lancieren» irgendeiner neuen Idee, eines neuen Projekts oder einer neuen Beziehung. Ging im Traum alles gut — umso besser! Obwohl es sich um Wunscherfüllung handeln könnte. Ging es schief, so kann eine Warnung dahinterstecken: Schauen Sie also nach Schwachstellen oder Störfaktoren!

Abstieg Stiegen Sie Treppen hinunter oder in einen Schacht? Tauchten Sie ins Wasser, oder gingen Sie am Fallschirm nieder? Sie streben im Leben vielleicht nach «tiefster» Ergründung eines Problems, obwohl der Traum Sie vielleicht auch davor warnt, in Verzweiflung zu versinken. Es gibt sicherlich Symbole im Traum, die auf die Ursache hinweisen — und wenn nicht, rufen Sie einen weiteren Traum, um die Bedeutung aufzuklären (s. S. 47). Folgt Ihrem Abstieg ein Aufstieg, ist ein Überwinden der Schwierigkeiten angedeutet. Siehe auch *Tauchen*.

Abzeichen Wurde es Ihnen verliehen? Und wofür? Haben Sie vor kurzem etwas vollbracht, worauf Sie besonders stolz sind? Sind Sie dabei, sich einem neuen Vorhaben oder einer neuen Idee anzuschließen? Siehe *Medaille, Amtseinführung, Ehre*.

Adler Ein starkes Machtsymbol. Ein Traum von einem Adler kann Ihr eigenes bedrohliches Verhalten anderen gegenüber ansprechen, Ihre Suche nach einer Beute (wenn der Vogel Sie selbst verkörperte); ein sitzender oder hockender Adler kann bedeuten, daß Sie Ihre Zeit verschwenden. Oder waren Sie der Bedrohte? Und wenn ja, wer war der Adler? Der Vogel als Symbol für den Evangelisten Johannes eignet sich nur selten für eine moderne Interpretation, aber für Amerikaner kann er sicherlich ein Symbol für ihr Land sein, für Patriotismus, Verteidigung, Unabhängigkeit. Siehe FISCH, FLEISCH UND GEFLÜGEL (S. 88). Auch *Vögel*.

Affe Siehe *Tiere*.

Akrobat Haben Sie in letzter Zeit angegeben? Vielleicht suchen Sie die Bestätigung von jemandem. Waren Sie in Ihrem Traum selbstsicher, oder sind Sie gestürzt? Wenn ja, könnte der Traum eine Warnung sein. Akrobatik kann sich auf den Sexualakt beziehen; Freud meinte, daß die Freude der Kinder an akrobatischen Leistungen oft ein «unbewußtes Erinnerungsbild eines beobachteten Geschlechtsverkehrs ist, ob nun zwischen Menschen oder Tieren». Bei Erwachsenen kann es sinnliche Erinnerungen an Balgereien oder akrobatische Spiele unter Kindern geben. Aber es ist oft schwierig und manchmal schmerzhaft, eine Verbindung zwischen solchen Eindrücken und unserem späteren realen Leben herzustellen.

Alarm Das könnte ein warnender Traum sein. Welche Art von Alarm war es? (Siehe Seite 58). Seien Sie vorsichtig in dem Bereich, auf den sich Ihr Traum bezieht.

Alkohol Siehe ESSEN UND TRINKEN (S. 86) Möglicherweise eine Warnung an Sie, Ihren Alkoholkonsum zurückzuschrauben.

Altar Der Traum muß nicht unbedingt etwas mit Religion zu tun haben, könnte sich jedoch auf jemanden (oder etwas) beziehen, vor dem Sie großen Respekt haben. Sind Sie bescheidener als nötig? Vielleicht bringen Sie sich selbst als Opfer dar! Oder Sie sollten vielleicht verletzlicher sein. Es kann sich um ein Wortspiel handeln (siehe Seite 50), nämlich daß Sie·in ihrem Leben etwas ändern oder «alterieren» sollten.

Alter Ob Sie nun jünger oder älter in Ihrem Traum waren, Ihr Unterbewußtsein kann Ihnen sagen, ob Sie etwas jugendlicher in Ihrer Einstellung sein sollten, oder vernünftiger und praxisorientierter. Vielleicht sollten Sie Ihren Lebensrhythmus ändern. Die Tageszeit in Träumen kann das Alter des Träumenden bedeuten, vor allem wenn er noch ein Kind ist. (Viertel nach fünf kann ein Alter von fünf

Jahren und drei Monaten bedeuten.) Aber Träume sind zeitlos, und oft existiert gar kein vernünftiger zeitlicher Rahmen, und er spielt auch keine Rolle.

Amtseinführung Sicherlich hat Sie Ihr Traum zu etwas Erreichtem beglückwünscht, etwas, was Sie getan haben? Wenn Sie einfach zugesehen haben, beneiden Sie vielleicht die Leistung von jemand anders und vermuten, daß Sie härter und mit mehr Entschlossenheit ans Werk gehen sollten. Siehe *Ehre*.

Anfall Das brutale Bild eines Anfalls oder Krampfs kann sich auf etwas sehr Störendes oder Leidvolles konzentrieren, also beachten Sie den Zusammenhang, der Ihnen einen Hinweis geben kann, ob es sich um ein psychologisches oder materielles Problem handelt, das vielleicht störender war, als Ihnen bewußt ist. Sprechen Sie das Problem mit einem Freund oder Berater durch, und wenn der Bezug eindeutig physisch scheint, sichern Sie sich durch einen Arztbesuch ab, vor allem wenn der Traum wiederholt vorkommt.

Angst Ein Traum, bei dem Angst eine übergroße Rolle spielt, wird Sie wahrscheinlich deprimieren, sogar Ihre Stimmung für den Tag festlegen, und es ist nicht immer möglich, ihn vernünftig zu beurteilen, weil er fast sicher eine Befürchtung in Ihrem Leben reflektiert. Die Art, in der Sie der Angst in Ihrem Traum begegnet sind, wird Ihnen einen Hinweis auf den Grad Ihrer wirklichen, «wachen» Angst geben. Wenn Sie nicht sofort Ihre geträumte Befürchtung auf Ihren Wachzustand beziehen können, denken Sie sorgfältig nach, denn der Traum kann versuchen, Ihre Aufmerksamkeit auf eine äußerst tiefe Besorgnis oder sogar Phobie zu lenken. Er rät Ihnen vielleicht, sich mit ihr zu beschäftigen, vielleicht mit Hilfe eines Therapeuten.

Anzug/Kostüm Ein Anzug bzw. Kostüm ist eine ziemlich förmliche Bekleidung für beide Geschlechter, also könnte es eine Anspielung auf Ihr Bedürfnis sein, jemandem zu imponieren. Möglicherweise ein Wortspiel! Sollten Sie sich in irgendeiner Form mehr anpassen? Ein Bezug vielleicht auf jüngste Handlungen, die einem selbstkritischen Blick unterzogen werden müssen. Haben Sie in letzter Zeit gegen Ihr Gewissen oder wider besseres Wissen gehandelt?

Apartment Siehe *Zimmer*.

Applaus Siehe *Jubel*.

Apfel In den meisten westlichen Kulturen wird der Apfel mit dem Sündenfall von Adam und Eva im Garten von Eden in Verbindung gebracht, also auch mit «Sünde» (womit normalerweise Sex gemeint ist). Ein besonders schmackhafter Apfel kann inten-

siven sexuellen Appetit oder Ihre Bereitschaft bedeuten, das Leben voll auszukosten. Natürlich kann er auch eine Verbindung mit jemandem aufzeigen, der es mit Ihnen auskosten will. Jung bemerkte, daß «das Entwenden eines Apfels das typische Traumsymbol ist, das in vielen verschiedenen Variationen in zahlreichen Träumen vorkommt.»

Arbeit Wer war sonst noch an der Arbeit, welcher Art war sie, und was gab es für andere Symbole? Es mag einen Bezug zu Ihrem wachen Dasein geben, wenn Sie mehr oder weniger hart arbeiten sollten; und es kann natürlich ein Wunschtraum sein, wenn Sie Arbeit suchen. Denken Sie daran, es ist möglich, daß ein Traum Kräfte zeigt, die Sie noch nicht ausgeschöpft haben.

Arbeiter Siehe *Arbeit*. Arbeiter im Traum können Bereiche Ihrer Persönlichkeit darstellen, die Sie vielleicht nicht ausschöpfen; waren sie effizient oder faul und ineffizient?

Archäologie Sagt Ihnen der Traum, sich mit Ihrer eigenen Vergangenheit zu beschäftigen oder sie zu Rate zu ziehen? Vielleicht sind Sie in einer Situation, in der Sie zum zweiten Mal einen Fehler begehen könnten. Fehlt Ihnen ein gewisser Aufbau in Ihrem Leben? Archäologie gräbt die Vergangenheit aus — vielleicht sollten Sie sich mit alten Problemen beschäftigen, deren Übel an der Wurzel packen. Siehe Jungs Traum (Seite 23) für eine detaillierte Analyse.

Arglist Ein negatives Gefühl — wie ein generelles Empfinden von Bösartigkeit kann es einen Traum durchdringen und eine Warnung aussprechen. Gegen wen war es gerichtet, von wem, warum und in welcher Form?

Arm Siehe *Körper*.

Arznei Sind Sie dabei, einen Geschmack von Ihrer eigenen Medizin zu erhalten? Sie können dies vermutlich an der Größe der Dosierung ersehen.

Arzt Sie bedürfen vielleicht physischer oder geistiger Hilfe. Es kommt sehr darauf an, wie Ihre Beziehung zu Ihrem Arzt/Ihrer Ärztin im Leben ist; wenn Sie ihn oder sie attraktiv finden, genießen Sie vielleicht nur ein schönes Phantasiegebilde! Aber Ihr Traum kann bedeuten, daß Sie eine gewisse Beratung brauchen. Gehen Sie jedem Vorschlag, den Ihr Traumarzt gemacht hat, nach. Wenn *Sie* der Arzt im Traum waren, müssen Sie vielleicht irgend etwas «verarzten» oder reparieren. Ihre Träume können Sie dahingehend beruhigen, daß Sie sich in gewisser Weise jetzt «viel besser fühlen» als vorher. Haben Sie Ihr eigenes Fieber gemessen — d. h. Ihre Gefühle oder emotionale Reaktion einer Lebenssituation gegenüber beurteilt?

Asche Es ist natürlich möglich, daß es sich hier tatsächlich um ein sehr depressives Bild handeln kann: Tote, leblose, graue Asche. Haben Sie alte Asche ausgeräumt, um ein neues, lebhaftes Feuer zu entzünden? Wenn ja, könnte es bei diesem Symbol wie bei Träumen über den *Tod* (siehe GEBURT, TOD UND VERWANDLUNG, Seite 76) um einen Neuanfang gehen, aber auch eine tote Vergangenheit. Andererseits versuchen Sie vielleicht mit Ihrer Vergangenheit zu brechen. Hat sich ein Teil Ihres Lebens in Schutt und Asche aufgelöst? Haben Sie mit einer Phase oder einer Verbindung gebrochen?

Ast Ist er gebrochen? Der Traum könnte eine Warnung sein, daß Sie zuviel auf sich nehmen. Sind Sie momentan emotional unsicher?

Astronaut Der Traum kann Sie zu mehr Ambitionen ermutigen, gewissermaßen dazu, «nach den Sternen zu greifen». Waren Sie in einem Raumschiff? Wie sicher fühlten Sie sich? Wenn Sie sich inspiriert und gelöst fühlten, könnte das bedeuten: geistiges Fortkommen in Ihrem Leben. Wollen Sie «starten» oder aus der Realität flüchten?

Aufhängen Siehe *Galgen;* wenn Sie etwas oder jemanden aufgehängt haben, müssen Sie entscheiden, ob Sie eine Charaktereigenschaft loswerden müssen. Wenn Sie jemanden aufgehängt haben, bedeutet das sehr wahrscheinlich, dass Sie ein unangenehmes Element Ihres Lebens auslöschen wollen, vielleicht bedeutet es auch, daß Sie wie eine andere Person persönlich versagt haben. Siehe auch vielleicht *Tod, Exekution, Guillotine.*

Aufregung Welche Art der Aufregung? Wahrscheinlich bezog sie sich auf ein Gebiet in Ihrem Leben, das Sie aufregt oder das Sie vielleicht aufregen *sollte,* das Sie aber zuwenig nutzen. Was Sie beim Erwachen gefühlt haben, ist wahrscheinlich ein guter Maßstab: Wenn Sie begeistert waren, ist es ein positiver Traum, aber wenn Sie sich enttäuscht fühlten, wenn alle Aufregung im Traum hohl war, kann Ihr Unbewußtes andeuten, daß Ihre Erwartungen einer realen Sache gegenüber zu hoch gesteckt waren.

Aufruhr Ein Traumaufruhr gibt wahrscheinlich irgendeinen bewußten Aufruhr wieder — wenn der Traum ihn auch, vielleicht karikiert, übertreibt oder dämpft — und versucht, auf diese Weise Ihre wache Einstellung zu korrigieren. Es könnte Andeutungen geben, daß Sie Ihre Gewohnheiten, Gedanken oder Meinungen revidieren sollten. Möglicherweise müssen Sie im Wachleben die Aufmerksamkeit auf sich ziehen. Ist dem so: Tun Sie es auf die richtige Weise? Ihr jüngstes Benehmen könnte zu zerstörerisch gewesen sein; oder vielleicht ermutigen Ihre Träume Sie, mit dem, was Sie plagt, einen Wirbel hervorzurufen — das wissen nur Sie allein!

Aufzeichnung Sammeln Sie Fakten fürs Archiv? Wenn Sie eine Schallplatte aufgezeichnet haben, siehe *Botschaften.*

Aufzug Das ist sehr wahrscheinlich eine Beurteilung Ihres materiellen Fortkommens im Leben, ob Sie nun auf- oder abwärts fuhren; oder vielleicht auf Ihre Einstellung anderen Leuten gegenüber, die auf Stockwerken unter oder über Ihrem eigenen ausgestiegen sind. Das Abwärtsfahren in einem Aufzug kann bedeuten, daß Sie «auf den Boden der Tatsachen» zurückkommen; wenn Sie steckengeblieben sind, kann das ein Gefühl im Wachzustand reflektieren, wonach Ihr Fortkommen irgendwie behindert ist. Wer war im Aufzug mit Ihnen, wen oder was könnten sie repräsentieren, und wie war deren Einstellung in Ihrem Traum? «Hinauf-» oder «hinunterfahren» kann auch eine sexuelle Bedeutung haben.

Augen Augen sind traditionsgemäß die «Spiegel der Seele» und stellen ein tiefes persönliches und emotionales Symbol dar. Sind Sie momentan auf der Suche nach Ihrer Seele? Wenn Ihre Augen beschlagen waren, sehen Sie vielleicht die anderen, sich selbst oder einen Umstand nicht klar. Wenn etwas in Ihrem Auge war, liegt die Schlußfolgerung auf der Hand. Aber es kann auch leicht eine physische Verbindung geben: Sollten Sie sich einem Augentest unterziehen?

Ausbrüten Sind Sie dabei, eine Idee auszubrüten, oder sollten Sie es tun? Wenn Sie bisher den Keim einer Idee verkannten, kultivieren Sie ihn! Wenn das *Ei* in Ihrem Traum hartnäckig ganz blieb, ist Ihre Idee im Wachzustand noch nicht ganz ausgegoren. Wenn es aufbrach — was kam heraus, und welchen besonderen Aspekt kann das neugeborene Leben symbolisieren?

Traumanalyse

Augen Kate träumte: *Ein Unbekannter sagte mir, daß ich einen Schleier über den Augen habe. Wir gingen zu einem Spiegel, wo ich ihn sehen konnte — eine Art Schleim, wie ungekochtes Eiweiß. Er entfernte ihn.*

Dieser Traum trat zu einem Zeitpunkt auf, als Kate erkannte, daß Sie mit ihren Problemen zu Rande kommen mußte und mit einer Therapie anfing. Die unbekannte Person, offensichtlich ein Fremder, war der Therapeut. Der Traum bestärkte sie darin, daß viel unternommen werden konnte, um ihr zu helfen: Sie würde das Leben mit neuem, klarem Blick sehen.

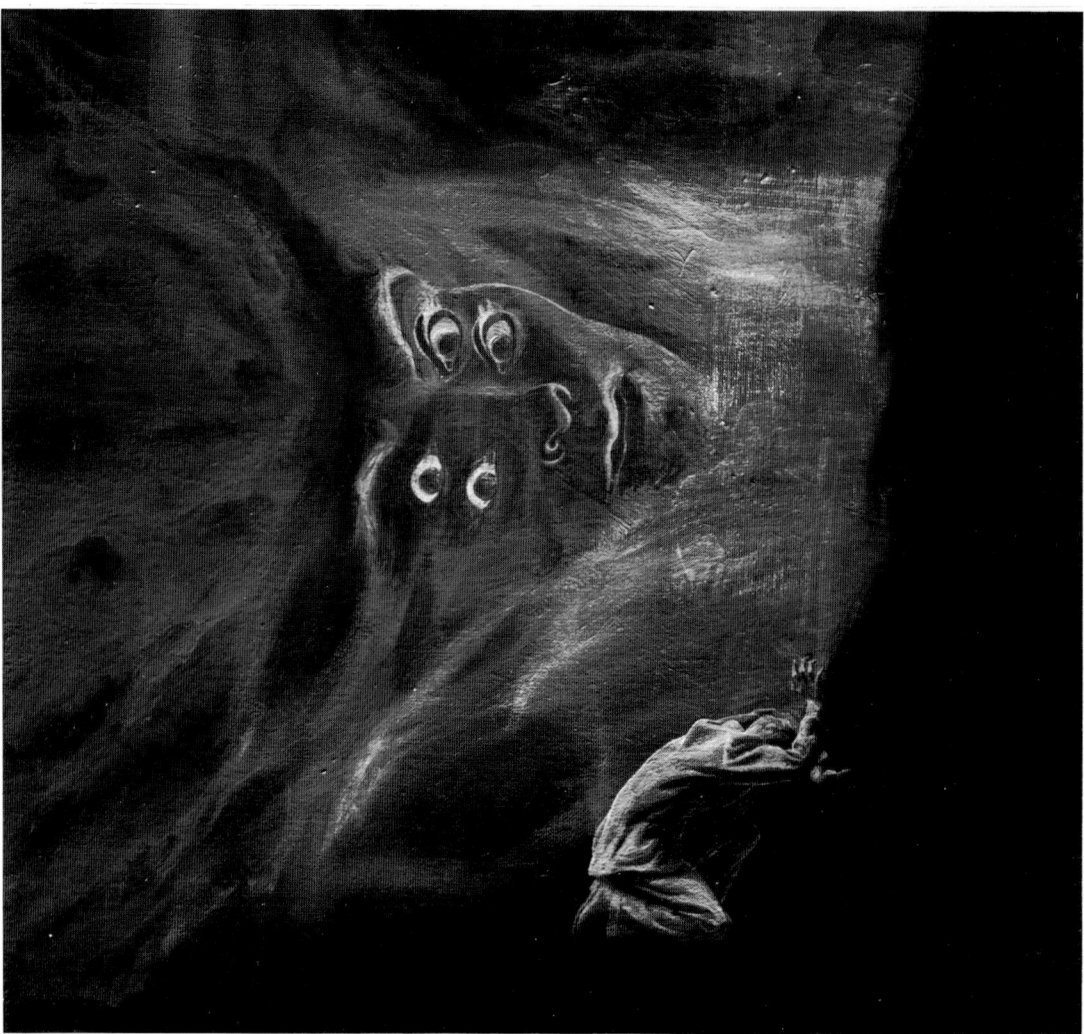

Augen, *Anima mit Augen,* Peter Birkhäuser

Ausgabe Finanzielle und emotionale Grosszügigkeit stehen oft in einem Zusammenhang, also kommentiert Ihr Traum vielleicht Ihre Fähigkeit, Liebe und Zuneigung zu erwidern. Vielleicht waren Sie mit einer gigantischen Ausgabe konfrontiert, und Sie wußten nicht, wie Sie mit ihr umgehen sollten ... Oder ähnlich: Sie stehen vielleicht unter emotionalem Druck oder fürchten, daß Sie die emotionalen Forderungen, die an Sie gestellt werden, nicht erfüllen können. Oder es ist vielleicht eine unverblümte Beurteilung Ihrer Einstellung dem Geld gegenüber. Sollten Sie nicht so extravagant — oder weniger sparsam sein? Aber denken Sie erst über «Lieben und Geben» nach.

Ausgeben Geld wahrscheinlich — und denken Sie an den Zusammenhang zwischen Geld und Liebe; so sind Sie vielleicht im wachen Gefühlsleben verschwenderisch oder ein Geizhals. War es herausgeschmissenes Geld — Gefühle, die man an jemanden verschwendet, der sich als unwürdig herausstellte? Wenn Sie in Ihrem Traum abgeneigt waren, Geld auszugeben, sollten Sie nicht nur über Geiz nachdenken, sondern auch die Einstellung zu Ihrem Partner sorgfältig in Erwägung ziehen.

Ausgrabung Sie stehen wahrscheinlich vor einer interessanten Periode persönlicher Entwicklung und Selbstfindung, finden Wahrheiten über sich selbst und neue Aspekte Ihrer Persönlichkeit heraus. Was haben Sie entdeckt? Was kann es für Sie symbolisieren? Denken Sie daran, es war da, die ganze Zeit begraben — also kann es einen Aspekt Ihrer Persönlichkeit repräsentieren, ein Potential, das Sie für sich selbst aufgedeckt haben — und jetzt müssen Sie sich entscheiden, was Sie damit anfangen wollen. Wenn Sie etwas entdecken, das Sie beängstigt oder das Sie verabscheuen, versuchen Sie, vernünftig zu bleiben; denken Sie daran, Ihre Träume kommen aus Ihnen — was immer Sie finden, ist ein Teil von Ihnen, ob Sie ihn mögen oder nicht, und es liegt an Ihnen, ob Sie sich damit befassen. Siehe *Archäologie, Graben.*

Ausland War das Land, das Sie in Ihrem Traum besucht haben, erfreulich? Waren Sie angeregt oder ängstlich? Der Traum könnte Ihre Lebenseinstellung kommentieren. Wenn Ihnen das Land fremd ist, sind Sie dabei, irgendein neues Projekt zu beginnen? Es kann darauf hindeuten, daß Sie neue Herausforderungen oder Anregungen benötigen. Siehe LANDSCHAFT (S. 68).

Ausrutschen Zurückrutschen? Fühlen Sie sich unsicher? Vielleicht eine Erläuterung Ihrer gegenwärtigen Gefühle bezüglich Sicherheit. Wenn Sie in einem Wagen abrutschten oder schleuderten, dann deutet der Traum vielleicht darauf hin, daß Sie die Kontrolle verloren haben, vielleicht in sexueller Hinsicht.

Außenseiter Vielleicht ein Spiegelbild Ihrer wahren Gefühle; oder vielleicht repräsentiert der Außenseiter eine Eigenschaft, die Sie loswerden sollten.

Aussicht Siehe LANDSCHAFT (S. 68). Vielleicht ein Vorschlag, daß Sie Ihre Lebenspläne objektiv betrachten sollten; oder siehe UMGEBUNG (S. 92).

Ausstellung Vielleicht deutete Ihr Traum an, daß Sie einen Blick auf verschiedene Teile Ihres Lebens werfen und Ihre Reaktionen darauf überprüfen sollten? Die Art der Ausstellung, die Sie besucht haben, und natürlich die Ausstellungsgegenstände selbst repräsentieren wahrscheinlich die erstaunlich kontrastreichen Gebiete Ihrer Persönlichkeit und Ihre Hauptanliegen und Interessen. Oder haben Sie sich in letzter Zeit «zur Schau gestellt»? Wenn Sie sich depressiv fühlten, vernachläßigt oder ungeliebt, versuchen Sie vielleicht in irgendeiner Weise Aufmerksamkeit auf sich zu ziehen. Wenn ja, kann es wertvoll sein, daß Sie sich Ihrer aktuellen Handlungsweisen und Verhaltensmuster erinnern, sie überdenken und vielleicht in Zukunft ändern. Wenn Ihre Traumausstellung eine erheiternde oder kulturell genüßliche Erfahrung war, handelt es sich wahrscheinlich um einen beruhigenden und bestärkenden Traum.

Ausstopfen Toten Gestalten wurde ein Anschein der Lebendigkeit verliehen? Vielleicht macht der Traum einen Kommentar dazu, ob er nun an Sie gerichtet ist oder an jemand anderen: «Laß Dich vollstopfen!»

Austausch Wenn Sie Geschenke oder Ideen ausgetauscht haben, kann der Traum Ihre Fähigkeit kommentieren, Ihren Beitrag zum Leben anderer oder der Gemeinschaft im allgemeinen beizusteuern — Ihre Fähigkeit zu nehmen und etwas zurückzugeben. Entsprach das, was Sie gegeben haben, im Wert dem, was Sie erhielten? Gibt es eine persönliche Charaktereigenschaft, die Sie gern gegen eine andere austauschen würden?

Ausverkauf Haben Sie im Ausverkauf Dinge günstig erworben? Diese können in sich selber wichtige Symbole sein, womöglich von Eigenschaften, von denen Ihnen bewußt ist, daß sie auf irgendeine Weise abgewertet sind. Ist es möglich, daß Sie sich zu billig verkauft haben? Daß Sie sich unterschätzen?

Auswanderung Vielleicht sind Sie deprimiert oder ungeduldig wegen der momentanen Umstände in Ihrem Leben, und Sie sehnen sich nach einer Veränderung; oder Sie brauchen in gewisser Weise einen neuen Start, vielleicht sogar, um Ihrer Vergangenheit oder negativen Elementen Ihrer Persönlichkeit zu entkommen. Sollten Sie der Realität ins Auge sehen, anstatt ihr den Rücken zuzukehren? Siehe *Reisepaß*.

Auto Sich in einem Fahrersitz zu befinden deutet auf Kontrolle, Selbstsicherheit hin. Was aber, wenn Sie in einen *Unfall* oder eine *Kollision* verwickelt waren? Gab es ein Ziel, oder welcher Art war die Straße, auf der Sie fuhren? Siehe *Chauffeur, Fahren*.

Axt Werden Sie «abgehackt», sind Sie dabei, Ihren Job zu verlieren? Vielleicht sagt Ihnen Ihr Unterbewußtsein, daß Sie sich von etwas trennen sollten.

B

Baby Siehe *Kind*.

Backen Siehe *Kochen*.

Bad Wenn Sie sich selbst gründlich gereinigt haben, gibt es in Ihrem Leben vielleicht etwas Unangenehmes, das Sie loswerden wollen. Wärme und Komfort kann auf Eskapismus hindeuten. WASSER (Seite 80) spielt auch eine Rolle und kann sich auf den Mutterleib beziehen, also deutet Ihr Traum vielleicht an, daß Sie aus der Realität und vor Ihren Problemen fliehen.

Bahnhof Zuerst sehen Sie sich selbst als den Bahnhof, mit der Geschäftigkeit von Zügen und Reisenden, die kommen und gehen: Ist dies ein Symbol Ihres derzeitigen Lebens? Wenn ja, wie gut wurde der Bahnhof geführt, wie pünktlich waren die Züge? Wenn Chaos herrschte, prüfen Sie die Organisation Ihrer Arbeitsstunden. Wenn Sie davon träumten, einen Zug zu versäumen oder gerade noch zu erwischen, gibt es vielleicht einen Bezug zu einer Chance, die Ihnen zu entgehen droht.

Bahnsteig Für gewöhnlich mit Zusammentreffen und natürlich mit Bahnhöfen verbunden. Auf einen Zug zu warten deutet auf das Vorgefühl erwarteter

Ereignisse: Haben sie Verspätung? Sind sie überfällig?

Ball Wenn Sie Ball gespielt haben, kann der Traum vor allem bei Männern sexuelle Untertöne haben. Hatten Sie viel Spaß oder sind Sie vor einem schnellen Bowlingspieler oder Werfer zurückgeschreckt? Wurde Ihrer Geschicklichkeit applaudiert, oder konnten Sie Ihre Bälle nicht fangen? Denken Sie über Ihr Sexualleben im Hinblick auf diesen Traum nach. Ist es erfolgreich, lohnend, erfüllend, oder fehlt Ihnen etwas?

Ballett siehe *Tanz.*

Ballon Wenn Ihnen ein Ballon entglitten ist, so entgleiten Ihnen vielleicht gute Ideen. Wenn Sie ihn absichtlich losließen und seinen Flug verfolgten, sind Sie vielleicht am Rande eines intellektuellen Durchbruchs. Wenn er geplatzt ist — vergessen Sie's! War es ein «Heißluftballon», bezieht sich das auf Ihr Denken?

Band Ähnlich wie *Schnur;* wenn aber ein Tonband, dann könnte dies ein *Botschaftstraum sein.*

Bank Es kann sich sehr wohl um einen beruhigenden Traum handeln. Haben Sie mit dem Ansammeln von Erfahrungen begonnen? Vielleicht fühlen Sie sich sicherer, sowohl gefühlsmäßig als auch finanziell. Wenn Sie Ihr Konto überzogen haben oder eine Bank ausgeraubt haben, verlassen Sie sich vielleicht zu sehr auf das Eigentum von Familie und Freunden.

Bankett Siehe ESSEN UND TRINKEN (S. 86).

Bankrott Wenn Sie sich schämten oder degradiert fühlten, haben Sie sich im Wachzustand ähnlich gefühlt — und könnte es vielleicht das Ergebnis übersteigerter Ausgaben in jeglicher Hinsicht sein? Wenn Sie im Traum verzweifelt sind, haben Sie sich vielleicht überarbeitet oder sich selbst überbeansprucht, so daß Ihre Energien erschöpft sind. Vielleicht sollten Sie diese Verluste wettmachen.

Bar Wenn Sie an einer Bar getrunken haben oder Drinks bestellt haben, machen Sie vielleicht gegenwärtig Pläne oder treffen Entscheidungen. Oder wenn Ihnen ein Drink verweigert wurde, stecken Sie vielleicht fest.

Bär Wie trat der Bär auf? War er in einer Höhle, einem «Bärengraben»? Wegen ihrer Besorgtheit um ihre Jungen symbolisieren Bären oft weibliche Elemente. Vielleicht hatten Sie einen wortspielerischen Traum: Entwickelten Sie plötzlich «Bärenkräfte» (siehe *Kraft),* verspürten Sie «Bärenhunger»? Siehe auch *Tiere.*

Bart Männer, die davon träumen, dass ihnen der Bart abgeschnitten wird, haben oft Kastrations- oder andere Ängste; bei Frauen mag das Wachsen eines Bartes darauf hindeuten, daß etwas Unangenehmes in ihr Bewußtsein eintritt. Wie sind Sie mit der Situation in Ihrem Traum fertig geworden?

Baseball siehe *Sport.*

Bauchrednerkunst Wie haben Sie diese Fähigkeit eingesetzt? Wenn durch eine Bauchrednerpuppe, dann ist zu fragen, was Sie repräsentierte — vielleicht einen Aspekt Ihres Selbst, eine Botschaft Ihres Unterbewußtseins. Wenn die Puppe rebellisch und widerspenstig erschien, könnte dies ein Hinweis sein, dass Sie sich selber und Ihre Gefühle weniger unter Kontrolle haben, als Sie glauben. Wenn Sie, durch den Mund von jemand anderem, «Ihre Stimme aussandten», könnte dies ein Verlangen reflektieren, diese Person im wachen Leben zu beeinflussen. Siehe *Puppe.*

Baum Die Grösse und der Zustand des Baumes sind von Bedeutung: Es könnte ein Kommentar zu Ihrer sexuellen Erfüllung sein, aber Ihr seelisches Wachstum könnte ebenso auf dem Prüfstand sein. Viel hängt von Ihrer Einstellung gegenüber Bäumen ab. Manchmal können sie furchterregend sein, besonders wenn sie groß sind und dunkles Blattwerk haben. Das Verlangen, einen Baum zu fällen, kann stark mit sexueller Schuld und Angst verbunden sein und sich möglicherweise auf Verdrängung beziehen. Bedenken Sie, daß Bäume auch Schutz und Schatten und manchmal Nahrung bieten. Sie könnten ein Hinweis auf Ihre Freunde sein; dann ist die Art des Baumes in Ihrem Traum entscheidend: eine solide Eiche, eine exotische Palme, eine empfindliche Weide usw. Siehe LANDSCHAFT (S. 68).

Bedauern Bedauern in einem Traum ist oft mit irgendeinem Symbol aus der Vergangenheit verknüpft und könnte darauf hindeuten, daß Sie dabei sind, einen früher gemachten Fehler zu wiederholen. Diese Empfindung kann beim Erwachen in Ihren Tag überlaufen; wenn sie andauert, sollten Sie Ihren Traum um weitere Erhellung bitten (S. 47).

Bedrohung Ihre innere Autoritätsfigur bedroht Sie vielleicht. Sie sind Ihren eigenen Erwartungen vielleicht in letzter Zeit nicht gerecht geworden. Möglicherweise repräsentiert Ihre Traumbedrohung ein beklemmendes Problem oder einen «Problemmenschen» in Ihrem Umfeld, der Ihre Autorität bedroht.

Beerdigung Ein Traumbegräbnis kann sich auf den Tod von etwas in uns beziehen — ein Herzenswunsch oder eine Zielvorstellung oder das Ende eines wesentlichen Projekts. Auf jeden Fall sagt ein solcher Traum wahrscheinlich Veränderung voraus.

Es kann ein sehr positives Symbol sein, denn Sie sind zu neuen Taten bereit, neuen Abenteuern; Sie «begraben das Kriegsbeil» und ändern Ihre Einstellung jemandem gegenüber. Wenn Sie an Ihrem eigenen Begräbnis teilnahmen, ist dies kein Grund zur Verzweiflung: Gehen Sie in sich; Sie haben vielleicht Ihr eigenes «altes Ich» begraben; jetzt sind Sie zur Wiedergeburt bereit — siehe also GEBURT, TOD UND VERWANDLUNGEN (S. 76/77), *Sarg, Leiche.*

Beichte Wahrscheinlich sollten Sie sich etwas von der Seele reden, etwas, das Sie jemandem mitteilen sollten. Ein Traum, bei dem ein Priester eine Rolle spielt, kann aber auch auf Schuldgefühle hinweisen. Wenn Ihnen die Absolution erteilt worden ist, sind Ihre Schuldgefühle möglicherweise unbegründet, obwohl der Traum eine Warnung vor einer Handlungsweise sein könnte, die Sie vielleicht unmoralisch finden.

Beil Vielleicht haben Sie jemanden «mörderisch» behandelt, oder es wird eine drastische Handlungsweise verlangt. Oder Sie stehen davor, das «Kriegsbeil zu begraben». Das Beil ist bei Freud ein phallisches Symbol (siehe *Gewehr):* Vor allem Männer sollten es in dieser Hinsicht betrachten — wen Sie angegriffen haben, ob Sie es einfach ziellos umhergeschwungen haben. Aber siehe auch *Axt.*

Beine Unter Umständen ein Symbol für Fortschritt. Stehen Sie auf Ihren eigenen Füßen? Wenn Sie in Ihrem Traum über Ihre Beine besorgt waren (siehe *Lähmung),* bezog sich dies vielleicht auf einen Mangel an Selbstvertrauen. Siehe *Körper, Füße.*

Belagerung Sie könnten sich mit psychologischen Vorräten eindecken und innere Stärke für eine Belagerung aufbauen, Ihre Abwehr für einen langen Streit oder Kampf stärken. Fein! — solange Sie dabei keine innere Spannung aufbauen. Prüfen Sie daher Ihren Traum auf ein Symbol für eine Unannehmlichkeit innerhalb Ihrer Schutzmauern! Wenn Sie wirklich unter Belagerung stehen, Pfeile abschießen und brennendes Öl auf Ihre Feinde schütten, so bedenken Sie, daß Ihnen Ihre Vorräte am Ende ausgehen könnten.

Beleidigung Ihr Traum kann sich auf eine vor kurzem wirklich erfolgte Beleidigung beziehen und andeuten, daß Sie überreagiert haben oder auch nicht. Wenn jemand in Ihrem Traum beleidigend war, sollten Sie vielleicht Ihre Meinung über oder Ihre Einstellung zu dieser Person korrigieren. Eine Beleidigung kann, ob sie nun lächerlich oder bösartig ist, einen gewissen Wahrheitsgehalt haben, und sie könnte zur Änderung zukünftigen Verhaltens raten. Aber vielleicht sollte Sie die Beleidigung zu einer besseren Einschätzung Ihrer eigenen Werte, zu verbesserter Selbsteinschätzung veranlassen.

Benzin Möglicherweise ein Bezug auf Ihr häusliches Dasein; wenn Ihnen das Benzin ausging, überlegen Sie, ob es Ihnen an Wärme fehlt — gefühlsmäßiger Wärme — oder ob Ihr Körper Vitamine braucht. Der Traum kann sich also auf Ihr körperliches Energieniveau beziehen, besonders dann, wenn Sie Ihr Auto an einer Tankstelle aufgefüllt haben (von unserem Auto zu träumen hat sehr oft Bezug zu uns selbst). Benzin ist teuer und explosiv — könnte das auf Ihr gegenwärtiges Leben verweisen?

Berg Wenn Sie im Traum auf seinem Gipfel waren, kann dies heißen, daß Sie im Wachleben wenig Sorgen haben. Wenn der Berg jedoch über Ihnen aufragte, kann Ihr Traum Sie vor künftigen Verantwortungen oder vor Ihrer Haltung gegenüber möglichen Zielen oder Bestrebungen warnen. Wenn Sie zuversichtlich hochgeklettert sind, ist dies ein positives Symbol. Siehe auch LANDSCHAFT (S. 68) und evtl. *Erde.* Wie war der Boden unter Ihren Füßen beschaffen?

Besitztum Ein Bezug zu Ihrem gesamten Wesen liegt auf der Hand — es gibt Analogien zu *Haus,* doch hier spricht das Symbol umfassender und repräsentiert wahrscheinlich Ihr emotionelles, physisches und intellektuelles Ich. Haben Sie ein Besitztum gekauft (zu welchem Preis?), es weggegeben, es sich für die Zukunft gesichert?

Besorgung Wenn Sie sich für Besorgungen sinnlos abgehetzt haben, können Ihre Träume darauf hindeuten, daß Sie Ihre Zeit mit Alltäglichem vergeuden, vor allem wenn Sie in Ihrem Traum wenig weitergekommen sind. Wenn Ihre Besorgungen befriedigend waren, füllen Sie Ihre Stunden im Wachzustand wahrscheinlich sinnvoll aus, aber überlegen Sie, ob Sie Ihr Potential voll ausschöpfen — die Assoziationen des Wortes «Besorgung» sind nicht besonders positiv, und es könnte darauf hindeuten, daß Sie eher eine untergeordnete Rolle spielen, die weder notwendig noch ausfüllend ist. Siehe auch *Meldungen,* wenn der Inhalt Ihrer Besorgung sehr wichtig ist. Es kann ein Kommentar über die Art und Weise sein, wie Ihr Körper sein Befinden an das Gehirn weitergibt, also sollten Sie sich über Ihren physischen Zustand Gedanken machen.

Bestrafung Eine angedrohte Strafe kann ein schlechtes Gewissen widerspiegeln; vielleicht bestrafen Sie sich auch selbst zu hart für irgendein angebliches Vergehen. Im Kontext der Vergangenheit könnte der Traum einen Kommentar zu Ihrer Beziehung zu Eltern und Lehrern abgeben — und damit womöglich zu langfristigen Problemen, welche Sie noch bewältigen müssen.

Besuchen Freunde oder Verwandte zu besuchen ist entweder ein Vergnügen oder etwas Langweiliges,

Lästiges, und der Traum kommentiert vielleicht eine der beiden Möglichkeiten. Es könnte ein Rat sein, daß Sie jemanden aufsuchen sollten, den Sie in letzter Zeit vernachläßigt haben — oder der Vorschlag, daß Sie Ihnen bei der Lösung eines Dilemmas behilflich sein könnten. Träume, in denen Sie Orte oder Länder besuchen, die Sie noch nicht kennen, deuten an, daß Sie neuer Erlebnisse und Herausforderungen bedürfen. Aber siehe LANDSCHAFT (S. 68), REISEN (S. 70).

Betrug Wer betrog? Wenn Sie es waren, waren Sie selbstgefällig oder schuldbewußt? Es kann ein Warntraum sein. Hier sind offensichtlich Ihre Empfindungen und Einstellungen während des Traums der Schlüssel zu seiner Bedeutung.

Bett Manchmal kann der Zustand eines Bettes und der Bettlaken einen Traum auslösen (siehe Seite 20). Aber es kann auch eine wortspielerische Anwendung geben: Haben Sie ein Projekt «einschlafen» lassen? Wenn Sie sich in einem komfortablen Bett befanden, können Sie beruhigt sein, was das Problem angeht, mit dem Sie sich beschäftigt hatten. Das Bett kann auch Flucht bedeuten. Siehe *Bad;* die Symbolik könnte ähnlich sein.

Bettdecke Eine Bettdecke schützt uns und hält uns warm. Ist sie aus komplexen, faszinierendem Patchwork verfertigt, kann der Traum Sie ermuntert haben, sich zu entspannen und die komplexe Vielfalt zu genießen, statt darüber besorgt zu sein. Oder haben Sie die Bettdecke weggestrampelt? Wenn Ihr Traum damit endete, daß Sie unbedeckt aufwachten und froren und das Bettzeug am Boden lag, können Sie ihn vermutlich ignorieren.

Bettgenosse Ein Traum, daß man sich zusammen mit jemand im Bett befindet muß nicht unbedingt sexuell sein, es sei denn, dieses Element ist offensichtlich. Es kann ein Traum von Partnerschaft sein oder sich auf einen inneren Konflikt beziehen, bei dem der Bettgenosse eine Rolle spielt.

Bettler Fehlt etwas in Ihrem Leben? Vielleicht sehnen Sie sich nach etwas — Liebe und Zuneigung zum Beispiel. Der Bettler kann einen Teil von Ihnen oder einen Aspekt Ihres Lebens darstellen.

Bewegung Ihr Traum kann Rastlosigkeit im Wachleben widerspiegeln und aussagen, daß es an der Zeit ist, sich vorwärtszubewegen. Es kann auch ein Wortspiel vorliegen: Etwas hat Sie «bewegt». Oder setzen Sie «Himmel und Hölle in Bewegung», um das zu bekommen, was Sie wollen? Oder jemand Nahestehender läßt sich nicht «zu etwas bewegen».

Bewunderung Haben Sie jemand bewundert, oder waren Sie der Bewunderte? Der Traum kann bedeuten, daß Sie eingebildet geworden sind oder darauf abzielen, so zu werden wie die Person, die Sie bewundern. Wenn Sie jemand bewundern, den Sie im Leben eigentlich nicht mögen, dann kann dieser Jemand vielleicht einige Qualitäten haben, die Sie sich zu eigen machen sollten. Siehe *Held/Heldin.*

Bibliothek Wahrscheinlich bezieht sie sich auf das angesammelte Wissen und auf die Erfahrung, welche Sie über Jahre hinaus erworben haben. Der Traum mag auch darauf hindeuten, daß Sie im Moment davon zehren müssen. Wenn Sie ein Buch suchten und es nicht finden konnten, kann dies eine Anspielung auf einen unterentwickelten Aspekt Ihrer Persönlichkeit sein.

Bienen Geschäftige Bienen können sich auf das Tempo Ihrer momentanen Arbeit beziehen; vielleicht sind Sie gern sehr beschäftigt, aber erwägen Sie, ob Sie soviel erreicht haben wie möglich, wenn Sie die Zeit und Energie berücksichtigen, die Sie aufgewendet haben. Vielleicht beschäftigen Sie sich zu sehr mit irgendeinem ernsten Problem, das wichtiger scheint, als es wirklich ist — vielleicht summt Ihnen deshalb der Kopf. Denken Sie an den alten Aberglauben, daß man den Bienen die letzten Neuigkeiten sagen sollte; versäumen Sie etwas, was um Sie herum vorgeht? Siehe *Bienenstock.*

Bienenstock Wenn der Bienenstock Ihre eigene Persönlichkeit oder Ihren Lebensstil repräsentiert, dann ist intensive Aktivität — aber auch Zufriedenheit — angesprochen. Bienen sind bekanntermaßen ordentliche und harte Arbeiterinnen. Versuchen Sie, jeden Vorgang außerhalb des Bienenstocks — eine Störung, eine Ortsveränderung oder was auch immer — mit Ihrem Arbeitsleben oder vielleicht mit Ihrem häuslichen Dasein in Verbindung zu bringen. Siehe *Bienen, Honig.*

Bigamie Hegen Sie irgendeinen Schuldkomplex, vielleicht in bezug auf Verwandte? Der Traum könnte Sie vor kommenden Schwierigkeiten warnen, besonders wenn Sie in einem illegalen Vorhaben drinstecken. Ihr Unterbewußtsein sagt Ihnen vielleicht, daß Sie nicht auf zwei Hochzeiten tanzen können.

Bild Siehe *Künstler, Malen,* FARBE (S. 94), LANDSCHAFT (S. 68). Wenn Sie sich darauf konzentriert haben, Ihr Bild zu strukturieren, lag die Betonung möglicherweise auf etwas im Wachleben, wovon Sie sich ein klares Bild verschaffen möchten. Es kann Ihnen etwas ganz Spezifisches erzählen, und zu erwarten ist, daß das Sujet den wichtigsten Anhaltspunkt liefert. Wenn es sich veränderte oder sich nicht einfangen ließ, verweist dies vielleicht auf sich ändernde Meinungen oder Haltungen. Ein Bild zu kaufen oder zu verkaufen legt nahe, daß Sie etwas sehr Eigenes weitergeben — Erfahrung vielleicht, oder Zuneigung.

Bildschirm Wenn Sie ärztlich durchleuchtet wurden, könnte es sich lohnen, eine Kontrolluntersuchung zu erwägen, obwohl sich der Hinweis auch darauf richten kann, sich und Ihre Motive näher zu prüfen. Falls Sie auf dem Bildschirm erschienen sind, siehe *Kino* und *Fernsehen.* Sie finden vermutlich einen Widerschein eines kürzlichen Verhaltens oder einer Charakteränderung. Sie sollten versuchen, Ihre gegenwärtige Situation objektiv zu betrachten — das Symbol gleicht jenem aus einem Botschaftstraum.

Birne Kann durchaus ein erotisches Symbol darstellen. Wichtig ist, in welchem Zusammenhang die Birne in Ihrem Traum vorkam. (Siehe ESSEN UND TRINKEN, S. 86). Elektrische Glühbirnen: Bezieht sich der Traum auf ein plötzliches Bewußtwerden — auf Ihre «Erleuchtung» in gewisser Weise? Haben Sie «an- oder abgeschaltet»?

Biß Haben Sie kürzlich «den Mund zu voll genommen»? Oder wenn Sie sich auf die Zunge gebissen haben, sind Sie unklug oder vorschnell für etwas eingetreten? Es ist offensichtlich wichtig, worauf Sie gebissen haben — und ob Sie gebissen wurden, wer oder was Sie gebissen hat. Angst und Feindseligkeit können weitere Elemente sein. Siehe *Angst.*

Blätter Vielleicht in Beziehung zu den Jahreszeiten. Wie waren die Blätter beschaffen: sommerlich grün oder verdorrt und herbstlich. Es ist lohnenswert, sich die Gestalt der Blätter wieder zu vergegenwärtigen, denn einige Blätter tragen bestimmte traditionelle Bedeutungen — das Feigenblatt zum Beispiel weist eine sexuelle Symbolik auf. Waren die Blätter von Blüten oder Knospen begleitet? Frische Frühlingsblätter deuten im allgemeinen auf eine Neugeburt, auf die Erfüllung eines Wunschziels, einer Liebe oder eines neuen Projekts hin. Wenn Sie die Blätter schön angeordnet haben, so ist vielleicht die Zeit gekommen, dieses Interessengebiet zur Schau zu stellen und Ihr Talent dafür auszudrücken. Tote Blätter zusammenkehren bedeutet das Ende eines Vorhabens oder einer Episode (siehe *Tod, Begräbnis*), kann aber auch Wissen und Erfahrung einschließen, besonders dann, wenn die Blätter auf einem Komposthaufen lagen. Siehe *Garten, Blumen.*

Blech siehe *Zinn.*

Blei Das Metall Blei ist schwer und giftig und wurde in der Anike mit Verwünschungen assoziiert und der unheilvollen Gottheit Uranus zugeschrieben. Kann es sich in Ihrem Traum auf die Haltung eines Menschen Ihnen gegenüber beziehen? Oder auf eine Verpflichtung, welche sich als schleppende, unter Umständen psychologisch negative Last erweisen könnte? Hoffentlich verweist der Traum nicht auf Ihre eigene Haltung gegenüber jemand anderem.

Bleistift siehe *Füllfeder.*

Blind Es kann sehr furchterregend sein, in einem Traum nicht sehen zu können (siehe *Schwarz*), aber es ist normalerweise eine konstruktive Warnung: Haben Sie Ihr Lebensziel aus den Augen verloren? Denken Sie über die Umstände im Traum nach. Vielleicht sind Sie durch jemand geblendet.

Blinder Passagier Siehe *Boot.* Aber der blinde Passagier, vielleicht Sie selbst, ist unerlaubt auf seinem Platz. Während Sie sich vor Zurechtweisungen in Acht nehmen sollten, hüten Sie sich auch vor verbotenen Handlungsweisen.

Blitz Ein Symbol plötzlicher Offenbarung oder Erkenntnis, oder vielleicht ein Zeichen für einen wirklich glänzenden Einfall. Suchen Sie einen Hinweis im Traum, der Ihnen sagt, worauf sich das Aufblitzen bezieht! Ein blendender Blitz — eines Gewitters? Passierte etwas «blitzschnell»? Das kann ein lebhafter Bezug auf plötzliche Selbsterkenntnis oder Inspiration sein; vielleicht sollten Sie jener neuen Idee, die Sie hatten, nachgehen.

Blond Wenn Sie eine Frau, aber nicht blond sind, haben Sie eine Blonde in Ihrem Traum bewundert?

Dunkelhaarige Frauen setzen manchmal bewußt oder unbewußt Blondinen mit Erfolg und Glamour gleich. Ist eine bestimmte Blondine Ihr Ideal oder Ihre Traumfrau? Erwägen Sie eine Blondine in Ihrem wirklichen Leben zu werden und Ihr Image zu verändern? Vielleicht konzentriert sich dieser Traum auf Ihre Lebenspläne, sagt Ihnen, wieweit Sie bei Ihrer Verwirklichung gekommen sind. Wenn Sie ein Mann sind, kann die Blondine auch ein nicht-sexuelles Objekt darstellen, etwas (wie auch jemand) das Sie besitzen wollen.

Blöße Siehe KLEIDUNG UND NACKTHEIT (S. 82)

Blumen Weil die meisten Menschen Blumen mit Schönheit und einer beneidenswerten offenen Natürlichkeit in Verbindung bringen, besteht ein möglicher Bezug auf Ihre eigene Persönlichkeit und Entwicklungen Ihrer Persönlichkeit und Ihres Bewußtseins (vor allem wenn die Blumen Knospen trieben oder sich öffneten). Die FARBE (S. 94/95) der Blumen kann bedeutsam sein, und es lohnt sich vielleicht, ein gutes Buch über die traditionelle symbolische Bedeutung von Blumen heranziehen (zu komplex, um sie hier aufzuführen); Sie haben diese Bedeutung vielleicht unbewußt in der Kindheit oder durch gelegentliches Lesen aufgenommen. Die Traumblumen können eine sich entwickelnde Liebe oder eine sexuelle Beziehung darstellen, vor allem wenn Sie sie gepflückt haben oder eine bestimmte pflücken wollten. Das Blumenpflücken ist ein mächtiges Symbol der Erfüllung. Wenn die Blumen verdorrt waren oder abstarben, als Sie sie pflückten (eine alte Tradition behauptet, dass «Blumen während eines Flirts verwelken»!), könnte damit das Ende einer emotionalen Verbindung oder Verpflichtung markiert sein, ein Wechsel Ihrer Gefühle. Vielleicht machen Sie im Leben eine Periode der Traurigkeit durch, in diesem Fall könnte das Symbol in gewisser Weise bestärkend sein — die Botschaft, daß alle Dinge, sogar die allerschönsten, vergänglich sind (sterbende Lilien, die auf den Mauern des Tadsch Mahal eingeritzt sind, bestätigen den Tod der dort begrabenen Prinzessin, sie drücken aber auch Leid aus). Wer von solchen Träumen sehr beeindruckt ist, sollte vielleicht C.G. Jungs *Geheimnis der goldenen Blume* heranziehen. Ein Traum, daß Sie den Brautstrauß gefangen haben, kann ein Wunscherfüllungstraum sein.

Blut Blut ist vor allem das Symbol des Lebens, der Energie, Vitalität — wenn es also im Hinblick auf Krankheit vorkommt, ignorieren Sie das nicht. Frauen träumen manchmal von Blut, wenn sie im Schlaf anfangen zu menstruieren. Wenn Sie Blut verlieren, fühlen Sie sich im wirklichen Leben vielleicht ausgelaugt, und Sie sollten sich nach Möglichkeiten der Erhaltung von Energiereserven umsehen. (Siehe auch *Verletzung*). Wenn das Blut im Traum Sie geängstigt hat, fürchten Sie sich, mit Tatsachen konfrontiert zu werden oder vor einer Beurteilung des «Lebens», vor allem Ihres eigenen? Der Traum kann sich auf einen sehr einfachen Grundsatz beziehen, auf den Sie gestoßen sind. Bündeln Sie Ihre Energie, so gut Sie können? Kontrollieren Sie die Vorgänge in Ihrem Leben? (Blut symbolisiert manchmal innere Wahrheit; berücksichtigen Sie dies, vor allem wenn Sie die Blutung nicht stoppen konnten). Wenn andere geblutet haben, kann das auf einen Hilfeschrei geistiger, emotionaler oder körperlicher Art hindeuten. Blut als Teil eines Gewalttraums ist eine andere Sache (siehe *Gewalt*).

Boje Kann sich das auf eine Hoffnung oder endgültige Sicherheit beziehen? Versuchen Sie optimistisch zu bleiben?

Bombe Kann in irgendeiner Weise in Ihrem Gefühlsleben eine Bombe hochgehen? Oder vielleicht symbolisiert der Traum den Willen zum Überleben oder eine Trostlosigkeit «nach der Bombe». Andererseits besteht vielleicht der Bedarf nach «explosiver» Handlungsweise. Siehe KATASTROPHEN (Seite 72).

Boot Je nach Ihrem Gemütszustand während des Traums sind Sie vielleicht flott umhergesegelt oder haben «das Boot geschaukelt». Vielleicht fühlten Sie sich sicher, aber vielleicht hatte das Boot ein Leck. Haben Sie es abgedichtet? Wenn ja, was versuchen Sie im Alltag wieder gut- oder wettzumachen? Denken Sie darüber nach, ob Sie momentan unter schwerem emotionalem Streß stehen, in stürmischen Gewässern oder sich einfach nur mit dem Strom treiben lassen. Siehe WASSER (Seite 80).

Börse Womöglich bemühen Sie sich, irgendeinen Handel abzuschließen. Steht etwas Bestimmtes auf dem Spiel? Haben Sie Ihre Rolle widerwillig gespielt, und wenn dies so war, haben Sie Hemmungen bei Entscheidungen über Ihre eigenen Finanzen?

Böse Das «Böse» ist ein starker Ausdruck, der mehr bedeutet als nur Bedenken oder Verdachtsmomente. Manchmal haben wir ein grundsätzliches Gefühl des Bösen in einem Traum (gelegentlich kommt das im Leben in bezug auf einen Ort oder eine Person vor). Man soll es nicht ignorieren. Stellen Sie sich den Symbolen im Traum, überlegen Sie, was sie repräsentieren können, und strengen Sie sich besonders dabei an, herauszufinden, was sie Ihnen mitteilen wollen, da es nur zu offensichtlich ist, daß Sie mit einem bestimmten Problem nicht zurechtkommen, ziemlich sicher einem tief verwurzelten psychologischen, und Sie sind wahrscheinlich davon überzeugt, daß es Ihnen schaden wird, wenn Sie es nicht lösen.

Sie sollten sich überlegen, ob Sie sich im Leben durch Ihr Verhalten oder Ihre Einstellung jemand anderem gegenüber schuldig fühlen; dies könnte den Effekt haben, daß Sie als «Schlechtmacher» angesehen werden. Siehe *Angst*.

Bösewicht Entscheiden Sie zuerst, wen oder was Ihr Traumbösewicht repräsentierte (keineswegs unbedingt offensichtlich). Denken Sie an jeden Aspekt Ihrer eigenen Persönlichkeit, und erwägen Sie, ob der Bösewicht in Ihrem Traum nicht einen davon symbolisieren könnte — oder vielleicht irgendeine kindische und gefährlich zwanghafte Angewohnheit (Rauchen oder Alkohol oder irgendeine andere Droge). Die Kraft des Wortes «Bösewicht» deutet an, dass der Traum ein wichtiger und bedeutender sein kann.

Botschaften Unsere Träume erzählen immer etwas — deshalb sind sie alle im wesentlichen Botschaften. Unter den häufigsten Träumen sind jedoch solche, in denen wir Botschaften erhalten, die eine Vielfalt von Formen annehmen können: manchmal intensiv dramatisch; manchmal prophetisch, obwohl sie — ähnlich wie Träume von Katastrophen — selten wahr werden; oder wichtig und weltbewegend, wenn wir sie uns beim Erwachen ins Gedächtnis zurückrufen. Gelegentlich kommt es vor, dass ein Traum wortwörtlich Nachrichten über einen Unfall oder eine Krankheit vermittelt — solche Träume sind belegt —, aber noch wahrscheinlicher handelt es sich um symbolische Botschaften, weil, wie wir ja wissen, Träume mit Symbolen arbeiten. Wie wurde die Botschaft ausgerichtet? Am Telefon? Kam jemand in Ihr Zimmer gestürzt? Die Art und Weise könnte die Bedeutung erhellen. Und wer überbrachte die Botschaft? Während die eigentliche Botschaft aus Ihrem Unterbewusstsein herrührt, kann der Überbringer im Traum den am tiefsten betroffenen Persönlichkeitsbereich vertreten. Manche Leute sehen sich selbst im Fernsehen oder hören sich im Radio den Text der Botschaft verlesen. Ein solcher Traum konzentriert sich fast mit Sicherheit auf ein tiefverwurzeltes psychologisches Problem oder auf Ihre psychische Entwicklung.

Braut Frauen: Wenn Sie allein sind, kann das ein Wunschtraum sein. Oder fühlen Sie sich «rein» oder «unantastbar»? Könnte sich der Traum auf Ihre Jungfräulichkeit beziehen?
Männer: Wer war die Braut? Eine unerreichbare Frau? Die Jungfrau Maria oder eine ähnlich jungfräuliche Figur? Hat jemand die Heirat verhindert? Der Traum kann etwas Wichtiges über Ihre Einstellung zu Frauen aussagen und wie sie geändert werden könnte.

Brief Siehe *Botschaften*. Führen Sie Instruktionen «wortgetreu» aus?

Briefmarke Vielleicht ist eine *Botschaft* darin enthalten; das Land oder der Herrscher, der auf der Marke abgebildet ist, sind für die Deutung hilfreich.

Brieftasche Siehe auch *Tasche, Geld*. Der Verlust einer Brieftasche kann bedeuten, dass Sie Ihr Herz verlieren, ihr emotionales Gleichgewicht; hat es jemand gestohlen? Es kann auch Identitätsverlust sein; vor allem, wenn Schecks oder Kreditkarten im Spiel sind. Vielleicht eine Warnung vor Sorglosigkeit; oder ein «Sorgen»-Traum (s.S. 52).

Brillen Verlust oder Beschädigung von Brillen weist oft auf den Verlust von Selbstachtung oder ein angeschlagenes Selbstbild hin; oder es könnte ein Kommentar dazu sein, wie klar Sie Ihr waches Leben und Ihre Pobleme sehen.

Brot Siehe ESSEN UND TRINKEN (S. 86).

Bruch Versuchen Sie sich an die Gefühle während Ihres Traumes zu erinnern, ob es eine befriedigende oder irgendwie gewaltsame Zertrümmerung war. Vielleicht wollen Sie eine Beziehung abbrechen oder eine Phase Ihres Lebens. Sind die Dinge um Sie herum zusammengefallen oder -gebrochen, während Sie unfähig waren, dies zu verhindern? Es kann sich hier um Ihre momentane Position handeln. Sind Sie einem Kollaps nahe, sind Sie «kurz vor einem Zusammenbruch»? Der Traum kann eine Warnung sein: Möglicherweise ist die Belastung, unter der Sie leben und arbeiten, größer als Sie bemerken.

Brücke Befindet sich Ihr momentanes Leben in einer Veränderung? Stellen Sie sich die Frage, ob die Brücke sicher war und ob Sie mit Selbstvertrauen über sie gegangen sind. Vielleicht waren Sie dabei, sich hinunterzustürzen (siehe FLIEGEN, S. 84). Eine weitere Möglichkeit ist, dass Sie zwei Elemente Ihres Lebens zusammenfügen wollen, indem Sie eine Lücke überbrücken. Der Traum könnte eine Beurteilung Ihrer wahren Einstellung zum Problem sein. Wenn Sie selber die Brücke spielten, wie hat Ihr Partner reagiert?

Brunnen Natürlich in Verbindung mit WASSER (S. 80/81) und somit Emotion, werden Brünnen gewöhnlich als schön angesehen — sprudelnd, aber kontrolliert. Das kann ein Kommentar zu Ihren sexuellen Vorstellungen sein; ein offener Bezug zum Orgasmus; aber außer dieser offensichtlichen Analogie sollten die romantischen Anspielungen — ein Brunnen ist Dekoration — nicht übersehen werden, vor allem wenn der Wasserfluß blockiert oder vielleicht eingefroren war.

Brüstung Vielleicht eine Anspielung auf Ihr Bedürfnis für Sicherheit: Sie stehen möglicherweise an einem entscheidenden Punkt in Ihrer Entscheidungsfindung, überlegen, ob Sie springen oder nicht; treffen eine vernünftige und objektive Wahl, die vor dem Fall bewahrt. «Schau, wohin du gehst» könnte das besondere Motto heissen.

Bücher Waren das Buch oder die Bücher in Ihrem Traum interessant oder langweilig? Ein Nachschlagewerk kann darauf hindeuten, daß Sie Ihre vergangenen Erfahrungen berücksichtigen sollten. Oder vielleicht lernen Sie gerade jetzt auch sehr viel über sich selbst. Warnt Sie der Traum davor, Ihre jetzige Situation nicht zu leicht zu nehmen? Wenn Sie sich in einer Bücherei befanden, waren Sie durch Ihre Anwesenheit dort eingeschüchtert? Der Traum kann bedeuten, daß Sie einige Lücken in Ihrer Ausbildung füllen sollten. Wenn Sie zuversichtlich wißbegierig waren und nach einem bestimmten Buch gesucht haben, inwiefern paßt dies in Ihren Alltag? Ein einzelnes Buch kann möglicherweise das Buch des Lebens symbolisieren — Weisheit, Gelehrsamkeit, Offenbarung.

Büchse Wenn Sie im Traum eine Büchse geöffnet haben, befinden Sie sich vielleicht in einer Periode der Selbsterfahrung. (Obwohl: was ist, wenn es eine Büchse voller Würmer war?) Oder es gibt eine wortspielerische Deutungsmöglichkeit für den Traum, wahrscheinlich eine beruhigende — d. h., Sie werden nicht «ausbüchsen».

Buchstabieren Die Unfähigkeit, richtig zu buchstabieren, weist darauf hin, daß Sie nicht allzu erfolg-

reich mit gewißen Schwierigkeiten in Ihrem bewußten Leben umgehen. Oder Sie müssen etwas detailliert ausbuchstabieren und haben Angst, es falsch zu machen. Wenn Sie in der Schule waren, beachten Sie andere entsprechende Symbole — *Schule, Lehrer.*

Bügeleisen Ein Traum über das Bügeln kann sich wortspielerisch auf Ihr Verlangen beziehen, daß Sie ein Problem oder eine Schwierigkeit «ausbügeln» wollen, und vielleicht sind Sie bereits dabei (schlechtes Bügeln, viele Falten, ein Loch im Tuch scheinen nicht sehr vielversprechende Symbole zu sein). Wenn Sie sich verbrannt haben, sollten Sie sich vielleicht nicht einmischen — «sich abkühlen», mit anderen Worten. Oder sind Sie dabei, sich finanziell «die Finger zu verbrennen»? Das Metall Eisen wird traditionsgemäß mit Durchhaltevermögen, Stärke, Vitalität, Wut und Aggression in Verbindung gebracht: Vielleicht fehlen diese Eigenschaften bei Ihnen — oder sie treten zu stark hervor! Anämische Menschen brauchen mehr Eisen, das kann auch ein Grund zum Nachdenken sein. Siehe *Metalle.*

Bühne Wenn Sie auf der Bühne standen und eine Rolle spielten, könnte Ihr Traum vielleicht andeuten, daß Sie dasselbe im bewußten Leben tun, sich in irgendeiner Weise hinter einer Maske verstecken. Aber es könnte ein Hinweis sein, daß Sie zu introvertiert sind, und Sie sollten nicht davor zurückschrecken, sich mehr in den Vordergrund zu stellen. Siehe *Schauspieler, Kino.*

Brunnen *Brunnenarchitektur,* H. Vredeman de Vries

Bulldozer Vielleicht ein Warntraum. Sind Sie zu unbekümmert? Bahnen Sie sich «mit Bulldozern» einen Weg durch Ihr Leben? Oder werden *Sie* von jemandem überrollt?

Bulle Der Stier bringt offensichtlich stark maskuline, sexuelle Assoziationen mit sich. Versuchen Sie eine neue sexuelle Beziehung einzugehen? Wenn ja, sind Sie vielleicht zu energisch? Ist Ihr Sexleben befriedigend? Sind Sie irgendwie vom Sex besessen? Haben Sie sich in Ihrem Traum vor einem Bullen gefürchtet? Berücksichtigen Sie, daß «Bullenscheiße» sich auf etwas Wertloses, Albernes, Übles beziehen kann. Siehe *Tiere.*

Bürgersteig Siehe *Pfad;* aber wenn Sie auf dem Gehsteig selbst gingen: Schien er mehr Sicherheit zu bieten, oder gab er unter Ihnen nach? Bestand eine Andeutung, daß Sie mehr Sicherheit oder vielleicht weniger brauchen?

Büro Ein Traum über das Büro, in dem Sie arbeiten, kann sich am ehesten auf Ihre eigene Persönlichkeit beziehen und eine Aussage zur Handhabung Ihrer Geschäfte abgeben, Ihre praktische Veranlagung zeigen (siehe UMGEBUNG S. 92). Wenn es sich um ein fremdes Büro handelte, richten Sie sich vielleicht in Ihrem Leben nach anderen Leuten aus und vergleichen deren Verhaltensweisen und Ideale mit den Ihren. Vielleicht sind Sie zur Annahme neuer Eigenschaften bereit.

Bürokratie Gewöhnlich in Verbindung mit Langeweile und Frustration, faßt also ein Gebiet Ihres momentanen Lebens zusammen. Ersuchen Sie Ihre Träume um Wege aus den Schwierigkeiten (siehe S. 47), oder Sie werden von langwierigen Problemen erdrückt.

Busch Haben Sie sich in ihm versteckt? Wenn ja, weichen Sie einem Problem im Alltag aus? Andererseits: Wenn der Busch zu blühen anfing, kann das ein Symbol persönlicher Entwicklung sein.

Butter Nahrhaft, reichhaltig, sogar üppig. Butter kann die guten und feinfühligen Dinge des Lebens bedeuten. War sie reichhaltig, oder mußten Sie sparsam mit ihr umgehen? Der Traum könnte sich auf eine Sehnsucht nach Wohlbefinden beziehen oder dessen Verlust. Die Farbe der Butter kann bedeutsam sein: War sie wirklich ein tiefes Gelb (siehe FARBEN, S. 94)? Oder war sie ranzig?

C

Café Eine bestimmte Wahl von Nahrungsmitteln oder Getränken kann oft auf Entscheidungs- oder Unterscheidungsprozesse hinweisen (siehe ESSEN UND TRINKEN, S. 86), wobei es natürlich auch eine Verbindung zwischen Essen und Sex gibt: die Befriedigung von Gelüsten. Welcher Auswahl stehen Sie im täglichen Leben gegenüber? Kann es sich um eine Andeutung von Verschwendung handeln? Wenn Sie das Café besitzen, was haben Sie auf Lager — was anzubieten? Ist Ihr Café gut besucht oder leer?

Camp In freier Wildbahn und in natürlicher Umgebung kann ein heiterer Traum eines Sommercamps ein Bedürfnis nach Entspannung repräsentieren, einem Tapetenwechsel oder mehr Freiraum in Ihrem Alltagsleben. Traurigkeit, Heimweh oder Einsamkeit können Gefühlsbestandteile gewesen sein und beziehen sich auf Familienleben und das Gefühl, daß Sie davon ausgeschlossen sind.

Champagner Brauchen Sie mehr Freunde, Genuß, Luxus und Aufregung in Ihrem Leben? Oder warnt Sie der Traum vor Übermäßigkeit und Extravaganz?

Chauffeur Wenn jemand anders der Fahrer war: Repräsentierte er oder sie einen hilfsbereiten Freund, der Sie auf den rechten Weg führt? Wenn Sie am Steuer waren: Helfen Sie einem anderen, sein Leben zu meistern? War die Fahrt ruhig oder zu schnell? Siehe *Auto, Fahren.*

Chor Ein himmlischer oder ein anderer? Harmonisch oder disharmonisch? Und wie bezieht sich das auf Ihr Leben? Vielleicht wollen Sie bei etwas mitwirken, oder Sie möchten dabei gern in distanzierter und unbeteiligter Weise einfach zusehen oder -hören.

Christus Der Traum könnte Ihre religiösen Bekenntnisse kommentieren; oder überlegen Sie, ob sich die Christusfigur auf einen Mitmenschen beziehen kann — Ihren Vater vielleicht oder eine Vaterfigur. Prinzipiell ein ermutigender, beruhigender Traum; vielleicht sind Sie in letzter Zeit verletzlich geworden. Ein Christustraum ist nicht unbedingt eine heilige Offenbarung, obwohl er in vergangener Zeit oft als solche angesehen wurde.

Club Clubs können sich auf fast jedes Gebiet in Ihrem Leben beziehen, auf dem andere Leute mit eine Rolle spielen, also ist die *Art* des Clubs wichtig. Die Atmosphäre eines Clubs dürfte auf einen eher beruhigenden Traum hindeuten.

Code Das kann sich auf die Lösung von Problemen oder Komplikationen in Ihrem Leben beziehen. Ist es Ihnen gelungen, den Code zu entschlüsseln, oder waren Sie vor ein Rätsel gestellt?

D

Dach Womöglich eine Stellungnahme zu Ihren Vater- und Mutterinstinkten und zu der Art und Weise, wie Sie Ihre Lieben beschützen. Signifikant ist der Zustand des Dachs oder die Tatsache, daß Sie es geflickt haben. Vielleicht besagen Ihre Träume, daß bei Ihnen «ein paar Dachziegel lose sind». Es kann auch eine Anspielung auf Ihren Kopf vorliegen (ein Haus ist oft ein Symbol für den *Körper*). Haben Sie eins «aufs Dach» bekommen? Wenn Sie ein Mann sind: Beunruhigt Sie das Anfangsstadium einer Glatze? Stroh hat oft Bezug zu Haar.

Dame Siehe *Frau*.

Dämmerung Das Heraufdämmern eines neuen Tages ist ein starkes Symbol, aber vielleicht hat Ihnen in diesem Fall auch einfach etwas «gedämmert». Der Traum kann das Erkennen persönlicher Entwicklung beinhalten und ist im allgemeinen sehr positiv, vor allem wenn Sie den Sonnenaufgang beobachteten. Eine hoffnungsvolle Morgendämmerung.

Dampf Sie sollten vielleicht mehr Energie aufbringen — «unter Dampf stehen» für irgendein kommendes Vorhaben, da Sie dadurch kraftvoll und schnell vorankommen können, aber vergeuden Sie keinen Dampf für nichts. Sehen Sie vielleicht bei *Zug*, oder könnte es heißen, daß Sie der «Hansdampf in allen Gassen» sind?

Darlehen Der Traum könnte bedeuten, daß Sie zu sehr von Ihren emotionellen Ressourcen zehren oder mehr Unterstützung von Ihren Nächsten brauchen. Entscheiden Sie, wo Sie — wenn überhaupt — im Wachleben Hilfe benötigen, und bitten Sie bedenkenlos darum. Siehe *Bank*.

Dattel Ein Traum von dieser Frucht (die Dattel ist leidenschaftlich und sinnlich) kann mit einer aufkeimenden Liebesbeziehung zu tun haben.

Datum Ein Traum eines Kalenderdatums kann bedeutsam sein: Sollten Sie dieses Datum aus irgendeinem Grund behalten, haben es aber vergessen? Das Unbewußte kann Erinnerungslücken auf diese Weise korrigieren. Oder vielleicht ist hier Bezug zur Vergangenheit: Versuchen Sie sich zu erinnern. Ihre Einstellung zum Datum im Traum kann Ihre Ge-

fühle im Wachzustand zusammenfassen (Besorgnis, Glück, Leid), wenn es um ein wichtiges kommendes oder vergangenes Ereignis geht.

Deck Wenn Ihnen bewußt ist, daß Sie auf dem Oberdeck eines Schiffes sind oder auf dem Unterdeck, kann das ein Traum über soziale Stellung sein. Wie immer ist die Stimmung wichtig, in der Sie sich befanden. Das Unterdeck kann ein Symbol für eine gewisse soziale Unsicherheit sein, das Oberdeck ein Hinweis, daß Sie angeben oder versuchen — berechtigt oder nicht —, die Aufmerksamkeit auf sich zu ziehen.

Demonstration Dieser Traum ermutigt Sie möglicherweise zur Durchsetzung Ihrer Rechte; oder vielleicht lenkt er Ihre Aufmerksamkeit in starker Weise auf ein wichtiges Problem, das Sie absichtlich nicht beachtet haben. Nehmen Sie Notiz: Der Traum kann eine Handlung oder Einstellung ansprechen, die für Ihren inneren Frieden wichtig ist.

Depression Menschen, die sich am Morgen grundlos depressiv fühlen, haben meist einen depressiven Traum gehabt, ihn jedoch beim Erwachen vergessen. Wenn Sie sich an Ihren Traum erinnern, können Sie ihn überprüfen und interpretieren und so die Depression begründen und abschütteln. Denken Sie natürlich vor allem darüber nach, was Sie im Traum deprimiert hat und welche Bedeutung er beim Erwachen hatte.

Design Der Traum von einem Design oder Muster ist mit einiger Sicherheit ein Kommentar über Ihr psychologisches Ganzes, der Gesamtentwurf, in den die vielen Aspekte Ihrer Individualität hineinpassen. Wenn Sie ein Design entworfen haben, machen Sie vielleicht eine Periode der Entwicklung oder des Überdenkens durch, bereiten auf irgendeine Weise die Zukunft vor. Das Nachdenken über ein abgeschlossenes Design kann Vertrauen in die Zukunft oder das Schicksal bedeuten. Hat Sie jemand irgendwo eingeplant? Siehe auch *Muster*.

Detektiv Sie suchen vielleicht nach der Wahrheit, nach Selbsterkenntnis. Der Traum kann Sie ermutigen, Ihrer Intuition freien Lauf lassen. Haben Sie etwas Falsches entdeckt? Vielleicht sollten sie auch über Ihre Einstellung zu den Details des Alltags nachdenken. Machen Sie sich zu viele Sorgen darüber, vergeuden Sie Ihre Zeit damit?

Diamanten Die Klarheit Ihrer Traumdiamanten kann leicht ein Kommentar über den Grad Ihrer eigenen Perfektion sein! Wenn Sie einen Diamanten gekauft haben, kann der Traum etwas über materielle Sicherheit aussagen. Wenn Ihnen einer geschenkt wurde, entscheiden Sie, ob das ein Wunschtraum war, der vielleicht auf ein Streben nach Festigung und Verbesserung Ihrer Gefühlsbeziehung hinweist.

Dichter Dies könnte ein Wunscherfüllungstraum sein — oder eine Projektion Ihres Persönlichkeitsbildes. Andernfalls erzählt Ihnen der Traum womöglich, dass Sie die spirituelle Seite Ihrer Persönlichkeit vernachlässigen und zu beschäftigt mit materiellen Dingen sind.

Dieb/Diebstahl Erinnert Sie das an irgendeinen aktuellen Verlust oder an jemanden, der Ihnen etwas abspenstig gemacht hat — Ihr Herz, vielleicht, oder Ihre Aufmerksamkeit, oder vielleicht fühlen Sie sich einer Erfahrung beraubt, weil Sie ein Opfer bringen mußten? Stehlen Sie jemandem die Zuneigung und fühlen sich deswegen schuldig? Wenn Sie in Ihrem Traum einen Dieb auf frischer Tat ertappt haben, ist der Gegenstand, den er stahl, ein wichtiges Symbol: Wenn es Geld war, könnte es Zuneigung oder Liebe repräsentieren? Es könnte eine Stellungnahme zu der relativen Leere Ihres Lebens sein, oder ein Hinweis, nicht die Ideen anderer Leute zu stehlen.

Diener Wenn Sie der Diener waren, sagt der Traum, daß Sie im Wachleben zu unterwürfig sind. Gaben aber Sie dem Diener Befehle, versuchen Sie sich vielleicht im Wachleben zu disziplinieren oder schelten sich wegen eines Mangels an Effizienz.

Diktator Wahrscheinlich ein Hinweis auf eine unterdrückende Autoritätsperson im Ihrem Leben — oder auf bestimmte Gebiete Ihrer eigenen Persönlichkeit. Ihr innerer «Diktator» (vielleicht eine gewisse Hemmung) kann leicht Ihr Potential zurückhalten und Sie davon abhalten, ein wirklich erfülltes Leben zu führen. Geben Sie Ihrem «inneren Schweinehund» eine Chance. Denken Sie über Ihr Verhältnis zu Ihrem Vater nach und inwieweit es für diesen Traum wichtig ist.

Diplomat Der Traum kann bedeuten, daß Sie Ihren Takt kultivieren sollten und eine Situation in Ihrem Leben mit besonderer Vorsicht abwägen. Überlegen Sie auch, ob Ihr Diplomat eine Autoritätsperson repräsentiert oder was er Ihnen sonst als Individuum bedeutet.

Donner Donner drückt traditionell den Zorn der Götter aus. (Er wurde manchmal von einem Blitzschlag begleitet). Donner in einem Traum könnte Ihren inneren Ärger ausdrücken, vielleicht über eine Ihrer eigenen Handlungen. Aber vergessen Sie nicht zu prüfen, ob ein wirkliches Gewitter tobte, während Sie schliefen!

Doppel Manchmal passiert es, daß Sie Ihr eigenes Ich oder einen Doppelgänger in einem Traum sehen. Eine Vision von sich selbst zu haben, Ihren eigenen Geist zu sehen, so wie Sie im wirklichen Leben sind, wurde schon immer als sehr schlechtes Zeichen gedeutet; in einem Traum scheint es sehr wahrscheinlich, daß Ihr Unterbewusstsein Ihre eigene Sicht von sich selbst und die Einstellungen und Handlungsweisen, für die Sie allein verantwortlich zeichnen, beurteilt. Sie fragen sich vielleicht auch, ob Sie in gewisser Weise der «Geist Ihres früheren Ich» sind — d.h. so glücklich, gesund und erfüllt, wie Sie sich einst fühlten. Wenn nicht, sollten Sie Ihre Probleme mit einem Freund durchsprechen oder professionelle Unterstützung zu Rate ziehen, wenn die Situation wirklich kritisch ist, wenn Sie inzwischen Fortschritte bei der Trauminterpretation gemacht haben, können nachfolgende Träume bei der Aufdeckung unbekannter Schwächen eine wertvolle Hilfe sein. Einfacher genommen, kann ein eher kompliziertes, nicht verbales Wortspiel bedeutsam sein: Sie «verdoppeln» sich irgendwie, vielleicht unnötigerweise. Der Bedarf nach doppelter Unterstützung kann dies bedeuten. Siehe *Geist*.

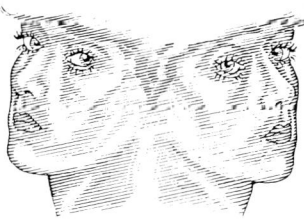

Dorf siehe UMGEBUNG (S. 92).

Drache Ihr Traumdrache kann etwas über Ihren Sexualtrieb aussagen (es gibt eine starke Assoziation zu Feuer und deshalb Leidenschaft). Tendieren Sie dazu, Ihre Partner zu verzehren? Es wäre eine gute Idee, diese Lebenssphäre und Ihre Bedürfnisse neu zu überdenken. Der Drache, der von Sankt Georg getötet wurde, repräsentiert starke Triebe, sowohl persönliche als auch allgemein-menschliche. Es gibt eine starke traditionelle Verbindung zwischen dem Drachen und der Schwiegermutter — hat Ihr Traum darauf hingedeutet? Oder auf eine andere Drachenfigur? Drachen entbehren nicht eines gewissen Charmes, wenn sie gezähmt sind, und sie können wie das Haustier schöner Frauen an einem Seidenfaden geführt werden. Ergibt das für Sie einen Sinn, gleich welchen Geschlechts Sie sind?

Drachen Eher Freiheit als Beschränkung scheint angedeutet zu sein — jedoch sorgfältig bedachte und geführte Freiheit; Freiheit, die innerhalb der Grenzen der Weisheit aufsteigt. Welche Bedingungen sind Ihnen also derzeit auferlegt? Versuchen Sie, sie zu durchbrechen? Oder lassen Sie sich durch sie anleiten? Wenn jemand zur Zeit für Sie bewußt die Fäden zieht, lohnt es sich wirklich? Der Flugdrachen repräsentiert wahrscheinlich am ehesten Sie selbst; aber er kann auch einen Partner oder ein Familienmitglied darstellen. Es können Verbindungen mit FLIEGEN (S. 84) bestehen.

Draht Wenn Sie von einem geladenen Draht träumen, sind Sie damit vielleicht selbst beschrieben. Aber hüten sie sich vor Hochspannung. Details können wichtig sein (war es ein rostiger, ein Stacheldraht?) und Gefahr oder Enttäuschung zeigen. Schauen Sie, wenn nötig, bei *Zaun, Telegramm, Telefon.* Vielleicht müssen Sie gewisse Drähte ziehen, um zu erreichen,was Sie wollen; Sie könnten eine *Puppe* auf einer Schnur sein, d. h. eine Marionette, die ein anderer manipuliert. Siehe *Seil.*

Dreck Der Traum kann sexuelle Anspielungen enthalten — Eltern bezeichnen dummerweise oft die frühe sexuelle Aktivität ihrer Kinder als «dreckig», und die Vorstellung bleibt hängen. Wenn Sie durch den Dreck im Traum abgestoßen waren, kann dies ein Hinweis sein, daß Sie über verschiedene Gebiete Ihrer eigenen Sexualität nichts wissen wollen. Wenn Sie mit Freude Sandkuchen gebacken haben, kann sich das auf eine Bereitschaft beziehen, den Sex zu genießen. Ein Tadeln solcher Aktivität kann darauf

hinweisen, daß Sie bei der betreffenden sexuellen Betätigung nicht ganz bei der Sache sind.

Druck Da für die meisten Menschen etwas Gedrucktes den Anschein zusätzlicher Autorität hat, hebt der Traum die vermittelte *Botschaft* heraus. Wenn Sie träumen, daß Sie etwas drucken lassen oder es sogar selber drucken, so deutet dies darauf hin, dass Sie eine Botschaft veröffentlichen sollten, die Sie im Augenblick noch für sich behalten.

Dschungel Wenn Sie sich Ihren Weg durch einen Dschungel freihacken mußten, bezog sich der Traum vielleicht auf schwerwiegende Probleme oder Sorgen, innere oder von außen kommende, durch die Sie sich derzeit Ihren Weg bahnen müssen. Ihr Fortkommen könnte im Traum angesprochen sein. Wenn Sie das Vordringen schwierig fanden, brauchen Sie vielleicht eine «Karte» — Beratung mit einem Freund oder Kollegen kann helfen. Siehe vielleicht MENSCHENMENGEN (S. 96).

Duell Wie bei einem Streit kann der Träumende beide betroffenen Personen darstellen, also kann sich der Traum eines Duells auf eine innere Zwiespältigkeit beziehen — in gewisser Weise stehen Sie mit sich selber im Krieg. Bestenfalls gibt es da einen Teil Ihrer Persönlichkeit, einen Verhaltenszug, mit dem Sie uneins sind. Schlechtestenfalls stehen Sie in einem Zustand inneren Konflikts, der dringendst einer Lösung bedarf. Können Sie Ihren Traumgegner als Repräsentanten für einen Aspekt in Ihrem Leben identifizieren, den Sie auslöschen wollen? Wenn nicht, kann sich der Traum einfach auf Ihre wache Einstellung dieser Person gegenüber beziehen. Es kann ein Wortspiel mit *Dualität* geben, einen Bezug auf Ihr Liebesleben, und in diesem Fall ist es wahrscheinlich, daß eine Spannung existiert, die einer Lösung bedarf.

Dunkelheit Vielleicht ein Kommentar über Ihren momentanen Gemütszustand, der vielleicht irgendwie depressiv oder pessimistisch ist. Wenn «die Dunkelheit vor der Dämmerung» wichtig scheint, ist Ihr Unbewußtes voller Hoffnung und ermutigend, die Aussichten sind möglicherweise weniger trostlos, als Sie glauben — vielleicht war da ein Licht am Ende des Tunnels oder Sterne oder Mond am Himmel, und in diesem Fall sind Ihre Ziele und Hoffnungen positiver Natur (siehe FARBEN S. 94).

Durst Das wichtigste Symbol wird hier sein, wonach Sie dürsteten. Wenn es Wasser war und der Traum nicht einfach das Ergebnis eines eigentlichen körperlichen Durstes, dann könnte Ihr Gefühlsleben gegenwärtig ziemlich reizlos sein; Sie dürsten vielleicht nach reicheren Erfahrungen, und Ihr Traum macht eine sehr direkte Aussage, die nicht allzu schwer zu deuten sein dürfte.

E

Ebenen Siehe LANDSCHAFT (S. 68).

Echo Was hat das Echo gesagt? Kann es eine wiederholte Warnung sein? War es ein Echo aus der Vergangenheit — eine Aussage über vergangene Vorfälle oder vergangenes Verhalten? Gab es Fehler, die Sie nicht wiederholen sollten?

Ehefrau Zu träumen, Sie seien jemandes Ehefrau oder Sie hätten eine andere Ehefrau als Ihre eigene, kann natürlich Wunscherfüllung sein. Wenn Sie sich dabei eingeengt fühlen, handelt es sich möglicherweise um eine Warnung. Vielleicht wird Ihnen geraten, der Person, die Sie als Ihren Mann oder Ihre Frau sehen, Unterstützung zu gewähren: Tatsächlich könnte er oder sie ein Projekt verkörpern, das Ihnen lieb ist, oder gar einen Teil Ihrer eigenen Persönlichkeit, dessen Sie sich nicht voll bewußt sind — vielleicht die männliche oder weibliche Seite Ihrer Psyche. Sehr oft sind unsere Ehegatten im Traum einfach präsent, ohne aber der springende Punkt zu sein; als zentrales Symbol sind sie deshalb ernst zu nehmen. Arbeiten Sie seine Deutung in künftigen Träumen aus (S.47). Siehe auch *Ehemann*.

Ehemann Träume über Ehemänner, -frauen oder Partner können sich eigentlich auf den Teil Ihrer Persönlichkeit beziehen, der im Partner reflektiert ist: Also träumt eine Frau, wenn sie von Ihrem Mann träumt, von der maskulinen, selbstbewußteren Seite ihrer Natur, und seine Handlungen im Traum könnten Handlungen sein, die sie selbst zu tun beabsichtigt. Aber bevor Sie solche Träume im einzelnen abwägen, sollten Sie Ihre derzeitige Beziehung zu Ihrem Ehepartner berücksichtigen. Wenn die Beziehung wackelig ist, könnten Ihre Traumhandlungen eine Art Wunscherfüllung sein oder eine Einstellung symbolisieren, die zu einfach ist. Wenn ein Mann von einem anderen Ehemann träumt, sollte er sich fragen, was dieser Mann bedeutet — wie steht er z. B. gefühlsmäßig zur Ehefrau im Traum? Das eigene Verhältnis zum Ehepartner ist so persönlich, daß das Symbol eines der kompliziertesten überhaupt ist (wahrscheinlich ein Grund, warum das Unbewußte es nur selten anwendet). So ist der Kontext des Traums vorrangig; versuchen Sie sich an Ihre Gefühle zu erinnern. Siehe *Ehefrau*.

Ehre Ihre Träume können Sie ermutigen, indem sie auf eine Ehrung anspielen, die Sie verdienen; die Art der Ehrung, die verliehen wird, kann bedeutsam sein. Versuchen Sie herauszufinden, was Sie in der geehrten Person bewundern; oder, wenn Sie selbst geehrt wurden, was Sie in der Person sehen, die Sie auszeichnete. Siehe *Abzeichen*, *Medaille*, *Amtseinführung*.

Ei Ein mächtiges Symbol. Freud fand natürlich eine sexuelle Analogie, und sicherlich kann es ein männliches Sexualsymbol sein; aber das Ei ist im allgemeinen vielleicht mehr ein Symbol der Geburt, eines Neubeginns; vielleicht gibt es ein Problem, dessen Ursprung schwer zurückzuverfolgen ist (eine «Huhn- oder Ei»-Situation), oder es kann ein Wortspiel sein: Handelt der Traum von jemandem, der Ihnen ein «gutes» oder «schlechtes Ei» gelegt hat? Denken Sie auch an die Warnung, daß Sie nicht alle Eier in einen Korb tun sollten; an die Eigenart von Eiern — befinden Sie sich in einer Situation oder einer Beziehung, die zerbrechlich ist und verpatzt werden kann? Es kann eine Anspielung auf männliche oder weibliche Fruchbarkeit sein.

Eifersucht siehe *Neid*.

Einbrecher Überprüfen Sie die Sicherheit in Ihrem Haus! Andererseits kann der Traum bedeuten, daß Sie anderen in gewisser Weise zuviel wegnehmen oder umgekehrt. Was haben Sie zu verlieren? Versuchen Sie sich an die anderen Personen in Ihrem Traum zu erinnern. Siehe *Dieb/Diebstahl*.

Eindringen Mehr als wahrscheinlich ein Traum mit sexuellen Anspielungen. Eine Angst vor dem Eindringen oder das aggressive Vorhaben, einzudringen, haben ihre eigene Aussage, ganz gleich welche *Werkzeuge* verwendet wurden.

Einkommen Wenn Sie im Traum Ihr Einkommen überschlagen, Ihr Geld oder Ihren Besitz zählen, ist das sehr wahrscheinlich ein Abbild Ihrer wachen Sorge um geistige oder gefühlsmäßige Werte; obwohl Sie sich vielleicht auch nur um Geld Sorgen machen! Es ist oft lohnend, sich einer Selbstkritik zu unterziehen, wenn ein solcher Traum auftritt, und überlegen Sie, ob Sie kleinlich oder zu besitzergreifend sind.

Einrichtung Wenn Sie sich in Ihrem Traum neu eingerichtet haben, kann das ein Hinweis sein, daß Sie Ihr Haus in Ordnung bringen sollten (siehe UMGEBUNG, S. 92). Vielleicht rät Ihnen der Traum, Ihr Persönlichkeitsbild zu überdenken. Wenn ein bestimmter Raum «hergerichtet» wurde, versuchen Sie darüber nachzudenken, welche Bedeutung dieser Raum für Sie hat.

Einsamkeit Es kann sich um eine Parallele zu einem Gefühl der Einsamkeit aus dem Wachleben handeln oder um eine Warnung. Vergessen Sie nicht, daß die anderen Traumelemente Ihnen weitere Interpretationshinweise geben können. Siehe daher auch unter LANDSCHAFT (S. 68) oder *Leere*.

Einschreibung Vielleicht ein Zeichen für Verpflichtung? Wenn Sie sich «eingeschrieben» oder einen

Schwur geleistet haben, kann Ihr Unbewußtes Ihnen grünes Licht für zukünftige Entwicklung geben; Sie müssen außerdem entscheiden, ob Sie wirklich der Organisation angehören wollen, der Sie sich verpflichtet haben. Ihr Traum kann bedeuten, daß Sie Ihren Horizont erweitern sollten, vor allem wenn Sie sich für einen Studienkurs eingeschrieben haben; oder er kann darauf hindeuten, daß Sie mehr Selbstdisziplin nötig haben, wenn Sie in die Armee eingetreten sind. Wie immer ist der Kontext, in dem das Symbol vorkam, entscheidend.

Eis Die Kälte von Eis kann ein Hinweis auf Ihren Gefühlszustand sein; vielleicht sind Sie besorgt, Ihre Gefühle nicht in erfüllender Weise ausdrücken zu können. Wenn das Symbol ein Eisberg ist, denken Sie daran, daß der größte Teil davon unter Wasser ist, also verstecken Sie vielleicht Ihre Kälte unter einer freundlichen Oberfläche. Aber prüfen Sie die Umgebung des Eisbergs: Nebel, Dunst, Sturm oder Schiffe in Schwierigkeiten? Eiswürfel in einem Getränk können Ihr Gesellschaftsleben symbolisieren (vielleicht sollte es verbessert werden), oder Sie sollten sich vielleicht «abkühlen», ob beim Trinken oder anderen Gewohnheiten? Ausrutschen auf Eis deutet stark auf persönliche Unsicherheit hin.

Eiscreme Die Kälte von Eiscreme wird von Süßigkeit begleitet; vielleicht bedeutet der Traum, daß Sie Ihre Gefühlsäußerungen mehr auskosten sollten, als Sie das zur Zeit tun. Gab es einen Bezug auf Ihre Kindheit? Wenn ja, könnte es eine Anspielung auf ein kühles Verhältnis zwischen Ihnen und Ihren Eltern sein? Oder war die Eiscreme eine besondere Freude? Vielleicht sind Sie gut beraten, sich «abzukühlen».

Eisenbahn Geschwindigkeit, aber kontrollierte und «schienengebundene» Geschwindigkeit. Hat man Sie zu Ihrem Sinn für Disziplin beglückwünscht? Oder sind Sie etwa in Ihrem Traum entgleist und tun dies vermutlich auch im Wachleben? Gab es Verspätungen, Enttäuschungen und Unordnung? Fuhren Sie auf dem richtigen Gleis? Waren Sie der Stationsvorstand und dirigierten und organisierten den Zugverkehr, oder waren Sie als Lokomotivführer an die Schienen gebunden und absoluter Kontrolle unterworfen? Doch vielleicht waren Sie ein Fahrgast (erster oder zweiter Klasse? Ohne Fahrkarte reisend?). Von einem solchen Traum können Sie viel lernen: Die möglichen Komplikationen lassen es aber als müßig erscheinen, zu behaupten, die Interpretation falle einem leicht. Suchen Sie das Hauptsymbol, und verknüpfen Sie es mit den übrigen Umständen. Vergessen Sie auch nicht, daß Eisenbahnen (und besonders Dampflokomotiven) Nostalgie hervorrufen und sich der Traum daher auf die Vergangenheit beziehen könnte. Züge, die in Tunnels einfahren, sind bekannte Symbole für Sex und Geschlechtsverkehr.

Traumanalyse

Eiscreme Julia träumte: «*Ich traf Joan Bakewell, die sich auf einem Klappstuhl ausruhte. Sie sagte: 'Ich liebe Eiscreme, und es ist mir egal, ich sitze hier und werde so viel davon essen wie ich kann.' Später ging ich im Traum wieder an ihr vorüber, und sie schlief, von geschmolzener Eiscreme überzogen.*»

Das war ein komischer, aber sehr beruhigender Traum. Joan Bakewell ist eine bekannte Fernsehreporterin, deren Arbeit ich sehr bewundere und von der ich viel gelernt habe. Ich hatte am nächsten Tag einen Termin zur Unterzeichnung eines interessanten, aber verantwortungsvollen Fernsehvertrages und fürchtete mich davor. Frau Bakewells hemmungsloses Genießen der Eiscreme schien mich beruhigen zu wollen, ich solle das Erlebnis auskosten.

Elefant Die Assoziation des Elefanten mit Glück begann wahrscheinlich mit dem indischen Gott Ganesha (siehe FLEISCH, S. 88/89). Wenn Sie auf ihm geritten sind, kann Ihr Traum andeuten, daß Sie Ihre Probleme überblicken (sehr wahrscheinlich materiell oder finanziell). Aber die Assoziation mit der Habe eines Prinzen kann bedeuten, daß Sie sich mit Hoheitsrechten ausgestattet fühlen oder daß Sie angeben. Angst vor dem Elefanten kann bedeuten, daß Sie vor einem großen Problem Angst haben, das näherrückt. Oder der Elefant waren Sie selbst, Sie trampelten auf Ihrem Weg Büsche und Bäume nieder, Sie drängten sich penetrant vorwärts oder Ihre Ideen anderen auf, geben neuen Ideen und

Einstellungen keine Chance. Siehe FISCH, FLEISCH UND GEFLÜGEL (S. 88).

Elektrizität Wurden Sie ermutigt, Ihren Energieaufwand zu erhöhen oder ihn zu konservieren? Fehlt Ihnen in gewisser Weise Machteinfluss? Haben Sie Macht «eingeschaltet» und sollten dies im Leben tun? Müssen Sie irgendwie Ihre «Batterien wieder aufladen»? Wenn es in Ihrem Traum Stromunterbrechungen gab, was unterbindet Ihre Zielsetzungen im Leben? Waren Sie einem Schock ausgesetzt? Die Analogien sind offensichtlich. Wenn Sie von einem bestimmten Stecker, Schalter oder einer Steckdose geträumt haben, sollten Sie sie besser einer Sicherheitsprüfung unterziehen.

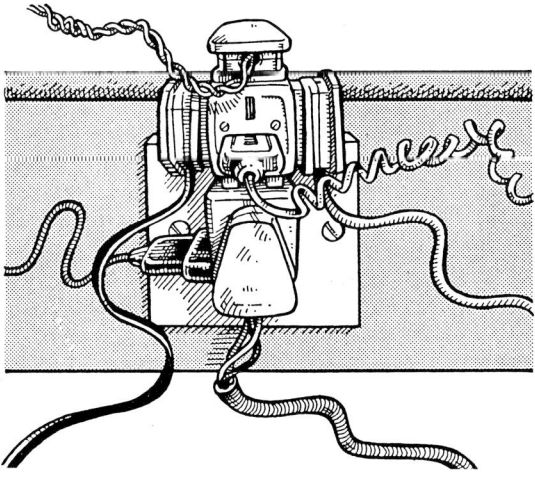

Eltern siehe *Mutter, Vater, Familie.*

Ende Der Traum kann das Ende eines Vorfalls oder eines Abschnitts in Ihrem Leben reflektieren; wenn ja, denken Sie an die Fähigkeit des Unbewußten, Ihre wirklichen Gefühle geschickt zusammenfassen. Sehen Sie vielmehr der nächsten Phase, dem nächsten Projekt entgegen, anstatt Ihre Gedanken oder Gefühle der Vergangenheit zu widmen.

Endstation Das Ende der Linie. Haben Sie es erreicht, in irgendeinem Sinn? Bestätigung oder Warnung kann darin enthalten sein, je nachdem, was im Traum geschah: Ob ihr Zug nun rechtzeitig ankam oder verspätet oder sogar zu früh, ob Sie Ihr Gepäck verloren hatten oder was auch sonst immer. Wie froh oder traurig waren Sie, an der Endstation angekommen zu sein? Siehe vielleicht *Bahnsteig, Bahnhof.*

Engel Siehe FLIEGEN (Seite 84).

Entdeckung Ein Traum, der sich auf psychologische Entwicklung und Selbstoffenbarung von vielleicht unentdeckten Charaktereigenschaften bezieht. Es kommt natürlich darauf an, was entdeckt wurde. Wichtig ist, daß Sie dies auf Ihr waches Selbst beziehen. Der Traum kann beruhigend oder aber eine Warnung sein. Nur Sie allein können darüber entscheiden.

Entfernung Wenn Sie etwas in der Ferne sehen, kann dies möglicherweise etwas (oder jemanden) repräsentieren, vor dem Sie sich in acht nehmen sollten oder von dem Sie sich entfremdet haben. Es kann sich auf Ihre Ziele im Leben beziehen: Erreichen Sie sie verläßlich, oder entfernen Sie sich von ihnen? Vielleicht war da ein Bezug auf etwas Unerreichbares, oder schien es nur so? Entfernung kann auch Entfremdung bedeuten, und in diesem Fall braucht vielleicht Ihr Gesellschafts- oder Gefühlsleben Aufmerksamkeit.

Entlassung Ihr Traum mag Sie darin bestärken, etwas aus Ihrem Geiste zu «entlassen», in diesem Fall sollte er beruhigend sein. Vielleicht jetzt, wo Sie ein Projekt abgeschlossen haben, sollten Sie es vergessen? Aber vielleicht spiegelt der Traum eine Art der Zurückweisung in Ihrem wirklichen Leben wider? Wenn ja, wie tief stecken Sie mit drin? Sie sollten sich außerdem selbst befragen, ob es da etwas gibt, wonach Sie verlangen, das Sie aber loswerden sollten, oder wovor Sie fliehen. Wenn Sie sich bei der Entlassung schuldig fühlten, siehe *Schande.*

Enttäuschung Die Art der Enttäuschung ist entscheidend. Wenn der Endeffekt des Traums eine Depression beim Erwachen war und es einen Hinweis auf ein Ereignis in Ihrem Leben gibt, vor dem Sie sich fürchten, unternehmen Sie Schritte, um wirkliche Enttäuschung zu vermeiden. Vielleicht sind Sie im Leben im Stich gelassen worden, oder Sie haben einer inneren Schwäche nachgegeben.

Erbrechen Vielleicht die Folge von körperlicher Übelkeit, in welchem Fall wir hoffen, daß Sie rechtzeitig aufwachen. Sonst scheint damit angedeutet zu sein, daß Sie sich von unangenehmen Gefühlen befreien sollten, für die sie selber verantwortlich sind. Ohne wird es Ihnen besser gehen?

unter gewissen Problemen begraben sind, fast sicher sind es materielle. Wenn wir graben, versuchen wir vielleicht ihren Ursprung zu finden, oder wir versuchen Licht in das Dunkel zu bringen — vielleicht werden wir dazu angehalten, der Welt offener gegenüberzustehen. Welche Art von Erde hat eine Rolle gespielt — weiche und lockere, harte und steinige oder trockene und schlammige Erde? «Erd»-träume können uns darauf hinweisen, der Realität ins Gesicht zu sehen, uns ermutigen, eine praxisgebundenere Anschauung im Leben einzunehmen. Vielleicht sollten wir auch weniger stur, weniger steif und weniger besorgt um rein materielles Fortkommen sein — und Probleme, die mit letzterem im Zusammenhang stehen, beziehen sich fast immer auf unseren Bedarf nach Sicherheit und die Notwendigkeit, uns selbst von ihr zu überzeugen. Das Bedürfnis nach Wachstum und Entwicklung, nach einer Entfaltung unserer Persönlichkeit führt oft zu Erdsymbolismus in Träumen.

Engel *Die Engelsmacht,* Gustave Doré

Traumanalyse

Erde Ivy träumte: «*Ich kam aus meinem Bungalow auf die Hauptstraße meiner Stadt, die aufgerissen war; überall Schlamm. Ich mußte mich durch den schweren, zähen Schlamm kämpfen, und es war fast unmöglich, voranzukommen, weil er so tief war und weil meine Schuhe durch sein Gewicht so schwer wurden.*»

Ivy litt an unheilbarem Krebs; der Traum faßte ihren Kampf gegen die lähmende Krankheit zusammen.

Erdbeben Das Empfinden, das die Erde sich bewegt oder unter Ihren Füssen nachgibt, deutet auf Unsicherheit hin, in psychologischer oder materieller Hinsicht — versuchen Sie das Symbol mit Ihrem Leben in Zusammenhang zu bringen. Vor allem wenn sich Spalten in der Erde auftun, könnte dies vielleicht eine ernste Warnung sein; sind Sie unter Spannung oder sogar kurz vor dem Zusammenbruch? Vergessen Sie nicht eine mögliche physische Ursache: Das schwere Atmen Ihres Partners, der neben Ihnen liegt, oder ein anderes Geräusch kann den Traum ausgelöst haben. Siehe *Erde, Falte.*

Erde Vor allem symbolisiert die Erde (der Planet und die Substanz) die große Mutter, Fruchtbarkeit, Kreativität und Material; sie repräsentiert außerdem Ordnung und Stabilität. Unser Sinn für Sicherheit kann herausgefordert sein, wenn unsere Träume Erdsymbolismus heranziehen. Wir wissen, unsere Wurzel ist die Erde — wir stammen aus ihr und kehren in sie zurück: Unser Selbstvertrauen kann in Frage gestellt sein. Träume von einem lebendigen Begrabensein versuchen uns mitzuteilen, daß wir

Erektion Erektionen treten immer während der REM-Phasen oder während des träumenden Schlafens auf, ob nun sexuell oder nicht, aber die Reaktion eines Mannes, der von einem erigierten Penis träumt, wird während eines offenen Sexualtraums gewöhnlich die gleiche sein; andererseits wird die Andeutung im allgemeinen symbolisch sein. Haben Sie Angst vor Impotenz? Bei Frauen kann der Penisneid eine Rolle spielen, obwohl natürlich auch dies nur ein Teil eines sexuellen Wunschtraums sein kann.

Erfolg Ein Erfolgserlebnis im Traum ist auf seine Art beinahe so befriedigend wie im wirklichen Leben! Vielleicht zeigte Ihr Traum Ihnen, wozu Sie fähig sind — mindestens jedoch wird er eine Ermutigung gewesen sein. Dies scheint ein sehr positives Symbol zu sein, das die Selbstsicherheit nur festigen kann.

Erholung Vielleicht brauchen Sie welche!

Erlösung Der Traum setzt offenbar einen Akzent auf Freiheit. Wurden Sie kürzlich aus einer Wachsituation erlöst, oder suchten Sie nach Erlösung? Wenn nicht, dann könnte sich der Traum auf eine mögliche Lösung eines bestimmten Problems oder einer Situation richten oder auf den Wunsch, sich davon zu befreien. Falls Sie wissen, was Sie tun müssen — tun Sie es! Falls nicht — bitten Sie Ihre Träume um weitere Hilfe (S. 47). Nachschauen bei *Gefängnis?*

Erkundung Sehr wahrscheinlich ein Bezug auf Ihre eigene Bereitschaft, neue Gebiete Ihrer Persönlichkeit und Psyche zu erkunden. Es wird möglicherweise Ihr Bedürfnis angesprochen, mehr über sich und Ihre Motivationen zu erfahren. Wenn es ein optimistischer und enthusiastischer Traum war, wird er Sie zu Aktivität ermutigen oder Sie beruhigen, wenn Sie mit der Suche nach Selbsterkenntnis begonnen haben. Seien Sie über die Vorkommnisse in Ihrem Traum nicht besorgt: Er kann tatsächlich eine Warnung sein, daß Sie zu schnell vorankommen wollen oder über das, was Sie vorgefunden haben, nicht besonders erfreut sind. Beurteilen Sie die Gestalt der Landschaft, die Sie erkundet haben, siehe LANDSCHAFT (S. 68), *Ausgrabung, Expedition.*

Ernte Hoffentlich hat sich Ihre harte Arbeit ausgezahlt, und Sie sind jetzt soweit, daß Sie ernten können, was Sie ausgesät haben — den Gewinn von Arbeit und Erfahrung. Was Sie geerntet haben, ist natürlich wichtig; aber der Traum konzentriert sich wahrscheinlich auf erhöhte Sicherheit, Weisheit oder Erfüllung — es sei denn, es ist ein Warntraum, und Ihr Unbewußtes fürchtet, daß Sie Ihre Saat in einem weniger erfreulichen Sinne ernten. Siehe *Getreide.*

Eröffnung Haben Sie eine Eröffnung besucht — eines Stücks oder einer Ausstellung? Solche Gelegenheiten sind gewöhnlich festlich, also vielleicht fühlen Sie sich besonders sicher: Oder es gibt eine versteckte sexuelle Andeutung. Vom Öffnen einer Verpackung zu träumen kann sich auf Selbsterkundung beziehen, und was Sie in der Packung gefunden haben, sollte eine Aufhellung bringen.

Erpressung Ein Kommentar zu irgendwelchen unredlichen Absichten oder Handlungen im Wachleben? Wenn Sie nicht eigentlich kriminell handeln, dann fragen Sie sich, ob Sie nicht vielleicht eine(n) Geliebte(n) oder eine andere unschuldige Person ausnützen — möglicherweise emotionell.

Erstechen Ein Messer ist, Freud zufolge, ein Phallussymbol, und ein Akt des Stechens könnte eine Metapher für den Geschlechtsverkehr sein. Also ist es offensichtlich wichtig, wen Sie erstachen. Stachen Sie ihn oder sie in den Rücken? Könnte der Traum andeuten, daß Sie vorhaben, eine platonische Beziehung in eine sexuelle zu verwandeln?

Ersticken Eine Möglichkeit, daß jemand oder etwas Ihr Fortkommen im Leben blockiert. Andererseits kann einer Ihrer Körperteile betroffen sein. Siehe *Körper.*

Ertrinken Vielleicht ertrinken Sie in einem Meer von Problemen oder Schwierigkeiten oder in Gefühlsstreß? Fragen Sie sich, ob Sie im Selbstmitleid ertrinken. Wenn Sie in einem depressiven Zustand sind, dabei sind, das dritte Mal unterzugehen, sollten Sie vielleicht irgendeine Therapie in Erwägung ziehen (siehe WASSER S. 80/81). Oder ertränken Sie Ihr Leid?

Erwürgen Repressive Elemente sind wahrscheinlich irgendwo in Ihrem bewußten Leben am Werk, die Sie an vollständiger Selbstverwirklichung hindern. Werfen Sie einen kritischen Blick auf Ihren Lebensstil, und versuchen Sie loszuwerden, was Sie einschränkt, «erdrosselt». Sie kommen vielleicht zu dem Ergebnis, daß Sie auf einem selbstzerstörerischen Weg sind, von dem Sie abzukommen versuchen sollten. Wenn Sie sich besonders bewußt waren, daß Ihnen niemand zu Hilfe kam, sind Sie vielleicht auf irgendeine Weise hilfsbedürftig.

Essen Wenn Sie hungrig zu Bett gegangen sind, kann Wunscherfüllung möglicherweise eine Rolle spielen, aber Essen kann das Aneignen von Wissen bedeuten oder sinnlichen Genuß repräsentieren. Was haben Sie gegessen — wie war die Beschaffenheit, das Aussehen der Nahrung? Wenn Ihnen darauf schlecht wurde, kann der Traum eine Warnung sein — und zwar nicht unbedingt davor, zuviel zu essen. Sind Sie habgierig, nehmen Sie anderen zuviel weg? Siehe ESSEN UND TRINKEN (S. 86/87).

Etikett Ein Etikett, das lose oder falsch adressiert ist, könnte ein Symbol sein, das Ihren eigenen Richtungsverlust kommentiert; aber denken Sie an die Möglichkeit, daß man Sie «etikettiert», wegen einer persönlichen Eigenschaft oder Handlung klassifiziert, und ob das wünschenswert ist oder nicht.

Examen Siehe *Prüfung.*

Exekution Dies ist natürlich ein sehr gewaltsames Symbol, und deswegen bezieht es sich wahrscheinlich auf eine starke Emotion im Wachzustand. Wer wurde exekutiert, und was hat er repräsentiert? Wenn Sie einer Exekution beiwohnten, denken Sie daran, daß Sie auch das Opfer sein könnten. Die Bedeutung des Traums kann einfach sein — vielleicht geht es um etwas oder jemanden, von dem Sie glauben, daß er rücksichtslos aus Ihrem Leben verbannt werden sollte. Vielleicht haben Sie mit einem Problem abrupt abgeschlossen. Wenn Sie das Opfer waren, kann das eine tiefe Schuld oder inneren Ekel bedeuten: Nur Sie können über den Ursprung eines solchen Gefühls entscheiden. Das ist ein Fall, in dem es sinnvoll erscheint, Ihre Träume nach mehr Aufhellung zu befragen (s. S. 47).

Exil Wenn Sie in Ihrem Traum im Exil waren, ist das vielleicht die Spiegelung eines Aspekts Ihres Alltagslebens: Sind Sie ein «Fremder» — treten Sie eine neue Stelle an, weit weg von vertrauten Leuten und Orten? Ihre Verhaltensweisen und Gefühle im Traum sind ein Kommentar hierzu und zeigen vielleicht eine Entwicklung Ihrer Anpassungsfähigkeit. Wenn ein Flüchtling Sie um Trost bat, gibt es vielleicht ein Gefühl oder ein intellektuelles Konzept, dem Sie sich verweigern? Stoßen Sie jemanden von sich, verbieten Sie ihm, an Ihrem Leben teilzuhaben?

Expedition Denken Sie an eine Expedition, und Sie denken an eine Herausforderung, an den mutigen Vorstoß ins Unbekannte. Sie stehen vielleicht am Anfang irgendeiner Reise (natürlich nicht unbedingt einer faßbaren), und der Traum mag Sie darin bestärken. Wenn nicht, wurde Ihnen eine Expedition vorgeschlagen? Sie stagnieren vielleicht in gewisser Hinsicht, sollten zu neuen Bereichen des Denkens, neuen Standpunkten oder neuem Verhalten vorstoßen. Oder ist Ihr Lebensstil klaustrophobisch? Suchen Sie nach neuen Hobbys, vielleicht nach einer neuen Verbindung; Sie sollten risikofreudiger und unnachgiebiger sein. Wenn Sie sich in Ihren Träumen optimistisch auf die Suche gemacht haben, sind Sie für ein richtiges Abenteuer eher bereit, als Ihnen bewußt ist. Siehe *Erkundung*.

Experiment Wenn Sie sich im Traum mit einem Experiment beschäftigt haben, ermutigt er Sie möglicherweise dazu, auf einem Gebiet Ihres Lebens mehr Experimente zu wagen und risikofreudiger zu sein. Die Art des Experiments kann ein Hinweis auf das Gebiet sein, um das es sich handelt — Ihr Bild von sich selbst, von Ihrem Sexualleben oder Ihren Freizeitinteressen drängt sich auf. Vielleicht sollten Sie Ihre reale Situation einer Analyse unterziehen, einer rationalen, sogar klinischen Beurteilung?

Explosion Ein solcher Traum kann sehr wohl bedeuten, daß Sie Ihre Gefühle zu sehr zurückhalten: Explodieren Sie, wenn Sie müssen — vor Ärger oder vielleicht aus Liebe (sehen Sie sich den Kontext und Symbolismus des Traums an). Wenn Sie irgendeine Emotion zu lange in sich einschließen, kann dies zu einer Explosion führen, und es ist besser, wenn sie kontrollierbar ist. Aber der Kontext des Traums ist vorrangig. Die Sorge um nukleare Abrüstung deutet auf einen völlig anderen Rahmen hin; der Traum kann dann ein eindeutiger Ausdruck Ihrer Angst sein. Aber vermutlich geht es um Ihren eigenen psychologischen Zustand. Ihre tiefe Sorge um internationalen Frieden und Sicherheit ist zweifellos

bewundernswert, aber sie kann eine Sorge um persönlichere Dinge verwischen, eine Unstimmigkeit im familiären oder im eigenen emotionalen Bereich. Siehe *Bombe*.

F

Fabrik Die Arbeit in einer Fabrik bedeutet vielleicht Schufterei, aber auch Aktivität, Energie, Kraft, die schließlich zu einem Ergebnis führt — zur Herstellung. Ihr Traum kann andeuten, daß Sie, wie Chaplin in «Modern Times», von anderen ausgenützt werden, daß Sie ein kleines Zahnrad im Getriebe sind. Überdenken Sie, ob man Ihnen im Alltag zur Last fällt. In eher positiver Hinsicht kann Ihr Traum andeuten, daß Sie sehr beschäftigt sind, ein aktiver Mensch, der sich systematisch durch alles, was er zu tun hat, hindurcharbeitet und die notwendigen Resultate erhält. Obwohl dies bestärkend erscheint, kann es eine Schwäche in diesem Schema geben. Vor allem wenn Sie der Verantwortliche in der Fabrik oder am Fließband waren, kann Ihre gesamte Persönlichkeit wie auch verschiedene Teile angesprochen sein. Siehe *Gebäude*, UMGEBUNG (S. 92/93).

Fahren Der Traum kann sich auf eine «schleichende Gefahr» beziehen — wenn es um Lebenssituationen im Wachzustand geht oder um die Unfähigkeit, diese zu kontrollieren. Es kommt natürlich darauf an, wie gut Sie das Fahrzeug unter Kontrolle hatten! Ihre Einstellung und Reaktion im Traum sind, wie gewöhnlich, entscheidend — ob Sie mutig, besorgt, zuversichtlich oder entsetzt waren ... Waren Sie in einem Rennen, oder haben Sie Ihre Feinde gemieden? Wenn ja, distanzieren Sie sich vielleicht von Gegnern oder Problemen. Die Art des Fahrzeugs, das Sie gefunden haben, könnte genauso wie die Bauart eines Hauses über Ihre Persönlichkeit Aufschluß geben. War es zweckgebunden, leistungsfähig, luxuriös, heruntergekommen oder kurz vor dem Zusammenbruch? Hat das Fahrzeug gut reagiert? Siehe *Automobil, Auto, Chauffeur.*

Fahrkarte Wenn Sie sich eine Karte kauften, dann signalisierte der Traum wahrscheinlich Zustimmung dafür, mit einem neuen Projekt voranzuschreiten; erwägen Sie Ihre generelle Richtung im Leben. Wenn Sie Ihre Karte verloren hatten, könnte das Gegenteil zutreffen. Der Traum eines Mannes, in dem er die Karte einer Frau stempelt, drückt wahrscheinlich sexuelle Begierde aus. Aber siehe vielleicht *Reise.*

Fährte Welche Art von Fährte? Könnte es ein langer Weg sein, der vor Ihnen liegt, voller zu bewältigender Aufgaben? Oder gibt es einen Bezug zu einer listigen, trickreichen Aktivität, in die Sie gegenwärtig verwickelt sind? Sollten Sie jemandem auf der Spur sein?

Falke Ein Raubvogel ähnlich dem *Adler;* aber wir halten den Falken vielleicht für besonders räuberisch und wild, hartnäckig in der Verfolgung und mit einem besonders scharfen Auge augestattet — also kann es eine Andeutung sein, daß Sie es dem Vogel gleichtun sollten, bevor Sie zum Sturzflug auf Ihr entsprechendes Opfer ansetzen. Wenn Sie vor einem Falken oder einem Raubvogel Angst hatten, kann Sie Ihr Traum vor einem Angriff «aus dem Nichts», also eines unerwarteten Angreifers warnen, den Ihr Unbewußtes entdeckt hat.

Falle Ob Sie nun eine Falle stellten oder in eine gerieten, handelt der Traum möglicherweise von einer bewußten Tat oder einem Plan. Eine Warnung vielleicht, daß Sie in die Falle gehen könnten.

Fallen Ein verbreiteter Traum, der manchmal mit dem Schlaf der Phase 1 in Verbindung gebracht wird (dem Einschlafen), aber siehe auch FLIEGEN (S. 84/85).

Fallschirm Hoffentlich eine sichere und weiche Landung; aber wenn sich der Fallschirm nicht geöffnet hat, handelt es sich aller Wahrscheinlichkeit nach um einen Traum des *Fallens.* Siehe auch FLIEGEN (S. 84).

Falschheit Ihre Einstellung Ihrer Falschheit im Traum gegenüber ist so entscheidend wie die Art der Lüge. Waren Sie im Kontext des Traums unverschämt und gleichgültig oder schuldbewußt? Versuchen Sie herauszufinden, auf welches Vorkommnis im Wachzustand sich der Traum beziehen kann. Natürlich kann er sich auf eine Täuschung im allgemeinen beziehen, aber Selbsttäuschung kann eine Rolle spielen — Sie reden sich vielleicht ein, daß alles in Ihrem Leben «in Ordnung ist», obwohl dies weit von der Wahrheit entfernt ist. Sie versuchen sich

vielleicht für eine falsche Entscheidung oder ein Täuschungsmanöver zu entschuldigen oder sich davor zu verbergen.

Falte Ein Traum von einer geographischen «Falte» kann ein wortspielerischer Kommentar zu einer Schwäche innerhalb Ihrer eigenen Natur sein, die zu einem «Erdbeben», einer Meinungs- oder Einstellungsänderung führen kann. Siehe *Erdbeben.*

Falten Falten werden gleichermaßen vom Lachen und vom Stirnrunzeln verursacht; findet sich hier ein Fingerzeig, oder der Rat, Sie sollten mehr auf Ihre Haut achtgeben?

Familie Wie bei jedem Symbol wird jeder Leser seine eigene Reaktion zum Wort «Familie» zeigen. Deutet es Wärme, Zusammenkunft, Liebe, Zuneigung an — oder Bitterkeit, Feindschaft, Animosität, Rivalität, Eifersucht, reine Unverträglichkeit? Da ist natürlich auch die Familie Mensch, mit ihrem großen Vorrat an instinktivem Wissen und instinktiver Emotion, Jungs «kollektives Unbewußtes». Die Komplikationen sind beträchtlich. Aber denken Sie nach, ob der Akzent in Ihrem Traum vielleicht auf Ihrer eigenen Persönlichkeit lag — ob die individuellen Familienmitglieder vielleicht karikierte Elemente Ihrer selbst waren, vor allem, wenn die Menschen, die in Ihrem Traum vorkamen, starke Gefühle in Ihnen wachrufen. Die Erkennung von Persönlichkeitszügen und Merkmalen, die sowohl ein Teil von Ihnen als auch ein Teil der Familie sind, wird Ihnen helfen, ihnen zu begegnen oder sie zu ändern. Indem Sie danach streben, sie zu verstehen (vielleicht in der Verkleidung eines bewunderten älteren Bruders, einer Schwester oder eines Cousins, mit dem Sie eine Bindung der *Freundschaft* aufgebaut haben, die sich von familiären Gefühlen unterscheidet), werden Sie Ihr eigenes Wohlbefinden stärken, ganzheitlicher werden.

Farbe Siehe FARBEN (Seite 92).

Färben Wenn Sie ein Material gefärbt haben, können die FARBEN (siehe S. 94/95), die vorkamen, eine Rolle spielen. Wenn Sie mit der Abbindung mehrerer Farben gearbeitet haben, denken Sie über

Beschränkungen in Ihrem Leben nach, die bedeutsam sein können. Ein solcher Traum kann sich auf den Bedarf nach einer Lebensveränderung beziehen; und Sie sollten daran denken: Vielleicht haben Sie einen Tapetenwechsel nötig?

Fäulnis Bedenken Sie zuerst, ob Ihnen Ihr Traum etwas über einen Lebensbereich erzählt, der sich zersetzt oder am Verfaulen ist. Probieren Sie sich zu erinnern, wie Sie mit der Unordnung fertig wurden — haben Sie aufgeräumt oder ihr einfach den Rücken zugekehrt? Siehe *Abfall*.

Federn Feine Vögel bestehen aus feinen Federn: Ihr Traum kann andeuten, daß Sie mehr Vielfalt in Ihrem Leben brauchen. Einige Federn haben etwas Provokatives an sich — vor allem Pfauen- und Straußenfedern. Kann das Ihr derzeitiges Verhalten widerspiegeln? Wenn Sie jemanden beim Rupfen eines Huhns beobachtet haben, sind Sie dabei, dessen wahre Persönlichkeit aufzudecken — oder versucht jemand, Sie bloßzustellen? Federn in einer Bettdecke oder einem Kissen bedeuten Komfort, Wärme, Sicherheit: Wenn sie wegflogen, fürchten Sie sich davor, Ihre eigenen zu verlieren?

Fee Träumen Sie von Freiheit, Unsterblichkeit und Schönheit? Aber Feen sind auch zu Unangenehmem, sogar Bösem fähig.

Fehde Wir assoziieren das Wort Fehde gewöhnlich mit einer langandauernden Zwietracht innerhalb einer Familie oder zwischen Nachbarn oder ehemaligen Freunden. Obwohl die Gründe äußerlich unbedeutend erscheinen, geht es oft um Rivalitäten in der Liebe, Eifersucht oder territoriale Rechte. Die sich bekriegenden Faktoren in Ihrem Traum können die gegensätzlichen Gebiete Ihrer eigenen Persönlichkeit sein.

Fehler Zweifellos ein Kommentar zu einem Fehler im Wachzustand, einem Irrtum. Wie schuldig fühlten Sie sich in Ihrem Traum? War es gänzlich Ihr eigener Fehler? Dieser Traum könnte eine Warnung enthalten: Überprüfen Sie jene Lebensbereiche, auf welche sich der Traum beziehen kann. Vielleicht findet sich eine Verbindung zu einem Fehler aus der Vergangenheit, und Sie sind dabei, diesen zu wiederholen.

Fehlgeburt Lassen Sie sich, falls Sie schwanger sind, nicht durch den Traum in Aufregung versetzen, aber konsultieren Sie unbedingt Ihren Gynäkologen. Der Traum könnte sich auf einen mißglückten Plan im Wachleben beziehen. Es kann auch eine Verbindung zu einer Verantwortung geben, die auf Ihren Schultern ruht — unter Umständen eine, die Sie loswerden möchten oder sollten, an die Sie sich aber gebunden fühlen.

Feind Sind Sie selbst der Feind in Ihrem Traum, ist es ein Element Ihrer Persönlichkeit, eine aussenstehende Macht oder Person? Dies ist nicht immer einfach zu entscheiden; aber es gibt gewöhnlich Hinweise. Wenn Sie sich nicht auf eine Antwort festlegen können, befragen Sie Ihre Träume nach weiterer Erhellung (S. 47). Die dargestellte Person in Ihrem Traum ist natürlich nicht ein Feind im wirklichen Leben, sondern besitzt Charakteristika, die Sie ablehnen und in sich selbst ausmerzen wollen. In diesem Fall kann Ihr Traum ein Kommentar zu Ihrem Fortschritt auf diesem Gebiet sein. Sind Sie sich selbst der schlimmste Feind? Es kann eine Repräsentation von Sexualängsten oder Ängsten vor den Sexualorganen sein; überdenken Sie Ihre Einstellung zum Sex. Vielleicht brauchen Sie Bestätigung oder Beratung auf diesem Gebiet. Ein gewißer «alter Feind» könnte ein Problem sein, das Sie jahrelang gehabt haben; Ihre Träume können bedeuten, daß Sie es direkter bekämpfen sollten.

Feld Siehe LANDSCHAFT (S. 68/69).

Felsbrocken Womöglich ein Kommentar über Ihr Sicherheitsbedürfnis. Wenn Sie mit Steinen geworfen haben, müssen Sie sich vielleicht von Spannung oder Wut befreien. Ihr Angriffsziel ist offensichtlich wichtig!

Fenster Wenn Sie im Traum durch ein Fenster schauten, zeigt sich darin wahrscheinlich Ihre Sicht einer andern Person oder ihrer Handlungen — oder Ihre eigenen. Es spielt eine Rolle, ob Sie in ein *Zimmer* oder aus einem Zimmer schauten, ob das *Glas* sauber oder schmutzig war, ob es Vorhänge gab, ob das Fenster Kommunikation verhinderte, ob Sie es erleuchteten usw. Vielleicht ist Ihre Sicht beschränkt oder verzerrt. Über diesen Traum sollten Sie gründlich nachdenken, denn er zeigte Ihnen offensichtlich etwas, und zwar wahrscheinlich etwas Wichtiges.

Fernsehen Ähnlich wie *Kino,* aber in einer vertraulicheren Umgebung und deshalb vielleicht persönlicher. Sich selbst auf einem Fernsehbildschirm zu sehen könnte andeuten, daß Sie Ihr Leben objektiv betrachten, es unter Kontrolle haben und fähig sind, sich von Ihren Problemen zu distanzieren. Wenn das Bild unscharf ist oder schlecht, könnte es Probleme mit Ihrer Selbsterkenntnis geben.

Fesseln Ein Traum, in dem Sie gefesselt sind, bedeutet möglicherweise eine schwere Verantwortung, ein Problem oder eine Beschränkung in Ihrem Leben, etwas «Niederdrückendes». Wenn Sie freigelassen wurden oder noch besser sich selbst befreit haben, ist dies ein hoffnungsvolles Symbol; Sie könnten mit dem betreffenden Problem an einem Wendepunkt stehen. Siehe *Ketten, Gefängnis, Gefangener*.

Festival Hoffentlich reflektiert ein Traumfestival eine wirkliche Feier oder gute Stimmung. Aber Ihr Traum kann einfach Sie selbst «zelebrieren» — gibt Ihnen ein Schulterklopfen für einen Fortschritt oder eine Leistung. Ein Kirchenfest kann Kommentar zum Zustand Ihres Glaubens oder dessen Fehlen sein. Wenn das Festival nicht verdorben oder getrübt wurde — und berücksichtigen Sie Ihre Laune beim Erwachen —, ist dies fast sicher ein positiver und bestärkender Traum.

Festmahl Wie bei *Hungersnot* kann der Traum von einem Festmahl das Ergebnis eines physischen Zustands sein; aber er bezieht sich wahrscheinlich eher auf eine anderes Bedürfnis — vielleicht ein emotionales oder sexuelles. Bedenken Sie, wo es in Ihrem Leben an Gleichgewicht fehlt, und versuchen Sie, es wiederherzustellen. Wenn Sie einfach Ihr Essen genossen haben (und berücksichtigen Sie seine Form und Beschaffenheit), kann der Traum Ihre gegenwärtige Einstellung zusammenfassen, die möglicherweise gesund genug ist — der Genuß der Frucht Ihrer Arbeit und die innere Zufriedenheit, die darauf folgt. Aber wenn Sie sich selbst vollgestopft haben, sind Sie vielleicht zu maßlos und gierig, nehmen oder erwarten zuviel von anderen, die Ihnen nahestehen (nicht unbedingt in physischer Hinsicht). Siehe ESSEN UND TRINKEN (S. 86/87).

Festnahme Sind Sie verhaftet worden? Vielleicht sind Sie sich irgendeiner Schuld bewußt; oder der Traum rät Ihnen möglicherweise, mit etwas Schluß zu machen. Wenn Sie jemanden festgenommen haben, gibt es eine Person in Ihrem Leben, deren Verhalten Sie nicht billigen. Oder sollte jemand Ihrer Meinung nach gewarnt werden?

Fetzen Womöglich ein Traumhinweis, daß Sie mehr auf ein elegantes und gepflegtes Äußeres achten sollten; oder daß Sie bald nur noch in Fetzen gehen, wenn Sie so weitermachen. Mangelt es Ihnen an Selbstachtung? Oder tun Sie sich zu sehr leid? Vergessen Sie nicht, daß Sie irgend jemand aus Ihrem Traum verkörpern können; wenn Sie ein armes, aschenputtel-ähnliches Wesen im Traum Fetzen durchwühlen sahen, kann dies ein Hinweis sein, daß Sie die Überreste irgendwelcher Bereiche Ihres Wachlebens retten sollten. Fragen Sie sich selbst, ob es sich nicht lohnen würde! Denken Sie daran: Fetzen waren einmal feine Kleider. Siehe KLEIDUNG UND NACKTHEIT (S. 82), *Image*.

Feuer Siehe FEUER (S. 78/79).

Film Selbst wenn sich Ihr Traum offensichtlich auf einen Film bezogen hat, den Sie am Abend zuvor gesehen haben, kann es trotzdem ein Kommentar zu einem Aspekt Ihres Lebens sein, warum hat sonst Ihr Unbewußtes dazu Stellung genommen, anstatt etwas anderes beizuziehen, was während des Tages passiert ist? Die Einzelheiten des Traumfilms sind offenbar bedeutend. Er kann aber auch ein Versuch sein, etwas so zu präsentieren, daß Sie es distanzierter sehen, «auf der Leinwand», anstatt als Teil Ihrer eigenen Erfahrung. Oft finden wir uns als Teilnehmer am Geschehen wieder; auch das kann die Gelegenheit offenbaren, die Dinge objektiver zu sehen — oder wir können dazu veranlaßt werden. Unsere Probleme werden aus dem Dunkeln an einen Ort hervorgeholt, wo sie zwar im Zentrum stehen, dafür aber nicht so greifbar sind. Siehe *Kamera, Kino*.

Finanzen Ihre finanzielle Situation im Traum kann natürlich Ihre wirkliche kommentieren; aber die Beziehung zwischen Geld und dem Ausdruck von Gefühlen (siehe *Ausgabe)* bedeutet, daß es einen Bezug auf ein emotionales Gebiet in Ihrem Leben geben kann. Ein Überziehen kann bedeuten, daß Sie Ihr emotionales (oder sexuelles) Konto überschritten haben; ein überdimensioniertes Bankkonto kann bedeuten, daß Sie nicht genügend Liebe und Zuneigung zeigen. Aber berücksichtigen Sie auch, ob Ihr Traum einen vernünftigen Kommentar zu Ihren materiellen Umständen abgibt.

Finger Zu viele Finger im Brei? Ein Finger, der nach vorn zeigt? Ein Finger kann offensichtlich ein phallisches Symbol sein. Und siehe *Körper*.

Finsternis Finsternis in einem Traum bedeutet Ungewißheit über die derzeitige Richtung in Ihrem

Leben; befragen Sie Ihre Träume nach mehr Einzelheiten (s. S. 47). Aber vielleicht siehe *Blindheit.*

Fischen Es ist unwahrscheinlich, daß Sie vom Fischen träumen, es sei denn, diese Aktivität bedeutet für Sie in Ihrem Leben etwas, also berücksichtigen Sie zuerst Ihre Einstellung hierzu. Ein einfacher Freizeitspaß in einer friedlichen LANDSCHAFT (S. 68/69) kann stärkend sein oder ein Hinweis, daß Sie mehr Entspannung brauchen. Fischen auf See: siehe *Boot,* aber fügen Sie hinzu, daß Sie nach etwas suchen (vielleicht in einem stürmischen Zusammenhang). Da WASSER (s. S. 80/81) beteiligt ist, gibt es sehr wahrscheinlich einen Bezug auf Ihr Gefühlsleben (liegen ruhigere Gewässer vor Ihnen?). Es ist bedeutsam, wie gut Ihr Fang war. Fische aus dem Meer, «die Ausbeute aus der Tiefe», können auf Lebenserfahrung hindeuten und ein Hinweis sein, daß Sie mehr daraus machen sollten. Es wird vielleicht etwas an die «Oberfläche» gebracht; vielleicht macht Ihr Traum auf ein psychologisches Problem aufmerksam, das Sie ignoriert haben? Wenn ja, kümmern Sie sich darum. Oder es existiert ein wortspielerisches Element: «Fischen» Sie nach Komplimenten? Der Fisch ist auch ein traditionsgemäß christliches Symbol.

Fit Das könnte ein Wortspiel sein: Sind Sie «fit für ein Unternehmen», «fit fürs Leben», wie fit sind Sie körperlich? Sind Sie mit allem Nötigen versehen? Die Parallelen im Wachzustand sind klar.

Flagge Wenn Sie «für die Flagge gekämpft» haben, könnte der Traum Ihren Sinn für Selbstachtung ansprechen. Er ist möglicherweise positiv, es sei denn, die Flagge hing schlaff an der Spitze des Fahnenmastes (wenn auf Halbmast, ist dies ein starkes Symbol sexueller Unsicherheit, Impotenz oder Frigidität). Deutete der Traum an, daß Ihre Energie nachläßt?

Flammen Siehe FEUER (S. 78/79).

Flasche Möglicherweise behalten Sie Ihre Gefühle und Meinungen für sich. Der Traum kann Sie ermutigen, sie freizulassen. Vielleicht handelte es sich um eine Beschreibung von Umsicht und Voraussicht Ihrerseits, vor allem wenn Sie Flaschen oder Eingemachtes lagerten! Wenn es Weinflaschen waren, könnte sich der Traum auf sexuelle Überaktivität beziehen?

Flecken Es ist sehr wahrscheinlich, daß ein Traum von einem Flecken ein Schuldgefühl bedeutet. Die Art der Bekleidung, die befleckt wurde, könnte von Bedeutung sein. Falls Sie sich bemühten, sie zu entfernen, ist es Ihnen gelungen?

Fledermäuse Fledermäuse rufen oft Angst hervor, und gemäß der Tradition kommt die Angst daher, daß die Fledermäuse sich in Ihrem Haar verwickeln könnten — und *Haar* ist ein starkes Sexualsymbol. Normalerweise ist auch ein klaustrophobisches Element dabei (Fledermäuse leben in Höhlen in Dunkelheit). Sie fürchten sich vielleicht vor etwas in Ihrem Gefühlsleben.

Fleisch Menschliches oder tierisches Fleisch? Genießbar oder entsetzlich? Es ist möglich, daß der Traum sexueller Natur war, in welchem Fall sich entweder der Genuß oder der Schrecken auf derzeitige sexuelle Vorlieben oder Aktivitäten beziehen kann. Gehen Sie jedem Traumdetail sorgfältig nach, da es konstruktive Hinweise geben kann, wie Sie zu einer noch größeren sexuellen Erfüllung gelangen können oder zu einer Interessenserweiterung und einer Vertiefung des Genusses. Ein anderer Vorschlag: Kann der Traum eine einfache Andeutung auf Ihr Übergewicht sein — daß Sie zu «fleischig» sind (siehe auch *Fleischer)?*

Fleischer Wie immer sind die Stimmung und Umstände des Traums äußerst wichtig. Haben Sie bei einem Fleischer eingekauft — oder waren Sie selbst Metzger? Wenn letzteres, «stutzen» Sie jemand zurecht oder sind Sie mit einem ziemlich gemeinen Spiel beschäftigt? Wenn Sie Fleisch kauften, verlangt Ihr Körper möglicherweise nach mehr Proteinen. Welches Fleisch haben Sie gekauft, und was bedeutet dieses Tier für Sie?

Fliege Die Verbindung von Fliegen mit *Schmutz* oder *Krankheit* könnte ein Ausgangspunkt in Ihrer Interpretation sein; oder Sie sehnen sich danach, die «Fliege an der Wand» zu sein. Oder haben Sie sich in einem Netz der Intrigen verfangen? (Kam eine *Spinne* vor?) Eine summende, lästige Fliege kann eine beunruhigende, irritierende Person in Ihrem Leben bedeuten. Wenn Sie die Fliege waren: Summen Sie zu geschäftig um andere Leute und deren Geschäfte herum? Nehmen Sie sich vor dem Fliegenspray in acht.

Fliegen Siehe FLIEGEN (S. 84/85).

Fluch Gegen wen war der Fluch gerichtet? War er gegen Sie gerichtet und waren Sie dadurch verängstigt, mahnt dieser Traum eindeutig zur Vorsicht. Ihr Traum kann aber einfach ausdrücken, daß Sie einen Groll gegen jemanden hegen.

Flucht Wissenschaftler haben aufgezeigt, daß Träume von Fluchtversuchen die am meisten vorkommenden überhaupt sind. Der Begriff unterstellt, daß Ihr Traum ein furchteinflößender war, obwohl man auch vor etwas Angenehmem fliehen kann (z. B. auf moralischem Gebiet). Physische Flucht bedeutet natürlich psychologische Flucht, also ist die Hauptfrage, die man stellen muß, wovor

Fledermäuse aus *Los Caprichos*, Francisco Goya

Sie geflohen sind — und ob Sie dabei uneingeschränkt bei der Sache waren. Außerdem: Sind Sie entkommen, oder hat man Sie eingeholt? Und was ist dann passiert? Siehe VERFOLGUNG (S. 66).

Flucht von Tieren Ein Bezug zu einer überstürzten Handlung vielleicht; wenn Sie von durchbrennenden Tieren umzingelt waren, siehe *Menge,* aber verbinden Sie es auch mit Panik. Eine Beziehung zu wildem Verhalten oder zügelloser Leidenschaft scheint möglich, also könnte es eine Warnung sein.

Flüchtling Ein Bezug zu Sicherheit — Sie könnten nicht mehr aus noch ein wissen, vor einem Problem davonrennen, Bestätigung brauchen. Vielleicht sollten Sie aber wirklich sicherere Gefilde aufsuchen. Wurden Sie in Ihrer mißlichen Traumlage von Freunden unterstützt? Bitten Sie in so einem Fall Ihre Träume um weitere Aufklärung (S. 47).

Flug Eine Traumanspielung auf «einen Flug» (d. h. einen Linienflug) kann sich auf ein spezifisches Projekt im Wachzustand beziehen, und in diesem Fall können Sicherheit, Hochgefühl, Besorgnis, Geschwindigkeit und Komfort oder Verzögerung und Verspätung des Fluges Ihre Einstellung hierzu widerspiegeln. Aber siehe natürlich FLIEGEN (S. 84).

Flugzeug Siehe FLIEGEN (S. 84), REISEN (S. 70).

Fluss WASSER (S. 80) ist ein stark emotionelles Symbol, und Flüsse fließen durch eine LANDSCHAFT (S. 68), bewässern sie und geben ihr Bedeutung — eine Anspielung also auf Ihr emotionales Leben und seinen Ausdruck. Überschwemmte er das Land, floß er friedlich dahin, war er zugefroren? Wenn Sie darin geschwommen sind, deutet dies möglicherweise auf eine andere Person oder darauf, wie Sie mit emotionellen Problemen zu Rande kommen.

Flut Ein Traum davon, daß Sie überflutet werden, betrifft im allgemeinen das Überleben; was versuchen Sie zu überleben? Wenn es Ihnen gelang, Ihren Kopf über Wasser zu halten, können Sie die Lage eindeutig meistern; schwieriger wird es, wenn Sie von der Flut hinweggeschwemmt wurden. Überprüfen Sie in diesem Fall Ihre gefühlsmäßige Reaktion auf wichtige Elemente Ihres Lebens — jemand oder etwas macht vielleicht einen übermächtig starken Eindruck auf Ihre Gefühle. Bedenken Sie, daß *Sie* die Flut sein könnten, «voll im Fluß» in Ihrem Leben. Es könnte auch bedeuten, daß Sie andere überrennen, sie mit Ihren Handlungsweisen und Einstellungen überschwemmen. Siehe *Schwimmen,* WASSER (S. 80/81).

Folter Wahrscheinlich eine Andeutung, daß Sie sich in irgendeiner Weise selber foltern, vielleicht unnötigerweise? Sie müssen allenfalls von einer Handlungsweise ablassen oder sich selbst von einer Situation lösen. Ein warnender Traum, in jedem Fall. Wenden Sie die Symbole auf sich selber an, selbst wenn Sie jemand anderen folterten, aber besonders wenn jemand Sie folterte. Gibt es sexuelle Folterungen?

Folterbank Wenn Sie gefoltert worden sind — gemartert, um irgendein Geheimnis zu enthüllen —, so ist dies eine Extremform von *Frage.* Gefoltert zu werden hieß eigentlich, sich einem Verhör zu unterziehen. Waren Sie auf dem Streckbett? Wenn dem so war, dann spannen Sie sich vermutlich in gewissem Sinne zu stark an. Wer hat Sie gefoltert: Ihr Chef, ein(e) Geliebte(r), ein Elternteil? Oder zermartern Sie sich den Kopf auf der Suche nach einer Lösung für irgendein Problem?

Formen Wenn Sie eine Skulptur geformt haben, stellte sie jemand dar? Wenn es ein «Götzenbild» war, gibt es jemand, den — oder etwas das — Sie verehren? Der Traum kann einfach bedeuten, daß Sie kreativer sein sollten.

Fort Ihre Träume können Ihnen etwas über Ihre emotionale Abwehr zeigen; oder wenn das Fort Sie selbst repräsentiert, kümmern Sie sich vielleicht nicht genügend um Ihren Körper, schützen ihn nicht ausreichend vor Ansteckung oder Krankheit. Auf jeden Fall ist ein angegriffenes Fort bedeutsam. Vielleicht bieten Sie gerade psychologische oder physische Stärke auf, um einer herausfordernden Situation zu begegnen.

Fossil Das Fossil kann vor langer Zeit erworbenes Wissen repräsentieren, oder Sie haben in der Vergangenheit gegraben. Aber vielleicht sind Sie selbst (oder jemand anders) ein «altes Fossil» (wie jung Sie auch sein mögen). Überlegen Sie, ob Sie mit der Zeit Schritt halten oder in antiquierten Einstellungen verharren. Siehe *Archäologie.*

Fotografie Wenn Sie ein Foto gemacht haben, gibt es vielleicht in Ihrem Wachleben seit kurzem etwas, woran Sie sich besonders gerne erinnern möchten: Das Sujet Ihrer Fotografie sollte einen Hinweis darauf geben. Haben Sie ein altes Foto zerrissen, könnte sich dies darauf beziehen, daß Sie entschlossen sind, in der Gegenwart zu leben, der Vergangenheit zu entrinnen. Siehe *Kamera,* evtl. *Botschaft.*

Frage Die Art der gestellten Frage sowie die Person, an welche die Frage gestellt war, sind offensichtlich wichtige Faktoren. Wurden Sie im Traum einem Verhör unterzogen, oder geschah die Befragung freundlich? Es kann sich um Wissen handeln, ob Sie es nun besitzen (die Antwort kennen) oder nicht, und es wird Ihnen vorgeschlagen, Ihren «Vorrat» zu ergänzen — vielleicht im Verständnis für andere Menschen; oder der Traum ermutigt Sie, Ihre eigenen Motivationen genauer zu studieren.

Freiwilliger Ihr Traum deutet wahrscheinlich darauf hin, daß Sie sich am Leben beteiligen sollten, statt herumzusitzen und zu warten, bis man Sie bittet. Seien Sie entgegenkommender. Mit anderen Worten: Melden Sie sich freiwillig.

Fremder Das Auftreten eines Fremden in einem Traum, der vielleicht in einer unbekannten Sprache spricht, bedeutet, daß es in Ihrem Leben ein Element gibt, das Ihrer Natur fremd ist, so daß Sie sich vielleicht uncharakteristisch verhalten. Aber er oder sie kann auch eine seltsame Situation repräsentieren, in der Sie sich zurechtzufinden versuchen. Wenn das so ist, welchen Effekt hatte der Fremde auf Sie? Siehe *Unbekannter*.

Friedhof Manchmal träumen wir von unserem eigenen Grab, ein Traum, der sich auf ungenutzte Gelegenheiten oder «tote» Pläne oder Projekte beziehen kann. Sind die Toten aus ihren Gräbern auferstanden? Geben Sie sich in einem Bereich Ihres Lebens eine weitere Chance. Aber es kann einfach ein Trauertraum sein.

Frost Vielleicht ein Kommentar zu einem Aspekt Ihres Lebens, den Sie nicht vollkommen zum Ausdruck bringen können: Frost hält Wachstum zurück, kann sogar zerstören. Am ehesten scheint es einen Bezug auf Ihre Gefühle zu geben — vielleicht verhalten Sie sich «kalt», oder Sie selbst werden so behandelt. Die Schönheit von Rauhreif kann eine bewundernswerte, aber unerreichbare Person repräsentieren. Sie können Ihre Träume befragen (s. S. 47), wie der Frost am besten zum Schmelzen gebracht werden kann (siehe *Kälte)*.

Freude Genauso wie Sie das Gefühl überwältigenden Leids in einem Traum empfinden können, sind Sie auch zur Empfindung großer Freude befähigt — scheinbar oft ohne einen auslösenden Grund. Wenn sie sich auf etwas Bestimmtes bezogen hat, repräsentiert sie ein Element, das Sie in Ihrem Leben wahrscheinlich sehr benötigen.

Freund Sie können von einem Freund natürlich einfach genauso träumen, wie Sie ihm im Leben gegenüberstehen; ein angenehmes, entspannendes Erlebnis. Aber ein Freund kann wie ein *Familienmitglied* einen Aspekt der eigenen Persönlichkeit repräsentieren — vielleicht eine Eigenschaft, die Sie in erster Linie anzog. Was Ihr Freund im Traum gesagt oder getan hat, ist wichtig und kann Ihre eigenen Reaktionen im Wachzustand spiegeln; oder es wird etwas angesprochen, was Sie sich zutiefst wünschen.

Fuchs Der Fuchs ist für seine Schläue bekannt, und das kann auf eine Begebenheit im wachen Leben hinweisen. Vielleicht sind Sie derzeit besonders verschlagen. Aber Füchsen wird nachgesagt, daß sie ausgezeichnete Eltern sind; hier kann eine Verbindung bestehen. Oder es wird auf den Fuchs als Opfer des grausamen Jägers angespielt. Werden Sie gejagt, oder jagen Sie selbst, und wenn ja, wen repräsentiert die andere Seite? Verfolgen Sie etwas Wünschenswertes, das Sie aber nur zu einem gewissen Preis bekommen? (Die Jagd wird durch Blut und Schmerz beendet.)

Führer Sie brauchen vielleicht Führung. Fragen Sie Ihre Träume (s. S. 47) danach, welches Gebiet gemeint ist. Sie finden vielleicht einen Weg, der zu größerer Erfüllung und Persönlichkeitsentfaltung führt.

Füllfeder Manchmal ein Phallussymbol, besonders wenn Sie ihn gespitzt oder mit Tinte gefüllt haben oder wenn er undicht war. Wenn Sie sich besser an die Nachricht als an das Schreibinstrument erinnern, siehe *Nachricht*. Der Federhalter oder Bleistift könnte jemanden repräsentieren, den Sie manipulieren; wenn Ihr Federhalter oder Bleistift von jemandem ausgeliehen war, manipuliert man Sie vielleicht.

Furche Vielleicht ein Traumvorschlag, daß Sie in einer stecken könnten (siehe *Pflügen)* und mehr Freiheit, mehr Abenteuer brauchen.

Furt Eine Furt stellt den einfachen Weg durch einen Fluß dar: WASSER (S. 80/81) ist ein starkes Symbol für Gefühlsleben — also suchen Sie nach einem einfachen Weg aus einem emotionalen Problem? Vorsicht: Eine Furt kann täuschen und manchmal in tiefes Wasser führen. Das Problem, dem Sie gegenüberstehen, kann trügerisch einfach erscheinen. Vielleicht finden Sie weitere Hinweise unter LANDSCHAFT (S. 68/69).

Fuß Siehe *Füße*.

Fußball Wenn Sie ein Tor geschossen haben, ist der Traum wahrscheinlich eine Bestätigung eines persönlichen Erfolges oder ein Hinweis auf äußerstes Vertrauen. Weitere Träume können andeuten, daß Sie eine wichtige Rolle im *Spiel* übernehmen sollten. Wenn Sie ein Zuschauer waren und Ihr Team den Wettkampf gewonnen hat oder ein Spieler zwar kein Tor schoß, aber auf der Gewinnerseite stand, scheint dies ein positives Symbol zu sein, das allerdings mehr mit Ihrer Rolle innerhalb eines Teams verbunden ist als mit Ihren individuellen Anstrengungen. Wenn Sie eine Torchance verpaßt haben, deutet das vielleicht auf eine verpaßte Gelegenheit oder auf eine, die Sie verpassen könnten. «Spielen»

Sie einfach «mit», ohne genügenden Kräfteeinsatz? Denken Sie daran, Sie könnten der *Ball* sein: Wer schießt Sie in der Gegend herum?

Fußboden Eher als mit *Erde* ist die Beschaffenheit des Bodens wahrscheinlich symbolisch verknüpft mit Ihrem Gefühl der Sicherheit oder Unsicherheit, vielleicht mit einem direkten Bezug auf Ihren Job (vor allem wenn Sie in Innenräumen arbeiten). Wenn Sie den Boden geschrubbt haben, besteht vielleicht ein Verlangen nach einem sauberen und geordneten Hintergrund in Ihrer Arbeit. Aber der Kontext ist wichtig: Wenn Sie gemütlich auf dem Boden gesessen haben, befinden Sie sich möglicherweise in einer zufriedenen Phase Ihres Lebens. Wenn Sie einen Teppich verlegt haben, versuchen Sie vielleicht Pläne zu schmieden oder Ihr Leben komfortabler zu gestalten. Ein rauher, schmutziger oder ein schöner Boden können ebenfalls Beurteilungen Ihrer derzeitigen Situation sein. Und denken Sie daran, *Sie* könnten der Boden sein: Geht derzeit jemand über Sie hinweg?

Füße Vielleicht ein Kommentar zu Ihrer derzeitigen Lebenseinstellung: gefühlvoll und praktisch, wenn Ihre Füße auf dem Boden waren. Für einen Christen ist das Waschen der Füße Christi ein mächtiges Symbol für Vergebung: Wenn also Ihre Füße behandelt wurden oder sich jemand um sie gekümmert hat, kann das ein Bedürfnis nach Mitgefühl signalisieren. Siehe *Körper*.

Fußmatte Wischen sich die Leute an Ihnen die Schuhe ab?

Futter Wenn Sie jemanden gefüttert haben — vielleicht ein Kind oder ein Tier —, versuchen Sie zu entscheiden, wer in Ihrem Leben Beistand oder zusätzliche emotionale Wärme und Liebe braucht. Sind Sie irgendwie enthaltsam, vor allem wenn das betreffende Objekt jemand oder etwas ist, mit dem Sie sich gut identifizieren können? Siehe auch *Festmahl*, ESSEN UND TRINKEN (S. 86).

G

Gabel Müssen Sie alles «aufgabeln» — nicht unbedingt finanziell, aber vielleicht gefühlsmäßig? Sie «stochern» sich vielleicht durch viele Probleme, Sorgen oder Interessen; beachten Sie den Kontext des Traums — vielleicht werden Sie gewarnt, wählerischer zu sein. Wenn Sie musikalisch sind, spielt vielleicht eine Stimmgabel eine Rolle — ein Symbol der «richtigen Tonlage», der «angepaßten Stimmlage», vielleicht in psychologischer Hinsicht. Wenden Sie Ihre Intuition entsprechend an? Eine

Gabel ist in einigen Kulturen ein Symbol der Männlichkeit: die «arme gespaltene Kreatur» bei Shakespeare, oder die verästelte Alraune in der Sagenwelt. Trifft dies zu?

Gag Wenn Sie lachend aufgewacht sind und von einem «Gag» oder Witz geträumt haben, der am Morgen noch immer witzig ist, haben Sie ein bemerkenswert seltenes Phänomen erlebt. Solche Gags vertragen kaum je das helle Licht des Tages.

Galgen Überlegen Sie, wer oder was Sie im Leben bedroht, Ihnen Sorgen bereitet. Der *Tod* von jemandem (vielleicht von Ihnen selbst) auf dem Galgen muß nicht unbedingt ein erschreckendes oder besorgniserregendes Symbol sein; er kann auf einen wichtigen Wechsel jeglicher Art in Ihrem Leben hindeuten, oder er faßt Ihre Gefühle zusammen: «Soll er sich doch aufhängen, was kümmert's mich?» Es sei denn, daß Sie sich wegen einer Sache dermaßen schuldig fühlen, daß Erhängen als eine angemessene Strafe erscheint!

Garten Ein Traum von einem Garten ist wahrscheinlich einer der kompliziertesten symbolischen Träume, die Sie haben können, und bedarf einer aufwendigen Interpretation, denn es gibt viele Wege, denen man folgen kann, wobei andere mögliche Referenzen herangezogen werden können — LANDSCHAFT (S. 68/69) und *Blumen*, um nur zwei der wichtigsten zu nennen. Wenn sich der Traum wirklich auf den Garten selbst konzentriert, ist es möglich, ihn stellvertretend für Ihre eigenen Charakterzüge zu sehen (wie bei einem *Gebäude)*, oder für die Möglichkeiten, die vor uns liegen. Entscheiden Sie zuerst, welches Gebiet Ihres Lebens der Garten repräsentiert, betrachten Sie dann seine Beschaffenheit: Ist er sorgfältig geplant, gut entworfen, wunderbar gepflegt? Oder erstickt er im Unkraut, ist trocken und dürr, ein Gewirr üppigen, aber ungezügelten Wachstums? Wenn der Traum andeutet, daß Sie selbstkritischer sein sollten, sind die Parallelen offensichtlich (wenn auch unangenehm). Und wie steht es mit den Wegen? In einem Gartentraum geht man oft einen Weg entlang, manchmal einen bekannten, manchmal einen, der sich unter dunklen Bäumen erstreckt und in bedrohliches Dickicht führt. Werden Sie von jemandem «durch den Garten geführt», oder folgten Sie einem falschen Pfad? Eine verheißungsvolle Allee kann durch ein versperrtes Tor oder eine kahle Mauer blockiert sein. Im Leben kommen Sie zuversichtlich und sicher voran — versuchen Sie jedoch, die nächste Biegung zu überblicken. Suchen Sie nach anderen Symbolen — *Bäumen, Brunnen, Bächen* usw., die zweitrangig, aber wichtig sind.

Gas Überprüfen Sie Ihr Haus auch auf tatsächliche Gaslecks. Siehe *Benzin.*

Gast Vielleicht deutet der Traum an, daß Sie ein unerwünschter Gast sind, indem er Ihre Aufmerksamkeit auf die Tatsache lenkt, daß Sie sich unnötig in anderer Leute Vergnügen oder Freiheit einmischen. Wenn Sie in Ihrem Haus Gäste erwartet haben, kann der Traum bedeuten, daß Sie für neue Herausforderungen und Interessensgebiete gerüstet sind, die Ihre Persönlichkeit erweitern.

Gebäude Siehe UMGEBUNG (S. 92).

Geben Wenn Sie in einem Traum etwas geben, geht es wahrscheinlich um emotionale Energie und wie sie im Leben aufgenommen wird. Aber *was* Sie verschenken ist ein äußerst wichtiges Symbol.

Gebet Erwägen Sie sehr sorgfältig, zu wem Sie gebetet haben: Es kann sein, daß Sie emotionelle Unterstützung von jemand Ihnen Nahestehendem suchen, vielleicht von irgendeiner Autoritätsfigur. Anderseits kann der Traum vorschlagen, daß Sie damit aufhören, um etwas zu beten, und sich statt dessen aufmachen und es sich holen.

Geburt Ein Traum von Geburt kann bedeuten, daß Sie sich einem Schwangerschaftstest unterziehen sollten. Aber es kann sich natürlich auch um die Geburt einer Idee handeln oder den Beginn eines neuen Projekts, das «Ihr Baby» ist. Der Traum unterstreicht diese Tatsache und veranlaßt Sie, es zu hegen und sich darum zu kümmern, damit es sich in der Weise entwickelt, wie Sie es vorhaben. Vielleicht haben Sie Ihre Idee noch nicht bewußt ausformuliert, ihr noch kein eigenes Leben eingehaucht, und der Traum kann dann von einer Schwangerschaft sein, die eine Geburt zur Folge hat. Aber vielleicht waren Sie Zeuge einer Geburt oder sogar die Hebamme. Wenn ja, kann es sich bei der neuen Inspiration dennoch um Ihre eigene handeln, aber der Traum kann Sie auch dazu animieren, bei Projekten oder Ideen anderer Leute mitzuhelfen. In einigen Träumen werden Sie selbst geboren, und vielleicht stehen Sie im Alltag gerade vor einem neuen Beginn. Siehe GEBURT, TOD UND VERWANDLUNGEN (Seite 76).

Gedränge Wird in einem dichten Gedränge ein Körperteil von Ihnen gequetscht, kann es sein, daß einige Persönlichkeitsaspekte größeren Ausdrucks bedürfen; versuchen Sie, sich etwas Bewegungsfreiheit, etwas «frische Luft» zu gönnen. Schließen Sie mit weniger wünschenswerten Eigenschaften ab, «zerquetschen» Sie sie? Wenn ja, ist es ein beruhigender Traum. Siehe MENSCHENMENGEN, S. 96.

Gefahr Gefahr lauert in vielen Träumen und vor allem in Alpträumen (siehe S. 51). Ein Gefahrentraum kann auch eine gewisse Art von Warntraum sein, also nehmen Sie sich Zeit, um nicht nur das gesamte Umfeld des Traums zu berücksichtigen, sondern auch sorgfältig alle Aspekte in Ihrem Leben.

Gefangener Siehe *Gefängnis, Käfig.*

Gefängnis Abgesehen von der Möglichkeit der Gefangenschaft als Symbol für Selbstverdammung kann ein Traum, wo Sie im Gefängnis sitzen oder dort jemand besuchen, sich auf irgendein Element Ihrer Persönlichkeit richten, das freizusetzen Sie unfähig sind. Sie können sich gegenwärtig klaustrophobisch und «verschlossen» fühlen; oder vielleicht entbehrt Ihr Leben einer Herausforderung. Tun Sie ganz praktisch etwas, um wieder einen Ausgleich herzustellen? Wenn Sie es nicht schaffen, sich mit Ihrem Wach-Gefängnis zu arrangieren — praktisch oder psychologisch —, so erwägen Sie eine Therapie, oder versuchen Sie, die Pforten aufzusperren, indem Sie sich einem engen, verlässlichen Freund anvertrauen. Wer war in Ihrem Traum der Gefängnisdirektor und wer die Gefängniswärter?

Gefäß Der Inhalt des Gefäßes ist wahrscheinlich genauso wichtig wie das, was daraus wurde; es kann eine sexuelle Bedeutung bestehen (siehe *Kanne*).

Gegner Am wichtigsten ist die Entscheidung, welcher tatsächliche Gegner angesprochen ist — vielleicht ein Aspekt von Ihnen selbst (siehe *Duell*). Also kann ein innerer Konflikt bestehen, der zu lösen ist.

Geheimnis Sind Sie im Wachleben geheimnistuerisch? Oder weist der Traum darauf hin, daß Sie den Mund halten und still sein sollten? Manchmal träumen wir, wir hätten das Geheimnis des Lebens entdeckt — doch, ach, wenn wir erwachen, zeigt es sich im allgemeinen als bedeutungslos.

Gehen Ganz allgemein ist Gehen ein langsames, vertrauensvolles, stetiges Fortschreiten. Es ist von Bedeutung, wohin Sie gehen: s. UMGEBUNG (S. 92), *Zimmer*, LANDSCHAFT (S. 68). Die Richtung kann kommende Verpflichtungen, Entwicklungen oder Gelegenheiten kommentieren. Wenn Sie beim Gehen Schwierigkeiten haben oder gar nicht vom Fleck kommen, deutet das auf ein offensichtliches Zuspätkommen.

Gehorsam Es kommt auf den Traum und Ihre Einstellung zu ihm an; es kann eine Andeutung sein, daß Sie rebellieren und daß Sie sich nicht genügend Entfaltung gönnen.

Geist Der Traum handelte vielleicht von einem *Gespenst*, kann aber auch darauf hinweisen, daß Ihr Unbewußtes den Traum in einen geistig-religiösen Hintergrund situiert; anderseits könnte es einen Zusammenhang mit geistvollem Denken oder aber Mangel an Geist geben. Wenn Sie Weingeist (Alkohol) getrunken haben, beachten Sie das Wortspiel. Im Wachzustand den eigenen Geist oder *Doppelgänger* zu sehen, wird traditionell als Todesanzeichen betrachtet. Aber Ihr Auftreten als Geist im eigenen Traum kann bedeuten, daß Sie «Ihr eigener Geist» geworden sind; Sie sollten sich mehr schonen. Vielleicht sollten wir einen Traumgeist wie einen «richtigen» Geist behandeln (vorausgesetzt, wir glauben daran): d. h., indem wir herausfinden, warum er erschienen ist und welche Hilfe er braucht. Auf diese Weise sollten wir auch unsere Träume selbst angehen. Siehe *Doppel*.

Gelände Siehe *Erde, Erdbeben*.

Gelb Siehe FARBEN (S. 94). Sind Sie in Ihrem wachen Dasein neidisch auf jemanden?

Geld Im Wachleben sind sich unsere Haltungen zum Geld und zur Liebe oft verblüffend ähnlich, darum sollte als erstes eine Parallele gezogen werden: Waren Sie freigiebig, geizig, habsüchtig, besitzgierig, allzu verschwenderisch oder übersparsam? Natürlich gibt es auch ganz weltliche finanzielle Parallelen; wahrscheinlicher ist jedoch Ihr Gefühls- oder Sexualleben auf dem Prüfstand.

Gelübde Vielleicht haben Sie einen Schwur getan oder sind dabei, eine wichtige Verpflichtung im Leben einzugehen; es könnte ein Hinweis auf möglichen Fortschritt und Ihren gegenwärtigen Grad an Selbstbewußtsein sein. Handelte Ihr Traum von einem Ehegelübde — Wunscherfüllung vielleicht?

Gemüse Ehrlich, einfach und gesund für Sie: Es könnte eine positive Andeutung über das gute Leben sein — wenn das Gemüse frisch und gut gekocht war. Rohes oder auch verfaultes Gemüse ist eine andere Angelegenheit, und in jedem Fall könnte die Gemüseart, die im Traum vorkommt, das wirkliche Thema andeuten: Bedenken Sie besonders dessen Form. Hoffentlich ist nicht gemeint, daß Sie beginnen, zum «Gemüse» zu verkümmern, zu vegetieren. Siehe unter einzelnen Gemüsen, dann auch ESSEN UND TRINKEN (S. 86).

Gepäck Wahrscheinlich eine Traumrepräsentation Ihrer Verpflichtungen oder ein Kommentar über Ihr Sicherheitsstreben. Fühlen Sie sich im Wachleben unsicher, wenn Sie nicht von Besitz umgeben sind? In dieser Hinsicht könnte ein Traum, in dem Sie Ihr Gepäck verlieren, besonders quälend sein. Falls Sie jedoch im Traum von Ihrem Gepäck befreit wurden, es einem Gepäckträger anvertrauten und sich darauf freier und leichter fühlten, dann denken Sie über die Möglichkeit nach, in Ihrem Wachleben etwas zu delegieren? Ein bestimmtes Gepäckstück könnte Ihnen persönlich sehr viel bedeuten — welches?

Gepäckträger Üblicherweise vertrauenswürdig und hilfreich. Ist dies Ihre Rolle im Leben, oder liegt ein Bezug auf jemand vor, den Sie kennen und der die Bürden anderer herumträgt?

Gericht Ein Gericht bedeutet Beurteilung. Vielleicht beschäftigen Sie sich zu sehr mit den Einstellungen anderer Leute oder deren Meinungen, fühlen, daß Sie ständig beurteilt werden; dies weist auf tiefere Unsicherheiten hin. Umgekehrt, wenn Sie den Vorsitz hatten, beurteilen Sie vielleicht immer andere? Spielen Sie vielleicht mit dem Feuer?

Gerichtliche Untersuchung Vielleicht sorgen Sie sich zu sehr um vergangene Handlungen oder Situationen im Leben, bewerten sie im nachhinein neu, fragen sich, ob Sie das Richtige getan haben; oder der Traum kann darauf bestehen, daß Sie dies tun — vielleicht in bezug auf eine besondere Handlung oder ein Vorkommnis. (Denken Sie über die Person, die untersucht wurde, nach und was sie für Sie repräsentiert.) Sicherlich wird etwas angesprochen, was abgeschlossen ist, vielleicht unwiederbringlich. Zeigt Ihnen der Traum die Zukunft? Halten Sie sich nicht zu sehr mit der Vergangenheit auf; fassen Sie sie in eine schlüssige Perspektive, und machen Sie weiter. Vielleicht sollten Sie Ihre Schuldgefühle besänftigen?

Geruch Ein tatsächlich vorhandener Geruch dringt vielleicht an Ihre Nase, während Sie schlafen, und führt einen Traum herbei: Freud erzählt von einem Mann, der, sobald man ihm Eau de Cologne unter die Nase hielt, träumte, er sei in einem Parfumgeschäft in Kairo. Für gewöhnlich scheinen Gerüche Orte und Leute zu beschwören, die mit Ihnen verbunden sind, und wegen des direkten Reizes mögen solche Träume nicht immer wichtig sein. Wenn Sie jedoch von Gasgeruch träumten, so prüfen Sie einmal Ihre Gaszufuhr auf mögliche Lecks hin.

Gesang Sie haben offenbar etwas, worüber Sie ein Liedchen singen können? Aber wenn Sie in Ihrem Traum sangen, haben Sie den Text oder die Melodie vergessen, oder waren Sie kein gutes Mitglied des Chors? — Dann ist dies vielleicht eine Warnung, daß Sie den Schwierigkeitsgrad einer Aufgabe unterschätzten, die Ihnen im bewußten Leben bevorsteht. Was Sie singen, ist natürlich wichtig; wenn es ein Lied aus Ihrer Kindheit war, konzentrierte sich Ihr Traum vielleicht auf irgendein Problem, das schon lange besteht; sehen Sie auch *Singen, Rezitation*.

Geschäft Träume über ein Geschäft, das Sie tätigen, können sich auf Ihr Privatleben und seine Probleme beziehen. Die Leute, mit denen Sie im Traum, zu tun haben, repräsentieren Teile Ihrer eigenen Persönlichkeit. Sagt Ihnen der Traum gewiefter, vorsichtiger oder risikobereiter zu sein? Haben Sie etwas zu verkaufen? Machen Sie das beste aus Ihren Fähigkeiten? Sind Sie bereit, Risiken zu tragen? Suchen Sie nach Sicherheit in Ihrem Leben? War das Geschäft in Ihrem Traum erfolgreich, oder mißlang es? Oder kommentiert der Traum Ihren Lebensrhythmus, Ihre allgemeine Geschäftigkeit?

Geschenk Etwas schenken könnte heißen, daß Sie jemand eine bestimmte Gabe anbieten sollten (*was* Sie schenkten, ist dabei von Wichtigkeit). Ein Geschenk zu erhalten, kann Hilfe und Unterstützung von Freunden oder eine unerwartete Entwicklung in Ihrem Wachleben widerspiegeln.

Geschmack Vielleicht ein Kommentar zu einer Handlung: ob der Geschmack süß, bitter, unangenehm war. Möglicherweise experimentieren Sie derzeit mit verschiedenen Erfahrungen. Ihr Traum faßt eventuell Ihre Reaktion zusammen.

Gesicht Das Traumbild kann Sie dazu ermutigen, sich den Problemen oder der Realität zu stellen. Das Gesicht in Ihrem Traum — freundlich, schön, ernst oder häßlich — kann sie widerspiegeln, aber auch Ihr Verhältnis zu ihr. Doch wenn Sie auf Ihr eigenes Gesicht gesehen haben, ob Sie es nun mochten oder nicht, geht es wahrscheinlich um Ihre Selbstachtung. Hat der Traum angedeutet, daß Sie sich selbst täuschen oder sogar zweigesichtig sind? Wenn Sie Make-up aufgetragen haben oder eine Gesichtspakkung oder -maske, sollten Sie sich fragen, ob Sie sich irgendwie verändern sollten oder ob sie versuchen, jemand zu sein, der Sie nicht sind. Wenn Sie Ihr Gesicht wuschen, kann dies bedeuten, daß Sie «sauber» werden wollen. Wenn Sie einem Feind «von Angesicht zu Angesicht» gegenüberstanden, bedeutet dies eine Beurteilung Ihrer inneren Stärke, mit der Sie Rivalen begegnen. Siehe *Körper*.

Geschwindigkeit Eine Stellungnahme zum Tempo Ihres Lebens oder zur ungebührlichen Schnelligkeit, mit der Sie eine bestimmte Aufgabe erledigen? Lassen Sie sich mehr Zeit. Aber vielleicht bewegten Sie sich in Ihrem Traum zu langsam und sollten ein wenig «Gas geben». Wenn Sie sich deutlich des Straßenzustands bewußt waren, siehe LANDSCHAFT (S. 68), UMGEBUNG (S. 92).

Getränk Wenn Sie davon geträumt haben, daß Sie durstig waren, kann das einfach das Ergebnis davon sein, daß Sie einen «Drink» wollen. Aber es kann sich auch auf den Genuß anderer Freuden beziehen, vor allem wenn der Traumtrunk ein sinnlich machender Wein war.

Getreide Im allgemeinen ein Symbol für Reichtum, Wachstum, Fruchtbarkeit und Reife. Der Traum kann sich auf Ihren momentanen physischen Zustand und Ihre gefühlsmäßige Entwicklung beziehen. Wenn das Getreide grün war, kann das bedeuten, daß Sie naiv oder zu unschuldig sind; wenn es golden war und reif für die Ernte, könnte der Traum beruhigend sein: Vielleicht haben Sie sich eine reife Lebenseinstellung angeeignet. Siehe *Ernte*.

Gewalt Die Tatsache, daß Sie unter dieser Eintragung nachschlugen, deutet an, daß das Thema Ihres Traums Ihnen wichtiger erschien als die Vorfälle darin. Nichtcharakteristisches gewalttätiges Verhalten in einem Traum kann ein Auslösungsmechanismus sein: Sie waren vielleicht zu beherrscht (oder mußten es sein). Sogar Träume, in denen Sie Mitglieder Ihrer Familie gewaltsam angriffen, sollten Ihnen keine ungebührlichen Sorgen bereiten: Es ist besser, Ihr Baby in einem Traum zu schlagen als in der Realität — und die Irritation, die ein Säugling verursacht, ist zu gewaltig, um immer von unserem Unbewußten ignoriert zu werden. Wenn solche Träume allzu oft wiederkehren, könnte es jedoch sein, daß Sie ein Problem haben, das nur in der Therapie gelöst werden kann.

Gewebe Ein feines Gefühl für Gewebe, ob im bewußten oder im träumerischen Leben, beweist Sensibilität und Sinnlichkeit; Ihre Reaktion im Traum ist der Schlüssel — aber das Symbol ist das Gewebe selbst: Betrachten Sie es (rauh, glatt, hart, weich) als eine mögliche Widerspiegelung Ihrer derzeitigen Wesenszüge.

Gewehr Vielleicht das berühmteste oder berüchtigtste aller phallischen Symbole. Folgende Fragen drängen sich sofort auf: Hatte das Gewehr eine Ladehemmung? Wen haben Sie erschossen? Wer hat Sie beschossen? War es mit Platzpatronen geladen? Haben Sie das Ziel getroffen? Und so weiter.

Gewicht Von Ihren eigenen Gewichtsproblemen einmal abgesehen, läßt der Traum darauf schließen, daß ein Standpunkt abgewogen werden muß. Ist die Sache ernst (schwer) oder unbedeutend (leicht)?

Gewinnen Was immer Sie im Traum gewonnen haben, das Symbol steht offensichtlich für Erfolg, und der Traum ist ermutigend und bestätigend. Doch wenn Sie kurz vor dem Ziel geschlagen worden sind, werden Sie vielleicht vor Selbstzufriedenheit gewarnt. Im Traum ein *Spiel* zu gewinnen, kann sexuelle Bedeutung haben.

Gewürze Diese verleihen dem Essen Farbe und Geschmack; vielleicht bedarf Ihr Leben ein paar exotischer Elemente mehr. Aber haben die Gewürze Ihren Mund verbrannt oder Ihren Magen verdorben? Wenn ja, so ist eine Warnung angedeutet.

Gier Es kann hier eine Andeutung sein, daß Sie in Ihrem Leben derzeit mehr oder weniger gierig sind — vielleicht zuviel von Ihrem Partner oder Ihren Kindern fordern; sie brauchen vielleicht mehr Liebe, Rücksicht und Zeit. Wenn Sie gierig Essen verschlungen haben, das Ihnen nicht eigentlich schmeckte, kann es bedeuten, daß Sie ein Masochist sind; oder Sie essen momentan einfach zuviel, und Ihre Leber beschwert sich!

Gift Was könnte Sie im Wachleben vergiften? Ein Mensch, oder sonst etwas — oder Sie selber? Wenn Sie jemand anderes vergiftet haben, so erwägen Sie, was er für Sie bedeuten könnte. Siehe *Mord*, TOD *(S. 76)*.

Gipfel Wenn Sie auf einem Gipfel standen oder zu einem hinaufsahen, ging es vielleicht um Ihre Einstellung zu Ihrem Ehrgeiz und derzeitigen Fortschritt. Wenn Sie von oben auf einen Gipfel hinuntersahen, haben Sie vielleicht Ihren früheren Ehrgeiz übertroffen und sind bereit, neue Höhen zu erklimmen. Siehe FLIEGEN (S. 84). Vielleicht bekräftigt der Traum Ihren Ehrgeiz.

Gips Ein Gipsabdruck ist eine Kopie, nie aber genau gleich wie das Original, daher mag ein Bezug vorliegen, daß Sie versuchen, vergangene Umstände zu wiederholen; möglicherweise möchten Sie eine neue Liebe ins Muster einer verflossenen einpassen. Wenn Sie einen Gipsverband tragen müssen, kann Ihre Bewegungsfreiheit behindert sein, zu guter letzt erfolgt jedoch eine Stärkung und Ausbesserung, so daß die Anspielung auf Disziplin und Stärke durch Zurückhaltung zielt. Wenn Sie Gips angemacht haben, bereiten Sie sich möglicherweise darauf vor, eine Sache ins reine zu bringen (hat der Gips zu früh abgebunden?). Falls Sie ein Zimmer verputzten, so bedenken Sie, daß ein Haus wahrscheinlich Sie selber repräsentiert und es wohl möglich ist, daß Sie einem bestimmten Teil Ihres Images besondere Aufmerksamkeit schenken, indem Sie ihn «reparieren» oder sein Gesicht «aufmöblieren».

Gitarre Die Gitarre ist schon immer wegen Ihrer Form und Ihres feinen Klangs ein Symbol des weiblichen Körpers gewesen. Ein Mann, der in einem Traum eine Gitarre spielt oder ihr vielleicht nur zuhört, kostet seine sexuelle Phantasie oder einen Wunsch nach größerer sexueller Erfüllung aus. Eine Frau mit dem gleichen Traum unterdrückt vielleicht den weiblichen Teil ihrer Psyche. War die Gitarre rund oder flach, war ihr Klang voll oder dünn?

Glas Glas ist zerbrechlich und sollte klar, strahlend, durchsichtig sein (eher sichtbar machen als verstecken); oder wenn es ein Spiegel war, sollte er das Bild adäquat und ohne Verzerrung wiedergeben. Es kann aus Versehen oder mit Absicht zerbrochen

werden (die Zerstörung der Unschuld). Ein verschmutztes oder verzerrendes Glas oder ein ebensolcher Spiegel kann bedeuten, daß Sie im Leben nicht klar sehen: Etwas hinter Glas, unberührbar, bedeutet: «Ich weiß, was ich will — kann es aber nicht erreichen!» Warum nicht? Zerbrechen von Glas deutet auf einen gewaltsamen Durchbruchsversuch durch Hindernisse hindurch, die nicht vorhanden sein sollten. — Doch es kann auch eine Andeutung der Defloration sein, der Zerstörung der Unschuld.

Gleichgewicht Wenn Sie einen Balanceakt vorführten, fühlten Sie Sicherheit oder Unsicherheit? Verloren Sie Ihr Gleichgewicht? Vielleicht bezieht sich Ihr Traum auf Ihren momentanen Gerechtigkeitssinn. Ist das Leben eines anderen Menschen oder Ihr eigenes im «Gleichgewicht»? Oder stehen Sie vor einer wichtigen Entscheidung?

Globus Haben Sie «die ganze Welt in Ihrer Hand»? Die globale Sicht eines Problems oder seiner Lösung? Ein *Kreis* ist ein starkes Symbol der Ganzheit und hat wohl dieselbe Bedeutung.

Glocke Das Läuten einer Kirchenglocke symbolisiert im westlichen Kulturkreis oft den Tod und mag Verlust oder Entbehrungen bedeuten. Aber das Glockengeläut kann auch freudiger Natur sein. Wenn Sie eine Glocke geläutet haben, sind Sie vielleicht veranlaßt, Neuigkeiten zu verbreiten oder auf irgendeine Weise Aufmerksamkeit zu erregen.

Glockenläuten Eine Glocke läuten hören könnte sich auf ein *Begräbnis* beziehen und deutet an, daß Sie bereit sein sollten, einen Plan oder ein Gefühl zu begraben (s. GEBURT, TOD UND VERWANDLUNGEN, S. 76). Wenn Sie kürzlich über die Zukunft auf längere Sicht nachgedacht haben, könnte eine läutende Glocke einen Bezug zu Ihrem Schicksal unterstreichen.

Glück Ein Traum, daß Sie Ihr Glück machen, ist natürlich keine Prophezeiung; aber es kann einen Bezug auf inneren Reichtum, auf Quellen in noch nicht ausgeloteten Tiefen des Gefühls geben. Glücksverlust kann sich auf den Verlust menschlicher Liebe beziehen oder vielleicht auf eine Verausgabung emotionaler Energie, Erschöpfung Ihrer Reserven. Ein Traum, daß Ihnen Ihr Glück geweissagt wird, kann eine Wunscherfüllung sein — «wenn sie es sagt, muß es eintreten.» Aber nicht notwendigerweise im wirklichen Leben! Sie sind vielleicht die Zigeunerin, warnen sich selbst vor kommenden Schwierigkeiten; beachten Sie es in diesem Fall — Sie sind selbst Ihr bester Weissager.

Glücksspiel Möglicherweise eine Aussage über eine Art Risiko, das Sie eingegangen sind: Denken Sie über Gewinn und Verlust nach, die Höhe des Einsatzes. Einige Leute legen großen Wert auf das Träumen einer «Glückszahl» oder eines Pferdenamens vor einem großen Rennen, und es existieren Gerüchte von großen Gewinnen, die nach solchen «voraussagenden» Träumen erzielt wurden. Man weiß, daß solche Dinge vorgekommen sind, aber seien Sie vorsichtig, und verlassen Sie sich nicht zu sehr auf solche Signale aus dem Unbewußten.

Gold Sind Sie bei einer Idee oder einem Konzept «auf Gold gestoßen»? Gold ist ein starkes Symbol: Es kann ein Kommentar zu Ihrer Selbstverwirklichung sein. Oder vielleicht sammeln Sie momentan besonders reiche Lebenserfahrungen.

Gosse Genau genommen ein ziemlich trauriges Traumsymbol; vielleicht fühlen Sie sich derzeit besonders ausgelaugt, ob nun mit Ihren Gefühlen alleingelassen oder finanziell «in der Gosse».

Gott Das Vorkommen Gottes in einem Traum ist (wie jedes andere Traumsymbol) ausschließlich subjektiver Natur und wird Ihre unbewußte (wahre) Sicht des Schöpfers oder kreativen Impulses aufdecken — ob Sie Atheist, Agnostiker, Christ, Buddhist oder was auch immer sind. Aber aller Wahrscheinlichkeit nach ist das kein «religiöser» Traum, sondern er hat über Autorität im abstrakten Sinne etwas auszusagen, über Ihre inneren, gottgegebenen Gesetze, Meinungen und Beschränkungen. Die repressive Seite Ihrer Natur (vielleicht von einer gottähnlichen Vaterfigur genährt) macht sich unter Umständen bemerkbar, vielleicht besteht ein Protest dagegen — in welchem Fall stürmische Konflikte nach einer Lösung verlangen. Eine Reihe ähnlicher Träume kann bestätigen, was solch starker Symbolismus über Ihre Probleme oder Einstellungen auszusagen hat. Weniger profund kann ein Traum von jemandem als Gott sein — ein Hinweis, daß Sie aus jemandem ein «Götzenbild» machen, der weniger beeindruckend ist, als Sie glauben; oder daß Sie gewissermaßen «Gott spielen» — immer eine potentiell gefährliche Beschäftigung, besonders wenn andere Leute betroffen sind. Sind Sie rechthaberisch oder eingebildet?

Götze Ein Traum von einem heidnischen Götzenbild, einer Gottesrepräsentanz, scheint weniger Bedeutung zu haben als ein Traum von «Gott» im Sinne des obersten Schöpfers. Vielleicht laufen Sie Gefahr, sich als einen «Abgott» zu sehen, oder Sie behandeln jemanden oder etwas als das Wichtigste von der Welt. In diesem Sinne kann der Traum eine Warnung sein.

Grab Von einem Grab zu träumen kann mit *Begräbnis* oder vielleicht mit TOD (S. 76/77) in Verbindung stehen. Vielleicht finden Sie diese Eintra-

gungen beruhigend. Das Grab selbst weckt Assoziationen mit *Graben;* es kann ein Wortspiel über einen Mann mit «Grabesstimme» oder ein Hinweis sein, daß Sie eine Situation in Ihrem Leben ernster nehmen sollten, als Sie es momentan tun.

Graben Vielleicht haben Sie derzeit weniger Selbstvertrauen oder fühlen sich nicht so begehrenswert wie gewöhnlich, weil Sie in den «Graben gefahren» sind. Wenn Sie unliebsame Gegenstände weggeschmissen haben, durchleben Sie möglicherweise einen psychologischen «Frühlingsputz», in dem Sie dumme kleinere Probleme oder Eigenschaften abschütteln, die Ihnen nichts nützen und Ihnen Sorgen bereiten. Eine lange Furche oder ein Graben durch ein Feld kann eine Aussage über Ihren Sicherheitssinn und Ihre Vorgehensweise sein, vor allem wenn Sie daran entlanggingen. Wie Sie sich fühlten — gelangweilt, zufrieden, sicher —, ist hier wichtig. Wollten Sie Ihren Graben bewässern — d. h. Ihr Leben in besonderer Weise bereichern? Oder wenn Sie nach etwas gegraben haben: Wonach Sie gegraben und was Sie dann tatsächlich gefunden haben, bietet möglicherweise die Schlüsselsymbole; aber überlegen Sie, ob der Traum eine Aussage darüber macht, ob Sie das Übel eines lange währenden psychologischen Problems an der Wurzel packen, denn er kann wahrscheinlich bedeuten, daß Sie dazu bereit sind. Wenn das Graben schwere Arbeit war, denken Sie, daß Ihr Leben aus zuviel Schufterei besteht? Wenn ja, könnten Sie Ihre Träume konsultieren, inwieweit Ihnen dies etwas für die Zukunft bringt.

Grabstein Es gibt etliche Berichte von Träumern, die ihren eigenen Namen auf einem Grabstein lasen. Es besteht kein Grund zur Besorgnis: Im Mittelpunkt steht wahrscheinlich eine Veränderung in Ihrer Einstellung oder persönlichen Entwicklung (siehe GEBURT, TOD UND VERWANDLUNGEN, S. 76). Dasselbe gilt für Namen anderer, die Sie auf dem Grabstein lasen: Die Betonung liegt auf Veränderung entweder des Charakters der Person selber oder Ihrer Einstellung zu ihr.

Gras Hat Sie seine FARBE (S. 94/95) und sein Zustand beeindruckt (üppig und grün, braun und ausgetrocknet)? Haben Sie Gras gemäht oder gesät? Haben Sie darauf herumgetollt oder ein *Spiel* gespielt? Es kann eine Bemerkung zu Ihrem gegenwärtigen Leben sein, zu seinem Reichtum vielleicht. Schien das Gras auf der anderen Seite der Hecke grüner, und wenn ja, sollten Sie irgendwie vorwärts gehen?

Gratulation Ein Zeichen der Selbstbestätigung. Ob Sie nun eine Gratulation erhielten oder selbst gratulierten; möglicherweise ein Hinweis auf einen kürzlichen Erfolg in Ihrem Leben.

Grausamkeit Der Traum kann sich auf einen inneren Konflikt beziehen. Vielleicht sollten Sie mit gewissen Aspekten Ihrer Persönlichkeit abschließen, die Sie als negativ erkannt haben. (Denken Sie daran, daß eine andere Person in Ihrem Traum diese negativen Aspekte repräsentieren kann); möglicherweise sind Sie allzu streng gegen sich selbst. Gehen Sie in Zukunft weniger hart mit sich selbst ins Gericht, vor allem wenn im Traum jemand anders sie grausam behandelte.

Grenze Vielleicht sagt Ihr Traum: «bis hierher und nicht weiter». Oder akzeptieren Sie unnötige Einschränkungen Ihrer Denk- und Handlungsfreiheit?

Großeltern Großeltern sind in frühen Erinnerungen sympathischere Gestalten als Eltern, und Träume, in denen sie vorkommen, bieten besonders fundierten Rat. Siehe *Familie.*

Gruft Siehe UMGEBUNG (S. 92). Ganze Familien sind gewöhnlich in Gruften begraben, in die man hinuntersteigt. Könnte der Traum sich darauf beziehen, daß Sie Ihre Familienprobleme begraben oder vielleicht die Familiengeschichte erforschen wollen? (siehe *Archäologie).* Die Forschung könnte natürlich auf den Bereich Ihrer eigenen Persönlichkeit bezogen sein, im Zusammenhang mit Ihrer Familie und Erziehung, Ihren vererbten persönlichen Charakterzügen.

Grün Die Farbe der Schöpfung, aber auch der Hoffnung. Siehe FARBEN (S. 94/95).

Guillotine Entscheiden Sie, ob Sie von einer Sache «abgeschnitten» werden, die Sie wirklich verfolgen wollen; oder ob Sie jemanden aus Ihrem Leben bannen sollten. Siehe *Exekution.*

Gummiband Sollten Sie flexibler sein, fünf einmal gerade sein lassen? Wenn das Gummiband riß, kann das ein eindeutiges Urteil über Ihren Sicherheitssinn oder dessen Fehlen sein. Siehe auch *Verlegenheit.*

Gürtel Wenn der Gürtel eng war, kann es sich um ein Zeichen von Behinderung handeln. Schließen Sie etwas in sich ein und warum? Wenn Ihre Hose nicht gehalten hat, siehe KLEIDUNG UND NACKTHEIT (Seite 82).

H

Haare Ein Traum von Haaren kann Ihre Aufmerksamkeit auf den Grad Ihrer Selbstachtung lenken, denn Haarverlust, ausgehende Haare, Kahlheit bedeuten oft den Verlust an Selbstachtung, während schönes üppiges Haar Ihrem Ego Auftrieb verschafft.

Aber Haar ist auch ein Symbol für die Lebenskraft selbst, seine sexuelle Ausstrahlung ist ein wichtiger Faktor, und für Männer besteht ein starker Zusammenhang mit Potenz. Der Unwillen von Jungen, zum Friseur zu gehen, wird als Kastrationsangst angesehen. Einige Frauen haben einen ähnlichen Komplex, verbunden mit der Angst, daß ihnen der Kopf für schlechtes Betragen geschoren wird. Denken Sie auch an den Verzicht der Nonnen auf ein Sexualleben, was bei einigen durch das Scheren der Köpfe symbolisiert wird. Der Kontext des Traums ist entscheidend. Siehe *Kahlheit.*

Hacken Dieser Traum kommentiert wahrscheinlich Gefühle von Feindseligkeit — es könnte aber ein wortspielerisches Element geben. Versuchen Sie, Ihre Probleme «kleinzuhacken»?

Hafen Häfen beschützen, und nachdem sich Ihre Träume auf eine persönliche Eigenschaft konzentrieren können, ist das Innere des Traumhafens sehr wichtig. Fragen Sie sich selbst, ob Sie im Wachzustand Feindseligkeit zurückhalten — einen alten Groll. Der Traum bestärkt Sie in emotionaler und materieller Sicherheit; vielleicht ist Ihr Schiff eingelaufen?

Halle Siehe UMGEBUNG (S. 92/93). Ein solches Gebäude bedeutet eine gemeinschaftliche Gesinnung, doch eine große leere Halle kann ein wichtiges und nicht genutztes Persönlichkeitsgebiet repräsentieren. Die Gegenstände und Personen *in* der Halle können für die Interpretation entscheidend sein.

Hammer Ein äußerst «männliches» Instrument, also denken Sie über mögliche sexuelle Anspielungen nach. Aber versuchen Sie, einen Handel oder eine Lösung «zurechtzuhämmern»? Oder hat man Ihnen neulich «eins übergehauen»? Vielleicht sollten Sie jemandem oder etwas einen Schlag versetzen.

Hand Hoffentlich wurde Ihre Hand nicht irgendwie verletzt; es kann eine Anspielung auf eine «hilfreiche Hand» sein; oder Sie nehmen etwas Wichtiges «in die Hand». Siehe *Körper, Finger.*

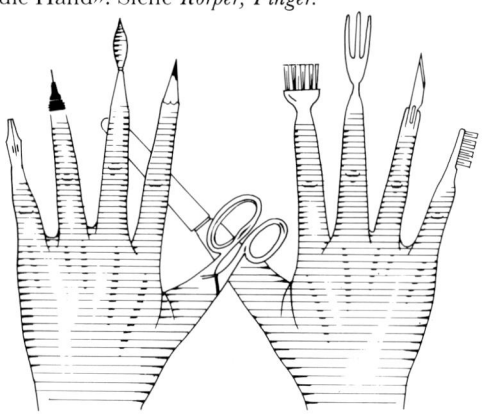

Handschuh Handschuhe sind wie Schuhe schon immer starke Sexualsymbole gewesen; ein abgetragener Handschuh, ein Handschuh mit einem Loch, ein verlorener Handschuh, ein absichtlich hinterlassener Handschuh — alles sind offensichtliche Anspielungen, und zwar für Frauen (deren Unbewußtes Signale ihrer Einstellung zur Sexualität aussendet) und für Männer (deren Einstellung Frauen gegenüber betrachtet werden kann). Aber Handschuhe bedeuten auch Komfort, Sicherheit und Verschwiegenheit.

Handtasche Siehe *Tasche*. Das Täschchen, ein kleines Behältnis für Bargeld, ist oft ein weibliches Sexualsymbol — sind Sie in letzter Zeit zu freigiebig damit umgegangen? Sind Ihre Gefühle erschöpft, ist Ihre Tasche leer? Oder bewachen Sie sie wie besessen? Eine größere Handtasche kann auch unordentlich vollgestopft sein: Vielleicht haben Sie sie aufgeräumt — in diesem Fall reorganisieren Sie womöglich einen Bereich Ihres Wachlebens, indem Sie einen Wirrwarr in Ordnung bringen.

Handtuch Starker Zusammenhang mit WASSER (s. S. 80) insofern, als Sie durch das Abtrocknen etwas loswerden. Ein Handtuch kann frisch und warm sein oder naß und muffig; könnte es einen Bezug zu jemandem geben, den sie kennen?

Harfe Das kann ein Symbol des Himmels sein. Versuchen Sie, sich zu erinnern, ob Sie der Solist waren und wie das Publikum reagiert hat.

Harmonie Schöner Musik zuzuhören ist ein Bild puren Genusses. Es kann ein Kommentar sein, wie harmonisch Ihr Leben abläuft. Es ist auch bekannt, daß Komponisten aus ihren Träumen Nutzen ziehen.

Hase Der Hase ist flink, raffiniert und gelegentlich (im März) toll; Ihr Traum kann bedeuten, daß Sie «schnell wie ein Hase» sind — vielleicht in der falschen Richtung; oder Ihre Mitbewerber abgehängt haben. Aber haben Sie kürzlich Ihren Kurs verändert, vielleicht ohne jeden Grund?

Haß Wenn Sie dieses Gefühl im Traum überwältigt hat, kann das ein negatives Gefühl im Wachzustand ansprechen, vielleicht einen Teil Ihrer eigenen Persönlichkeit: Die Person oder die Sache, die Ihnen verhaßt war, ist natürlich sehr wichtig, aber Sie brauchen wahrscheinlich eine tiefergehende Selbstanalyse, um zum Kern des Problems vorzudringen. Wenn Sie einmal das wahre Objekt Ihres Hasses entdeckt haben, sind Sie auf dem halben Weg zur Lösung des Problems; aber wenn Sie nach Ihren Anstrengungen perplex oder verzweifelt sind, ist es notwendig, einen Berater oder Therapeuten um Hilfe zu bitten.

Haus Zahlreiche Forscher haben behauptet, daß die wahrscheinlichste Interpretation eines Hauses im Traum die Darstellung des menschlichen Körpers ist. Denken Sie zuerst an diese Möglichkeit (und siehe UMGEBUNG S. 92/93). Aber betrachten Sie Ihr Traumhaus auch als Darstellung Ihrer ganzen Persönlichkeit. (Siehe dazu auch C.G. Jungs Traum von einem Haus, S. 23.) Erinnern Sie sich daran, ob die Zimmer voll oder leer waren oder ob Sie die Möbel reizvoll fanden. Wollten Sie ausziehen oder wesentliche Renovierungsarbeiten vornehmen? Die Entdeckung einer ganzen Reihe von Räumen, von deren Existenz Sie nichts wußten, kann bedeuten, daß Sie ein wichtiges neues Projekt beginnen oder wichtige neue Entdeckungen machen. Ein sehr kompliziertes Symbol, dessen eingehendere Betrachtung sich lohnen kann.

Häuschen Siehe UMGEBUNG, S. 92.

Haushälterin Es kommt sehr auf Ihre Einstellung zum Haushalten an: Wenn Sie sich in dieser Rolle wohlfühlen, können Ihre Träume bestärkend sein, aber Sie haben wohl eher einen Bezug auf Ihr ganzes Ich (siehe *Haus*) als auf häusliches Walten. Wenn Ihre Haushälterin im Traum eine herrische Person war, ist das vielleicht ein Kommentar zu einer Autoritätsperson, die Ihr Leben bestimmt — oder ein Bezug auf eine unterdrückende Mutter. Deuten Ihre Träume an, daß Sie «Ihr Haus in Ordnung halten» sollten, indem sie sich auf verwirrte Gefühle beziehen?

Hausmeister Haben Sie sich um ein Gebäude gekümmert? Wenn ja, was stellte dieses Gebäude dar? (Siehe UMGEBUNG, S. 92). War jemand anders der Hausmeister, handelt es sich möglicherweise um eine Person, die auf irgendeine Weise Ihr Leben gestaltet, ein Auge auf Sie wirft oder sich um Sie kümmert. Ein Hausmeister ist jemand, der verantwortlich fürs Haus ist und deshalb vermutlich das Gewissen, das Sie leitet. Erlauben Sie ihm nicht, Ihr Selbstbewußtsein einzuzwängen — es ist da, um Ihnen einen moralischen Kern zu geben und Sie zu unterstützen, damit Sie erreichen, was Sie am meisten begehren. Wenn er beginnt, zuviel Mietzins zu fordern, liegt es an Ihnen zu entscheiden, ob die Liegenschaft soviel wert ist! Jegliche Anforderung im Wachleben, auch eine emotionelle, kann in Frage gestellt werden.

Haut So sehr ein Teil unseres Bilds gegen außen, des Ichs, das wir anderen präsentieren, daß ein Traum von verunstalteter Haut darauf hinzudeuten scheint, daß wir uns davor fürchten, einen falschen Eindruck zu erwecken, oder sogar etwas Beschämendes an uns haben, das wir zu verbergen hofften. Denken Sie auch an alle die populären Anspielungen: Sind Sie zu dick- oder zu dünnhäutig?

Hecke Siehe *Zaun;* sie kann entweder weniger hindernd sein (wenn sie nicht aus Stacheldraht, sondern aus einem Erdwall und Pflanzungen besteht), oder sie ist schwieriger zu überwinden (etwa eine Hecke aus Dornenzweigen). Trotzdem eine Einschränkung Ihrer Freiheit, vielleicht ein Hindernis zwischen Ihnen und etwas Ersehntem. Wenn Sie sie geschnitten und zurechtgestutzt haben, kann das ein Hinweis sein, daß Sie das Beste aus den Dingen machen sollten, durch Selbstdisziplin und Überredungskunst. Beachten Sie sorgfältig, was auf der anderen Seite der Hecke war, und, sehr wichtig, Ihre eigene Reaktion und Einstellung darauf. Siehe LANDSCHAFT (S. 68/69), *Gras.*

Heftpflaster Ein Heftpflaster anbringen (auf welchen Körperteil?) läßt vermuten, daß Sie kürzlich verletzt worden sind und versuchen, dies zuzudecken oder sich zu heilen. Solche Wunden brauchen Luft: Sind Sie überzeugt, daß da nicht ein Fall von «Aus den Augen, aus dem Sinn» vorliegt?

Heilige Ein bestimmter Heiliger in einem Traum könnte irgendein Ideal und/oder eine sehr eindrückliche Autoritätsfigur aus Ihrem Wachleben repräsentieren. Möglicherweise brauchen Sie mehr Unterstützung, aus irgendwelchen praktischen oder spirituellen Gründen. Sie könnten auch versuchen, wie ein Heiliger zu leben.

Heim Ihre Träume konzentrieren sich möglicherweise auf Ihre fundamentale Sicherheit; denken Sie über den Traum im Hinblick auf Ihre Kindheit und die Beziehung zu Ihren Eltern nach. Ihr Traum kann auch «komm nach Hause» bedeuten — nicht unbedingt im tatsächlichen Sinn, sondern daß Sie Prioritäten setzen, sich auf die eigentlichen Werte des Lebens zurückbesinnen. Vielleicht denken Sie gerade daran, eine Familie zu gründen oder zum ersten Mal ein Haus zu bauen; wenn ja, kann Ihr Traum besonders wichtig in seinen Andeutungen sein, indem er Ihnen etwas über Ihre wahre Einstellung der Zukunft gegenüber mitteilt.

Heirat Unter gewissen Umständen natürlich ein Wunscherfüllungstraum. Womöglich repräsentiert die Traumhochzeit eine Verkettung, eine Heirat zweier Ihrer Persönlichkeitsbereiche. Oder besiegeln Sie ein Geschäftsprojekt, unterzeichnen einen Vertrag mit jemand? Möglicherweise sagt der Traum etwas über Ihr Gefühl für emotionale oder materielle Sicherheit aus.

Held/Heldin Jemand, den Sie zweifellos bewundern; aber analysieren Sie Ihre Bewunderung, da deren Wurzeln in Ihrem Traum möglicherweise zur Debatte standen — Eigenschaften, die Sie in sich selbst ermutigen wollen. Überlegen Sie, ob Sie der Traum ermutigt hat oder ob er Sie zurückhalten

will: War Ihr Held siegreich, triumphierend, aber menschlich — oder stand er so weit über Ihrer Bewunderung, daß Sie keine Hoffnung haben, es ihm gleichzutun? Es kann ein Kommentar zu Ihren eigenen bisherigen Leistungen sein, wie auch eine Ermutigung, neue Höhen anzuvisieren. Der Held ist ein wichtiger Jungscher Archetypus (s. S. 25).

Helm Ein schützender Gegenstand, also kann der Traum bedeuten, daß Sie in eine Schlacht ziehen; oder wenn der Helm durchlöchert war, daß Sie vor einer Niederlage stehen oder sich wehrlos fühlen. Ein Helm kann lediglich zu einem Zeremoniell gehören, also kann ein Bezug auf Selbstachtung bestehen — oder er ist ein Sexsymbol (siehe *Hut).*

Hemd Wenn Sie ohne eins waren, kann das etwas über Ihren finanziellen Zustand ausgesagt haben; oder wenn Sie eins verloren haben, über ein Risiko, das einzugehen Sie im Begriff sind. Überlegen Sie es sich doppelt? Im weiteren kann es sich um einen Kommentar über Ihr Image oder Ihr öffentliches Auftreten gehandelt haben.

Herbst Träume über den Herbst, das Fallen der Blätter werden oft mit dem Nahen des Alters in Zusammenhang gebracht, oder der Furcht des Einzelnen davor. Sie treten gewöhnlich in der Lebensmitte auf. Solche Träume, obwohl oft melancholisch, sind selten tieftraurig und scheinen eine Aussöhnung mit dem Altern als Teil eines natürlichen Kreislaufs anzubieten.

Herd Siehe FEUER (S. 78), *Kamin.* Oberflächlich betrachtet ein angenehm warmer und beruhigender Traum — falls der Herd richtig funktionierte. Wenn er ständig ausging: Bezieht sich der Traum etwa auf eine gegenwärtige Beziehung? Wenn Sie sich damit beschäftigen mußten, den Herd zu putzen, könnte es ein Hinweis auf die Plackerei Ihres Alltagslebens sein. Siehe auch *Ofen.*

Herde Der Traum tadelt Sie vielleicht dafür, daß Sie zu sehr mit der Herde laufen, anstatt sich eine eigene Linie auszudenken und ihr zu folgen.

Herz Manchmal verändern wir während des Schlafs dermaßen unsere Position, daß wir unser Herzklopfen hören, und dies kann einen Traum auslösen; das Klopfen selbst erinnert uns an eine hohle, leere Holzschachtel oder ein ähnliches Objekt. Neuigkeiten über Herztransplantationen oder Operationen am offenen Herzen können in Träumen Gestalt annehmen, besonders wenn Sie gerade einen neuen Partner haben — Ihr Herz dem einen entzogen, an den anderen verloren haben. Überlegen Sie, ob Sie mit «ganzem Herzen» bei der Sache sind. Oder sollten Sie bei einer anstehenden Entscheidung eher Ihrem Herzen als Ihrem Verstand folgen?

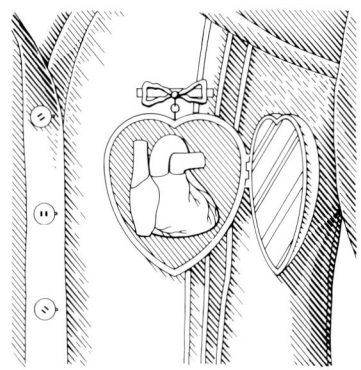

Solche Träume könnten sich tatsächlich auf den Kern Ihres Daseins konzentrieren, Ihre tiefsten und bedeutsamsten Emotionen und Gedanken, denn seit undenklichen Zeiten hat das Herz als Symbol das geistige Zentrum, die Einfühlung und Liebe des Menschen repräsentiert.

Hexe Als wichtiges Bild in Mythos und Märchen ist die Hexe ein Teil des Jungschen kollektiven Unbewußten. Ebenso ist sie ein Teil der Kinderwelt, die manchmal ins Erwachsenenleben hinüberschimmert, genauso wie *Riesen, Monstren* usw. Sie mag immer noch ein ziemlich furchterregendes Symbol sein und wird vielleicht, wie oft bei Kindern, mit einer unangenehmen Bekanntschaft assoziiert, obwohl sie jetzt viel eher einen Teil Ihrer selbst spiegelt, mit dem Ihr unbewußter Richter nicht einverstanden ist. In diesem Fall muß die Hexe gepackt und ihrer Magie beraubt werden. Eine weiße Hexe könnte etwas Unbekanntes, Mysteriöses darstellen, das vielleicht wohltuend wirkt (eine unkonventionelle Arznei zum Beispiel) und das Sie erforschen dürfen. Milder Skeptizismus ist da allerdings am Platz. Erinnern Sie sich an die traditionelle Verbindung von Hexerei und Sexualität: Nehmen Sie sich vor diesem Besenstiel in acht. Wenn die Warnung angemessen scheint, denken Sie daran, daß jeder Zauberspruch eine Fehlzündung sein kann.

Himmel Der schöne, offene, wolkenlose Himmel scheint anzudeuten, daß hier tatsächlich die Grenze eines Vorhabens ist, an dem Sie beteiligt sind, d. h. es sind Ihnen keine Grenzen gesetzt. Es mag einen Bezug zum Sich-Öffnen Ihrer Persönlichkeit geben (besonders wenn Sie sich vielleicht eines offenen Himmels bewußt sind, während Sie vom FLIEGEN S. 84 träumen). Bedeckter Himmel und dicke graue Wolken weisen auf Platzangst hin, eine bedrückte Persönlichkeit, möglicherweise auch ein sich zusammenbrauender *Sturm*. Siehe auch WETTER, S. 74.

Himmel und Hölle Glück oder Verzweiflung, die symbolischen Blumen des Himmels oder der Hölle können in einem Traum einfach Ihre gegenwärtige Lebenseinstellung widerspiegeln. Unsere persönliche Sicht dieser «Orte» ist größtenteils ein Produkt unserer Verhältnisse, Bildung, Belesenheit und unseres kulturellen Hintergrunds. Ihr Traum könnte Ihnen etwas Wichtiges und Grundlegendes mitteilen. Andererseits kann Ihre Vorstellung vom Himmel Eskapismus sein: Vielleicht brauchen Sie einfach Urlaub! Ein schrecklicher Höllentraum kann Ihre Schuldgefühle in bezug auf eine Handlungsweise reflektieren.

Hindernis Was war das für ein Hindernis, und haben Sie es überwunden? Sie begegnen in Ihrem Leben vielleicht Hindernissen, und es kann ein Hinweis bestehen, wie Sie sie überwinden können. Die Art des Hindernisses könnte Sie zu mehr Nachdenken über tatsächliche Pläne veranlassen.

Hinrichtung Siehe *Exekution.*

Hitze Hitze symbolisiert Energie, Arbeit, Leidenschaft — sexuelle und emotionale Energie; aber auch strahlenden Sonnenschein und Lebenserhaltung. Dann gibt es die Küchenhitze (wenn sie Ihnen unangenehm ist, gehen Sie hinaus!). Ihre Körpertemperatur kann diesen Traum hervorrufen, aber wenn dem nicht so ist, versuchen Sie die Hitze in Ihrem Traum auf Ihre derzeitigen Gefühle, Meinungen und Bedürfnisse zu beziehen. Siehe *Küche,* FEUER (S. 78/79).

Hochzeit Möglicherweise ein Wunscherfüllungstraum; vielleicht aber auch die Verehelichung zweier einstiger Gegensätze in Ihrer Persönlichkeit, so daß Sie in sich nun «eines Fleisches», eines Geistes sind, psychologisch gesehen ganzheitlich. Wenn die Hochzeit im Traum unterbrochen wurde, müssen Sie noch mehr an sich arbeiten, mehr Konflikte lösen. Studieren Sie sorgfältig die Autoritätspersonen in Ihrem Traum — den Geistlichen, Ihren Vater? Diese können ebensowichtig sein wie Ihre Braut/Ihr Bräutigam.

Hochzeitsreise Das kann ein Wunscherfüllungstraum sein, wenn Sie noch keine erlebt haben; je nachdem, ob Ihre Flitterwochen im Traum triumphal erfolgreich oder schrecklich verliefen, kann es ein Kommentar zu einer sexuellen Angst sein, die sie analysieren sollten.

Hof Ihr eigener Hinterhof, der Schutz Ihrer Familie, gewisse klaustrophobische Gefühle? Vgl. allenfalls UMGEBUNG (S. 92).

Höhle Eine Höhle ist ein deutliches Symbol weiblicher Sexualität. Andererseits haben Sie sich vielleicht vor etwas oder jemandem versteckt. Waren Sie selbstsicher? Vielleicht haben Sie größere Unterstützung und Sicherheit nötig; berücksichtigen Sie aber auch, wie gut oder schlecht Sie mit den gegenwärtigen Problemen im Leben zurechtkommen.

Hölle Siehe *Himmel und Hölle.*

Holz Das natürliche, unbearbeitete, oft schöne Material kann unsere schöpferischen Instinkte wecken, und das mag gelten, wenn Sie in Ihrem Traum schnitzen. Es kann auch ein Hinweis sein, daß Sie (endlich) Ihr Leben gestalten. Ein Traum von faulem Holz deutet vielleicht darauf hin, daß etwas an Ihrem Leben «faul» ist und Sie angreift — zum Beispiel Eifersucht. Siehe allenfalls *Baum.*

Homosexualität Ein Traum über Homosexualität oder einen Homosexuellen kann möglicherweise in Richtung Ihrer eigenen Sexualität interpretiert werden; es kann für einen Träumenden schockierend sein, der sich für ausschließlich heterosexuell hielt. Aber vielleicht deutet es darauf hin, daß Sie verständnisvoller und toleranter sein sollten oder daß Sie irgendwie Ihre eigene Sexualität unterdrücken. Das Unbewußte ist auf diesem Gebiet unseres Lebens besonders vernünftig, und eine nähere Überprüfung von sexuellen Symbolen in unseren Träumen kann außerordentlich lohnend sein.

Honig Süß, sehr nahrhaft und natürlich; eine Menge harter Arbeit und Energie stecken in seiner Produktion. Er ist möglicherweise eines der führenden «Luxus»-Nahrungsmittel. Also kann sich der Traum von Honig auf sehr natürliche, süße, sanfte, aber produktive Handlungen beziehen, Ihre eigenen oder die von jemand anders. Aber für viele Leute ist Honig fast zu süß, und wenn das auch Ihre Reaktion ist, bezieht sich der Traum vielleicht auf jemanden, dessen Verhalten Ihnen gegenüber falsch oder verlogen ist (oder dem gegenüber Sie sich so verhalten). Denken Sie an Ihre emotionalen «Reichtümer»»; gibt es einen Bezug auf väterliche oder mütterliche Instinkte? Siehe *Bienen, Bienenstock.*

Horn Ein Wort mit sehr alten sexuellen Assoziationen, also möglicherweise ein Phallussymbol. Aber fragen Sie auch, wer es geblasen hat. Vielleicht wollen Sie durch «Hornblasen» Aufmerksamkeit erregen. Eine Autohupe ist natürlich eine Warnung — eine weitere Deutungsmöglichkeit?

Hotel Eine Eigenart des Hotels ist, daß Sie für Ihren dortigen Aufenthalt bezahlen; also will jemand Sie oder Ihre Dienste kaufen — oder wollen Sie jemandes Zeit und Energie kaufen? Andererseits kann sich der Traum auf Ihr Bedürfnis nach einer Alltagsveränderung oder einfach einer Pause beziehen. Die Angestellten des Hotels geben vielleicht Aufschluß über seine Bedeutung; aber dieses Symbol ist schwierig zu interpretieren. Sie müssen vielleicht Ihren Traum um Aufklärung bitten. Siehe UMGEBUNG (S. 92).

Hügel Vielleicht befassen Sie sich im Leben mit einem Hindernis oder einer Schwierigkeit; ob Sie sich also atemlos den Hügel hinaufgeschleppt oder ihn leicht und zuversichtlich bestiegen haben, kann etwas über Ihr Vertrauen auf das Erreichen des endgültigen Ziels aussagen. Man könnte folgern, daß das Problem komplizierter ist , als Sie annehmen; oder der Hügel symbolisiert vielleicht eine schwere Verantwortung. Siehe *Erde*, LANDSCHAFT (S.68/ 69), *Berg.*

Huhn Will jemand mit Ihnen ein «Hühnchen rupfen»? Aufgeregt gackernde Hühner warnen Sie vielleicht vor Kopflosigkeit, vor Verwirrung. Oder sind Sie zu fürsorglich, wenn es um Ihren Partner, Ihre Kinder oder Freunde geht, spielen Sie gern die «Glucke»?

Humor Siehe *Lachen.*

Hund *Hund führt Herrn spazieren,* Grandville

Traumanalyse

Hunde Julia träumte: *«Alle vier Hunde, die ich in meinem Leben besaß (drei von ihnen sind jetzt tot), liefen, um mich zu begrüßen, sie lebten und waren glücklich.»*

Dieser kurze, aber wunderschöne Traum war außerordentlich tröstend, und der Gedanke daran begeistert sie immer noch. Zu dieser Zeit war er tröstlich und beruhigend, da alle ihre Hunde wie enge Freunde waren, sogar einen Teil von ihr darstellten. Der Traum hob sehr wahrscheinlich die Unterstützung hervor, die sie von ihr nahestehenden Menschen erhielt.

Hund Der Hund, «des Menschen bester Freund», kann ein sehr starkes Traumsymbol sein, aber natürlich kommt alles darauf an, wie Ihre persönliche Einstellung Hunden gegenüber ist. Wenn Sie sie lieben, repräsentiert vielleicht Ihr Traumhund jemanden, der Ihnen nahesteht. Wenn Sie sich vor Hunden fürchten, kann es sich um einen warnenden Traum handeln. Innerhalb dieser allgemeinen Vorschläge gibt es viele Möglichkeiten, von denen manche auf Wortspielen basieren. Haben Sie in gewisser Hinsicht «den dreckigen Hund gespielt»? Wenn Ihr Hund lahm war, symbolisierte der Traum vielleicht die Hilfe, die Sie momentan jemandem zukommen (oder auch nicht zukommen) lassen. Wachhunde können Ihr Schutzbedürfnis symbolisieren. «Vor die Hunde gehen», «Höllenhunde» und «die Hunde des Krieges» sprechen für sich selbst. Bellen Sie am falschen Baum? Und siehe *Tiere,* FISCH, FLEISCH UND GEFLÜGEL (S. 88/89).

Hunger Es besteht immer die Möglichkeit, daß der Traum die Tatsache widerspiegelt, daß Sie hungrig zu Bett gegangen sind, aber Träume über Hunger können sich auf das Bedürfnis nach größerer Liebe und Zuneigung im Leben beziehen — oder tatsächlich auf die Notwendigkeit, mehr Gefühl zu zeigen. So oder so brauchen Ihre Gefühle Nahrung.

Hungersnot Wenn Sie davon träumen, daß Sie ein unter Hungersnot leidendes Gebiet besuchen (selbst wenn sich der Traum auf ein Fernsehbild oder eine Zeitungsphotographie bezieht), kann das ein einfaches Abbild Ihres Mitgefühls sein, aber es bezieht sich wohl eher auf die Nahrung, die Sie selbst brauchen — und nicht unbedingt auf physische Nahrung. Wir alle sehen im Fernsehen jeden Tag beeindruckende Bilder jeder Art, und unser Unterbewußtsein wählt das eine oder andere zu seinen eigenen Zwecken aus, welche selten eindeutig sind. Sie hungern wahrscheinlich eher nach Liebe und Zuneigung, nach einem reichhaltigeren Gefühlsleben. Fragen Sie sich, ob Sie irgendwie gefühlsmäßig verhungern und somit eine Art «Opfer» sind. Vielleicht sollten Sie eine Anstrengung unternehmen, Ihr Leben zu bereichern. Sie brauchen möglicherweise ein neues kulturelles oder intellektuelles Interessengebiet, das Ihre emotionalen Bedürfnisse befriedigt. Wenn Sie Ihr Traum dazu anhält, nicht nur Geld, sondern auch Zeit und Energie für die Opfer einer wirklichen Hungersnot zu investieren, sollten Sie dieses Bild so wörtlich wie möglich nehmen.

Hut Manchmal scheint ein Hut die gesamte eigene Persönlichkeit zu verändern: Versuchen Sie dies derzeit? Freud bestand darauf, daß sowohl Frauen- als auch Männerhüte «mit Sicherheit» (sic) als Geschlechtsorgane interpretiert werden können — vielleicht bedeutsam, wenn Sie hofften, mit Ihrem Hut jemanden zu beeindrucken, oder wenn Sie ihn verloren oder weggeworfen haben.

I

Identität Es kann sehr aufwühlend sein, die eigene Identität im Traum zu verlieren — oder sie wiederzufinden, und es besteht möglicherweise ein Bezug zu Ihrem Bewußtsein Ihrer Individualität; Sie fühlen sich vielleicht unsicher, wer Sie überhaupt sind. Der Traum hat wahrscheinlich eher emotionalen als vernunftbetonten Charakter (es sei denn, es ist Ihnen gelungen, ein bestimmtes Symbol — eine Ausweiskarte vielleicht, einen Führerschein oder sogar eine Kreditkarte — auf Ihre persönliche Identität zu beziehen). Es wird Sie möglicherweise bestärken, so daß Sie in der Selbsterkenntnis voranschreiten und Ihnen einen Hinweis geben, wie Sie Ihren Platz in der Gesellschaft sehen könnten. Ihre Stimmung im Traum ist wichtig.

Impfung Siehe *Injektion.* Aber in diesem Fall ist der Zweck prophylaktisch, also ist der Traum fast sicher eine Warnung vor einem Ereignis oder einer Handlung, die vermeidbar ist — besonders wenn die Impfung als Vorbereitung einer Reise in ein gefährliches und unbekanntes Land stattfand. (Sie kann sich dann auf den Antritt einer neuen Stellung, eines Studiums oder einer emotionalen Bindung beziehen.)

Injektion Eine Spritze könnte ein Phallussymbol sein, aber sie kann auch andeuten, daß Sie eine Art Injektion brauchen, sich physisch oder emotional aufpäppeln oder Schmerzen oder Magendrücken beseitigen sollten. Könnten Sie irgendwie mehr Freude oder Entschlossenheit oder Dynamik in Ihr Leben «injizieren»? Natürlich kann die Art der Injektion, die Sie erhalten haben, und die Person, die sie durchgeführt hat, bedeutsam sein; wenn Sie sich selbst injiziert haben, kann das ein Hinweis sein, daß Sie sich selber helfen sollten (obwohl im Zusammenhang mit gefährlichen Drogen das Gegenteil richtig wäre). Siehe *Impfung.*

Inkompetenz Hebt der Traum einen Teil Ihres bewußten Lebens hervor, oder betont er eine fehlende Bereitschaft oder Unsicherheit in Ihnen? Er kann darauf hinweisen, daß Sie sich mehr Hintergrundwissen oder Erfahrung aneignen sollten, die Ihnen Selbstvertrauen verleihen. Inkompetenz bei anderen kann Ihr fehlendes Vertrauen auf dem Gebiet bedeuten, wo jene sich disqualifizierten. Vergessen Sie nicht, die Folgen dieser Inkompetenz im Traum zu berücksichtigen.

Inkubus Wenn Sie im Traum von einem bösen Geist heimgesucht wurden, kann das eine Art Warnung bedeuten, den Ausdruck einer tiefsitzenden Angst. Wenn der Geist erkennbare Form annahm, kann dies ein Deutungsansatz sein; und natürlich kann eine tatsächliche Schwierigkeit in Ihrem Leben bestehen. Ansonsten bitten Sie Ihre Träume (s. S. 47) um weitere Aufklärung. Der Ausdruck Inkubus wird auch für einen männlichen Geist verwendet, der in einem Traum ein weibliches Opfer vergewaltigt. Wenn er nur ungefähr die Form eines männlichen Unbekannten hat, kann das ein Bedürfnis nach offenerem Ausdruck der Sexualität ausdrücken (der Traum muß nicht gänzlich unangenehm sein) — oder eine Angst vor Sex (wahrscheinlicher, wenn die Vergewaltigung unangenehm realistisch war). Das Auftreten eines bekannten Mannes als Inkubus spricht die Angst oder die Wunscherfüllung klarer an, muß sich aber nicht auf ein bestimmtes Individuum beziehen.

Insekten werden oft als unangenehm und zerstörerisch angesehen — bei Pflanzen vielleicht oder am Fundament eines Hauses. Also können wiederkehrende Träume von Insekten sich auf eine Angst oder ein Gefühl im Wachzustand beziehen, daß Ihr Leben angegriffen ist. Denken Sie an die Insekten im Traum und was sie angegriffen haben. Ein Skorpion im Traum kann ein Bezug auf eine verbale, stechende Attacke sein; eine Spinne, daß Sie jemanden in einem Netz von Wörtern oder Handlungen einfangen wollen. Insekten können sich manchmal verwandeln — eine Raupe kann zu einem wunderschönen Schmetterling werden.

Insel Unterstellt der Traum, daß sie irgendwie isoliert sind — vielleicht in angenehmer, aber gefährlicher Weise? Wenn Sie auf einer kahlen, einsamen Insel

auf Rettung oder auf jemandes Ankunft gewartet haben, kann das ein Hinweis sein, daß Ihr Gefühlsleben karg ist. Wenn Sie von jemandem auf einer Insel zurückgelassen wurden, deutet dies auf Ablehnung hin. Andererseits kann das Auskosten des Lebens auf einer einladenden Insel bedeuten, daß Sie etwas mehr Erholung in der Einsamkeit brauchen; wenn Sie verzweifelt versucht haben, eine solche Insel zu erreichen, besteht hier offensichtlich ein weiterer Zusammenhang — wonach haben Sie gesucht? Nach einer Art emotionalem Nirvana? Wenn ein starkes Gefühl der Isolation bestand, kann es ein warnender Traum gewesen sein.

Instrument Welches Instrument? In einigen Fällen kann ein sexuelles Element eine Rolle spielen (siehe *Gitarre*). Und spielen Sie Ihre eigene Melodie oder die von jemand anders? Ist die Melodie selbst harmonisch oder mißtönend? Siehe *Harfe, Musik.*

Intelligenztest Wenn Sie von einem Intelligenztest geträumt haben und wie Sie ihn abschlossen, kann dies Ihre Gefühle in bezug auf Ihren Arbeitsplatz, Ihre Partnerschaft oder ein anderes Gebiet Ihres Lebens reflektieren. (Wie war der Hergang, der Inhalt des Tests?) Inwieweit erfüllen Sie Ihre eigenen Maßstäbe?

Intrige Eine Intrige oder Verschwörung in einem Traum kann eine Warnung sein, ob Sie nun Ausführender oder Opfer sind. Die anderen in den Traum verwickelten Menschen sind von Bedeutung.

Invalide Siehe *Krankheit,* aber wenn der Traum das Gefühl anspricht, daß man sich bestens um Sie kümmert, um Sie sorgt und Sie verwöhnt, kann das ein Hinweis sein, daß Sie das Leben leichter nehmen sollten. Wenn die Krankheit ernst war, kann dies eine Andeutung einer sterbenden Liebesaffäre, eines sterbenden Geschäfts- oder Interessengebietes sein! Wollen Sie es wirklich wiederbeleben? Wenn der Invalide im Traum tödlich erkrankt scheint, ist die Antwort wohl eher nein. Es ist wohl kaum die Andeutung einer wahren Krankheit. Siehe *Krankheit, Krankenhaus.*

Inzest Ein Traum von Inzest mit Eltern scheint fast immer ein kindliches Gehabe zu reflektieren und läßt manchmal sehr tief blicken — der Träumende drückt eine Sehnsucht nach kindlicher Geborgenheit in einer völligen Einheit mit Mutter oder Vater aus. Sexualträume über Geschwister oder Ihre Kinder können zwar sehr unangenehm sein, aber versuchen Sie vernünftig zu bleiben, wenn Sie durch die Sexualität im Traum beunruhigt sind — das bedeutet auf keinen Fall unbedingt, daß Sie physisch krank sind. Wenn Sie im Zweifel sind, fragen Sie Ihre Träume nach weiterer Erhellung (s. S. 47); wenn Sie weiterhin beunruhigt sind; ziehen Sie auf jeden Fall einen Berater oder Therapeuten hinzu.

Irrgarten Ihr Wachleben kann zurzeit besonders kompliziert sein; dies könnten Ihre verworrenen Versuche widerspiegeln, einen Ausweg zu finden. Führten Sie andere aus einem Irrgarten in die Freiheit? Dann haben Sie alles fest im Griff, und der Traum bestärkt Sie darin.

Irrtum Siehe *Fehler.*

J

Jagdhund Als Jagdtier weckt ein Jagdhund vielleicht weniger angenehme Assoziationen als ein *Hund;* vielleicht macht jemand «Jagd» auf Sie. Oder ist es ein angsteinflößendes Symbol? Siehe *Hund, Tiere,* FLEISCH (S. 88).

Jagen Siehe VERFOLGUNG (S. 66). Sie nützen vielleicht jemanden im Leben aus — wollen aufholen

Jagdhund *Frau und Tier,* Paul Klee

oder etwas herausfinden; oder Ihre Absichten sind geheimnisvoller (Jagd kann in Schmerz und Tod enden). Überprüfen Sie Ihre Absichten und Gefühle, besonders wenn eine andere Person betroffen ist. Sie sind vielleicht andererseits auf einer «Spur». Was stellt die gejagte Kreatur für Sie dar? Oder sind Sie gejagt worden? Siehe *Fuchs, Töten.*

Jahreszeiten Ein Traum über die Jahreszeiten als solche — und nicht bloß das Klima Ihres Traumes — stellt höchstwahrscheinlich den Zustand Ihrer gegenwärtigen Lebensansicht dar: Frühling deutet auf Hoffnung, Sommer auf Zufriedenheit, Herbst auf Bewußtheit und Konsolidierung, Winter auf Resignation. Wenn Sie diese Schlüsselbegriffe nicht genügend gehaltvoll finden, können Sie Ihre eigenen herausfinden. Besonders dann, wenn die Jahreszeiten gewechselt haben, kann Ihr Traum irgendeine Form von Veränderung kommentieren oder vorschlagen, womöglich verbunden mit Ihrer spirituellen Entwicklung oder der Entfaltung Ihrer Persönlichkeit: Der Winter kann zum Beispiel in den Frühling übergehen. Solche Träume sind oft schön und können wichtig sein. Siehe WETTER (S. 74).

Jonglieren Sie bekommen beste Noten, wenn es Ihnen gelungen ist, alle Bälle in der Luft zu halten! Der Traum hat sehr wahrscheinlich Ihre Fähigkeit kommentiert, alle verschiedenen Elemente Ihrer Persönlichkeit — und in der Tat Ihres Lebens — in der richtigen Reihenfolge unter einen Hut zu bringen, er zeigt vielleicht, wie Sie es fertigbringen, Ihre Beziehungen, Ihre Finanzen und Ihre Zeit auszubalancieren. Die Sachen, die Sie jongliert haben, können die zu untersuchenden Lebensabschnitte widerspiegeln.

Jubel Haben Sie kürzlich mehr Selbstvertrauen gewonnen? Ihr Unbewußtes hat Ihnen bei einer Sache zugestimmt, ob Sie nun gejubelt haben oder selbst bejubelt wurden!

Jude Von Rassenvorurteilen abgesehen — Träume von Judenverfolgungen können Ihre geheimsten Gefühle kommentieren, genauso wie sie darauf hinweisen könnten, daß *Sie* persönliche Eigenschaften besitzen, für die die anderen *Sie* verfolgen könnten — kann die archetypische Figur des Ewigen Juden, jemand der für eine bestimmte Sünde zur ewigen Wanderschaft verdammt ist, auf eine Eigenschaft in Ihnen selbst anspielen oder sogar auf eine Handlung, die Sie für unverzeihlich halten. Finden Sie sich damit ab, oder versuchen Sie, dies zu ändern? Egal wie, möglicherweise wünschen Sie sich mehr Geschäftssinn.

Jugend Vielleicht eine Wunscherfüllung, wenn Sie von Ihrer eigenen Jugend geträumt haben; möglicherweise auch sexuelle Wunscherfüllung, falls Sie von attraktiven jungen Leuten träumten. Verhalten Sie sich unreif?

Junggeselle Nicht notwendigerweise ein Kommentar zu Ihrem jetzigen Zustand oder sogar ein Stück Wunscherfüllung! — Vielleicht vielmehr ein Vorschlag, daß Sie Ihren Weg alleine gehen sollten. In diesem Fall müssen Sie entscheiden, ob Sie dazu stark genug sind, und um mehr Hilfe bitten, wenn Sie welche benötigen.

Jungfrau Ihr Traum wird entweder von Ihnen selbst als Jungfrau handeln oder von einer Jungfrauengestalt — vielleicht von einer Person, die Sie kennen, vielleicht von einer abstrakten (religiösen oder spirituellen) Gestalt. Denken Sie daran, daß es sich nicht nur um eigentliche Jungfräulichkeit handeln muß, sondern um intellektuelle, seelische oder emotionale Unschuld handeln kann. Wenn Sie eine Frau sind, könnten Sie Ihre eigene Jungfräulichkeit satt haben oder es bereuen, sie verloren zu haben. Es könnte eine generelle Nostalgie sein, in diesem Fall ist es wahrscheinlich wichtig, daß Sie im bewußten Leben vorausblickender sind. Wenn Sie ein Mann sind, könnte Ihr Traum Ihre generelle Einstellung zu Frauen kommentieren. Er könnte eine Warnung darstellen, wenn Sie von Ihrer Geliebten als einer Jungfrau träumten: ein häufiges männliches Problem ist die «Verehrung» einer Geliebten in einer zunehmend asexuellen Weise, so daß körperliche Liebe allmählich so unmöglich wird wie mit einer kalten, steinernen Statue auf einem Sockel. Der Mann beginnt zu befürchten, daß er die Frau kränkt, wenn er Ihr seine sexuellen Gefühle offenbart. Es kann soweit kommen, daß er seine Sexualität nur noch mit Frauen ausleben kann, die er verachtet. Träume, «Visionen» der Jungfrau Maria selber könnten in Leuten einer mehr oder weniger extrem religiösen Gesinnung entstehen. Versuchen Sie die Proportionen zu wahren, welche Einstellung zur Religion Sie auch immer haben.

Jury Im Gegensatz zu Richtern scheint dieses Symbol am wahrscheinlichsten Ihre Gefühle gegenüber dem, was andere über Sie denken, zu betreffen. Fühlen Sie sich andauernd beurteilt? War die Jury feindlich oder freundlich gesinnt? Waren Sie schuldig oder nicht? Es kann sein, daß Sie einen Schuldspruch suchen, wenn Sie eher gegen das Establishment tendieren, oder Sie spielen bei einer gesellschaftlichen Protestbewegung eine Rolle.

Juwelen Träume, daß Sie mit Juwelen geschmückt sind, könnten Wunscherfüllung sein. Aber Juwelen können auch immaterielle Werte repräsentieren, und sie können beispielsweise Ihre wertvollsten Eigenschaften symbolisieren (die Sie im Leben vielleicht unterbewerten, obwohl sie von anderen geschätzt sind). Wenn Sie nach Reichtümern gegriffen haben, die Ihnen entwichen, oder auch ein Auge auf offensichtlich unerreichbare Juwelen geworfen haben — die Kronjuwelen oder den Tiffanydiamanten —, bedeutet der Traum vielleicht, daß Sie Ihre Maßstäbe im Leben zu hoch ansetzen.

K

Kabarett Der enorme Erfolg des Films Cabaret dürfte bewirkt haben, daß fast jeder, der von dieser Unterhaltungsart träumt, mit zweideutigen, eventuell auch mit riskanten Gedanken spielt. Sind Sie im Wachzustand zu sehr auf sinnliche Befriedigung aus? Oder sollten Sie dieser Art Zeitvertreib mehr Beachtung schenken, wenn Sie sich im Traum dabei wohl fühlten? Beachten Sie Ihre Stimmung.

Kabine Das Meer ist ein sehr starkes Symbol (siehe WASSER, Seite 80), und wenn Sie sich in einer Schiffskabine befinden, eingesperrt, kann dies bedeuten, daß Sie sich im Alltag vor etwas verstecken, vielleicht etwas Emotionalem in Ihrem Leben. Wenn Sie während eines Sturmes Angstgefühle verspürten, ziehen Sie sich im Alltag vielleicht aus einer Situation zurück, die Ihnen Kummer macht. Das mag mit einem Gefühlsausbruch zu tun haben oder mit einer Situation, in welcher Sie Ihre Gefühle hätten zeigen sollen. Kommen Sie auf Deck und fühlen Sie sich frei!

Kaffee Der Traum kann andeuten, daß Sie eine gewisse Stimulation notwendig haben, einen «Wachmacher». Wenn Sie mit Freunden in einer angenehmen Atmosphäre Kaffee tranken, kann das ein vernünftiges Maß innerer Zufriedenheit bedeuten.

Käfig Einschränkungen, Verbote, Behinderungen, Ihr Leben so zu leben, wie Sie es gerne möchten, dies sind alles Realitäten, wenn Sie ein Gefangener sind. Ein Teil Ihrer Persönlichkeit schreit vielleicht nach Befreiung, nach freiem Ausdruck. Da Sie eher in einem Käfig als in einem Gefängnis sind, kann Ihr öffentliches Ansehen in Frage gestellt sein: Fühlen Sie sich im Käfig zur Schau gestellt, oder befinden Sie sich in einem «goldenen Käfig»? Aber vielleicht fühlen Sie sich sicher in Ihrem Käfig? Oder schließen Sie jemanden in einem Käfig ein? Personen sind im Traum wie immer sehr bedeutsam. Denken Sie jedoch daran, daß Sie trotzdem selber der Gefangene sein könnten: Ihr Sexualpartner kann den sexuellen Aspekt Ihres Lebens darstellen, Ihr Arbeitgeber den Aspekt Ihres Arbeitslebens etc.

Kahlheit Frauen: Haben Sie in letzter Zeit Ihren Selbstrespekt verloren? Wenn im Traum Ihr Kopf geschoren wurde, schämen Sie sich einer kürzlichen Handlung? Männer: Hat Sie der Traum deprimiert, auf Ihre Angst vor Impotenz oder zunehmendem Alter bezogen? Siehe auch *Haare*.

Kaktus Kakteen sind hübsch, aber stachelig. Es kann sich hier sehr wohl um eine sexuelle Implikation handeln, da der Kaktus fast zu offensichtlich ein phallisches Symbol ist. Der Kaktus hat möglicherweise eine schöne Blüte gehabt, aber Sie wagten Sie nicht zu berühren, weil Sie Angst hatten, gestochen zu werden. Kakteen blühen und verwelken sehr schnell: Kann sich dies bei einem männlichen Träumer auf die Potenz beziehen? Oder sind Sie im wirklichen Leben in einer «stacheligen Situation»?

Kalender Träume symbolisieren Zeit in vielerlei Hinsicht. Sorgen Sie sich, wie die Zeit verfliegt oder wie sie davonläuft? Welches Datum war auf dem Kalender? Repräsentierte es die Vergangenheit, Gegenwart oder Zukunft? Das Symbol kann eine Zeitskala heranziehen oder den Kontext für andere Vorkommnisse oder Handlungen bilden.

Kälte Kälte im Traum weist auf Frigidität hin, auf emotionale Kälte, sogar auf Gefühlstod. Benehmen Sie sich jemandem gegenüber momentan kalt? Sollten Sie sich in einer Gefühlsverbindung «abkühlen»? Der Traum kann ein Kommentar über Ihre Sexualität sein oder über mangelnde Erwiderung der eigenen Gefühle beim Liebhaber. Das Herannahen des Winters (siehe WETTER, S. 74), der Abbruch jeglichen Wachstums durch die Kälte, deutet auf eine Einschränkung persönlicher Gefühlsentwicklung hin. Haben Sie in Ihrem Traum jemanden oder etwas berührt, das kalt war, obwohl Sie Wärme erwarteten, so sollten Sie sich vielleicht davon distanzieren, was immer dieses Symbol für sie auch bedeutet. Natürlich kann der Traum einfach aus einer physischen Kälte in Ihrem Schlafzimmer entstanden sein: Sie fingen an zu frieren, weil Sie die Decke verloren (siehe S. 20).

Kamera Kameras in Träumen scheinen sich fast immer auf einen selbst zu beziehen («Ich bin eine Kamera»), da der Blick durch eine Linse vielleicht distanzierter ist als der Blick des eigenen Auges. Der Traum davon, daß Sie jemanden oder etwas fotografieren, kann sehr gut bedeuten, daß Sie dieses Etwas oder denjenigen distanzierter sehen wollen, weniger gefühlsbetont als im wachen Leben, daß Sie sich wirklich auf eine Situation oder eine Person einstellen. Wenn die Kamera nicht richtig funktionierte oder das Bild nicht richtig «entwickelt» war, gehen Sie vielleicht einem Problem aus dem Weg.

Kamin Siehe FEUER (S. 78/79), aber die Feuerstelle im Haus könnte auf eine Verbindung mit der Familie hinweisen, oder vielleicht auf Ihren Lebensbeginn, Ihren sozialen Ursprung. Komfort und Sicherheit sind wahrscheinlich unterstrichen, ein enggeknüpfter Familienkreis. Betrachten Sie die anderen Symbole und die Handlung im Traum in diesem Zusammenhang, und Sie werden die Andeutung finden. Vielleicht besteht ein Bedarf nach mehr Wärme, größerer Sicherheit oder Schutz. Ein Außenkamin kann ein Phallussymbol sein; sein Inneres ein Symbol weiblicher Sexualität. Wenn Sie männlichen Geschlechts sind und sich vor der Dunkelheit des Kamins gefürchtet haben, kann das Angst vor dem Sex bedeuten. Aber vielleicht sind Sie darin hochgestiegen. Wenn im Kamin ein Feuer brannte, ist die sexuelle Bedeutungsmöglichkeit verstärkt.

Kamm Das kann ein wortspielerischer Traum gewesen sein, der sich auf Ihre gegenwärtigen Probleme oder auf Einzelheiten detaillierter Arbeit bezieht — Arbeit, die Sie «durchkämmen» sollten. Es gibt eine starke Assoziation zwischen Haar und Sexualität. Kämmten Sie Ihr Haar, mag das ein Hinweis auf Grübeln über eine gegenwärtige Beziehung sein; wollen Sie jemanden loswerden?

Kampf Ein Traum der Aggression oder vielleicht eine Ermutigung, für jemanden oder etwas «den Kampf aufzunehmen». Vielleicht sollten Sie in Ihrer Haltung und Einstellung direkter, sogar aggressiver sein. Ein Kampf im Traum kann eine Metapher für irgendeinen Kampf in Ihrem bewußten Leben sein — vielleicht in Ihrem Innern (siehe *Duell).* Ihr Fortschritt wurde wahrscheinlich zusammengefaßt, aber Sie sollten wohl um zusätzliche Hilfe bitten, bevor Sie diesen Aspekt interpretieren (*s.* S. 47).

Känguruh Weil es das Junge in einem Beutel trägt, kann das Känguruh ein Muttersymbol sein. Vielleicht sind Sie mit Ihren Kindern überängstlich. Oder bewegen Sie sich durch Sprünge und Sätze weiter?

Kaninchen Siehe *Tiere,* FISCH, FLEISCH UND GEFLÜGEL (S. 88). Falls Ihr Traumkaninchen ein Schoßtier war, deuten Sie es wie einen Hund oder eine Katze. Vergessen Sie aber nicht, daß das, was wir am meisten mit Kaninchen assoziieren, ihre intensive Fortpflanzungstätigkeit ist!

Kanne In der Kunst haben viele Maler die Kanne als Symbol verwendet, um Jungfräulichkeit anzudeuten — und eine Kanne mit einem Sprung hat ihre eigene Bedeutung. Diese Bedeutung kann in Träumen vorkommen! Siehe auch *Gefäß,* aber eine Kanne setzt voraus, daß die Flüssigkeit ausgegossen werden kann, daß ein Teil von Ihnen zur Hingabe an jemanden bereit ist (und sehr wahrscheinlich besteht ein weiterer sexueller Bezug). Die Flüssigkeit selbst kann wichtig sein: Milch bezieht sich vielleicht auf Naturkräfte oder auf mütterlichen Einfluß oder Instinkt, Wasser auf Gefühle, Wein vielleicht auf Sinnlichkeit.

Kanone Wer schoß auf wen? Als Waffe deutet die Kanone offensichtlich auf Feindseligkeit hin. Aber möglicherweise handelt es sich hier um den Hinweis, daß Sie sich in die «vordersten Reihen» katapultiert haben! Freud nahm natürlich an, daß die Kanone ein phallisches Symbol ist. Siehe *Gewehr.*

Kapelle Siehe *Kirche,* UMGEBUNG (S. 92).

Karneval Ein Traum zum Genießen, wenn Sie sich einfach amüsiert haben; vielleicht reflektierte er Ihre gegenwärtige Lebensfreude. Aber wenn Sie Zuschauer waren und sich ausgeschlossen fühlten, könnte das Leben vielleicht an Ihnen vorübergehen. Siehe MENSCHENMENGEN, S. 96.

Katastrophe Siehe KATASTROPHEN (S. 72)

Kathedrale Der Traum kann sich auf Ihren Glauben beziehen oder auf Respektpersonen. Könnte das Gebäude ein Symbol für etwas oder jemanden sein, den Sie als besonders inspirierend oder bewundernswert empfinden? Vielleicht deutet der Traum an, daß Sie geistige Entwicklung und Sicherheit benötigen. (Siehe UMGEBUNG, Seite 92).

Katze Für viele Leute kann eine Katze etwas Geheimnisvolles und sogar leicht Unheimliches sein. (Die Legende bringt sie oft mit Hexen in Verbindung.) Aber sie ist auch eine äußerst sinnliche Kreatur: War die Katze in Ihrem Traum ein häufig begehrtes Objekt? Schnurrte sie und war zufrieden? Haben Sie sie gestreichelt? Wenn sie gefaucht und ihre Krallen gezeigt hat, will ihr Unterbewußtsein vielleicht andeuten, daß Sie im Leben bestimmter sein sollten. Oder vielleicht war es eine Kritik — waren Sie kürzlich gehässig? Siehe FISCH, FLEISCH UND GEFLÜGEL, S. 88

Kaufen Was kauften Sie ein? War es auf Lager? Oder war es bereits bestellt? Oder nicht zu bekommen? Vielleicht erwarten Sie auf einem bestimmten Gebiet in Ihrem Leben eine Entwicklung, vielleicht versuchen Sie sich von irgend etwas «loszukaufen»? Wenn der Kauf zufriedenstellend war, signalisierte der Traum wahrscheinlich eine innere Anerkennung einer kürzlichen Transaktion oder Entscheidung.

Aber jedes Unbehagen oder jede Verzögerung oder das Gefühl, daß Sie zuviel ausgegeben haben, kann bedeuten, daß Sie Zweifel hegen, daß Sie mehr eingekauft haben, als Sie sich leisten können. Es kann aber auch auf Schuldgefühle hinweisen: Wollen Sie jemanden auf irgendeine Weise mit Geschenken oder Lob «kaufen»?

Kelch Reich an symbolischer Bedeutung, wird dieses Traumbild mit dem Herzen in Verbindung gebracht, und es bedeutet im christlichen Mythos das Blut von Christus. Wurde Ihnen in Ihrem Traum ein Kelch angeboten? Wenn ja, könnten Sie auf der Schwelle zu einer bedeutenden psychologischen Entwicklung oder zur inneren Zufriedenheit stehen. Der Kelch kann den heiligen Gral repräsentieren: Suchen Sie nach etwas, um Ihrem Leben mehr Sinn zu geben?

Keller Der Traum könnte sie ermutigen, sich einer Selbstanalyse zu unterziehen — um zu erkennen, was sich in der Tiefe verbirgt (siehe Jungs Traum, Seite 23). Denken Sie über Ihre eigentlichen Instinkte nach; vielleicht können Sie wertvolles Potential aktivieren. Was war im Keller? Vielleicht etwas Unerwartetes? Wenn Sie in Ihrem Traum Angst hatten, war es wegen der Dunkelheit, den unbekannten Ausbaumöglichkeiten in Ihrem Leben?

Kellner Ein Kellner kann einen hilfsbereiten Freund verkörpern, der bereit ist, materielle Unterstützung zu gewähren (was brachte er auf seinem Tablett?) Ein unaufmerksamer Kellner könnte einen zersetzenden Einfluß darstellen, aber auch einen Mangel an Sorgfalt Ihrerseits. Wenn Sie selbst der Kellner waren, so sollten Sie vielleicht mehr aus Ihrem Leben machen, als nur den Befehlen und Launen anderer zu gehorchen. Vielleicht sollten Sie anspruchsvoller und unabhängiger und weniger devot sein.

Kerze Sie kann natürlich ein phallisches Symbol, aber auch ein Symbol für Weisheit oder Verständnis sein. Die Flamme oder deren Fehlen ist wahrscheinlich bedeutsam. Wenn Sie ein Mann sind, schien die Kerze hell, oder ging sie aus? Das kann möglicherweise auf Ihre Hoffnungen oder Ängste in bezug auf Ihre Potenz hinweisen. Oder ist Ihr religiöser Glaube in Frage gestellt? Wenn die Kerze verlöscht ist, Sie in der Dunkelheit zurückließ, kann der Traum Sie ermahnen, daß Sie ein Ihnen bedeutsam erscheinendes Gebiet eingehender erkunden sollten.

Kette Wenn Sie in Ketten lagen, kann sich der Traum auf Plackerei in Ihrem Alltag beziehen. War Ihre Kette aus purem Gold, so genießen Sie vielleicht Ihre momentanen Verpflichtungen. Gab es ein schwaches Glied, das brach? Prüfen Sie Ihre gegenwärtigen Pläne genauestens! Oder vielleicht arbeiten Sie nicht gründlich genug.

Keuschheit Sagt der Traum etwas aus über Sie und Ihre Einstellung zum Sex, oder weist er darauf hin, daß Sie von einem Problem «nichts wissen» wollen? Vielleicht meinen Sie, Sie sollten «sauber bleiben», sich nicht einmischen.

Kind Betrachten Sie die Umstände im Traum sorgfältig. Stellte das Kind Sie selbst dar oder einen unreifen Aspekt Ihrer Persönlichkeit? Haben Sie das Kind geliebt und umsorgt, beobachtet, wie es sich entwickelte — oder haben Sie es verachtet? Hat das Kind verzweifelt versucht, von Ihnen loszukommen, oder wollte es Ihre Aufmerksamkeit erregen? Vielleicht symbolisiert das Kind eine aufkommende Idee oder ein Konzept. Wenn ja, wie «gesund» war es? Wollen Sie Kinder? Wenn ja, könnte es hier sehr leicht ein sehr direkter Wunscherfüllungstraum sein.

Kindergarten Vielleicht ein Bezug auf den Mutterinstinkt; aber ein Traum vom Kindergarten Ihrer Kindheit deutet darauf hin, daß Sie in der Vergangenheit leben, und Sie sollten sich der Gegenwart und der Zukunft bewußter sein.

Kinnlade Haben Sie in letzter Zeit viel geredet? Oder haben Sie mit herunterhängender Kinnlade dagestanden? Es kann sich um eine angenehme oder unangenehme Überraschung gehandelt haben.

Kino Welcher Film wurde gezeigt? Versuchen Sie, ihn auf Ihren eigenen Lebenszustand zu beziehen. Hat sich das Publikum amüsiert? Konnten Sie die Leinwand (Ihre Motive) klar sehen? Haben Sie im Film mitgespielt? Wenn ja, spielen Sie «eine Rolle» und sind Sie nicht ganz ehrlich sich selbst gegenüber? Siehe *Schauspielerei*, *Theater*.

Traumanalyse

Kind Am 6. März 1815 fand Mary Shelley, die Frau des Dichters, ihr Baby tot vor. Zwei Wochen später schrieb sie in ihr Tagebuch: *«Traum, daß mein kleines Baby wieder zum Leben erwacht ist; daß es nur unterkühlt war, daß wir es vor dem Feuer rieben und daß es lebte. Erwache und finde kein Baby vor. Ich denke den ganzen Tag an den Kleinen ...»*

Mary Shelleys Unterbewußtsein hat wahrscheinlich versucht, sie der Unsterblichkeit ihres Babys zu versichern. (Shelley selbst war ein Atheist). Das Feuersymbol scheint wichtig zu sein, möglicherweise ein Bezug auf Wiedergeburt — sie war vielleicht mit dem Phoenixmythos vertraut.

Kirche Der Traum kann etwas über Ihre Überzeugung und Ihren Glauben aussagen. Wenn Sie vor allem von der Schönheit, Erhabenheit und Würde der Kirche erfüllt waren, weist er möglicherweise auf bewunderte psychologische Merkmale hin (siehe UMGEBUNG, S. 92). Ihre Persönkannkeit als Ganzes und Ihr Potential können in Frage gestellt sein. Vielleicht sind Sie zu weiteren Leistungen fähig, haben mehr Selbstvertrauen gewonnen? Haben Sie größere Unterstützung nötig? Haben Sie Sünden zu beichten, oder soll man Sie Ihnen vergeben?

Kirchhof Eher noch ein traditionelles Symbol als das des Friedhofs, deutet das Gehen zwischen unbekannten Gräbern eine Suche nach etwas an. Ihrer eigenen Identität? Oder sind es neue Herausforderungen? Das Alter des Kirchhofs kann die Summe vergangener Erfahrungen bedeuten.

Kitzel Kitzeln hat eine sexuelle Nebenbedeutung, und davon zu träumen, jemanden zu kitzeln, drückt das Verlangen des Träumers aus, demjenigen Vergnügen, Lust oder Stimulation zu bereiten. Hat jemand Sie stimuliert?

Klagen Tun Sie sich selber zurzeit besonders leid? Vielleicht legen Ihnen Ihre Träume nahe, Ihr Leben auf wirklich positive Weise anzusehen; aufzuhören damit, über andere zu schimpfen; oder einfach Schluß damit zu machen, über etwas zu trauern, was fertig und vorbei ist. Haben Sie kürzlich einen Trauerfall erlitten oder einen Verlust empfunden, so kann der Traum einfach ein weiterer Ausdruck Ihres Kummers sein und Sie auf eine Rückkehr ins Alltagsleben vorbereiten. Siehe TOD (S. 76).

Klaue Es kommt auf das Tier an, dessen Klaue vorkam, und sein Verhalten. Hat jemand oder etwas Sie «in den Klauen» und laugt Ihre emotionalen oder körperlichen Kraftquellen aus, oder hält man Sie fest?

Klavier Es mag ein Bezug zur Vergangenheit vorliegen, wenn Sie als Kind gegen Ihren Willen an dieses Musikinstrument gesetzt wurden. Oder spielen Sie etwa im Wachleben nach der Melodie eines anderen? Es könnte auch Wunscherfüllung im Spiel sein. Ein schweres Klavier herumzuschieben kann sich auf ein gewichtiges, sperriges Problem beziehen.

Kleid Hat es gut gepaßt, und fühlten Sie sich gut darin? Wahrscheinlich hat Ihr Traum eine Aussage über Ihren gegenwärtigen Lebensstil gemacht oder über den Eindruck, den Sie machen. Wenn Sie ein Kleid gekauft haben, kann das ein Kommentar über eine Tendenz zur Angeberei sein? Oder erleben Sie eine Periode der Veränderung Ihres Images, aber vielleicht auch der Persönlichkeit? Es gibt vielleicht

Anspielungen auf Wunscherfüllung — besonders wenn Sie eine alleinstehende Frau sind, die gern eine Beziehung hätte und davon träumt, daß sie ein Hochzeitskleid kauft. Siehe KLEIDUNG UND NACKTHEIT (S. 82/83).

Kleidung Jeder Traum, der sich auf etwas konzentriert, was Sie anhaben, ist wahrscheinlich eine Aussage über Ihr Image, also siehe KLEIDUNG (Seite 82/82) und *Bild;* aber vielleicht deutete Ihr Traum auch an, daß Sie sich selbst nicht treu bleiben oder daß Sie sich in gewißer Weise verändern sollten. Denken Sie insbesondere über Ihre Meinungen und Reaktionen nach. Wenn Sie sich in Ihrem Traum «herausgeputzt» haben, sollten Sie vielleicht stolzer auf sich und Ihre Leistungen im Leben sein. Wenn Sie jemandem auf den Schlips getreten sind, wollen Sie ihm vielleicht irgendwie nacheifern. Wenn Sie sich der Farbe der Kleidung stark bewußt sind, kann das ein wichtiger Hinweis auf die Bedeutung des Traums sein. Ein Mann, der davon träumt, daß er sich Frauenkleider anzieht, bekommt offenbar Sexualität beurteilt. Siehe auch *Auzug.*

Kleister Kleister wird zur Reparatur verwendet, zum Ausbessern, vielleicht dafür, das Beste aus einer schlechten Situation zu machen. Ihr Traumkleister kann gut eine wirkliche Situation wiedergeben, die einfach «klebrig» ist, oder die Tatsache, daß Sie Wiedergutmachung betreiben oder einfach das Beste aus den Dingen machen. Aber vielleicht waren Sie der Kleister; in diesem Fall ist Ihre Beteiligung beträchtlich. Der Traum kommentiert dann vielleicht Ihre Hartnäckigkeit oder Ihr Festklammern an alten Ideen oder vielleicht an Leuten.

Klettern Was haben Sie erklettert? Sind Sie vorangekommen oder nicht? Wie sicher fühlten Sie sich? Ihr Traum kann Ihnen sehr wohl etwas über Ihre gegenwärtige Stellung im Leben oder in Ihrer Arbeit sagen.

Klippe Haben Sie zu einer Klippe aufgeschaut, oder haben Sie versucht, sie zu erklettern? Sind Sie sehr beschäftigt mit Ihrem materiellen Fortkommen und mit dem Erreichen Ihrer Ziele? Stehen Sie am Rande einer Klippe, ist Ihre Sicherheit in irgendeiner Weise bedroht? Wenn Sie durch Ihr Klettern berauscht waren, kann der Traum beruhigend sein; er kann Sie aber auch vor dem Fallen warnen.

Klopfen Es kann einen wortspielerischen Bezug auf Ihr «Anklopfen» bei jemandem bestehen, oder klopft man bei Ihnen an? Aber schauen Sie auf andere Symbole im selben Traum, da wir oft auf etwas klopfen, um Aufmerksamkeit zu erregen. Ein solcher Traum kann auch durch ein wirkliches Klopfgeräusch im Hörbereich des Träumers hervorgerufen werden.

Kloster War es ein friedlicher Ort, wo sie sich entspannt und wohl fühlten, oder ging es restriktiv und straff diszipliniert zu und her? Dies sowie Ihre Reaktion sind Hinweise darauf, ob Ihnen-Ihr Traum rät, kontemplativer und introvertierter zu sein, oder ob Sie mehr Disziplin benötigen. Mönchsklöster sind eine rein männliche Angelegenheit, daher wird bei beiden Geschlechtern wahrscheinlich ein Bezug auf die männliche Seite der Natur zu finden sein, beispielsweise auf Aggressionen oder Durchsetzungsvermögen — vielleicht eine Bitte um mehr Sensibilität oder eine fürsorglichere Haltung. Was Träume von Frauenklöstern betrifft, könnte die Verbindung mit sexuellen Einschränkungen (oder die Beschränkung auf ein einziges Geschlecht, vermutlich Ihr eigenes) bedeutsam sein.

Knebel Wenn Sie in einem Traum geknebelt wurden, legt Ihnen Ihr Unbewußtes aller Wahrscheinlichkeit nach nahe, daß Sie Ihren Mund halten sollten! Es kann sein, daß man Sie von einer Ihnen wichtigen Erklärung zurückhält: Wenn ja, entscheiden Sie, wer oder was Sie zurückhält, und finden Sie den wahren Grund. Vielleicht sind Sie selbst unfähig zu sprechen, in diesem Fall kann es eine psychologische oder intuitive Hemmung sein.

Knopf Sind Sie bis obenhin zugeknöpft oder nicht? Hier scheint die Betonung fast sicher auf Ihrer allgemeinen psychologischen Einstellung zu sein. Wenn die Knöpfe Sie einengen, sollten Sie sich vielleicht mehr entspannen; wenn Sie Ihre Kleidung kaum zusammenhalten, vielleicht bis zu einem Punkt der Verlegenheit, wäre vielleicht etwas mehr Formalität keine schlechte Sache. Wenn Sie jemandem einen Knopf annähen, bedarf diese Person vielleicht Ihrer Hilfe.

Knospen Das symbolische Wachstum Ihrer Persönlichkeit kann hier eine Nachricht des Unterbewußtseins sein, ein gewisses Entfalten oder eine Entwicklung, ein Gedeihen. Wenn die Knospen eingegangen sind, sollten Sie vielleicht an den schwächeren Seiten Ihrer Persönlichkeit arbeiten.

Knoten Vielleicht haben Sie kürzlich einen symbolischen Knoten geknüpft, der eine Bindung wie die Ehe oder eine permanente Beziehung bedeutet. Andererseits: Kämpfen Sie mit einem «verknoteten» Problem? Wenn ja, und Sie haben indes Ihren Traumknoten entwirrt, seien Sie beruhigt.

Kochen Möglicherweise ein Hinweis auf Ihre Kreativität: die Notwendigkeit, sie besser zu aktivieren — es sei denn, Sie «kochen» nach Rezept. Vielleicht sind Ihre mütterlichen Instinkte in Frage gestellt. Sollten Sie sich mehr mit anderen Leuten beschäftigen, weniger eigenbrötlerisch sein (siehe ESSEN UND TRINKEN, S. 86)? Haben Sie etwas «im Feuer»?

Kohle Kohle hat eine traditionelle symbolische Verbindung mit Zufallsglück, trotz der Schwärze und des Drecks. Mit ihrer Herkunft aus der Erde können wir sie mit den guten Resultaten aus harter Arbeit in Verbindung bringen. Vergessen Sie nicht, daß Kohle in der Umgangssprache oft Geld bedeutet.

Kollision Siehe *Unfall*.

Kompaß Vielleicht ein Bezug auf die Richtung, die Sie im Leben einschlagen. Wenn Sie einen Kurs mit einem gleichbleibenden Kompaß gelenkt haben, dabei Gefahren aus dem Weg gingen, handelt es sich um einen beruhigenden Traum. Wenn sich die Richtung des Kompasses verändert hat, Ihre Richtung unklar war, kann das ein Hinweis sein, daß Sie Ihren Kurs ändern sollten. In Verbindung mit anderen Symbolen im Traum könnte es ein Hinweis auf zukünftige Vorhaben sein.

König Was hat der König im Traum repräsentiert? Halten Sie seine Eigenschaften für erstrebenswert, ob er nun ein autoritärer Monarch oder der unangefochtene Meister seines Fachs war, jemand wie Elvis, König des Rock? Stellen Sie jemanden, den Sie bewundern, auf einen Thron — einen strahlenderen, als er verdient? Oder geben Sie zu sehr an, oder verhalten Sie sich zu dominant? Siehe *Thron*.

Königtum Viele Menschen träumen von Königswürde oder von einem zeremoniellen Staatsoberhaupt. Diese Träume enthalten häufig persönliche Treffen und sind manchmal äußerst komisch. Sie können ein eifriges Wachinteresse an den Angelegenheiten von Königen, Königinnen, Prinzen und Prinzessinnen widerspiegeln und beziehen oft mit ein, daß diese auf unser Niveau herabsteigen — zum Tee vorbeikommen oder uns zum Tanzen einladen! Freud glaubte, daß König und Königin regelmäßig die Eltern des Träumers repräsentieren, ein Prinz oder eine Prinzessin dagegen den Träumer oder die Träumerin selber. Es wird jedoch von Wert sein zu entscheiden, ob Sie sich mit irgendeinem besonderen Element oder Merkmal der königlichen Personen in Ihrem Traum identifizieren oder ob Sie vom Gedanken erfüllt sind, zu regieren, über andere zu herrschen, zu dominieren. Wenn Sie grundsätzlich ziemlich schüchtern und introvertiert sind, kann der Traum Sie ermutigen, an Ihrem Charakter und Ihrer Selbstachtung zu arbeiten. In Jungschen Begriffen können königliche Figuren — besonders Könige und Königinnen — sehr wohl archetypische Figuren sein (siehe S. 26) und Animus (das männliche Prinzip) repräsentieren.

Konzert Wenn Sie sehr mit den Musikern bei einem Konzert beschäftigt waren, könnte das ein Hinweis sein, daß Sie zu gefühlsbeladen im Leben sind, sich von Enthusiasmus davontragen lassen, mit der Realität nicht mehr in Verbindung stehen. Aber es kann auch ein inspirierendes Element im Traum sein, das sich auf kreative Arbeit und Ihre Fähigkeit, diese zu tun, beziehen kann! Wenn Sie mitgespielt haben, kann das ein Kommentar über exhibitionistische Neigungen sein (siehe auch unter MENSCHEN-MENGEN, S. 96).

Kopf Siehe Körper, wenn es um reale Schmerzen geht. Aber vielleicht sind Sie mit Ihrer Arbeit den anderen um «Haupteslänge» voraus? Oder Sie sollten vielleicht bei einem Projekt die Führung übernehmen — oder bei einem Teil Ihres Lebens. Die Dinge steigen Ihnen vielleicht zu Kopf. Zwei Köpfe (wenn Sie von ihnen träumen) sind möglicherweise tatsächlich besser als einer. Vielleicht sollten Sie die derzeitigen Vorgänge in Ihrem Kopf überprüfen: Ihre Gedanken, psychologischen Probleme oder was auch immer.

Kopfkissen Das Kopfkissen ist gewöhnlich mit dem Kopf assoziiert. Vielleicht versuchen Sie, einen Schlag zu lindern, oder Ihr Traum legt Ihnen nahe, daß Sie Ihren Geist entspannen sollten.

Korb Der Inhalt des Korbs ist möglicherweise das wichtige Bild in diesem Traum. Vielleicht sind Sie ja auch selbst der Korb, der Traum ein Kommentar über Ihren Sicherheitsinstinkt oder Ihre Einstellung zu Anlagen. Haben Sie alle Ihre Eier in einen Korb gepackt? Der Traum kann bedeuten, daß Sie distanzierter sein sollten. Vielleicht gab der Korb unter dem Gewicht nach. Wenn ja, sind Sie momentan unter Druck?

Korken Das Knallen eines Korkens aus einem Flaschenhals war in Filmen oft das Symbol männlicher Ejakulation, und das scheint immer noch der wahrscheinlichste Bezug. Ein schwimmender Korken kann bedeuten, daß Sie sich inmitten Ihrer Probleme über Wasser halten.

Körper Träume über unsere verschiedenen Körperteile bedürfen einer eigenen Beurteilung. Oft bezieht sich der Traum lediglich auf eine Körperposition, in die Sie während des Schlafens gekommen sind, wodurch Druck oder Unbequemlichkeit an den betreffenden Stellen hervorgerufen wird. Aber ein Traum der besagt, daß ein Teil Ihres Körpers schmerzt, kann sehr wohl eine Warnung vor einem physischen Problem sein, obwohl es medizinisch noch gar nicht feststellbar ist (siehe Seite 58). Solche «Warnträume» basieren oft auf Information aus dem Unbewußten.

Kosmetik Verkleiden, Versteckspiel, «Zusammenflicken», der Versuch alles «gutzumachen», «die Lücken zu füllen», etwas kosmetisch zu verbessern. Das kann wirklich ein warnender Traum sein: Igno-

rieren Sie die Realität, versuchen Sie etwas zu sein, was Sie nicht sind? Der Traum könnte Sie dazu ermutigen, mehr eigenen Stolz zu entwickeln. Verbessern Sie Ihr Image.

Kostüm siehe *Anzug.*

Kraftfahrzeug Generell, besonders für Männer, ist das Fahrzeug, das sie im Leben ihr eigen nennen, eine wichtige Erweiterung ihres Selbstbildnisses und oft auch Ihrer sexuellen Persönlichkeit. Siehe *Auto.*

Krähe Vielleicht ein wortspielerischer Traum, der bedeutet, daß Sie angeberisch auftreten. Aber manchmal können Krähen magische Assoziationen wecken, also berücksichtigen Sie jede Überlieferung, die Sie als Kind gehört haben: Da einer Krähe traditionell nachgesagt wird, sie sei ein Symbol des Todes, kann dies ein Kommentar über das Sterben einer Idee oder über eine Persönlichkeitsveränderung sein. Aber lassen Sie sich durch Aberglauben nicht allzu sehr beirren.

Krankenhaus Gebäude repräsentieren in Träumen oft den Träumenden. Wenn das Krankenhausgebäude Sie selbst darstellt, ist die Abteilung, in der sich der Traum abspielt, offenbar wichtig, aber auch die Krankheit, die behandelt worden ist (wenn es eine gab). Wenn Sie der Arzt waren, kann sich das auf eine Helferrolle beziehen, die Sie in Ihrem Leben spielen. Als Patient versuchen Sie vielleicht, sich von einer Ihnen zugefügten Verletzung zu erholen: Sind Sie in letzter Zeit zu streng mit sich gewesen, oder brauchen Sie einfach Rückhalt? Siehe UMGEBUNG (S. 92/93) und *Invalide.*

Krankheit Wie wir oft betont haben, könnte ein Traum von einer bestimmten Krankheit auf einen wirklichen Krankheitszustand hindeuten, daher sollten Sie vielleicht einen Arzt aufsuchen! (Einige praktische Ärzte könnten die Möglichkeit anerkennen, daß Ihre Träume ihre Diagnose vorwegnehmen.) Ihr Traumgebrechen kann auch etwas über andere Bereiche Ihres Wachlebens aussagen. Ein Traum von einem schwachen Herz kann z.B. ein Symbol für Ihre Anhänglichkeit an jemand sein — Sie könnten ein wundes Herz oder Heimweh haben, oder jemand oder etwas macht Sie krank. Physische Krankheit in einem Traum — Ihre eigene oder die von jemand anders, sogar die eines Tieres — kann natürlich ein Symbol psychologischer Krankheit sein; also denken Sie sorgfältig darüber nach, wie die Krankheit auf Ihren Gemütszustand bezogen werden kann. Siehe auch *Krankenhaus, Invalide.*

Kranz Als Ausdruck einer Gemütsbewegung, normalerweise Sympathie, kann ein Kranz im Traum bedeuten, daß Sie im Moment zuviel Selbstmitleid haben oder das Ende einer Bindung betrauern.

Siehe GEBURT, TOD UND VERWAND-LUNGEN (S. 76). Ein Lorbeerkranz ist eindeutig mit Gratulation konnotiert.

Krawatte Freud betrachtete natürlich die Krawatte als ein eindeutig phallisches Symbol (siehe den auf S. 23 zitierten Traum). Aber eine Krawatte ist für einen Mann eine Möglichkeit, sein Image zu betonen, und bis vor kurzem war es eines der wenigen Mittel, Individualität auszudrücken, wenn man förmliche Kleidung trug. So ein Traum könnte diesen Aspekt unterstreichen, vorschlagen, daß Sie einen bestimmten Zug Ihres Wesens mehr (oder weniger) betonen sollten. Es könnte ein Zusammenhang mit der Eitelkeit, dem Geltungsbedürfnis, der Gefallsucht bestehen. Das Binden von Knoten (Liebesknoten?) oder Fliegen könnte sich auf emotionale Bindungen beziehen. Oder sind Sie an irgendeine Verantwortung gebunden?

Krebs Wenn Sie im Traum an dieser Krankheit litten, ist das in keiner Weise eine Warnung (doch wenn Sie sich unsicher fühlen, lassen Sie sich untersuchen). Ein Krebs ist «Wachstum», und der Traum kann sich auf etwas Unangenehmes beziehen, das von Ihnen ausgeht — eine schnellwachsende Besessenheit zum Beispiel, die eine schlechte Auswirkung auf Ihre Persönlichkeit hat. Stellt ein Aspekt Ihres Lebens für Ihr Wohlbefinden und Glück eine Bedrohung dar?

Kreide Ein Stück Kreide kann einen Zusammenhang mit Schultagen, mit Lehrer und Tafel haben. Haben Sie vor kurzem etwas gelernt, oder brauchen

Sie eine Lektion? Sehen Sie «das Zeichen an der Wand»?

Kreis Der Kreis oder das Mandala ist ein starkes Symbol der Ganzheit; wenn er vollständig war, kann der Traum eine wichtige und positive Beurteilung Ihrer eigenen Ganzheit und Genügsamkeit abgeben. Wenn er verzogen oder unvollständig war, kann der Traum vielleicht bedeuten, daß Sie an sich selbst arbeiten und Ihre eigene Persönlichkeit erforschen sollten.

Kreisel Es könnte eine Andeutung sein, daß Sie «sich im Kreise drehen» und sich deshalb angespannt fühlen (siehe *Feder*). Sie bedürfen vielleicht der Entspannung und sollten Ihre Probleme rationaler betrachten.

Kreuz Obwohl das Kreuz schon seit uralter Zeit in vielen Religionen vorkommt, ist das christliche Symbol ein sehr mächtiges: Es deutet Unsterblichkeit, Mitleid oder sogar ungerechtfertigte und grausame Bestrafung an. Es gibt auch eine Verbindung mit dem Lebensraum und mit Nahrung. Jeder Traum von einem Kreuz hat fast sicher religiöse Untertöne, und seine Interpretation wird möglicherweise von Ihrer persönlichen Einstellung zum Christentum abhängen. Die Farbe Kreuz in Kartenspielen (oder Stab oder Zepter im Tarockspiel) weist auf Bestimmtheit und Handeln hin und wird mit Macht in Verbindung gebracht.

Kreuzung Sie stehen gerade aller Wahrscheinlichkeit nach vor einer Entscheidung, die Ihr zukünftiges Leben beeinflussen wird. Versuchen Sie sich zu erinnern, wie vertrauensvoll Sie im Traum den einen oder anderen Weg gewählt haben und in welchem Zustand die Straße war, die vor Ihnen lag. Vertrauen in Ihrem Traum kann eine berechtigte Entscheidung reflektieren; Unsicherheit kann bedeuten, daß Sie zu einer Entscheidung noch nicht bereit sind, vor der Sie jetzt stehen. Siehe LANDSCHAFT, S. 68.

Traumanalyse

Krankheit und Erlösung Julia träumte: *«Derek und ich gingen Andrew besuchen, einen uns sehr teuren Menschen, der einen massiven Herzanfall und einen Schlag erlitten hatte und an den Rollstuhl gefesselt war. Wir gingen in sein Wohnzimmer, aber es gab keine Anzeichen eines Rollstuhls, von Arzneimitteln, Krücken oder irgend etwas anderem, das mit seiner Krankheit verbunden gewesen wäre. Er saß in einem gewöhnlichen Sessel, und als wir eintraten, stand er auf und sagte: ‹Julia, ich bin geheilt — es geht mir wirklich besser!› Ich weinte vor Freude.»*

Am nächsten Morgen erfuhr ich, daß unser Freund gestorben war. Der prophetische Bestätigungstraum hatte ganz richtig besagt, daß er frei von seinem Leiden war, obwohl ich zutiefst über den Tod eines wundervollen Menschen betrübt war.

Krieg Der Krieg kann sich in Ihrem Inneren abspielen, ohne Rücksicht auf Ihre Konfliktsituation im Traum. Das kann darauf hindeuten, daß Sie sich im wachen Leben irgendeinem Kampf stellen sollten. Sehen Sie auch bei *Duell* und bei den besonderen Waffen nach, die in Ihrem Traum eingesetzt wurden.

Kristall Der Traum mag Ihnen mitteilen, daß Sie Ihre Probleme mit wirklicher Klarheit sehen. Wenn Sie von einem Objekt aus geschliffenem Kristall träumen, kann dies ein Kommentar auf den Facettenreichtum Ihres Lebens sein. Eine Farbe im Regenbogenspektrum ist Ihnen vielleicht speziell aufgefallen (siehe FARBEN, S. 94). Waren Sie hellseherisch? Wenn Sie sich dabei unbehaglich fühlten, verlassen Sie sich nicht zu sehr auf Ihre Intuition. Die Bildung von Kristallen deutet auf die Entwicklung (Kristallisation) Ihrer Persönlichkeit hin.Schneekristalle können sich auf etwas Kurzlebiges beziehen. Hat der Name Kristall (vielleicht Christel o. a.) irgendeine Bedeutung für Sie?

Krokodil Es kommt sehr darauf an, wie Ihre Einstellung zu Krokodilen im Leben ist, aber vergessen Sie nicht die traditionellen Assoziationen mit einem Krokodil. Haben Sie Krokodilstränen vergossen wegen etwas, was Sie aufrichtig bedauern? Vielleicht versuchen Sie jemanden vollständig aufzufressen. Sind Sie «schnäppisch»? Haben Sie mehr geschluckt, als Sie verdauen können?

Krone Wenn Sie gekrönt wurden, kann das eine Anspielung auf eine Entscheidungs- oder Machtposition sein, die Ihnen angeboten wurde. Aber vielleicht fühlten Sie einfach, daß Sie etwas erreicht haben, nicht unbedingt in materieller Hinsicht. Besitz einer Krone kann den Besitz eines großen Geheimnisses oder von wertvoller Information bedeuten.

Krücke Erhalten Sie genug Unterstützung von Ihrer Umgebung? Der Traum kann Ihre gegenwärtige Situation zusammenfassen: Spielen Sie eine unterstützende Rolle? Sie müssen entscheiden, ob Sie dadurch genug Befriedigung und Erfüllung finden.

Krüppel Ob Sie nun verkrüppelt waren oder von einem Verkrüppelten geträumt haben, Sie brauchen ein Gefühl der Sicherheit, Unterstützung auf einem Gebiet Ihres Lebens; einem Teil von Ihnen, vielleicht auf psychologischer Ebene, geht Stärke oder sogar Gesundheit ab. Vielleicht hält Sie der Traum dazu an, mehr Selbstvertrauen zu entwickeln.

Kruzifix Siehe *Kreuz.*

Küche Die Küche ist ein Schlüsselsymbol in Träumen von Häusern, das sich wirklich auf Sie und Ihren Körper bezieht (s. UMGEBUNG, S. 92). Die Küche mit Ihrer Hitzequelle und als Ort der Nahrungszubereitung kann das Zentrum Ihres physischen Seins bedeuten; also können Schwierigkeiten mit dem Feuer oder dem Herd auf Ihre Gesundheit hinweisen. Vergessen Sie auch nicht, daß die Liebe durch den Magen geht — zum Herzen eines Mannes (oder einer Frau); es kann ein Hinweis darauf sein, wie Sie sich um Ihren Partner kümmern.

Kuchen Ein «Kuchenstück» kann sich auf einen bestimmten Teil Ihrer Persönlichkeit beziehen, wie Sie sich anderen gegenüber ausdrücken, wie Sie Ihr Leben und Ihre Energie verteilen. Oder vielleicht gierten Sie nach mehr Kuchen oder auch nur nach der Glasur. Der Traum kann auf Egoismus hindeuten — es sei denn, Sie haben für andere gebacken.

Kuckuck Der Traum kann bedeuten, daß Sie sich nicht der Verantwortung stellen oder daß Sie sich in letzter Zeit ziemlich dumm benommen haben. Sie störten vielleicht das Leben anderer, legten anderen «ein Kuckucksei ins Nest».

Traumanalyse

Küche Sarah träumte: «*Ich baute eine neue, ziemlich grosse Küche in ein Flugzeug ein. Die Arbeit war getan, und ich war mit jemandem zusammen, der dafür bezahlt hatte und das Ergebnis bewunderte.*»

Der Traum bezog sich auf Sarahs Musikunterricht, der ihr einige Schwierigkeiten bereitet hatte. Nach einer erfolgreichen Stunde mit ihrem Lehrer sagte man ihr, daß sie die Grundkenntnisse beherrsche und die Fertigkeit auf jede Weise, die sie sich wünschte, anwenden könne. Der Traum ergab für sie einen eindeutigen Sinn, denn die Küche stellte die Menge harter Arbeit dar, die sie hineingesteckt hatte, und der Bezug zum Flugzeug bestand darin, daß sie nun «mit fliegender Leichtigkeit» ans Werk gehen, «abheben» konnte.

Kugel Siehe *Mandala* (S. 26 und Glossar), aber der Traum bezieht sich vielleicht auf Ihre psychologische Intaktheit. Wenn die Kugel perfekt war, ist der Traum ein beruhigender und deutet vielleicht an, daß Sie in Harmonie mit dem All sind. Er könnte sich beim männlichen Träumer aber auch auf die Hoden beziehen.

Kuh Oft das Symbol für Mütterlichkeit oder mütterliche Instinkte. Ist es ein Kommentar über die Beziehung zwischen Ihnen und Ihrer Mutter? Waren Sie in letzter Zeit eine «dumme Kuh»?

Kühlschrank Wenn Sie Dinge in einem Kühlschrank verstaut haben, deutet der Traum vielleicht darauf hin, daß Sie sich auf gewisse Weise zurückhalten, «abkühlen» und nicht überhitzt handeln sollten. Etwas aus einem Kühlschrank herauszunehmen scheint sich dagegen darauf zu beziehen, daß Sie bereit sind, sich auf wärmere Art auszudrücken — das Essen ist bereit, serviert zu werden; wenn Ihr Kühlschrank defekt war, sind Sie vielleicht eindeutig am Auftauen oder Schmelzen! Falls aber das Essen verdorben war, geschah jenes möglicherweise zu früh. Siehe evtl. *Eis*, ESSEN UND TRINKEN (S. 86).

Künstler Haben Sie ein Bild gemalt? Vielleicht sehen Sie Ihre Probleme so klar wie die Darstellung auf dem Bild — oder so verschwommen, wenn es sich um ein schlechtes Bild handelt. Womöglich will der Traum Ihnen den Anstoß geben, kreativer zu sein.

Kuß Er kann leicht Teil eines Wunscherfüllungstraumes sein. Aber es existieren andere Kußarten: einer des Friedens oder des Verrats? Ein Kuß ist ein intensiveres Symbol der Zuneigung und Liebe als direkte sexuelle Handlungen und stellt die Person, die Sie küssen — oder was er oder sie repräsentiert —, in ein besonderes und liebevolles Verhältnis zu Ihnen. Sogar Verrat wird dadurch sehr viel intensiver. Denken Sie über diesen Traum genau nach und was er in bezug auf «Nähe» mit seinem wirklichen Gegenstand bedeuten könnte.

Küste War die Küste klar ersichtlich? Wenn ja, bedeutet der Traum möglicherweise, daß Sie entlang der Küste in gemächlicher Geschwindigkeit weiterfahren sollten. Oder stehen Sie gewissen Elementen in Ihrem Alltagsleben zu selbstgefällig gegenüber?

L

Laboratorium Was möchten Sie beweisen? Womöglich unterziehen Sie sich im Wachleben irgendeinem Test oder durchleben Prüfungsbedingungen. Sollten Sie ein wenig experimentieren, oder sind Sie besessen vom Wie und Warum Ihres gegenwärtigen Lebens? Die Art des in Ihrem Traum durchgeführten Experiments ist offensichtlich von Wichtigkeit und kann Ihnen weitere Symbole zur Interpretation liefern.

Labyrinth Siehe *Irrgarten*.

Traumanalyse

Lachen Derek träumte: *«Ich befand mich in einer engen, dunklen französischen Straße. Aus der Ferne hörte ich Hufgeklapper, und ein Trauerzug mit federgeschmückten Pferden und Kutschen kam in Sicht. Als die erste Kutsche vorbeifuhr, sah ich, daß ihre Passagiere* moules *(Muscheln) waren, mit Zylindern und Trauerflor. In der zweiten Kutsche sassen ähnlich gekleidete Hühnchen... Es handelte sich um das Begräbnis meines Festessens! Lachend erwachte ich.»*

Dieser Traum erfolgte wenige Stunden nach einem ausgezeichneten Mahl an der Côte d'Azur: einer dieser ungewöhnlichen, offensichtlich lustigen Träume. Er offenbarte jedoch auch eine gewisse Sorge um die für das Festessen getöteten Tiere. (Bernard Shaw, selbst Vegetarier, behauptete immer, daß alle die Tiere, die er nicht gegessen hatte, an seinem Begräbnis teilnehmen würden.)

Lachen Lachen in einem Traum weckt uns fast jedesmal auf, doch wenn wir den Traum dann untersuchen, erscheint er leider gewöhnlich nicht mehr sehr komisch. Lustige Träume scheinen nicht sehr häufig viel Bedeutung für den Wachzustand zu haben.

Lächeln Ein Symbol der Anerkennung; Sie machen wahrscheinlich gute Fortschritte, besonders wenn das Lächeln auf dem Gesicht einer Autoritätsfigur war. Hat es Sie gefreut oder eher überrascht?

Laden Der springende Punkt für die Interpretation ist, ob Sie in Ihrem Traum etwas gekauft oder verkauft haben und welche Waren dabei im Spiel waren. Machen Sie im Wachleben «Preisvergleiche» — für einen möglichen Ehepartner, einen Job, ein Haus? Denken Sie über den Laden nach — wie reich das Angebot war und ob er groß oder klein war; dies könnte sich auf Sie selbst und auf Ihre inneren «Vorräte» beziehen. Siehe wo nötig *Kaufen, Verkaufen.*

Lager Siehe auch *Laden.* Schauen Sie nach, was auf Lager ist, wenn Sie eine gewisse Handlungsweise verfolgen. Sie sammeln vielleicht Erlebnisse und entwickeln sich dadurch psychologisch weiter. Vielleicht wäre die Frage angebracht, ob Sie nicht habsüchtig sind.

Lagerhaus Es stellt wahrscheinlich den Vorrat an Wissen und Erfahrung dar, die Sie im Lauf Ihres Lebens gesammelt haben; es spielt keine Rolle, ob Sie es vergrößern, etwas darin suchen oder neue Räume in ihm entdecken (s. Julia Parkers Traum, S. 56).

Lahmlegung Der Traum kann auf eine psychische Lahmlegung hinweisen, die Ihr Fortkommen behindert, oder auf die Unfähigkeit, mit einer realen Situation überhaupt zurechtzukommen. In ersterem Fall versuchen Sie herauszufinden, was Sie hindert; die endgültige Lösung kann durch Selbst- und Traumanalyse erfolgen, obwohl Sie Beratung brauchen könnten.

Lähmung Seien Sie nicht allzu besorgt, wenn Sie träumen, Sie seien gelähmt, auch wenn dies die Art von Traumsymbol ist, die Sie quälen und niedergeschlagen machen könnte. Es kann sich ebensogut um einen Hinweis auf einen Teilbereich Ihres Gemüts oder Ihres Verhaltens im Wachleben handeln. Reagieren Sie «lahm» auf eine Situation? Oder rufen Sie vielleicht auf irgendeinem Gebiet nach ein bißchen Hilfe, Unterstützung oder Bestätigung? Andererseits könnte womöglich jemand anderes Ihre Hilfe benötigen.

Lampe Dies scheint ein positives Symbol zu sein, denn Träume von Licht bieten üblicherweise Führung, Bestätigung und Hoffnung an. Die FARBE (siehe S. 94) und relative Wärme der Lampe können eine Erklärung anbieten. Wenn Sie eine Lampe umgestoßen haben, mag dies einen Bezug auf eine Enttäuschung haben; hat sie andere Gegenstände in Brand gesetzt, dann versuchen Sie, deren Beschaffenheit wieder wachzurufen, denn dies könnte wichtig sein. Hier kann auch eine Warnung vorliegen: Eine Traumlampe, die verlöscht, könnte auf eine Enttäuschung oder auf den Verlust des Orientierungssinnes im Wachleben verweisen — oder Sie sehen möglicherweise bestimmte Teilgebiete Ihres Lebens nicht allzu klar, wobei andere Symbole im Traum bezeichnen können, wovon die Rede ist. Bitten Sie Ihre Träume um weitere Hinweise (falls Sie deren Kernpunkt nicht erfassen, siehe S. 47.) Siehe *Licht,* FEUER (S. 78), ev. FARBE (S. 94).

Land Siehe LANDSCHAFT (S. 68), *Erde,* evtl. *Insel.* Ihr Sicherheitsgefühl könnte zur Diskussion stehen; das Hauptsymbol des Traums scheint aber etwas anderes zu sein als «Land» insgesamt — falls Sie nicht kürzlich «einen Treffer gelandet» haben, eine neue Stelle zum Beispiel.

Landkarte Für gewöhnlich legt dieses Symbol nahe, daß Sie einen Weg suchen. Glauben Sie, irgendwie die Richtung verloren zu haben? Oder schmieden Sie vielleicht sorgfältige Pläne für ein neues Projekt? Haben Sie die Karte gewissenhaft studiert oder nur einen Blick darauf geworfen?

Landschaft Siehe S. 68.

Landstreicher Stellen Sie sich den Landstreicher in Ihrem Traum zuerst als sich selbst vor: Mangelt es Ihnen am Willen, mehr aus sich und Ihren Fähigkeiten zu machen, geben Sie sich damit zufrieden, sich gemächlich treiben zu lassen, wo der Zufall Sie hinlenkt? Wenn Sie einem Landstreicher Hilfe anboten, ist Ihr inneres Ich vielleicht bereit, Sie an der Hand zu führen. Könnte der Traum irgendein erschöpftes Interesse darstellen, das Sie ablegen sollten?

Lärm Vielleicht deutet der Traum an, daß Sie wegen etwas in Ihrem Leben Lärm schlagen, es aussprechen oder Aufmerksamkeit erregen sollten. Lärm kann auch verwirrend sein: Versuchen Sie, mehrere Dinge gleichzeitig zu hören oder zu tun? Aber gehen Sie sicher, daß der Traum nicht durch einen wirklichen Lärm in der Nachbarschaft hervorgerufen wurde.

Last Wenn Sie sich von einer befreit haben, legt Ihnen der Traum vielleicht nahe, eine Verantwortung abzugeben. Wenn Sie sich vielleicht gut fühlten, schön — dann ist der Traum bestätigend. Wenn sie zu groß war, stecken Sie möglicherweise in Schwierigkeiten.

Lastwagen Wenn Sie einen Lastwagen sicher steuerten, deutet der Traum vielleicht darauf hin, daß Sie souverän sind und alles unter Kontrolle haben. Die Ladung des Lasters repräsentiert vielleicht die Verantwortung Ihres gegenwärtigen Lebens, ist also relevant. Aber Lastwagen können sperrig und unhandlich sein: Tragen Sie an einer schweren Last?

Latrine Der Traumsymbolismus kann sehr direkt sein. Sitzen Sie irgendwie «in der Scheiße»?

Laufen Alles hängt davon ab, weswegen Sie gerannt sind: um zu entkommen (wem?) oder um ein Ziel zu erreichen — oder einfach zum Vergnügen oder trainingshalber? Sollten Sie sich umwenden und Ihrem Verfolger stellen? Siehe VERFOLGUNG (S. 66).

Leck Hat jemand Informationen durchsickern lassen? Sollten Sie etwas Vertrauliches für sich behalten oder davon absehen, jemand Vertrauen zu schenken? Falls Sie eine Wärmeflasche besitzen, prüfen Sie, ob sie leckt — obwohl es vielleicht schon zu spät ist!

Leder Ein zähes und dauerhaftes Material! Der Traum kann sich über Ihre Widerstandskraft oder Ihre innere Stärke äußern. Oder waren Sie in letzter Zeit ein Dickhäuter?

Leere Eine Andeutung, daß Ihr Leben in irgendeiner Weise leer ist? Vielleicht ein Bezug zu einem schmerzlichen Verlust oder dem Ende einer Beziehung oder Freundschaft. Siehe *Raum, Vakuum.* Wahrscheinlich heißt das etwas «Leeres» in Ihrem Leben. Betrachten Sie die Art, in der Sie Ihre Gefühle zum Ausdruck bringen, und wem gegenüber; wie werden Sie aufgenommen? Finden Sie es schwierig, eine Antwort von Ihrem Partner zu bekommen, oder symbolisiert der Traum Einsamkeit, eine emotionale Wüste? Wenn Sie eine Schachtel oder einen Behälter geöffnet haben und sie leer vorfanden, deutet das auf unerfüllte, überdimensionierte Erwartungen hin (auf welchem Gebiet auch immer). Andererseits: Was leer ist, kann gefüllt werden, aus optimistischer Sicht läßt sich also sagen, daß Sie dabei sind, Leeren in Ihrem Leben aufzufüllen.

Lehrer Auf jeden Fall eine Autoritätsfigur, und vielleicht konzentriert sich Ihr Traum auf ein Problem oder eine Hemmung, die aus Ihrer Kindheit stammt. Sie werden entscheiden müssen, was diese Gestalt für Sie bedeutet. Haben Sie keine Angst, für

Landschaft *Landschaft mit Ballon,* Max Beckmann

Ihr Recht einzustehen: Sprechen Sie zu Ihren Träumen (s. S. 47), wenn Sie das Gefühl haben, es helfe, die Situation zu klären. Sie bekommen vielleicht beträchtlichen Zuspruch, was ausgezeichnet wäre, aber falls Ihre bewußten Erfahrungen mit diesem Lehrer nicht gut waren, könnte es jetzt der ideale Zeitpunkt sein, sie in das richtige Licht zu rücken, sie aus einer logischeren Perspektive zu betrachten und schließlich mit ihnen fertigzuwerden. Ein Lehrer kann auch einen Elternteil oder Arbeitgeber repräsentieren — hoffentlich leitet er Sie an; vielleicht bestraft er Sie aber auch. Wie reagierten Sie in letzterem Falle? Wütend oder resigniert? Wenn Sie dem Lehrer die Stirn geboten haben, legt dies nahe, daß Ihr Selbstvertrauen in einwandfreiem Zustand ist; wenn Sie sich geduckt haben und Angst hatten, könnte dies heißen, daß Sie zu sich stehen sollten.

Leiche Siehe *Sarg, Beerdigung* und GEBURT, TOD (Seite 76). Denken Sie immer daran, daß die Leiche, auch wenn sie identifiziert wurde, einen Teil Ihres Selbst darstellen kann.

Leichenbestatter Siehe *Tod, Beerdigung*. Überlegen Sie, ob der Leichenbestatter eine Autoritätsfigur darstellt, und wenn ja, wen? Vielleicht das Vergehen der Zeit.

Leichtsinn Ein Traum von Leichtsinn widerspiegelt entweder ein kürzliches leichtsinniges Vorgehen oder ermuntert Sie, etwas weniger vorsichtig zu sein. Welches war der Kontext? Es wird andere Symbole geben, auf welche Sie sich beziehen können.

Leiden Vergleichen Sie Ihren Leidenstraum mit einer Situation im bewußten Leben, die Ihnen zu schaffen macht. Der Traum könnte eine konstruktive und hilfreiche Stellungnahme beinhalten.

Leine Im Traum an der Leine oder Koppel zu sein könnte andeuten, daß Sie sich zu leicht führen lassen oder zu sehr unter der Kontrolle eines anderen Menschen stehen. Womöglich versucht jemand Sie in eine Richtung zu lenken, in welche Sie nicht wirklich gehen möchten. Es ist auch möglich, daß der Traum Sie ermutigt, irgendwie die Führung zu übernehmen. Wenn Sie davon träumen, daß die Leine Ihres Hundes gerissen ist, haben Sie sich möglicherweise von einer Fremdbeeinflussung losgerissen — oder aber Ihr Unbewußtes lädt Sie ein, nachzuprüfen, ob die reale Hundeleine ersetzt werden muß.

Leiter Ein weiteres Symbol, das von Freud stark mit Geschlechtsverkehr assoziiert wurde. Ist dem so, dann wird offensichtlich bedeutsam, ob Sie erfolgreich hinaufklettern oder hinunterfallen. Eine Leiter kann jedoch auch anderes symbolisieren: Ehrgeiz zum Beispiel. Wir sprechen davon, «eine weitere Sprosse der Erfolgsleiter zu erklimmen». Beachten Sie ihre Länge, ihre Neigung und ob sie so hoch reichte, wie Sie es wünschten! — wenn nicht, sollten Sie vielleicht Ihre Pläne modifizieren.

Lernen Der Traum legt nahe, daß Sie sich auf eine Periode der Selbsterkenntnis einlassen sollten. Der Akt des Lernens in einem Traum kann andererseits Wunscherfüllung sein: Möglicherweise fühlen Sie sich irgendwie zuwenig gebildet oder sehnen sich nach tieferem Wissen. Es kann von Wert sein, etwas Zeit und Energie zum Lernen abzuzweigen.

Lesen Siehe *Botschaft, Buch*. Es kann Ihnen im Wachleben schwerfallen, Ihre Gedanken, Gefühle und Meinungen zu organisieren und sie anderen zu vermitteln.

Licht Fast immer im Bezug auf eine spirituelle oder psychologische Erleuchtung. Hier trifft der Ausdruck «das Licht erblicken» offensichtlich zu. Aber welche Art von Licht? Und von welcher Farbe? Ein warmer, gelber Schimmer erscheint vermutlich positiv, ein rotes Licht dagegen als eine Warnung, während ein grünes Licht die Bahn frei gibt (gehen Sie aber nicht nur nach den Farben der Verkehrsampeln!). Siehe auch FARBE (S. 94)!

Liebe Zuallererst natürlich: Wer war in Sie verliebt? Oder auf wen hat sich Ihre Liebe gerichtet? Es kann sich um einen einfachen Wunscherfüllungstraum, aber auch um einen Wegweiser in die Zukunft handeln. Im weiteren könnte der Traum darauf hinweisen, daß Sie sich selbst etwas mehr lieben sollten. Wie könnten Sie Anteile Ihrer Persönlichkeit, welche Sie nicht mögen, vermehrt akzeptieren? Andere Symbole des Traums sollten seine wahre Bedeutung aufzeigen, die vermutlich nicht ganz so einfach ist, wie Sie denken mögen.

Liebesaffäre War es für Sie ein schöner Traum, oder fühlten Sie sich schuldbewußt? Der Traum könnte Sie ermutigen, Ihr Liebes- und Sexleben zu verbessern! Er könnte aber auch eine Warnung sein: Vielleicht gerät Ihnen im Leben etwas außer Kontrolle, und Sie brauchen mehr Selbstdisziplin. Sehnen Sie sich nach größerer Ausdrucksmöglichkeit?

Loch Ein Loch in der Kleidung kann Ihre Aufmerksamkeit darauf lenken, daß Ihre äußere Erscheinung aufpoliert werden sollte! Aber wenn Sie von einem Loch im Boden oder einem Gegenstand geträumt haben, sind ausgeprägt sexuelle Andeutungen vorhanden. Was kam in das Loch hinein oder aus ihm heraus? Sind Sie selbst in das Loch gegangen, wie es Alice tat, um zum Wunderland zu gelangen (siehe *Fallen*)? Wenn Sie ein Loch gegraben haben, sind sie vielleicht mit der Ausarbeitung eines neuen Projekts beschäftigt und schaffen hierfür die Voraussetzungen (siehe aber auch *Archäologie*). Was haben Sie in das Loch getan? Ein leeres Loch scheint auf Ihr gegenwärtig eher unausgefülltes Leben hinzudeuten; richten Sie Ihre Gedanken auf neue Interessen, vielleicht neue Beziehungen, um Ihr Leben erfüllter und lohnender zu gestalten.

Lohn Denken Sie an die Ähnlichkeit zwischen Geld und Liebe. Redlich verdienter Lohn — oder der Sünde Sold (vielleicht ebenso hart verdient). Erhalten Sie genügend Liebe und Zuwendung gemessen an dem, was Sie Ihrem Partner gefühlsmäßig geben?

Lösegeld Läßt man Sie für etwas bluten, was Ihnen am Herzen liegt? Nützt Sie jemand aus? Prüfen Sie Ihre physische und emotionale Energie, und versichern Sie sich, daß sie für die Aufgabe reicht, die Sie vollbringen möchten.

Lotterie Hier scheint Risikobereitschaft angezeigt. Wenn Sie in letzter Zeit irgendein Wagnis eingegangen sind, kann der Traum dazu Stellung nehmen. Ihre Nummern können auf verschiedene Arten gezogen worden sein. Überlegen Sie es sich aber zweimal, bevor Sie aufgrund eines vermeintlichen Traumhinweises eine Wette abschließen! Möglicherweise bezahlen Sie im wirklichen Leben für Ihren Einsatz einen hohen Preis; fragen Sie sich einmal, ob Sie im Wachzustand beim Spielen eher zuviel oder eher zuwenig Zuversicht zeigen. Wenn Sie im Traum alles verloren haben, so ziehen Sie eine Verbindung zu einer Risikosituation Ihres gegenwärtigen Lebens.

Löwe Der König der Tiere — freundlich oder im Angriff? Haben Sie kürzlich gebrüllt? Müßten Sie ein «Löwenherz» beweisen? Im Falle, daß Sie sich fürchteten: Wen vertrat der Löwe, und wie sollten Sie dazu stehen? Sind Sie, wenn Sie sich mit den Eigenschaften des Löwen identifizieren, gegenwärtig besonders dominierend? Löwen sind sehr königlich und würdevoll — sollten auch Sie es vermehrt (oder weniger) sein?

Luftangriff Ist man irgendwie hinter Ihnen her? Wenn Sie in einem Bunker waren, sind Sie übervorsichtig, oder leiden Sie an Klaustrophobie? Der Traum kann Frustration oder Aggression von außen bedeuten.

Luftblasen. Unbeschwerte Ideen, Genuß, Freude — aber wie enttäuscht waren Sie, als sie zerplatzt sind? Siehe *Ballon*.

Lüge Siehe *Falschheit*.

M

Macht Ihr Traum hat Ihnen vermutlich erzählt, ob Sie zuviel — oder ungenügend — Macht über sich selbst und über Ihre Emotionen besitzen, oder Sie gewarnt, Ihre Macht über andere nicht zu mißbrauchen. Wenn niemand Ihre Macht anerkannt hat oder wenn Sie sich ausgelaugt und machtlos fühlten, zeigen Sie vielleicht zuwenig Durchsetzungsvermögen und benötigen eine Vitaminkur.

Mädchen Der Kontext ist offensichtlich entscheidend, aber denken Sie immer daran, daß eine weibliche Figur in einem Traum die weibliche Seite der eigenen Persönlichkeit repräsentieren kann.

Madonna Wenn die Jungfrau Maria, die archetypische Mutterfigur, einem Mann im Traum erscheint, so wirft dies fast sicher ein Licht auf seine Haltung gegenüber seiner eigenen Mutter — im Kontext seiner Befähigung, mit reifen Beziehungen zu Frauen umzugehen. Ein häufiges psychologisches Problem entsteht dann, wenn ein Mann seine Geliebte zuerst als rein und jungfräulich ansieht, sie dann aber, nachdem sich eine natürliche sexuelle Beziehung entwickelt hat, als unrein und unwürdig zurückstößt. Der Traum ist einer sehr ernsthaften Überlegung wert und kann Ihnen helfen, sich über Ihre Gefühle auf diesem oft schwierigen Gebiet Klarheit zu verschaffen. Zudem kann auch der weibliche Bereich der Persönlichkeit bei Frauen wie bei Männern beleuchtet werden.

Magen Abgesehen von einem Schmerz (der, wie bei allen Träumen von bestimmten Leiden, darauf hinweist, daß Sie Ihren Arzt aufsuchen sollten), müssen

---

Traumanalyse

Mädchen Ivy träumte: «*Ich war wieder ein kleines Mädchen, und alle meine Freunde fuhren an mir auf Fahrrädern vorbei. Ich wollte unbedingt mitfahren, aber meine Eltern wollten mir kein Fahrrad schenken — es wäre ‹zu gefährlich›.*»

Ivys letzter Traum, bevor sie an Krebs starb, in dem sie sich an ihre Jugend zurückerinnerte, als sie sich nach einem Fahrrad sehnte; er reflektiert die unbewußte Erkenntnis, daß das Leben an ihr vorüberging, und bezog sich indirekt auf ihre schwere Krankheit (siehe auch S. 118).

Sie vielleicht derzeit etwas Ungenießbares ertragen, «herunterschlucken». Siehe *Körper*.

Magie Magie kann rein und schön sein (weiße) oder trickreich und gefährlich (schwarze). Führten Sie kürzlich etwas im Schilde? Warnt Sie Ihr Traum vor jemand, der Sie betrügen könnte? Oder war irgend etwas einfach zauberhaft schön?

Mahlen Mahlen wovon: Gewürze, Mehl — oder mahlen Gottes Mühlen langsam? Ihr Traum kann einfach die Bedingungen Ihrer gegenwärtigen Arbeit interpretieren, die langweilig und eintönig ist. Befragen Sie ihn (S. 47) nach neuen Betätigungsmöglichkeiten und Interessensgebieten.

Mahlzeit Alles hängt davon ab, woraus sie bestand (siehe ESSEN UND TRINKEN, S. 86) und unter welchen Umständen sie eingenommen wurde. Vielleicht ein Kommentar zu Ihren sinnlichen Bedürfnissen oder Ausdrucksweisen.

Maibaum Ein höchst phallisches Symbol (und deshalb von den Puritanern unterdrückt); verbunden mit Feiertagen, Tanz und Sport jedoch einfach: Vergnügen. Falls Sie vom Spaß angelockt wurden und mitgemacht haben, spricht der Traum vermutlich von Ihrer ungezwungenen Haltung zur Sexualität oder schlägt vor, diese mehr zu geniessen.

Malen Wenn Sie vom Malen eines Bildes träumten und das keine Ihrer normalen Beschäftigungen ist, kann der Traum andeuten, daß Sie es versuchen sollten. (Malen kann vor allen Dingen eine weitere Möglichkeit zum Festhalten Ihrer Träume bieten, die erfolgreicher und psychologisch wertvoller sein kann, als ihre Niederschrift — siehe S. 47). Aber vielleicht haben Sie eine Wand beschmiert oder einen Spruch geschrieben: Der Inhalt wird sehr aufschlußreich sein (siehe *Botschaften*). Haben Sie etwas neu angestrichen? — Wenn ja, kann das auf ein Verheimlichen hinweisen oder auf Weißwäscherei? Oder restaurieren Sie etwas — Ihre Selbstachtung, zum Beispiel? FARBE (siehe S. 94) kann ein wichtiger Hinweis sein! Wenn Sie Farbe gemischt haben, wühlen Sie vielleicht die Dinge im Leben auf.

Mandala Dieses Kreissymbol psychologischer Ganzheit, welches wir im Wachleben oft unbewußt konstruieren (beispielsweise beim Kritzeln oder beim Arrangieren von Blumen und Früchten), kann uns, wie C.G. Jung herausstrich, buchstäblich helfen, uns zu «zentrieren». Ein Mandala im Traum zu erschaffen oder nur schon auszuschauen weist wahrscheinlich darauf hin, daß sich Ihr Unbewußtes auf die eigentlichen Tiefen Ihrer Persönlichkeit richtet und Sie in eine Phase beträchtlicher persönlicher Entwicklung und Entfaltung spiritueller Wahrheiten eintreten.

Traumanalyse

Malen John träumte: «*Ich mußte ein großes Bild malen, auf einer großen und breiten Leinwand, die an der Meeresküste aufgestellt war. Ich war dabei, anzufangen, und stellte fest, welche Teile ich wirklich erreichen konnte. Ein Teil war sehr nah an den Felsen, zwei Schritte vor dem Abgrund zum Meer. Ich sagte mir: ‹Ich kann diesen Teil erreichen, aber ich muß aufpassen, weil ich hinter mich treten und in das Meer fallen könnte.› Ich fand außerdem heraus, daß einige Teile der Leinwand völlig unerreichbar waren.*»

Dieser Traum war wichtig, weil John plante, ein weitreichendes Buch zu schreiben, für das er auf seiner «Leinwand» sehr viele Themen zur Verfügung hatte. Er erkannte, daß einige Teile des Buches außerhalb seiner Reichweite lagen und er Gefahr lief, zu oberflächlich zu werden, und der Traum warnte ihn von dieser möglichen Schwierigkeit. Das Meeressymbol bezog sich auf die Tatsache, daß Johns Buch über Aspekte des Unbewußten und die menschliche Psyche handelte.

Männlichkeit Wenn Ihre Männlichkeit Ihnen Anlaß zur Sorge gab, könnte dies bewußte Sorgen widerspiegeln, oft nicht auf Tatsachen begründet, sondern auf irrationalen Ängsten. Denken Sie daran, daß Sorge um die Potenz sich selbst ewig fortsetzt: Je mehr Sie sich Sorgen machen, desto mehr werden Sie Grund dazu haben. Wenn Ihre Traummännlichkeit zügellos war, könnte dies darauf anspielen, daß Sie im bewußten Leben ein wenig ruhiger werden sollten.

Mantel Siehe KLEIDUNG, NACKTHEIT (S. 82).

Marionette Eine Traumwarnung scheint naheliegend: Sie könnten im wirklichen Leben eine Art Ma-

rionette sein. Der entscheidende Faktor dabei ist, wer die Fäden zog. Wenn sich bei gründlicher Überprüfung herausstellt, daß Sie selbst es waren, so verhalten Sie sich vielleicht einfach wie eine Puppe und reagieren nur auf vorgegebene Meinungen und Haltungen.

Markt Kaufen, verkaufen, Kommunikation zwischen Menschen — vielleicht ein Traum über das, was Sie, in welchem Bereich auch immer, im Leben anzubieten haben und wie Sie es «vermarkten», es anderen präsentieren. Haben Sie ein gutes Geschäft gemacht, oder wollte keiner Ihre Ware? Falls Sie gekauft haben: Worauf waren sie aus? Und auf was für einem Markt? Ein Antiquitätenmarkt könnte auf den Erwerb von Wissen hinweisen oder Bezug auf Ihre Vergangenheit haben, ebenso auf erbliche Persönlichkeitsmerkmale; ein Viehmarkt dagegen böte natürlich andere Assoziationen.

Marmelade Möglicherweise eine Darstellung der süßen Dinge des Lebens (siehe ESSEN UND TRINKEN, S. 86). Oder sitzen Sie fest? Eine klebrige Schweinerei oder etwas Ähnliches? Wenn die Marmelade rot war, sehen Sie vielleicht in einer solchen Situation rot? Siehe FARBE (S. 94).

Martyrium Wer war der Märtyrer, und was vertrat er oder sie? Vielleicht waren Sie der Märtyrer. Verfechten Sie einen bestimmten Standpunkt bis zum Ende? Oder martern Sie sich auf irgendeine Weise? Oder nützt Sie jemand aus? Sie mögen sich dabei tugendhaft vorkommen — aber geht es darum im Leben?

Maschine. Denken Sie daran, daß der Körper eine Maschine ist, wenn also Maschinen in Träumen vorkommen, kann dies leicht einen Bezug auf Ihr physisches Wohlbefinden haben, vor allem wenn die Maschine schlecht gelaufen oder zusammengebrochen ist oder irgendwie einer Wartung bedurfte. Die Kraft einer Maschine kann Sexualenergie oder Potenz symbolisieren. Wenn Sie eine Maschine bedient haben, kann dies eine Anspielung auf Ihre Fähigkeit im Umgang mit dem Leben und seiner Komplexität sein, vielleicht im besonderen Ihr physisches Leben betreffen.

Maschinerie Ein Stück Maschinerie im Traum steht oft für den menschlichen Verstand oder Körper — höchstwahrscheinlich für Ihren eigenen. In welchem Zustand war es? Gut geölt oder rostig? Aktiv oder inaktiv? Vielleicht sollten Sie oder Ihr Verstand in Aktion treten; oder besagt der Traum, daß Ihr Leben oder Ihre Lebenseinstellung zu mechanisch sind?

Maske Haben Sie eine aufgesetzt oder abgezogen? Sollten Sie eher der Realität ins Gesicht schauen, als sich hinter einem Traum zu verstecken? Verhüllen Sie einen Aspekt Ihrer Persönlichkeit vor der Welt oder vor jemand Bestimmten? Wie erfolgreich ist es Ihnen gelungen, Ihr Gesicht zu verbergen — und waren Sie glücklich darüber? Oder möchten Sie jemand demaskieren?

Massage Belebend und höchst genußvoll! Sie verhilft dem Körper zu Harmonie und ist oft ein erotisches Erlebnis. Ihr Traum könnte aussagen, daß Sie vermehrt körperliche Wärme oder sogar eine therapeutische Behandlung benötigen; es kann sich aber auch einfach um eine sinnliche Erfahrung handeln.

Matratze War Ihre Matratze eine gute Unterlage oder unbequem? Vielleicht ein Hinweis auf die Unterstützung, die Sie im Wachleben bekommen: vom Ehepartner oder von der Familie (die Matratze ist ein sehr häusliches Symbol). Siehe eventuell *Bett*.

Mauer Ähnlich wie *Zaun* oder *Hecke,* nur mit verstärktem Hindernischarakter. Vielleicht haben Sie selbst eine gebaut: Brauchen Sie oder Ihre Familie zur Zeit irgendeine besondere Form von Schutz? Wenn Sie eine Mauer zerstört haben, sehnen Sie sich vielleicht nach mehr Freiheit, nach einem Ausbruch aus einengender UMGEBUNG (S. 92). Sind Sie in Ihrem wachem Dasein «gegen Mauern gerannt»?

Mäuse Wenn Ihre Traummäuse Sie erschreckt haben — ein Fingerzeig, daß Sie übertriebene Angst vor den kleinen Fragen und Problemen Ihres Wachlebens haben und diese ungebührlich aufbauschen? Mäuse sind jedoch auch scheu, daher äußert sich der Traum vielleicht über Ihr soziales Leben oder Ihr «Image». In einer Mausefalle gefangene Mäuse könnten Besorgnis anzeigen, daß bedeutungslose Trivialitäten Ihres Lebens von anderen kritisiert oder in Beschlag genommen werden. Mäuse, die in Ihrer Speisekammer geschäftig Essen knabbern, könnten darauf hindeuten, daß andere Menschen an Ihrem Selbstvertrauen oder an anderen Schätzen nagen.

Mautgebühr Wenn Sie eine Mautgebühr zahlen mußten, bevor Sie auf eine Autobahn fuhren oder vielleicht eine Brücke überqueren (beides an sich schon wichtige Symbole), könnte der Traum dem von einer *Fahrkarte* gleichen (doch ohne die sexuelle Note)!

Meer Das Meer ist ein wichtiges Symbol (s. WASSER, S. 80), und wenn es in einem Traum auftritt, vermittelt es uns oft eine Botschaft aus dem tiefsten Unbewußten. Unsere Beziehung zu unserer Mutter oder unser eigener Mutterinstinkt, aber auch die emotionellen, intuitiven und instinktiven Bereiche unserer Persönlichkeit stehen in Frage. Berücksichtigen Sie besonders den Zustand ihres Traummeeres: Glatt und warm, stürmisch, eiskalt? Hier liegt der Anfang für Ihre Interpretation.

Meerjungfrau Nixen sind natürlich Wasserwesen (siehe WASSER, S. 80). Obwohl sie verlocken, sind sie Jungfrauen. Falls Sie eine Frau sind: Könnte dies Ihre Haltung zur Sexualität beleuchten? Männer, die von Meerjungfrauen geködert werden, finden stets ein schlechtes, meist wässeriges Ende (nicht vergessen: Wasser symbolisiert die Gefühle!). Vielleicht ist es ein Warntraum. Versuchen Sie, die Meerjungfrau mit jemand aus Ihrem Wachleben zu identifizieren!

Meister Vielleicht ein Wortspieltraum: Versuchen Sie, eine Situation zu «meistern», oder müssen Sie es? Im Brennpunkt kann eine Autoritätsperson stehen — zum Beispiel ein Lehrer; war er streng, so könnte Ihr Traum empfehlen, daß Sie im Wachleben disziplinierter sind. Er kann aber auch beruhigend wirken. Siehe eventuell *Vater, Gott, Lehrer.*

Menge Siehe MENSCHENMENGEN, S. 96.

Messer Gemäß Freud ein bedeutendes Phallussymbol und sinnigerweise eines, das man oft im Zusammenhang mit Gewalt vorfindet; also denken Sie genau darüber nach, was Sie mit dem Messer angestellt haben, ob Sie jemanden angegriffen haben und wen oder was derjenige repräsentiert hat. Andererseits kann es etwas geben, was Sie aus Ihrer Persönlichkeit streichen, oder jemanden, den Sie aus Ihrem Leben verbannen wollen. Könnte es eine besondere Gewohnheit oder Verhaltensweise sein, die Sie «wegschneiden» wollen? War das Messer scharf oder stumpf? Es kann hier auch ein Gefahrenelement bestehen. Das Messer ist ein Werkzeug der Gewalt — doch es kann Sie freischneiden.

Messung Sie könnten einen gewissen Aspekt einer Wachsituation «einschätzen». Vergegenwärtigen Sie sich, ob Ihre Messungen im Traum falsch oder korrekt waren.

Metalle Die Art des auftretenden Metalls sollte Ihnen einen Schlüssel liefern. Achten Sie besonders auf Wortspiele: ein eiserner Wille, eine goldene Gelegenheit, bleischwere Glieder, ein quecksilbriges Wesen, ja vielleicht sogar eine plutonische (platonische) Beziehung! Haben Sie Metall gekauft, geschmiedet, eingeschmolzen, aufgebrochen oder etwas daraus verfertigt? Siehe auch *Gold, Eisen, Blei, Stahl.*

Miete «Nimm dir, was du willst, aber bezahle dafür!» besagt das alte Sprichwort. Dieser Traum hebt zweifellos den Preis hervor, den Sie für etwas in Ihrem Leben bezahlen müssen. Zögern Sie, den (womöglich emotionellen) Preis für eine Beziehung zu entrichten?

Mieter Wenn Sie ein Mieter waren, könnte dies ein Hinweis darauf sein, daß Sie mit oder ohne Zustimmung des Besitzers in Privateigentum — eine Idee, einen Job oder eine Frau — eingedrungen sind? Bedenken Sie jedoch, daß Mieter Miete zahlen müssen, auch wenn gelegentlich verspätet bezahlt wird.

Mikrophon Haben Sie etwas zu sagen? Oder — falls das Traummikrophon defekt war — werden Sie daran gehindert, es auszusprechen?

Mikroskop Angezeigt scheint ein Interesse für Details. Vielleicht stecken Sie in einer Periode genauster Selbstprüfung oder Analyse. Mochten sie das, was Sie sahen, leiden? Achten Sie darauf, Problemchen nicht zu vergrößern, bis sie den ganzen Blick ausfüllen.

Milch Vielleicht ein Bezug zum Mutterinstinkt. Falls Sie jemand Milch gaben, so ist dies möglicherweise eine Anspielung auf Ihre Fähigkeit, andere Menschen (oder jemand Bestimmtes) zu stärken und zu unterstützen. Selber Milch zu trinken kann besagen, daß Sie Nahrung benötigen — nicht unbedingt physische natürlich! Braucht jemand gerade dringend Güte? Oder «melkt» jemand Sie auf irgendeine Art (eventuell finanziell)? Eine Frau kann träumen, ihre Milch sei versiegt, was stark darauf hindeutet, daß sie Zuwendung oder Unterstützung zurückzieht, sei es von Kindern, sei es von jemand, dem gegenüber sie sich «mütterlich» fühlt (sogar ein Ehepartner). Oder es handelt sich um einen Hinweis, daß sie eine solche Unterstützung und Zuwendung zurückziehen sollte. Das gelöste Stillen eines Säuglings ist überaus wohltuend, obschon es sich natürlich um eine schmerzliche Wunscherfüllung handeln kann, wenn Sie wider Willen kinderlos geblieben sind.

Militärparade Pomp, Zeremonie, Angeberei scheint sich in einem Traum von einer Militärparade wiederzuspiegeln: Waren Sie beeindruckt, eingeschüchtert oder gelangweilt? Vielleicht müssen Sie sich derzeit bemühen, an die Leistungen und Fähigkeiten der anderen heranzureichen — es sei denn, Sie waren der Tambourmajor!

Mimen Wenn Sie mimten, weil Sie am Sprechen gehindert wurden, erläutert der Traum vielleicht, daß Sie Ihre Zunge hüten sollten. Mimen beruht auf Nachahmung, hat aber auch etwas mit Vorführen zu tun: Sollten Ihre gegenwärtigen Handlungen so klar sein, daß sie deutlicher als Worte sprechen? Mimen ist überdies ein Aspekt des Theaters — prüfen Sie sich, ob Sie etwa versteckte Talente haben! Siehe auch *Theater.*

Mimikry Probieren Sie zu krampfhaft (oder nicht eifrig genug) jemand nachzueifern, den Sie respektieren oder bewundern? Oder legt man einige Ihrer Eigenheiten bloß — angenehme, unangenehme? Machen Sie sich im Wachleben unklugerweise über jemand lustig?

Möbel Die Möbel Ihres Heims können Ihren Charakter repräsentieren: Wenn Sie also etwas Neues gekauft haben oder etwas erneuerten, kann sich derselbe Prozeß im wahren Leben abspielen — Ihre Persönlichkeit oder Ihr Geist expandieren vielleicht, nehmen neue Tatsachen und Ansichten auf. Aber der Erwerb von schweren, sperrigen Möbeln, die kaum zu bewegen sind, kann eine Last oder Verantwortung bedeuten, ohne die Sie sehr gut auskommen können. Wenn Sie Möbel beschädigt haben, sollten Sie vielleicht Ihre Ansichten radikal überdenken! Möbel, die unter Ihnen zusammenbrachen, machen dieselben Andeutungen wie ein unsicherer Boden oder unsicher werdendes Gelände während eines Erdbebens.

Mode Ein «Schaufenster»-Traum kann bedeuten, daß Sie Ihrer Meinung nach nicht genügend Eindruck in Ihrem Leben schinden, daß Sie nicht nur in Ihrem Aussehen «ohne jeden Schick» sind. Oder vielleicht verlassen Sie sich zu sehr auf Ihre äußere Erscheinung und nicht genug auf wahre Werte? Es könnte ein Wortspiel im Hinblick auf einen «Modeentwurf» oder die Gestaltung von etwas sein. Siehe KLEIDUNG UND NACKTHEIT (S. 82/83).

Modell Der Traum, zur Glitzerwelt der Mannequins zu gehören, ist wohl Wunscherfüllung. Doch vielleicht ist er auch ein Fingerzeig, daß Sie Ihrer Vorstellung eines Musterbürgers, -liebhabers oder einer Mustergattin nicht genügen. Oder zeigt Eitelkeit ihre Wirkung? Anderseits können Sie sich auch jemand anderen zu sehr als Vorbild nehmen. Falls Sie ein Modell hergestellt haben (wovon?), so versuchen Sie möglicherweise, ein Problem auf überblickbare Proportionen zu reduzieren, oder Ihr Traum regt dazu an, daß Sie sich mittels einer kreativen Arbeit ausdrücken.

Mond Das uralte Symbol der Frau, des Intuitiven, der Yin-Seite der Seele. Vielleicht ermuntert Sie Ihr Traum zu mehr Freiheit, sich in diesem Bereich auszudrücken (ob Sie männlich oder weiblich sind). Oder strecken Sie zurzeit die Arme nach dem Mond aus? Wenn ja: Was schien Ihr Traum dazu zu sagen? Manchmal scheint sich der Mond auf unsere Vergangenheit, auf unser Ererbtes zu beziehen. Er kann auch unsere wechselnden Stimmungen darstellen (Mond und Gemüt sind eng assoziiert). War Voll- oder Neumond, nahm er zu oder ab? Gab es Hinweise auf den Traumbezug? Wenn nicht, so laden Sie dazu ein (S. 47).

Monster Traummonster erscheinen in grösserer Mannigfaltigkeit bezüglich Höhe und Gestalt als in jedem Science-Fiction-Roman oder Film. Wenn dasselbe Monster immer wieder in Ihren Träumen erscheint, lernen Sie es so vollständig wie möglich kennen, selbst wenn es furchterregend ist. Stellen Sie Ihren Träumen Fragen darüber (siehe S. 47), und versuchen Sie, mit ihm einig zu werden — kultivieren Sie sogar Sympathie dafür. Denn denken Sie daran: Ihre Träume sind Sie selbst, und Sie selbst sind Ihre Träume, deshalb kann das Monster sehr wohl einen Teil von Ihnen repräsentieren. Falls es akzeptiert wird, sollte es bereit werden, für Sie statt gegen Sie zu arbeiten (Es ist vermutlich stark und ungestüm, wenn auch vielleicht ein klein wenig dumm — denken Sie an Caliban in *Der Sturm*, in gewissem Sinne Prosperos Alter ego.) Es könnte irgend jemand aus vielen Ihrer Lebensbereiche vertreten: Einen Elternteil, einen Arbeitgeber, möglicherweise einen Ehepartner. Es könnte für Sex stehen oder für Heirat, für das hohe Alter oder für den Tod ... Sie müssen jedoch lernen, es zu kontrollieren, und während Sie dies versuchen, werden Sie gewahr werden, daß Sie beginnen können, Ihren Traum zu genießen, wie beunruhigend er zuerst auch war. Siehe auch *Angst*.

Monument Wofür? Vergangenen Ruhm, eine tote Liebe? Legen Sie Blumen darauf, wenn Sie es müssen; es kann aber sehr wohl sein, daß Ihre Träume Sie sehr bald ermutigen, fortzuschreiten und in die Zukunft zu blicken. Siehe auch *Statue*.

Motor Hatten Sie alles unter Kontrolle, oder machte sich die Maschine selbständig, oder bewegte sie sich nur träge? Die Antworten sind von Bedeutung in bezug auf Ihre Einstellung und den Grad Ihres Selbstvertrauens (siehe *Fahren*). Wenn Sie den Motor nicht starten oder den Gang nicht einlegen konnten,

---

┌─────────────────────────────┐
│ *Traumanalyse* │
└─────────────────────────────┘

Militärparade Berverly träumte: «*Ich schaute einer Militärparade von einem Balkon hoch oben und sah hinunter auf die vorbeimarschierenden Pferde und Reiter, die D-förmige Muster um einen Hof herumritten, paarweise die Mitte hinunterritten, sich wieder trennten, um einen Halbkreis zu bilden, und sich schließlich wieder vereinten, um das Muster am fernen Ende des Hofes erneut zu bilden.*»

Das war der dritte Traum, der sich auf Beverlys Beziehung mit einem Freund bezog, der sie schlecht behandelt hatte (s. S. 168 und 170). Der Vorname Ihres Freundes begann mit D. Die disziplinierte Parade schien ein positiver Hinweis zu sein, daß sie die Handlungen Ihres Freundes objektiv beurteilen sollte, aus der Warte des erhöhten Balkons anstatt emotional, und sie als eine vorübergehende Verärgerung ansehen statt einer chronischen Gefühlslage. Sie entschloß sich dazu großmütig zu sein.

überdenken Sie, wodurch Ihr Fortkommen behindert wird — vielleicht durch ein inneres Zögern? Oder fühlen Sie sich nicht bereit zu einer neuen Verpflichtung oder einem Projekt, ob es nun physische, intellektuelle oder emotionale Forderungen stellt.

Müdigkeit. Ein Gefühl der Müdigkeit, das stark genug ist, sich als Hauptthema eines Traums zu entpuppen, kann darauf hindeuten, daß Ihre physische Vitalität schwach ist. Sie sollten sich auch fragen, ob Sie durch Ihren gegenwärtigen Lebensstil, Ihre Beziehung oder Ihren Beruf geschwächt sind. Ein ungewöhnliches Thema, ähnlich dem Traum vom Schlafen; es könnte einen generellen Zustand der Müdigkeit anzeigen, ein Verlangen nach mehr Schlaf. Manchmal täuschen wir den Schlaf als Flucht vor der Realität vor: Gab es ein Symbol im Traum, das auf eine Situation oder Person hinwies, auf die das zutreffen könnte?

Mühle Ein Bezug auf harte, «mahlende» Arbeit oder eventuell auf das Verfeinern des Denkens. Sie können aber auch in einer Tretmühle stecken. Der Kontext ist wichtig. Funktionierte die Mühle gut oder schlecht? Was wurde gemahlen? usw.

Münzen Siehe *Geld*.

Muscheln Schöne Gebilde, welche die Geschöpfe darin beschützen und durch welche wir das Rauschen des Meeres vernehmen können. Es scheint daher wahrscheinlich, daß eine Verbindung zu Ihrem Mutterinstinkt oder zu der Tatsache besteht, daß Sie mehr auf Ihre Intuition hören und einen vorgeschlagenen Handlungsgang befolgen sollten — natürlich nur, wenn Sie nicht zuviel Zeit in Ihrem eigenen besonderen Schneckenhaus verbringen.

Museum Ihr Traummuseum stellte wahrscheinlich Ihre Persönlichkeit dar oder enthielt Symbole, die Sie mit ihren eigenen Charakterzügen in Verbindung bringen können. Ihre Reaktion auf die Inhalte ist entscheidend: Haben Sie die schon recht vermoderten Schaustücke ausgeräumt, andere umgeordnet, neue hinzugefügt? Falls Sie verwirrt sind, bitten Sie Ihre Träume um weitere Erklärungen (S. 47); dies könnte ein zwar komplexer, aber sehr wichtiger und enthüllender Traum sein.

Musik Haben Sie welche gemacht oder sich angehört? Der Traum verwies vermutlich darauf, wie Sie mit anderen Leuten zusammenpassen oder was Sie in Ihrer Gruppe beitragen. Haben kürzlich Neuigkeiten wie Musik in Ihren Ohren geklungen? Kontrollieren Sie Ihr eigenes Leben im Einklang mit sich selbst? Der Klang der Musik kann die generelle Atmosphäre Ihres Lebens wiedergeben — harmonisch, dissonant, rhythmisch, ja selbst unvorhersehbar oder unangemessen rauh.

Musiknote Ob sie schrill oder weich oder wunderschön geklungen hat, ist wichtig und könnte sich leicht auf das gegenwärtige Thema Ihres Lebens beziehen. Aber ein solcher Traum wird möglicherweise nur bei jemandem vorkommen, für den Musik wichtig und bedeutungsvoll ist.

Muster Es kommt sehr auf die Art des Musters und Ihre Einstellung dazu an. Vielleicht haben Sie versucht, verschiedene Aspekte Ihres Lebens in eine schöne Ordnung zu bringen, oder es war ein Kommentar zu Ihrer Sexualität oder Sinnlichkeit, wenn das Muster üppige Kurven hatte, die schön anzusehen waren. Wenn Sie mit einem Schnittmuster gearbeitet haben, versuchen Sie vielleicht jemanden zu imitieren, den Sie bewundern.

Mutter Die Beziehung zwischen Mutter und Kind ist äußerst komplex, unter welchen Umständen auch immer, doch besteht unweigerlich ein starkes Band und ein ebenso starker Wunsch zu lieben, ohne Rücksicht auf eintretende Spannungen und Differenzen. Wenn wir von unserer Mutter träumen, richten wir uns auf die weibliche Seite unserer Natur

---

— auf vieles, was wir wirklich sind. Unsere Traummutter wird uns warnen, bestrafen und ermutigen, und es ist lebenswichtig, daß wir uns mit ihr einigen, falls wir als selbständige und psychologisch ganzheitliche Wesen funktionieren sollen. Dies gilt für Männer wie für Frauen. Bei den Männern tritt zusätzlich die Komplikation auf, im Sexuellen mit Frauen einen Weg finden zu müssen, damit Sie sich auf reife Art und Weise innerhalb einer Beziehung ausdrücken können (siehe *Madonna*). Träume von Ihrer Mutter sind gewöhnlich auf diese komplexen Bereiche ausgerichtet. Sie sollten sich besondere Mühe geben, sie wirklich vollständig zu interpretieren versuchen und, wenn Sie im Zweifel sind oder Ihre Träume Sie unglücklich machen, unter Umstanden therapeutische Führung akzeptieren. Möglicherweise suchen Sie nach einer Mutterfigur im Wachleben, besonders wenn Ihre wirkliche Mutter starb, als Sie noch jung waren.

N

Nachbarn Betrachten Sie Ihre Nachbarn im Traum nicht nur als Leute, sondern auch als Repräsentanten von verschiedenen Aspekten in Ihrem Leben. Andererseits kann Ihr Traum eine Situation im Wachzustand kommentieren, die Ihnen besonders nahesteht.

Nacht Wenn es wirklich dunkel war und Sie sich verirrt haben, sollten Sie vielleicht Ihr gegenwärtiges Lebensziel anzweifeln (siehe *Blindheit*). Eine wunderschöne, sternenklare Nacht oder ein Vollmond deuten auf Ihre derzeitige Stimmung hin — verträumt, romantisch, sogar arglos. Wenn eine lange Nacht zu Ende ging, stehen Sie vielleicht am Ende einer Depression oder eines Problems.

Nadel Sie kann ein phallisches Symbol sein (siehe *Eindringen*) oder auf etwas Persönlicheres anspielen, wenn Sie in Ihrem Wachleben für gewöhnlich Nadeln verwenden. Wenn Sie sich im Traum in den Finger gestochen haben, könnte sich dies auf einen (vielleicht unbewußten) Wunsch nach einem weniger keuschen Leben beziehen.

Nagel Vielleicht ein einfaches Phallussymbol (das Hufeisen ist ein weibliches Symbol); aber der Traum könnte auf eine ermutigende Weise bedeuten, daß Sie den Nagel auf den Kopf getroffen haben. Wenn in Ihrem Traum ein Nagel durch Ihre Hände oder Füße getrieben wurde, siehe *Wundmal*. Ein Traum von einem gebrochenen Fingernagel könnte eine Aussage über Ihr Image sein, besonders wenn Sie zu besorgt darüber waren.

Nähen Wenn Sie Kleider ausgebessert haben, kann der Traum vorschlagen, etwas wiedergutzumachen. Aber womöglich sollten sie einfach etwas kreativer werden.

Naht Müssen Sie irgendeine Uneinigkeit flicken? Siehe *Nähen*.

Navigation Eine Andeutung, daß Sie Ihren Weg durch Schwierigkeiten oder Probleme im Leben steuern. Sind Sie auf Ihrem Kurs oder nicht, oder haben Sie sich vollkommen verirrt? Wenn jemand in Ihrem Auftrag navigiert hat, repräsentierte diese Person eine Autoritätsfigur?

Nebel Ein offensichtlicher Hinweis, daß Sie eine wahre Situation oder Person nicht allzu klar sehen; bitten Sie Ihre Träume um weitere Hilfe (S. 47), wenn der Bezug zu versteckt erscheint. Siehe vielleicht *Blind*, WETTER (S. 74/75).

Necken Wenn jemand Sie oder Sie jemand anderen neckten, könnte der Traum vorschlagen, daß Sie sich selber oder Ihr Leben nicht so ernstnehmen, wie Sie es vielleicht sollten (manchmal necken uns unsere Träume indirekt, und dies kann uns zum Handeln anspornen. Wortspiele sind, auf gewisse Weise, eine «Neckerei»).

Neid Wenn diese negative Emotion Ihre Träume prägt, berührt sie auch Ihr bewußtes Leben in gewisser Weise. Die Traumperson, auf die Sie neidisch oder eifersüchtig waren, kann die tatsächliche Quelle Ihres Gefühls andeuten, muß aber nicht unbedingt der Anlaß sein. Lassen Sie die Eifersucht nicht zu lange an Ihnen nagen; sie kann einen sehr nachteiligen Langzeiteffekt haben. Richten Sie Ihre Energie lieber auf positive neue Betätigungsmöglichkeiten, alś sie an seelenzerstörende Ressentiments zu verschwenden. Zukünftige Träume können Ratschläge für zukünftiges Verhalten anbieten: lieber ein richtiger Streit als unterschwellige nagende Wut.

Nest Sehr wahrscheinlich ein Bezug auf Ihr Zuhause oder auf Ihren fürsorglichen Instinkt. Vielleicht sind die Finanzen beteiligt (haben Sie Ihr Nest geschmückt?), oder es besteht eine Verbindung zu Eiern oder Vögeln, die aus dem Nest flogen — ein Symbol für Kinder? Der Traum könnte natürlich einen Kommentar zu Ihrer allgemeinen Einstellung Ihrer Familie gegenüber abgeben. Siehe vielleicht auch UMGEBUNG (S. 92).

Netz Ein Traum von einem Fischernetz und somit notwendigerweise von WASSER (siehe S. 80) scheint die Suche nach einem emotionalen Preis oder vielleicht einen bereits aus Erfahrung gewonnenen anzudeuten. Wenn Sie durch Ihre netzähnlichen Vorhänge geschielt haben, siehe *Spitzen;* ein Moskitonetz bedeutet, daß Sie sich gegen Widrigkeiten wappnen, aber trotzdem Ihren Geschäften nachgehen können. Wenn Sie sich in einem Netz verfangen haben, kann das die Andeutung einer wirklichen Sorge oder eines Problems sein, und Sie sollten sich Ihrer Gefühle erinnern, ob Ihnen jemand eine Falle gestellt hat, ob Sie entkommen sind, und wenn ja, wie.

Nonne Vielleicht ein Bezug auf einen Aspekt Ihrer Sexualität: Streben Sie einen außergewöhnlichen Reinheitsgrad an? Beschäftigen Sie sich mit der Vorstellung der Jungfräulichkeit? Besonders Männer sollten bei *Madonna* nachschlagen. Frauen, die von einem Gang ins Kloster träumen, könnten Frieden und Sicherheit suchen, aber auch ein Bedürfnis ausdrücken, sich etwas vom Alltag und der Familie zu distanzieren: Das kann nur bedeuten, daß Sie sich ausruhen sollten!

Notiz Wenn Sie eine Notiz gelesen haben, siehe *Botschaften;* Ihr Traum kann bedeuten, daß Sie gewisse Dinge abrufbereit in Ihrem Gedächtnis bereithalten. — Sorgfältig Notiz von allem nehmen, was um Sie herum vorgeht.

Null Das Zeichen selbst ist ein Kreis oder ein Mandala, aber unsere Idee, daß es nichts darstellt — ein Vakuum —, wirkt negativ und destruktiv, und so kann dieser Traum eher depressive Tendenz haben. Er mag die Tatsache spiegeln, daß eben erst aufgebaute Dinge wieder zunichte geworden sind. Aber suchen Sie nach einem positiven Hinweis auf Künftiges (s. S. 47).

Nuß Sind Sie eine harte Nuß? Wenn Sie zahlreiche Nüsse geknackt haben, suchen Sie vielleicht des Rätsels Lösung oder versuchen zum Wesentlichen, zum Kern vorzudringen.

O

Obdach Haben Sie vor einem Sturm oder einem Angreifer Zuflucht gesucht? Vielleicht suchen Sie besseren Schutz vor der Hetzjagd des Lebens, vielleicht mehr emotionelle Sicherheit. Oder Sie waren verantwortlich für das Obdach — womöglich müßten Sie Ihrem eigenen Beschützerinstinkt mehr Ausdruck geben können!

Obst Reifes Obst bedeutet manchmal Sinnesfreude, Genuß. Bestimmte Früchte wecken besondere sexuelle Assoziationen (siehe ESSEN UND TRINKEN, S. 86/87). Ignorieren Sie nicht einen möglichen Bezug auf die Früchte Ihrer Arbeit — materiellen Besitz oder Geld.

Obszönität Ein potentiell beunruhigender Traum, wenn Sie Obszönität im Leben abstößt und Sie sie vermeiden. Es kann ein Kommentar auf eingeschränkte Sexualität sein, wenn Sie die Obszönitäten zufällig selbst geäußert haben: Wenn Sie starken Abscheu empfanden, haben Sie vielleicht vor kurzem etwas getan, vor dem Ihr inneres Selbst zurückschreckt. Vielleicht sollten Sie Ihre Träume um zusätzliche Hilfe bitten (siehe S. 47).

Ofen Siehe *Hitze, Küche.* Kochen sie jemandem etwas? Hat der Traum angedeutet, daß Sie schwanger sind?

Offenbarung Der Traum könnte bedeuten, daß Ihnen «ein Licht aufgegangen ist», daß Ihnen «etwas gedämmert hat», daß Ihr Weg klar vor Ihnen liegt. Siehe wenn nötig *Religion.*

Offizier Wenn Sie der Offizier waren, kommentierte der Traum Ihre Führungsqualitäten, also entscheiden Sie, ob Sie zu autoritär sind (oder nicht autoritär genug). Es könnte ein Kommentar zu einer Autoritätsperson und Ihre Haltung ihm oder ihr gegenüber sein.

Ohr Von physischen Andeutungen abgesehen (Ohrschmerzen, Taubheit) kann es eine Ermutigung zum Zuhören sein — oder dazu, nicht mehr zuzuhören! Siehe auch *Körper.*

Öl Generell mit der Vorstellung von Reichtum verbunden, aber auch ein Brennstoff, um uns warmzuhalten. Vielleicht brauchen Sie etwas seelisches Öl, um sich in Gang zu bringen? Haben Sie kürzlich Öl auf das Wasser gegossen, um die Wogen zu glätten? Oder waren Ihre eigenen Wasser stürmisch — haben Sie emotionale Probleme, die ruhiggestellt werden müssen? Wer kann das Öl zu diesem Zweck beschaffen? Öle werden in der Massage und für Parfüm verwendet, um die Haut zu nähren und geschmeidiger zu machen; also vielleicht ein Bezug auf Sinnlichkeit.

Operation Ein weniger erschreckendes Symbol als es auf den ersten Blick erscheinen mag. Wenn in Ihrem Traum ein bestimmter Körperteil oder ein Organ im Mittelpunkt stand, schlagen Sie es nach, und prüfen Sie unter Umständen, wie Ihr momentaner Gesundheitszustand ist. Aber der Traum könnte vielleicht nur andeuten, daß Sie etwas loswerden müssen. Das Symbol Operation kann sich auf Selbsterkenntnis beziehen, einen Blick in Ihr Inneres ermöglichen. Aber eine ärztliche Operation deutet Heilung und das Entfernen von etwas Schmerzhaftem an, also sollten Sie überlegen, ob Sie jemanden verbessern müssen oder welches seelische Problem einer Lösung bedarf. Wie gewöhnlich, lassen Sie sich nicht durch die Andeutung eines physischen Leidens beeindrucken; konsultieren Sie Ihren Arzt, wenn Sie unsicher sind. Jede Operationsart — im Armeehospital, zum Beispiel — könnte ein Bezug auf praxisorientierte Planung haben, auf einen Aspekt Ihres Arbeitslebens.

Opfer Haben Sie eins gebracht, oder sollten Sie gegenwärtig eins erbringen? Sie könnten gut daran tun zu erwägen, ob Sie sich selbst aufopfern und ob sich dies auch wirklich lohnt (oder nicht). Wenn beunruhigend gewaltsame Symbole mit im Spiel sind — ein Blutopfer zum Beispiel —, versuchen Sie sich von Ihnen zu distanzieren und suchen Sie nach Bindegliedern zu möglichen gewaltsamen Gefühlen im Wachleben. Die Tatsache, daß Sie sich auf diese Eintragungen fixierten und nicht auf das, was Sie zum Opfer machte (z.B. Gewalt oder Diebstahl), scheint darauf hinzuweisen, daß Sie sich im wachen Leben als Opfer fühlen. Sind Sie das Opfer einer Person oder einer gegenwärtigen Situation? Befragen Sie Ihre Träume (S. 47) um weiteren Rat.

Orchester Haben Sie in einem mitgespielt? Vielleicht haben Sie in letzter Zeit «die erste Geige» gespielt, oder der Traum ermutigt Sie dazu. Fühlen Sie sich in Ihrem wirklichen Leben festgelegt oder beschränkt, unfähig, Ihren eigenen Ton zu spielen? Oder lagen sie einfach im Ton nicht richtig? Vielleicht ein Bezug auf die Volksmeinung: Wenn Ihnen Ihr Traumorchester gefallen hat, versuchen Sie zu sehr in der Masse mitzuschwimmen? Der Traum vom Mitspielen in einem Orchester kann sich auf Ihr Bedürfnis der Anpassung an die Gesellschaft beziehen oder Ihre Einstellung hierzu.

Orden Wenn Sie einen Orden erhielten, handelt es sich vermutlich einfach um ein Lob für eine kürzlich vollbrachte Tat oder für ein Stück persönliche Entwicklung. Wenn Sie zusahen, wie ein anderer ihn erhielt: Was stellt er oder sie für Sie dar? Etwas, wonach Sie streben? Siehe *Abzeichen, Ehre.*

Orgel Um eine Orgel erklingen zu lassen, braucht man sehr viel Luft, und wenn Sie vom Klang der Traumorgel außerordentlich beeindruckt waren, hängen Sie im Leben vielleicht Ihr Fähnchen nach dem Wind! Die Form einer Orgelpfeife und der Name selbst könnten die Sexualorgane andeuten; wenn das wahrscheinlich ist, suchen Sie nach Anhaltspunkten im Traum.

Orgie Vielleicht ein Wunscherfüllungstraum; oder ein Traum, der Ihrem normalen sexuellen Geschmack entgegenläuft und damit andeutet, daß er vielleicht zu konservativ ist, daß Sie auf diesem Gebiet Ihres Lebens etwas lockerer werden sollten.

Ornament Bedenken Sie: Sie könnten das Ornament sein. Waren Sie unmodern oder einfach Dekoration und sonst nichts?

P

Päckchen Ein Traum vom Einwickeln eines Päckchens kann sich auf das «Verhüllen» eines Projekts oder Plans beziehen. War es säuberlich und sicher eingepackt, oder hat es die Schnur nicht zusammengehalten? Wenn letzteres, haben Sie vielleicht die wahre Situation nicht so gut im Griff, wie Sie glauben. Das Auspacken eines Päckchens könnte bedeuten, daß Sie in einer Periode der Selbsterkenntnis sind; es wird interessant sein, einen Vergleich zwischen Ihnen und dem Inhalt des Päckchens herauszuarbeiten. Denken Sie an die Büchse der Pandora; es kann interessant sein, diesen Mythos erneut zu lesen und auf Ihren Traum zu beziehen.

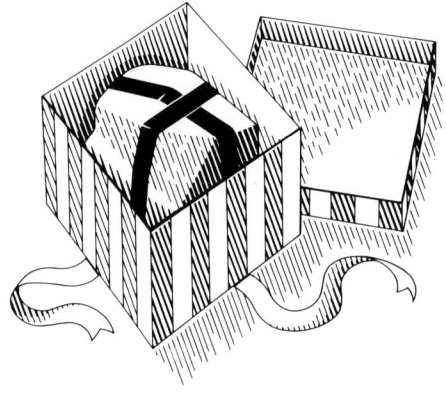

Panne Kann sexuell gemeint sein (Verhütung?). Hat man Sie, oder haben Sie jemand im Stich gelassen? Mußten Sie eine Situation «flicken»? Als mögliche sexuelle Assoziation siehe *Eindringen*.

Panzer. Wenn ein Panzer in Ihren Träumen auftaucht, dann gibt es wahrscheinlich einen Bezug zu Ihrem Bedürfnis, um jeden Preis zu siegen, allen Widerstand zu brechen, oder eine Warnung, wenn Sie derjenige waren, der niedergerannt wurde. Aber denken Sie daran, Sie könnten beides sein, Panzer und Opfer, eine Andeutung, daß Sie sich mit Ihrer gegenwärtigen groben Taktik selbst verletzen könnten.

Papier Saubere weiße Papierbögen; ein Durcheinander bürokratischer Papiere; Tapeten — alle Arten sagen etwas Individuelles aus. Wenn das Papier weiß und sauber war, stehen Sie vielleicht am Anfang eines bestimmten Gebiets Ihres Lebens. Offizielle Formulare können Autoritätsprobleme andeuten — Tapeten eine gewisse Verlogenheit. Oder Ihr Traum hat eine Aussage zu einer Randerscheinung gemacht: Wenn er von einem Papiervogel oder -flugzeug oder einem Papierhut gehandelt hat, kann es ein Bezug auf eine flüchtige Liebesaffäre sein. Ein Traum von einem Manuskript oder einer Tageszeitung kann sich auf die Vergangenheit beziehen.

Parade Ein Gedenken oder Zelebrieren kann einfach Ihre eigene Wichtigkeit oder Leistung bestimmen, besonders wenn Sie im Zentrum waren. Oder haben Sie einer bedrohlichen Waffenparade zugesehen? Wenn ja, kann der Traum eine Rivalenschaft in Ihrem Leben bedeuten, und das schließt auch sexuelle Rivalität mit ein, wenn Sie ein Mann sind.

Paradies Es ist unwahrscheinlich, daß Sie dort regelmäßig sein werden! Hoffentlich war der Traum schön, ruhig und friedvoll, vielleicht romantisch, also kann ein Element der Wunscherfüllung bestehen. Vielleicht brauchen Sie einfach mehr Ruhe und Frieden in Ihrem Leben, doch vielleicht zeigt der Traum, daß Sie gegenwärtig das Paradies auf Erden haben, in welchem Fall Sie sehr glücklich einzuschätzen sind. Ein Traum von der Vertreibung aus dem Paradies kann sich auf das Ende eines Genusses oder von etwas Freudvollem beziehen. Oder sogar (wenn Sie biblisch geprägt sind) auf gewisse «Sünden», die Sie kürzlich begangen haben.

Parfüm Ob nun ein Traum den wirklichen Geruch eines Parfüms vermitteln kann oder nicht, solche Träume beziehen sich wahrscheinlich auf nostalgische Erinnerungen, die ein Duft weckt; wenn Sie ein Parfüm ausgewählt haben, sind Sie vielleicht solchen Entscheidungen im Leben ausgesetzt, oder Sie sind zu einem Imagewechsel bereit, denn Parfüm kann einen wichtigen Teil der Selbstdarstellung ausmachen.

Park Wenn Sie einfach in einem Park spazieren gegangen sind, siehe LANDSCHAFT (S.68), UMGEBUNG (S.92); wenn Sie ihn durchquert haben, mischen Sie sich vielleicht in das Leben eines anderen ein. Kann sich der Traum auf eine verbotene Affäre beziehen?

Parken Wenn Sie Ihr Auto illegal abgestellt haben oder vergaßen, wo Sie es geparkt hatten, bedenken Sie, daß ein Auto fast immer ein Traumsymbol der eigenen Person ist — bei Männern oft das sexuelle Selbst.

Parlament Wenn Sie Mitglied waren, zwingt Sie der Traum vielleicht, ein öffentliches Anliegen auszusprechen, mit dem Sie sich beschäftigt haben; vielleicht sollten Sie mehr Aufmerksamkeit erregen. Der Traum kann ein Kommentar zu Ihren Führungsqualitäten oder Ihrem Machthunger sein. Wurden Sie niedergebrüllt, oder haben Sie die enthusiastische Zustimmung des Hauses bekommen?

Partner Vielleicht ein Bezug auf Ihr anderes Ich; wenn Sie eine Frau sind, auf die männlichen, direktere Seite Ihrer Natur, als Mann auf die intuitive, mehr feminine Seite. Der Traum könnte Ihre Einstellung zu Ihrem Partner oder zu Ihrer Sexualität kommentieren. Sehr oft sind unsere Partner in den Träumen einfach anwesend, und wenn sie zum zentralen Punkt eines Traums werden, ist es wahrscheinlich ein wichtiger. Wunscherfüllung kann beteiligt sein; was können Sie dazu beisteuern, daß Ihre Partnerschaft genauso gut wie die im Traum wird?

Party Wenn Ihr Traum eine freudige, frivole Party war, könnte es ein Hinweis sein, daß Sie Ihr Licht derzeit unter den Scheffel stellen? Wenn viele Leute auf der Party waren und besonders wenn Sie sie schwierig fanden, als Sie die Party organisiert haben, siehe MENSCHENMENGEN (S. 96).

Pastete Siehe ESSEN UND TRINKEN (S.86). Beachten Sie den Inhalt und versuchen Sie sich Ihre Gefühle in Erinnerung zu rufen.

Patient Siehe *Invalide, Krankheit, Krankenhaus.* Oder Sie haben in Ihrem Traum Patience gespielt, vielleicht lassen Sie die Dinge im Leben auf sich zukommen.

Peitsche Wenn Sie eine Peitsche geschwungen haben, so haben Sie vielleicht eine besondere Machtposition inne, die Sie ausnützen. Oder dann müssen Sie sich selbst aufpeitschen. Eine Peitsche kann ein offenes Sexualsymbol sein oder nur darauf hinweisen, daß Ihr Sexualleben etwas mehr Belebung braucht. Lassen Sie sich von diesem Symbol nicht schockieren. Wenn Sie Hiebe bekommen haben, regt sich vielleicht irgendwo in Ihnen ein Schuldgefühl.

Pelz Ein sehr sinnliches Bild; es vermittelt ein Gefühl von Wärme und Luxus und vielleicht von erbrachten Leistungen, wenn es ein Pelzmantel oder eine Stola war. Aber vielleicht war Ihnen das Tragen einer Tierhaut zuwider? Dann kann es sein, daß sich unter der Oberfläche des Statussymbols das Gefühl verbirgt, daß Sie Ihr Ziel unberechtigt erreicht haben oder daß etwas oder jemand tatsächlich nicht so schön und wünschenswert ist, wie Sie dachten. Die Art des Pelzes kann sehr wichtig sein: Sind Sie ein Wolf im Schafspelz — oder ein Schaf, das sich als Wolf verkleidet? Ein Nerz kann eine bösartige kleine Kreatur sein; ein Fuchs schlau...

Penis Das tatsächliche Auftreten eines Penis in einem Traum scheint selten; viel öfter kommt er in phallischer Form verkleidet vor (siehe Glossar). Das offene Auftreten eines Penis ist eine solch starke sexuelle Aussage, daß Grund genug zur Annahme besteht, daß eine merkwürdige Angst oder ein Schrecken existiert, und den Träumenden sollte dies dazu veranlassen, seine Einstellung zur Sexualität zu überdenken und möglicherweise einen Therapeuten zu konsultieren.

Periode Für eine Frau kann ein Traum ihrer Periode mit dem Beginn der wirklichen zusammenfallen; aber der Traum kann sich auch auf einen geregelten Vorgang in Ihrem Leben beziehen. Es kann auch eine Andeutung bestehen, daß Sie Ihren Arzt konsultieren sollten, wenn Sie schwierige Zyklen haben.

Perücke Für Männer ist Kahlheit oft mit Potenzangst konnotiert; dann bedeutet eine Perücke, daß Sie ein Ungenügen oder eine andere Facette Ihrer Persönlichkeit, deren sie sich schämen, verdecken möchten. Für Frauen bedeutet eine Perücke vielleicht den Wunsch, ihre Persönlichkeit zu verändern oder gar eine neue zu finden. Allenfalls wird darauf hingewiesen, daß Sie sich atypisch verhalten (wenn wir eine Perücke tragen, sehen wir nicht nur anders aus, wir fühlen uns oft auch anders).

Perversion Ein Traum von sexueller Perversion kann sehr beunruhigend sein. Versuchen Sie, ihn objektiv zu betrachten. Was Sie als eine Perversität ansehen, kann in Wirklichkeit für andere eine gewöhnliche sexuelle Vorliebe bedeuten. Es kann sich also um einen Hinweis handeln, in Ihrer Haltung weniger puritanisch zu sein oder sich mehr in die eigene Sexualität hinein zu entspannen, als Sie es bisher gekonnt haben. Möglicherweise findet sich ein Bezug auf unbewußte sexuelle Vorlieben, deren Sie sich nicht gewahr sind. Versuchen Sie nach Möglichkeit, mit ihnen auszukommen. Wenn Sie wirklich verwirrt und im Zweifel sind, dann suchen Sie Ihren Arzt auf.

Pfad Ein Bezug vielleicht auf Ihren Werdegang, in psychischer und materieller Hinsicht; beziehen Sie ihn wenn möglich auf Ihr gegenwärtiges Fortkommen und auf Zukunftspläne. Siehe LANDSCHAFT (S. 68); beachten Sie, ob der Pfad bergauf oder bergab ging, ob er steinig oder glatt oder rutschig war (s. UMGEBUNG S. 92).

Pfahl Natürlich ein phallisches Symbol (siehe *Maibaum*).

Pfarrer Immer noch eine typische Vaterfigur für viele Leute. Ihre Träume können bedeuten, daß Sie Beratung oder Lebensführung brauchen. Oder tendieren Sie selbst dazu, anderen Leuten etwas vorzupredigen?

Pfeffer Vielleicht ein Bezug auf jemanden, der «scharfe Sachen» macht oder ein «würziges» Temperament hat?

Pfeife Ein Symbol für Labsal und Trost, und (wie die Zigarette) assoziiert mit Saugen an der Mutterbrust; deshalb vermutlich ein Symbol für Unsicherheit. Vielleicht besteht auch die Sehnsucht nach dem Frieden und der Zufriedenheit, welche die Tabakreklamen versprechen. Doch die fast weltweite Ablehnung des Rauchens könnte bewirkt haben, daß dieses Symbol Ihnen nahelegt, sich wegen etwas zu schämen.

Pfeil Ein männliches Sexualsymbol — Cupidos Pfeile sind flink und tödlich! Also, wen haben Sie beschossen, oder wer Sie? Es gibt jedoch andere Möglichkeiten: Drängen Sie anderen Leuten Ihre Ideen auf? Wenn ja, versuchen Sie sich zu erinnern, ob Ihre Traumpfeile im Ziel lagen oder in unbekanntem Gebiet niedergingen. Haben Sie eine Person oder ein Objekt beschossen? Vielleicht wollten Sie sich von etwas Unangenehmem befreien.

Pferd Das Pferd, ein Symbol für Energie und Stärke, ist in Träumen oft ein Sexualsymbol, besonders wenn man es reitet. Siehe *Tiere,* FISCH, FLEISCH UND GEFLÜGEL (S.88/89).

Pflanzen Ein Traum vom Wachstum der Pflanzen weist vermutlich auf Ihr eigenes Wachstum und Ihre eigene Entwicklung hin. Wenn die Pflanzen Triebe gebildet haben oder die Blüten aufgebrochen sind, ist es wahrscheinlich, daß in Ihrem Leben neue Entwicklungen stattfinden. Welkende oder verdorrte Pflanzen besagen das Gegenteil. Wenn darum gebeten (S.47), können Ihre Träume Wege aufweisen, wie Sie sich selbst, Ihr Selbstvertrauen und Ihre Selbstachtung erneuern können. Es könnte auch ein Bezug auf Ihre Sexualität vorliegen, auf Ihre kraftvolle oder matte Libido.

Pflug Besonders für Männer ein zu allen Zeiten gebrauchtes Sexualsymbol, welches sich aber vermutlich eher auf Ihre eigenen sexuellen Wünsche als auf deren Objekt bezieht (obwohl sich ein Hinweis auf das Vorbereiten von Fruchtbarkeit, das Aussäen neuen Lebens und damit auf einen Traum vom Wunsch nach Kindern finden läßt). Das peinliche genaue Pflügen eines Feldes kann vom Muster Ihres Lebens erzählen, von stetiger Routine und stetigem Sicherheitsbedürfnis. Vielleicht ein Hinweis darauf, daß Sie in Karrengleisen stecken oder sich «durchpflügen». Siehe *Erde,* LANDSCHAFT (S.68).

Picknick Beachten Sie die individuellen Symbole: ESSEN (S.86), die anderen Mitbeteiligten, die LANDSCHAFT (S.86). Ein Picknick findet meist in einem intimen, ausgewählten Rahmen statt, manchmal wird es auch von Insekten, Wespen, Bienen gestört — alle diese Symbole sind miteinander verknüpft.

Pilger Wahrscheinlich ein Bezug zu irgendeiner Art von Pilgerschaft oder Suche im Wachleben — nach Wahrheit, nach psychologischer oder spirblueller Entwicklung. Überlegen Sie sich, ob Sie für so etwas Opfer bringen oder bringen sollten.

Pille Womöglich ein Wortspiel über eine «bittere Pille», die Sie schlucken mußten. Wenn Sie eine Frau sind und geträumt haben, daß Sie die Pille vergessen hätten, dann zählen Sie sorgfältig nach! Der Traum könnte Ihnen raten, daß Sie die Pille nehmen sollten; bitten Sie Ihre Träume um Bestätigung, wenn Sie nicht sicher sind (s. S. 47).

Pirat Haben Sie im Wachleben etwas «gekapert»? Oder jemandes Partner gepackt? Seeräuber können zwar romantisch sein, sind aber auch gewalttätig und gefährlich und enden oft am Galgen; eine Interpretation als Wunscherfüllung mag daher der ganzen Geschichte nicht gerecht werden. «Ausplündern» könnte das Schlüsselwort sein, bedenken Sie also, ob jemand Sie unbarmherzig übervorteilt (oder umgekehrt), indem Ihnen Materielles geraubt wird.

Planet Heute gibt es ein enormes Populärinteresse an Astrologie; wenn Sie von einem bestimmten Planeten träumen, schauen Sie die einschlägige astrologische Bedeutung nach und sogar die damit assoziierten Mythen (die griechischen und römischen Götter beispielsweise, nach denen die Planeten benannt wurden). Sie könnten sich gegenwärtig besonders eins mit dem Universum fühlen oder (psychologisch) Fort-Schritte gemacht haben. Lassen Sie sich nicht zu weit in den Weltraum hinaustreiben — Sie könnten den Kontakt mit der Realität verlieren.

Plunder Ihr Traum bezog sich vermutlich auf psychologischen «Plunder», der in den Tiefen Ihres Unbewußten verstaut ist, und er legt nahe, daß Sie diesen rational aufarbeiten oder loswerden und zusätzlichen Freiraum zum Handeln schaffen. Vielleicht stecken Sie in einer Periode der Selbstanalyse und finden Neues über sich selbst heraus, wovon Sie einen Teil am liebsten schnell wieder loswerden möchten. Ist dies der Fall, dann werden Sie darin von Ihrem Traum unterstützt, denn Plunder meint wörtlich etwas, was keiner mehr brauchen kann.

Pokal Ihr Unbewußtes ermutigt Sie wohl, mit sich selbst zufrieden zu sein — natürlich nur, falls Ihnen Ihr Traumpokal nicht durch die Finger geschlüpft ist. Überlegen Sie, warum Sie den Pokal erhielten. Falls Sie ein Spieler sind, so halten Sie den Traum nicht für ein Versprechen, in diesem Gebiet Erfolg zu haben! Siehe *Ehre, Medaille.*

Politiker Wir haben Politikern Macht gegeben, daher sind sie für uns Autoritätsfiguren. Doch sie sprechen viel, können die Wahrheit verzerren, werden oft beargwöhnt und mißbrauchen manchmal ihre Positionen. Es kann ein Hinweis vorliegen, daß Sie Ihr innerstes Gewissen mit etwas Skepsis anschauen sollten: Wird es irregeführt? Der Traumbezug kann sich auf jemand richten, den Sie kennen, der versucht, Autorität über Sie zu gewinnen, oder seine Stellung mißbraucht.

Polizei Ihr Traum bezog sich vermutlich auf eine innerliche Autoritätsfigur oder auf Ihr Gewissen. Wenn Sie wissen, daß Ihr Verhalten in letzter Zeit alles andere als vorbildlich war, können Sie jetzt versuchen, sich selber zu verhaften: «verhaften» vielleicht im Sinne von «haften, aufhören». Sie können Hilfe benötigen, wenn Sie darangehen, mit dem Verhalten aufzuhören, welches Sie (möglicherweise unbewußt) verstört. Die Polizei ist auch ein «Freund und Helfer» und beschützt Sie — vielleicht ist es das, was Sie im Moment nötig haben, besonders wenn man Sie ungerecht behandelt.

Polster Versuchen Sie vielleicht, sich selbst oder jemand sonst gegen einen Stoß zu polstern? Wenn Sie sich auf bequemen, weichen Kissen ausruhen, sind Sie vielleicht selbstgefällig, selbstzufrieden, sogar genußsüchtig. Auf einer einfachen Ebene kann Ihr Traum bedeuten, daß Sie mehr für Ihr leibliches Wohl sorgen sollten, das unnötig zu kurz gekommen ist.

Polygamie Wenn es sich nicht um einen offensichtlich sexuellen Traum handelt (siehe *Orgie*), so scheint irgendein Bezug zu Ihrer Haltung zum Sex wahrscheinlich; vielleicht haben Sie noch keine befriedigende Lösung gefunden!

Porträt War es ein Porträt von Ihnen selbst? Wenn ja, war es schön oder eine Karikatur? Womöglich betraf

der Traum Ihr Bild von sich selbst oder wie Sie hoffen, daß andere Sie sehen. Oscar Wildes «Bildnis des Dorian Gray» trug die Sünden seines Verfassers...

Pose Möglicherweise haben Sie ein bewußtes oder unbewußtes Bedürfnis, Ihr wirkliches Selbst zu verbergen, indem Sie als etwas posieren, was Sie nicht sind. Vergegenwärtigen Sie sich jedoch, wer der Künstler war — Sie selbst oder jemand, den Sie lieben?

Postbote Ein Überbringer von Botschaften. Sind Sie zurzeit im Besitz von Neuigkeiten oder irgendwelchen Botschaften? Können Sie den Postboten mit jemand anderem identifizieren? Denken Sie daran, daß der Überbringer von Hiobsbotschaften häufig für die von ihm verursachten Schmerzen getötet wurde! Siehe *Botschaft.*

Postkarte Siehe *Botschaft.* Bedenken Sie aber, daß eine Postkarte nicht zugeklebt ist und vom Postboten oder irgend jemand anderem gelesen werden kann!

Prediger Wenn der Prediger in Ihrem Traum bewirkt, daß Sie sich wegen ihrer Verfehlungen schuldig fühlten, versuchte der Traum Ihnen möglicherweise nahezulegen, daß Sie sich der Wirklichkeit stellen und positiv und selbstbewußt handeln — oder einfach aufhören, sich selbst zu bemitleiden. Doch vielleicht sollten Sie wiedergutmachen oder sich sogar ändern! Der Prediger war höchstwahrscheinlich Ihr eigenes Gewissen, und die Gemeinde könnte eine Vielfalt Ihrer Probleme repräsentiert oder Facetten Ihrer Persönlichkeit widergespiegelt haben.

Preis Der Traum könnte Sie nach dem Preis fragen, den Sie für eine eingegangene Verpflichtung oder Verantwortung bezahlen müssen — wahrscheinlich eine Warnung! Ein unerwartet geringer Preis kann darauf anspielen, daß Sie sich — oder jemand anders — unterschätzen.

Priester Eine Vaterfigur oder ein Autoritätssymbol. Siehe aber auch *Beichte, Segen.* Im Brennpunkt könnte Ihr reineres, höheres, moralischeres Selbst stehen. Ob als Warnung oder als Bekräftigung, ist solch ein Traum fast immer wichtig im Hinblick auf Ihre Ehrfurcht vor der Priesterschaft und könnte ungeachtet aller diesbezüglichen Skepsis bedeutungsvoll für Sie sein.

Prinz / Prinzessin Siehe *Königtum.*

Prisma Womöglich ein Bezug auf die vielen Facetten eines Problems oder einer Situation, in welcher Sie nach Erhellung suchen. Siehe evtl. *Kristall, Regenbogen.*

Professor War der Traumprofessor autoritär, exzentrisch oder gar «verrückt»? Gab es Merkmale, mit welchen Sie sich identifizieren können? Welche Botschaft wurde vermittelt? Siehe evtl. *Vortrag, Lernen, Lehrer.*

Proklamation Sicher haben Sie der Welt etwas mitzuteilen!

Prostituierte Ziehen Sie alle möglichen sexuellen Implikationen in Erwägung; für Männer könnte es sich um eine wichtige Aussage über ihre Haltung zu Frauen handeln. Doch natürlich kann der Traum auch darauf hindeuten, daß Sie sich auf irgendeine Weise prostituieren — bei der Arbeit zum Beispiel, gefühlsmäßig oder moralisch. Ein Gefühl von Erregung oder Ekel kann Ihr Wachgefühl für das eigentliche Thema des Traums widerspiegeln

Protest Die Chancen stehen hoch, daß Sie das Bedürfnis fühlen, gegen etwas aus Ihrem Leben zu protestieren, eine Empfindung oder eine Verpflichtung zu externalisieren. Es kann sein, daß Ihre Wachreaktion auf das eigentliche Traumthema schwächer als gerechtfertigt ausfällt; der Traum richtet dann sein Augenmerk darauf, Sie zu einer stärkeren Aktion oder Reaktion zu bewegen. Bitten Sie, wo nötig, Ihre Träume um weitere Hilfe (S.47); wenn jedoch der Protest oder die Demonstration hochdringlich war, versuchen Sie, das Grundproblem raschmöglichst zu klären.

Prozeß Sie könnten selber der Angeklagte sein und werden entscheiden müssen, was die Anklage in Ihrem wachen Leben beinhalten könnte. Der

---

> ## *Traumanalyse*
>
> **Prozession** Julia träumte: «*Ich schaue zum Fenster meiner Wohnung im obersten Stock des Hauses hinaus und hinunter auf einen Umzug von Elefanten, der unten auf der Straße vorbeiging.*»
>
> ---
>
> Julia konnte sich beim Erwachen nicht an diesen Traum erinnern, wurde jedoch beim Lesen der Probeabzüge dieses Buches durch den Eintrag unter «Elefant» daran erinnert. Die Elefanten waren mit ihren Gefühlen gegenüber Ganesha, dem indischen Elefantengott der Fruchtbarkeit — und des Publizierens! — verknüpft. Die Tatsache, daß sie aus ihrem Fenster auf die Elefanten hinunterschaute, schien sich darauf zu beziehen, daß die unter ihr gelegene Wohnung zu kaufen war und sie sie als Investition erwog. Doch der Traum kann sich auch auf dieses Buch bezogen haben. Jedenfalls ein ermunterndes, um nicht zu sagen ein amüsantes Symbol!

Richter könnte Ihr innerstes Ich repräsentieren, Ihr Gewissen. Siehe *Gericht, Richter,* wenn notwendig. Andererseits könnte der Traum eine symbolische Stellungnahme gegenüber jemandem sein, der gegenwärtig eine Plage für Sie darstellt.

Prozession Die Art der Prozession ist zweifellos wichtig (siehe Traumanalyse und das Traumbeispiel bei *Lachen* S.151). Umzüge sind in den meisten Fällen formell, feierlich oder trauervoll; überlegen Sie sich daher, welches Wachgeschehen diesen hervorgerufen haben könnte — und wie erfolgreich eigentlich Ihre Traumprozession war. Siehe *Parade.*

Prüfung Wahrscheinlich werden Sie irgendwie «auf die Probe gestellt»; Sie selbst sind vielleicht der Prüfungsaufseher! Ihre Angst oder Nervosität oder Zuversicht im Traum reflektieren Ihre Gefühle im Wachzustand, ausgelöst durch das wahre Thema Ihres Traums — das höchstwahrscheinlich Sie selbst sind, auch wenn Sie andere prüfen. Wenn dem so ist, überlegen Sie, welchen Teil Ihres Lebens die Prüfkandidaten repräsentieren könnten (obwohl es die Möglichkeit gibt, daß Sie jemanden zu sehr kritisieren). Eine Untersuchung durch einen Arzt kann eine bewußte oder unbewußte Sorge über ein gesundheitliches Problem ausdrücken.

Publizität Womöglich spüren Sie, daß eine Ihrer Taten oder Tugenden publik werden sollte. Sie könnten auch Schuldgefühle wegen eines trügeri-

---

> ## *Traumanalyse*
>
> **Protest** Beverly träumte: «*Ich kämmte und ordnete mein Haar. Es war an den Wurzeln schwarz geworden. Die Friseuse sagte, sie würde schauen, was sie tun könne.*»
>
> ---
>
> «Beverly, eine natürliche Blondine, träumte diesen Traum sowie die Träume über Rauch und Tätowierung (siehe S.159 und 170) an drei aufeinanderfolgenden Tagen, kurz nachdem sie ein Freund sehr wütend und aufgebracht gemacht hatte, weil er sie lieblos und ziemlich grausam behandelte. Sie war höchst verblüfft über die intensive Erscheinung von Schwarz in ihrem ersten Traum, hielt es jedoch für einen Protest gegen die Haltung ihres Freundes.

schen Verhaltens hegen und befürchten, es könnte an die Öffentlichkeit gebracht werden. Unter der Voraussetzung, daß jegliche Publizität gute Reklame ist, sollten Sie Mißverständnisse vielleicht jetzt aufklären oder sogar ein wenig angeben — wenn Sie in letzter Zeit nicht schon zuviel angegeben haben.

Pudding Fühlen Sie sich wie einer — übergewichtig und schwerfällig? Oder sind Sie vielleicht im letzten Stadium einer Schwangerschaft und genießen es überhaupt nicht? Haben Sie einen Pudding angerührt (im Wachleben irgend etwas aufgewirbelt)? In einem Pudding Geld zu finden, verweist auf etwas Gutes in einem unwahrscheinlichen, aber festlichen Kontext.

Puls Wenn Sie einen Puls gefühlt haben: Sondieren Sie irgendeine Situation im Wachleben aus?

Puppe Im allgemeinen ist dies wahrscheinlich ein Hinweis auf eine gewisse Unreife. Männer: Der Traum kann sehr deutlich eine altmodische und kindliche Einstellung Frauen gegenüber zusammenfassen. Frauen: Wahrscheinlich sollten Sie sich selbst und Ihre Rolle ernster nehmen. Es kann bedeuten, daß Sie zu wenig Selbstsicherheit haben oder — und dabei entscheidet, was in dem Traum vorkam — daß Sie exhibitionistisch sind. Es kann ein Bezug auf Ihre mutterlichen Instinkte sein. Wenn Sie selbst Kinder haben, verhalten Sie sich ihnen gegenüber erwachsen genug? Wenn Sie eine junge Mutter sind, denken Sie daran, daß «das erste Baby einer Frau ihre letzte Puppe sein kann».

Pusten Haben Sie in Ihrem Traum etwas geblasen (siehe *Orchester*)? Vielleicht war es ein Gewalttraum, in dem Sie jemanden «umgepustet» haben. Und wenn Sie «umgepustet» wurden: Wie überstanden Sie den Schock? Wenn in Ihrem Traum ein Wind bläst, so ist dies vielleicht ein Hinweis, daß Sie einige Probleme in Ihrem Leben schneller zu lösen versuchen.

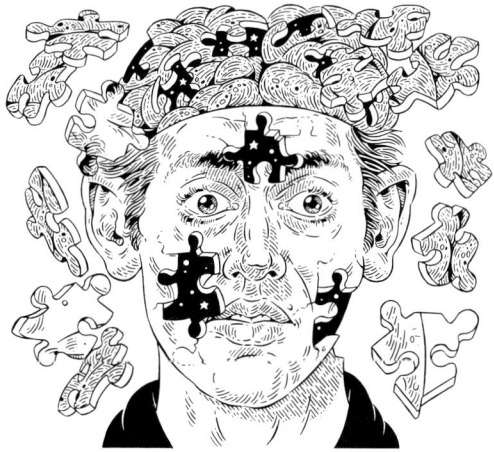

Puzzlespiel Puzzles in Träumen können Puzzles der Realität widerspiegeln; wie sind Sie also im Traum damit zurechtgekommen? Hat ein bestimmter Teil gefehlt — wenn ja, suchen Sie nach einem speziellen Element in Ihrer Selbstdarstellung, das Ihnen fehlt?

Q

Quadrat (Viereck) Siehe *Mandala* (S.26 und Glossar). Stabilität scheint angezeigt zu sein. Dieses Symbol ist von besonderer Bedeutung für die Freimaurer; es könnte eine Andeutung sein, daß Sie im Moment eingeschränkt leben, daß Sie Ihre Ansichten und Ihre Meinungen neu umreißen sollten. Wenn das Quadrat ein Hof war, sehen Sie auch UMGEBUNG (S.92).

Quarantäne Quarantäne, eine Periode der Isolation, um das Ausbreiten einer Krankheit zu verhindern, scheint Sie, falls Sie davon träumen, wahrscheinlich zu warnen: Stoppen Sie den Fortgang einer Handlung, bevor sie Sie oder jemand anderen verletzt. Eine Warnung womöglich, jemand oder etwas Gefährlichem aus dem Weg zu gehen?

R

Rache Eine weniger negative Empfindung, als es die moderne Gesellschaft vielleicht nahelegt! Der Wunsch, mit jemand quitt zu sein, liegt tief; in Ihrem Traum kann er sich auf ein Verlangen beziehen, ein unproduktives Gefühl mit einem produktiven auszugleichen oder eine schlechte Tat mit einer guten zu bestrafen. Die Umstände im Traum können auf einen Bereich Ihres Innenlebens hinzeigen, wo ein Ungleichgewicht herrscht.

Rad Als *Mandala* (siehe Glossar) ist das Rad oftmals ein Symbol der Ewigkeit, und Ihr Traum kann etwas aussagen über Ihr Selbstgefühl im Rahmen der Ordnung der Dinge. Vielleicht liegt seine Bedeutung jedoch auf einer irdischeren Ebene, es repräsentiert den glatten Verlauf des Lebens — oder seine Hemmung (wenn das Rad zerbrochen war). Mußte das Rad geölt werden, und gibt es dazu eine Parallele im wachen Leben? Waren Sie ein kleiner, aber wichtiger Zahn im Rad Ihres Traumes? War das Rad außer Kontrolle geraten (ein ausgekuppeltes Steuerrad zum Beispiel)? In einer Krisensituation kann es für Sie sehr hilfreich sein zu träumen, daß Sie das

Steuerrad eines Wagens fest im Griff haben. Dieses Symbol wird vielleicht in Folgeträumen klarer definiert werden.

Radio Siehe vermutlich *Botschaft*. Wir hören aber nicht nur, was im Radio gesendet wird, wir überhören es auch oft oder beherzigen es nicht; überlegen Sie sich also, ob Ihr Traum Sie zwingen möchte, etwas Wichtigem, das Ihnen zurzeit mitgeteilt wird und das Sie aus irgendwelchen Gründen ignorieren, zuzuhören.

Rahmen Haben Sie Ihrem nächsten Schritt den richtigen «Rahmen» verliehen? Oder überprüfen Sie eine Situation genauestens, um sie innerhalb gewisser Schranken zu halten? Wenn Sie eine Fotografie oder ein Bild gerahmt haben, kann der Inhalt ein wichtiger Hinweis sein. Bedenken Sie, daß ein Rahmen das Bild unterstreicht, aber auch hinter Glas einschließt, unberührbar und für immer; offenbar kann das ein Kommentar zu Ihrer Einstellung einem Liebhaber oder Kind gegenüber sein.

Rand Sie könnten sich «an der Schwelle» zu einer wichtigen Entdeckung oder Entscheidung befinden. Oder am Rande eines Nervenzusammenbruchs? Wenn Sie an einem Straßenrand auf Hilfe warteten, könnte dies eine Reflexion Ihrer Situation im wachen Leben sein, oder der Vorschlag, daß Sie sich passiv verhalten sollten, bis Sie Hilfe erhalten. Sie sind möglicherweise am Rande des Geschehens und sehen das Leben an sich vorbeiziehen — was eine gute oder schlechte Sache sein kann: Suchen Sie nach anderen Symbolen im Traum: Wie angenehm war der Rand — grünes Gras oder staubige Erde?

Rakete Wahrscheinlich ein phallisches Symbol, besonders bei einem Feuerwerk. Bei einem Raumfahrzeug könnte Sie Ihr Traum auch ermuntern, «abzuheben».

Rasiermesser Wenn Sie ein altmodisches Rasiermesser geschärft haben, sind Sie vielleicht im Wachleben dabei, jemand «die Kehle aufzuschlitzen», im Geschäftsleben vermutlich. Oder ist jemand daran, Sie zu «zerstückeln»? Womöglich lag eine sexuelle Anspielung vor: Der Akt des Rasierens ist für Männer manchmal eine Sexualmetapher (siehe *Bart)*. Er kann sich aber auch auf Ihr persönliches Image beziehen und Ihnen nahelegen, ihm mehr Aufmerksamkeit zu schenken. Anderseits könnten Sie in einer sehr heiklen , unsicheren Lage stecken — etwas steht «auf Messers Schneide».

Ration Rationieren läuft nicht nur auf die Bedeutung «Kürzung» hinaus, sondern ist auch eine organisierte Anstrengung, sicherzustellen, daß jedermann seinen gerechten Anteil erhält. Müssen Sie im Moment Ihre Liebe rationieren, sie etwa auf Ihren Mann und Ihre Kinder verteilen? Oder empfinden Sie, daß Sie gegenwärtig nicht Ihren gerechten Anteil an Zuneigung erhalten? Oder liegt ein Bezug auf Finanzielles vor?

Ratschlag Ob nun Sie jemanden oder jemand anders im Traum Ihnen den Rat gab, jedenfalls handelt es sich wahrscheinlich um Ihr Unterbewußtsein, das Ihnen vernünftigen Rat und Zuspruch erteilt.

Rätsel Ein Traumrätsel enthält fast immer ein Wortspiel. Doch der Traum stellt Ihnen wahrscheinlich eine komplizierte und knifflige Frage, auf die sich eine Antwort lohnen könnte. Bitten Sie um Aufklärung, wenn Sie nicht mehr weiterwissen (siehe S.47).

Ratte Wer ist die Ratte im wirklichen Leben? Vielleicht sind Sie es, der sich wie eine dreckige Ratte benimmt. Falls Sie gegen die Ratte in Ihrem Traum aggressiv waren, versichert er Sie, daß Sie stark genug sind, mit der Situation umzugehen. Siehe *Tiere*, FISCH, FLEISCH UND GEFLÜGEL (S.88).

Räuber Wir stellen uns von einem Räuber vor, daß er uns auf offener Strasse überfällt; der Angriff wird sich daher gegen Ihren Lebensweg und seinen Fortgang richten. Was entnehmen Sie diesem Symbol? Kannten Sie den Räuber?

Rauch Vielleicht sehen Sie gewisse Aspekte Ihres bewußten Lebens nicht so klar, wie Sie es sollten; Sie müssen vielleicht Ihre Träume zu Rate ziehen (siehe S.47). Bedenken Sie die Farbe und Dichte des Rau-

---

Traumanalyse

Rauch Beverly träumte: *«Ich war an einem Kanalufer, und eine riesiges, schmutziges Frachtschiff fuhr vorbei und hinterließ eine schwarze Rauchwolke, die mir die Sicht auf das andere Ufer nahm.»*

«Dies war der zweite von drei aufeinanderfolgenden Träumen (S. 159 und 168), die Beverly hatte, nachdem ein Freund sich ihr gegenüber verletzend benommen hatte. Sie überlegte sich, ob sie die Beziehung beenden sollte oder nicht, aber sie war verwirrt und wußte nicht, was sie tun sollte. Der schwarze Rauch (und schwarz war er ihr auch im ersten Traum erschienen) hinderte sie daran, die ganze Landschaft ihres Traums zu sehen, genau wie sie ihre wache Situation nicht klar sehen konnte. Das schmutzige, schwerfällige Frachtschiff schien für ihre verletzten Gefühle zu stehen.

ches und die Tatsache, daß es «keinen Rauch ohne Feuer» gibt. Es könnte einen indirekten Bezug zum FEUER geben (siehe S. 78), ein Symbol, das Sie noch wahrnehmen müssen.

Rauchen Wenn Sie ein Raucher sind, ist zu hoffen, daß der Traum Ihnen zeigt, was genau passieren wird, wenn Sie nicht aufhören zu rauchen! Er könnte eine Ermutigung sein, wenn Sie dabei sind, es aufzugeben, und vielleicht einige hilfreiche Vorschläge machen.

Rebell In irgendeinem Aspekt Ihres Wachlebens könnte Rebellion vonnöten sein; in diesem Fall hat Ihr Traum Sie dazu ermutigt — natürlich nur dann, wenn Sie nicht wegen Rebellion hingerichtet wurden! Siehe auch *Revolution, Aufruhr.*

Recht Ein Traum, wo das Recht zu Rate gezogen oder davon Gebrauch gemacht wird, deutet wohl darauf hin, daß Sie mit sich selber auf irgendeine Weise strenger sein sollten. Haben Sie etwa kürzliche eine selbst auferlegte Regel gebrochen und strafen sich jetzt dafür? Andernfalls mag jemand anderes selbstherrlich gehandelt haben.

Rechtschreibung siehe *Buchstabieren.*

Reden Sollten Sie lauter reden oder die Klappe halten? Siehe auch *Rede.*

Regen Siehe WETTER (S.74). Regen kann etwas wegwaschen und auch erfrischen, siehe WASSER (S.80).

Regenbogen Hoffnungen und Bestrebungen könnten im Blickpunkt stehen; spirituelle oder psychologische Entwicklung oder irgendein tief verwurzelter Wunsch, namentlich wenn Sie nach dem Gold am Ende eines Regenbogens gejagt haben oder wenn Ihr Regenbogen nach einem Traumsturm erschien. Siehe auch FARBE (S.94) und WETTER (S.74).

Reh Vielleicht bezieht sich das auf jemand, der Ihnen wohlgesonnen ist. Aber das Reh ist auch ein Symbol der Sanftheit und Verletzlichkeit: ein Kommentar zu Ihrem Verhalten oder dem von jemand anders. Siehe auch *Tiere,* FISCH, FLEISCH UND GEFLÜGEL (S.88).

Rekord Bezieht er sich auf ein persönliches Ziel? Wollen Sie einen Rekord egalisieren oder schlagen?

Reichtümer Im Traum beziehen sich materielle Reichtümer häufig auf spirituellen Reichtum. Denken Sie an die Parabel von den Talenten! — Haben Sie Ihre vergraben, oder machen Sie davon Gebrauch? Wenn Sie in einem Traum bloß Ihre Schätze zählen oder sie voll Geiz begutachten, widerspiegelt dies womöglich zuviel Stolz und Selbstvertrauen im Wachleben. Sind Sie habsüchtig oder raffgierig — nicht notwendigerweise materiell, sondern emotionell?

Reinkarnation Ein Reinkarnationstraum spricht aller Wahrscheinlichkeit nach von Verwandlung (siehe auch GEBURT, TOD UND VERWANDLUNGEN, S. 76/77). Als Katze oder Hund wiederzukehren kann genau die gleiche Bedeutung haben, wie wenn Sie träumen, Sie seien eine Katze oder ein Hund; d.h. ein Bezug auf Katzenhaftigkeit oder Treue oder was auch immer — nur eher noch intensiver! Weil Vertreter der Reinkarnation glaubten, daß bei solchen Transformationen Belohnung oder Bestrafung mitspielen, könnte der Traum sehr wohl eine Warnung bedeuten. Im Traum eine vergangene, vielleicht historische Figur zu sein mag den Hinweis enthalten, daß sich in letzter Zeit Ihre Persönlichkeit geändert hat (oder sich hätte ändern sollen). Identifizieren Sie sich auf irgendeine Weise mit dieser Person?

Reise Eine Traumreise bezieht sich am wahrscheinlichsten auf eine emotionale oder intellektuelle Reise oder Suche in Ihrem Leben. Fragen Sie sich, wie die Reise voranging und unter welchen Umständen sie verlief (siehe LANDSCHAFT, S.68). Ihre Einstellung im Traum kann Ihre wirkliche Einstellung widerspiegeln oder kommentieren — und vielleicht andeuten, daß Sie mehr Lebenskraft oder Vorsicht oder Abenteuerlust brauchen. Wenn Sie gezögert haben, kann das ein Hinweis sein, daß Sie zu einer vollen Beteiligung an einem Ihnen vorschwebenden Projekt noch nicht bereit sind. Siehe vielleicht *Urlaub*.

Reisepaß Ein Bezug auf Ihre Identität. Leiden Sie unter einer Identitätskrise? Wenn Ihr Paß geprüft und gestempelt wurde, kann das Anerkennung einer neuen Bewegungsrichtung oder eines Projekts sein. Siehe vielleicht *Reise, Kreuzung, Identität*.

Reißverschluß Wenn ein Reißverschluß nachgibt: ein Hinweis auf Unsicherheit oder Verlegenheit. Möglicherweise mit offensichtlich sexueller Konnotation. Siehe KLEIDUNG UND NACKTHEIT (S.82).

Reiten Hoch zu Roß womöglich? In diesem Fall bestätigt Sie der Traum wohl ebenso, wie er sie warnt, wenn Sie ein durchgehendes Pferd reiten, denn dann könnten Sie in Ihr Verderben rennen. Wichtig ist natürlich, worauf Sie reiten (möglicherweise mit sexuellen Implikationen). Wenn Sie bewußt von etwas weggeritten sind, kann der Traum nahelegen, daß Sie sich von einem Problem distanzieren sollten.

Religion Hier könnte ein Hinweis auf Ihren derzeitigen spirituellen Zustand liegen — oder vielleicht auf ein Wachziel oder sogar eine Person, dem oder der Sie religiös nacheifern. Indessen kann auch ein unbewusster, aber hingebungsvoller Wunsch nach einem religiösen Mittelpunkt Ihres Lebens widerspiegelt werden — oder der Wunsch, so etwas los zu sein.

Reptilien Siehe *Tiere*, FISCH, FLEISCH UND GEFLÜGEL (S.88).

Restaurant Siehe ESSEN UND TRINKEN (S.86).

Rettung Die Situation, aus welcher Sie gerettet wurden oder jemand anderes gerettet haben, sowie der relative Erfolg des Rettungsversuchs scheinen der springende Punkt zu sein. Der Traum könnte einen Hilferuf von Ihrem Wachselbst reflektieren oder eine Warnung sein, sich aus einer heiklen Lage mehr oder weniger herauszuhalten.

Rettungsboot Wenn Sie im Moment in Problemen zu ertrinken scheinen, mag der Traum Sie beruhigen — oder natürlich das Gegenteil! Versuchen Sie sich zu erinnern, ob es einen Hinweis auf jemand gab, der Ihnen helfen konnte. Siehe WASSER (S.80).

Revolution Das Traumbild psychologischer Turbulenz! Es deutet darauf hin, daß Sie etwas Drastisches unternehmen sollten, um Ihre Haltung oder Ihre emotionelle Ausgeglichenheit zu verändern. Vielleicht revoltiert Ihre gesamte Persönlichkeit, und Sie sind an einem Punkt angekommen, wo Sie tief und durchgreifend an Konflikten oder emotionellen Problemen arbeiten müssen. Aufeinanderfolgende Träume können dieses Thema noch deutlicher zutage fördern — legen Sie diesen einen jedenfalls nicht einfach vorschnell zur Seite, sondern schauen Sie gut hin, gegen welches Regime Sie revoltiert haben.

Rezept Die Küche ist ebenso wie Kochen ein eng mit Liebe und Zuneigung verknüpftes Symbol; vielleicht bezieht es sich daher auf Pläne, die Sie für Ihre Lieben schmieden. Ist das Rezept geglückt, oder war es fehlerhaft? Wenn es sich als nicht perfekt erwies, überdenken Sie Ihre Pläne nochmals! Womöglich war auch eine Anmerkung zum Studieren gemeint.

Rezitation Hier mag ein Bezug zu einem Kindheitserlebnis vorliegen. In diesem Fall wird das Augenmerk auf Selbstvertrauen liegen, besonders im Zusammenhang mit Ihren Eltern und Lehrern und damit auch hinsichtlich einer Autoritätsfigur (am Arbeitsplatz zum Beispiel). Haben Sie Ihren Text vergessen? Mußte jemand soufflieren? Hat man gesagt, sie sollten lauter sprechen? Alle Instruktionen können auf Ihr gegenwärtiges Wachleben zutreffen (weitere Traumsymbole können den Zusammenhang erläutern). Vielleicht auch ein Hinweis auf Ihre Erfahrung und Ihr Wissen und ob Sie davon gut oder nur mäßig Gebrauch machen.

Rhythmus Wenn Sie sich danach sehnten: Ein Wunscherfüllungstraum über mehr Regelmäßigkeit und einen ausgeglicheneren Takt in Ihrem Wachleben! Ein Jazzrhythmus deutet auf ein frenetisches Tempo Ihres Wachlebens: Vielleicht sollten Sie es etwas modifizieren.

Richter Der Richter ist natürlich die Autoritätsperson par exellence. Aber sollten Sie in einer anstehenden Situation selbst «einen Urteilsspruch» fällen? Entscheiden Sie, ob das Urteil im Traum unfair oder fair erschien, und beziehen Sie es auf die Person, die der Traumrichter im Leben zu repräsentieren schien. Vielleicht hat Ihr innerer Richter, Ihr «wirkliches Selbst», einen Urteilsspruch gefällt, und in diesem Fall sollten Sie sich ihm nicht mit aller Härte unterwerfen: Manchmal verfahren unsere Träume härter mit uns als jeder tatsächliche Richtspruch, der uns oder unseresgleichen auferlegt wird. Vielleicht sollten Sie zukünftige Träume um eine erneute Einschätzung anrufen und um eine mögliche Milderung des Urteils bitten!

Richtung Hatten Sie in Ihrem Traum einen guten Orientierungssinn, oder haben Sie die Richtung plötzlich verändert? Vielleicht sind Sie zu Veränderungen in Ihrem Leben bereit. Entscheiden Sie, wie beruhigend oder beunruhigend Ihr Traum war. Siehe auch *Kreuzung,* LANDSCHAFT (S. 68), *Reisen.*

Riese Waren Sie selbst der Riese, oder wurden Sie durch ihn eingeschüchtert? Könnten Sie David und Goliath sein? In diesem Fall: Welches gigantische Hindernis müssen Sie in sich überwinden? Es kann

ein sexueller Bezug bestehen (fast jeder Riese in der Literatur wird mit Sexualität assoziiert und traditionsgemäß mit gewaltigen Genitalien dargestellt). Hat Sie der Riese mit einem solchen Knüppel bedroht? Möglicherweise haben Sie als Mann unverhältnismäßige sexuelle Bedürfnisse, oder Sie fühlen sich bei ihrer Befriedigung schuldig; als Frau macht Ihnen der Gedanke an einen erregten männlichen Körper Angst, oder er stößt Sie ab, oder Sie sind der

Riese *Nimrod,* Gustave Doré

Ansicht, daß die sexuellen Anforderungen Ihres Partners übertrieben sind. Es gibt auch die Möglichkeit, daß der Riese einen menschenfressenden Vater oder eine ebensolche Vaterfigur darstellt. Ihr Traum kann bedeuten, daß Sie einen Minderwertigkeitskomplex haben oder sich von jemandem beherrscht fühlen.

Rinder Sind Sie «eines von der Herde»? Der Traum könnte bedeuten, daß Sie Ihre Individualität besser entwickeln und sich weniger darum kümmern sollten, was andere denken. Siehe *Herde, Tiere*.

Ring Möglicherweise steht eine sexuelle Bindung, eine Ehe oder eine Verlobung im Brennpunkt — oder eine emotionelle Ganzheit (siehe *Mandala*). Der Verlust Ihres Ehe- oder Verlobungsrings kann etwas über Ihre gefühlsmäßige Bindung besagen: Verlieren Sie das Interesse daran, oder fehlt es Ihnen an Sicherheit?

Ringkampf Möglicherweise nur ein beglückendes Sexualsymbol; vielleicht aber auch eine Anspielung auf Ihr Ringen mit Problemen, eventuell mit inneren. (Wer Ihr Gegner war, ist sicher wichtig). Ob Sie mutig oder feige waren, wie die Menge und der Ringrichter reagierten, kann einen deutlichen Hinweis auf die Rechtschaffenheit gewisser wacher Handlungen geben.

Ritual Unter Umständen bezieht sich der Traum auf eingefahrene Verhaltensmuster. Die eigentliche Natur des Rituals ist eine symbolische, daher steht hier zweierlei im Blickpunkt: Das Traumsymbol steht für ein Wachsymbol, was darauf hinzuweisen scheint, daß es Ihnen wichtig ist. Überlegen Sie sich, was Ihnen das Traumsymbol bedeutet; bitten Sie nötigenfalls um weitere Informationen (siehe S.47).

Rivale Vielleicht ein Bild dessen, was Sie in Ihrem Wachleben selbst gerne wären; falls Sie schüchtern und introvertiert sind: eine Ermunterung, selbstbewußter und positiver zu sein und Ihrem / Ihrer Geliebten Ihre Gefühle offener zu zeigen (Ihr Rivale kann auch Sie selber sein — siehe *Duell*). Jedenfalls ein recht starker und eindrücklicher Traum, der womöglich eine unangenehme Wahrheit enthält.

Roboter Ob Sie nun ein Roboter waren oder einen dirigierten: Der Traum sprach vermutlich eine Warnung aus. Sind Sie beim Arbeiten oder in Ihren Beziehungen ein bloßer Roboter? Ist Ihr Lebensmuster so automatisch, daß Sie wenig bis gar keine Zeit finden, sich selbst zu verwirklichen? Entscheiden Sie selbst, ob Sie Ihre Lebensführung völlig unter Kontrolle haben oder ob ein anderer Sie manipuliert. Siehe auch *Puppe*.

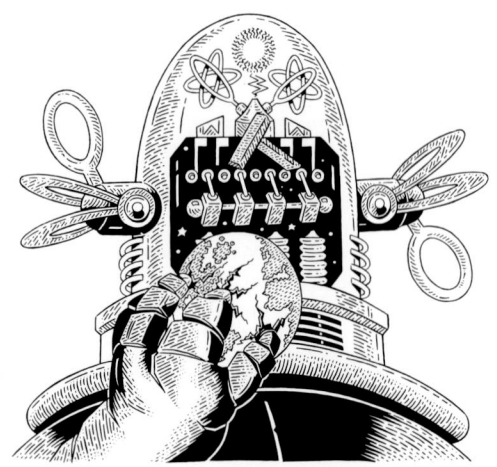

Rock Siehe KLEIDUNG (S.82). Der Traum eines Mannes vom Tragen eines Frauenrocks kann zweideutige Gefühle auslösen. Es kommt darauf an, ob Sie «Frauenarbeit» leisten müssen oder ob die weiblichen Elemente Ihrer Persönlichkeit gemeint sind, die Sie vielleicht zu stark unterdrücken. (Sollten Sie Ihre Gefühle offener zeigen?)

Rohr Wenn Sie an einem verstopften Rohr gearbeitet haben, müssen Sie vielleicht ein Problem in Ihrem Leben lösen, das Ihr bisheriges Fortkommen behindert hat. Wenn es ein dreckiges und abstoßendes Abflußrohr war, sollten Sie sich vielleicht gewissen Aspekten Ihres Lebens und Ihrer Persönlichkeit stellen, die Sie als unangenehm empfinden. (Siehe *Dreck*). Das Abflußsymbol kann sich auf Ihre Lebensenergie beziehen oder auf eine Person, die Sie «auslaugt». Oder werfen Sie momentan Geld — oder Talent — «in den Abfluß», «zum Fenster raus»? Was immer auch abfloß, ist eindeutig wichtig.

Rohrstock Jeder Traum von einem Rohrstock bezieht sich wahrscheinlich in der einen oder anderen Weise auf Aggression. Wer wurde geschlagen? Wenn Sie es waren, wer schlug Sie? Jemand, der Sie im Leben vielleicht auf Ihren Platz verweisen möchte? Oder jemand, dem gegenüber Sie sich schuldig fühlen und der Sie etwa bestrafen will? Wenn Sie den Stock hielten, war es vielleicht jemand, den Sie verachten oder auf den Sie wütend sind. Die Reaktion des andern kann bedeutsam sein, vor allem weil Sie sich in einer Vaterrolle befinden, und in diesem Fall geht es in dem Traum um Machteinfluß. Siehe auch *Stock*.

Romanze Vermutlich ein Kommentar dazu, wie Sie Ihre Zuneigung ausdrücken — mag er Sie nun ermutigen, romantischer zu sein, oder nicht (der Traumkontext sollte Ihnen sagen, was zutrifft). Natürlich kann auch ein großes Stück Wunscherfüllung mitspielen. Es könnte an der Zeit sein, diesen Lebensbereich neu zu überdenken.

Rücken Ziehen Sie die Möglichkeit eines Rückenleidens in Betracht. Oder vielleicht geht es hier darum, daß Sie in Ihrem Leben nicht vorausblickend genug sind. Neigen Sie dazu, in der Vergangenheit zu leben? War Ihr Rücken unbedeckt? Wenn ja, fühlten Sie sich unsicher? (Siehe KLEIDUNG UND NACKTHEIT, Seite 82). Geben Ihnen Ihr Partner oder Ihre Freunde genügend Rückhalt? Wenn Ihr Rücken unter einer Last zusammenbrach, versuchen Sie vielleicht, zuviel Verantwortung zu übernehmen. Sind Sie sich im klaren, was hinter Ihrem Rücken vorgehen könnte? Oder haben Sie vielleicht einen Grund, besonders selbstzufrieden zu sein, d.h. sich auf die eigene Schulter zu klopfen?

Rücktritt Möglicherweise ein Wunscherfüllungstraum. Anderseits könnten Sie einfach mit Arbeit und Verantwortung überlastet sein und sich danach sehnen, das Ganze sein zu lassen. Versuchen Sie sich zu erinnern, ob der Traum darauf hindeutete, daß Ihr Miteinbezug in die betreffende Situation unnötig oder sogar schädlich war.

Rückwärts Hat sich von Ihnen alles entfernt? Haben Sie eine Art Rückschritt in Ihrem Traum gemacht? Wenn ja, kann Ihnen Ihr Traum raten, von einer gegenwärtigen Entscheidung oder Handlung zurückzutreten, oder auch, daß Sie vor etwas in Ihrem Leben zurückschrecken, was Sie aber durchstehen müssen.

Ruf Die meisten Menschen sorgen sich auf irgendeine Weise um ihren Ruf; dieser Traum ist daher wahrscheinlich ein Kommentar zu Ihren grundlegendsten Gefühlen über sich selbst. Widerspiegelt er Stolz oder Schuldgefühle? Oder deutet er darauf hin, daß Sie sich zuviel darum kümmern, was die anderen von Ihnen und Ihren Handlungen denken?

Rufen Vielleicht müssen Sie etwa rausrufen, und Ihr Traum ermuntert Sie dazu — wenn es nicht ein Hilferuf war!

Ruhm Haben Sie Ruhm erreicht? Seien Sie vorsichtig — Sie genießen vielleicht unangemessene Bewunderung, sind mit sich selbst und Ihren Anstrengungen allzu zufrieden. Berücksichtigen Sie eine Traumreihe und deren Symbole, bevor Sie annehmen, daß Sie eine einzigartige Person sind.

Ruine Im Traum eine Ruine zu erforschen scheint sich wahrscheinlich auf die Überprüfung Ihrer Vergangenheit zu beziehen, vielleicht aber auch auf die Wertminderung irgendeines Elements Ihrer vergangenen Haltungen oder Ihres ehemaligen Lebensstils. Ihre Haltung zu der Ruine mag Nostalgie beinhalten, aber auch Erleichterung, daß Sie nicht dort leben müssen, oder Bewunderung für eine dahingegangene Schönheit. Versuchen Sie dies auf Ihre Wachgefühle gegenüber Ihrer Vergangenheit im allgemeinen anzuwenden — oder auf ein bestimmtes Geschehnis, wenn dies von einem Symbol nahegelegt wird. Siehe auch UMGEBUNG (S.92).

Rummelplatz Ob es nun ein sehr genüßlicher Traum oder ein Alptraum war: Viele Fragen tauchen auf. Z.B. bei den Nebenvorstellungen und Schießbuden und Wurfbuden — auf wen haben Sie gezielt? Wer hat Sie bei den Autoscootern oder der Achterbahn «auffahren» oder mitfahren lassen? Mit wem sind Sie in den Liebestunnel gefahren? Wessen Gesicht und Körper wurde im Spiegelkabinett verzerrt? Welche Preise haben Sie gewonnen, und was bedeuten sie? Es gibt eine reiche Auswahl an Symbolen, die Sie berücksichtigen sollten; sie wird Ihre Fähigkeit zur Interpretation auf die Probe stellen. Wie bei *Gebäuden* kann das Fest Ihr ganzes Ich repräsentieren, und die verschiedenen Nebenakttraktionen werden zu Teilen Ihrer Persönlichkeit: Versuchen Sie jede Bude, jeden Preis aus dieser Perspektive zu sehen.

Rüstung Vielleicht glauben Sie, sich gegen etwas zu schützen zu müssen. Ziehen Sie in eine «Schlacht»? Oder vielleicht sind Sie damit beschäftigt, größere Sicherheit und Zuversicht anzunehmen, indem Sie Vorkehrungen treffen. Dann könnte es sich um einen beruhigenden Traum handeln.

S

Sack Vielleicht ein Bezug auf eine Last, die Sie gegenwärtig herumtragen oder der Sie gewachsen sein müssen. Wichtig ist natürlich, was der Sack enthielt!

Säen Sie haben vielleicht Samen irgendeiner Art gesät, wobei sich dies entweder auf die Fortpflanzung bezieht oder auf eine neue Idee, die Sie anzubringen suchen: Sind die Samen auf fruchtbaren oder steinigen Boden gefallen?

Säge Vielleicht ein männliches Sexualsymbol (denken Sie an die Hinundherbewegung beim Sägen). Erwägen Sie daher, wer, wenn überhaupt jemand, bei Ihnen war und was Sie zersägten. Im nicht-sexuellen Bereich kann auch eine simple Anspielung auf sich wiederholende harte körperliche Arbeit vorliegen.

Sahne Haben Sie «abgesahnt»? Vielleicht kommen Sie damit durch. Sahne ist reichhaltig, üppig; sind Sie zu selbstgefällig oder zu maßlos? Siehe ESSEN UND TRINKEN, S. 86.

Sakrament Womöglich ein Wunsch nach einem neuen Anfang oder ein Gefühl, daß Sie bereit zu neuen Aufgaben sind. Es kann sich aber auch um eine Aussage über Ihren Glauben und Ihre religiöse Einstellung handeln.

Salbe Vielleicht ein Bezug auf Heilung — einer alten Wunde. Außer es war eine Fliege in der Salbe, oder sie war unangenehm und roch — in diesem Falle können Sie die Fliege gewesen sein, oder natürlich die Salbe!

Salz Ein wichtiger und sehr grundlegender Gebrauchsartikel — vielleicht ist die Wendung «Das Salz der Erde» relevant. Ihr Traum könnte nahelegen, daß Sie eine Situation, die Sie zu beruhigen versuchen, statt dessen verschlimmern — Salz in die Wunde reiben.

Salutieren Eine Geste des Respekts, die im Leben Status anerkennt. Womöglich ein Hinweis, daß Sie Ihren Platz kennen sollten (ob leitende Position oder untergeordnet, je nachdem, ob Sie salutierten oder den Salut empfingen).

Samen Das Symbol kann sich auf Ihr Bedürfnis nach einer Empfängnis beziehen, doch wenn dies nicht zutrifft, kann naheliegen, daß Sie irgend jemand Ihre Ideen mitteilen, sie «einpflanzen». Was mit dem Samen in Ihrem Traum geschah — ob er aufkeimte und zu einer gesunden Pflanze wuchs —, wird das Maß Ihres Vertrauens in Ihre Idee reflektieren; und auch die Art des Samens ist wichtig. Es könnte ein Hinweis vorliegen, daß Sie auf der Suche nach spirituellem oder intellektuellem Wachstum sind. Siehe auch *Pflanzen.*

Sand Falls in einer Wüste oder an einem Strand, siehe LANDSCHAFT (S.68); doch vielleicht wies der Traum darauf hin, daß die Zeit wie Sand verrinnt. Wenn der Sand grobkörnig war und in einen Lebensbereich von Ihnen eindrang, wo er unwillkommen war, findet sich vielleicht ein irritierendes, nervenaufreibendes, raumfüllendes und unkontrollierbares Problem, das Sie zurzeit beunruhigt.

Sarg Solche Träume bedeuten oft, daß wir eine Idee oder ein Projekt auf Eis legen, vielleicht weil es abgeschlossen ist. Also wer oder was war im Sarg? Möglich ist auch ein Bezug auf einen Aspekt Ihrer Persönlichkeit, mit dem Sie abschließen wollen, vor allem wenn der Körper im Sarg jemand war, mit dem Sie sich identifizieren. Wenn Sie aus einem Sarg fliehen wollten, brauchen Sie vielleicht größere Ausdrucksfreiheit und einen weniger «klaustrophobischen» Lebensstil. Siehe *Beerdigung, Begräbnis.*

Sauberkeit Der Traum kann bedeuten, daß sie mit etwas «sauber» abschließen wollen; es kann aber auch eine Aussage über Ihre Einstellung zum Sex sein. Gibt es einen Aspekt in Ihrem Leben, der einen Fleck auf Ihrer weißen Weste darstellt? Siehe WASSER (S.80).

Saugen Die einzige Handlung, die wir instinktiv vom Augenblick unserer Geburt an ausüben. Vielleicht deutete Ihr Traum an, daß Sie liebes- und zuneigungsbedürftig sind, einfach die Nähe zu einem Partner brauchen. Behaglichkeit, Sicherheit, Wärme sind angedeutet; der Gegenstand, an dem Sie saugten, kann natürlich von Bedeutung sein.

Säugling Der Säugling könnte genau das sein, was er zu sein scheint: ein Ihnen bekanntes Kind. Aber berücksichtigen Sie auch, ob seine Merkmale einen Teil Ihrer eigenen Persönlichkeit darstellen können, und versuchen Sie, den Traum in diesem Sinne zu interpretieren. Ein allgemein gehaltener Traum über ein Kind scheint auf etwas hinzudeuten, was insbesondere Ihr «Baby» ist — also eine Idee oder ein Projekt, das vor der Realisierung steht. War es gesund oder kränklich, brauchte es Nahrung, oder wuchs es zu schnell? Ein Traum des Jesuskindes scheint bestärkend — wahrscheinlich eine Bemerkung zu Ihren religiösen Einstellungen.

Säure Sind Sie in letzter Zeit auf jemand «sauer» gewesen? Säure ist zersetzend; «frißt» Sie innerlich etwas auf? Oder haben Sie jemanden scharf angegriffen? Der Traum könnte bedeuten, daß Sie Probleme nach außen verlagern; vielleicht sollten Sie mit jemandem ein offenes Wort reden.

Schachtel Waren Sie in der Schachtel eingeschlossen? Wenn ja, war es ein Traum über Einschränkung, Einschachtelung. Aber vielleicht haben Sie sie aufgemacht. Wenn ja, was war in ihr enthalten — etwas Schönes oder Unangenehmes? Der Traum kann sich auf eine Ihrer Charaktereigenschaften beziehen. Warum haben Sie die Dinge aus der Schachtel genommen? Versuchen Sie sie mit Ihrem Alter in Beziehung zu setzen. War die Schachtel irgendwie eine «Büchse der Pandora», eine, die ein

Geheimnis enthielt, das nicht enthüllt werden soll? Verheimlichen Sie etwas? Vielleicht stellt der Traum Ihre Vorgehensweise und Motive in Frage.

Schädel Der berühmteste Schädel der Literatur, Yoricks Schädel in Hamlet, deutet Innenschau an, ein Verlangen, an die Wurzel des Lebens zu kommen, den Sinn des Lebens und des Todes zu erkennen. Dies muß kein Angsttraum sein, sondern ein Traum, der den Träumer dazu ermutigen sollte, seinem Instinkt zu folgen, der ihn oder sie möglicherweise dazu ermutigt, das Leben profunder zu erfahren als bisher, um die eigentliche Wahrheit zu erkennen.

Schäfer Der springende Punkt scheint zu sein, ob es Ihnen gelungen ist oder nicht, Ihre Schäfchen beieinanderzuhalten — und damit vielleicht Ihre Probleme, Schwierigkeiten oder Verpflichtungen im Wachleben zu bewältigen. Oder wurden Sie herumbugsiert?

Schalter Ein- oder abgeschaltet? Eine Anspielung auf Ihr derzeitiges Liebesleben?

Scham Das abstrakte Gefühl von Scham kann Sie aus Ihrem Wachleben in Ihre Träume verfolgt haben; oder der Traum deutet darauf hin, daß Sie aufgrund irgendeiner kürzlichen Handlung sich so fühlen sollten. Nehmen Sie Notiz davon — Träume wissen es oft am besten!

Schande Ein Traum davon, daß Sie sich in einer schändlichen Situation befinden, ist möglicherweise eine Aussage über ein Schuldgefühl; es ist, als ob Ihre Träume Sie für Ihre Handlungsweise schelten würden. Wenn Sie in Ihrem Traum innerlich zuversichtlich waren, daß Sie sich im Recht befanden, und Sie fühlten sich zu Unrecht einer Schande ausgesetzt, sollten Sie versuchen, bestimmter zu sein und sich für das, was Sie bei sich selbst und anderen für recht halten, einsetzen.

Schatten Irgendein ständiges Problem oder ein Mensch kann einen langen Schatten über Ihr gegenwärtiges Wachleben werfen, und der Traum kann Ihnen einen Weg vorschlagen, diese Sache anzugehen oder sogar loszuwerden (eine bedeutsame Bestätigung, falls Sie Ihren Schatten verloren haben!) Es kann sich auch darum drehen, daß Sie nicht mehr der sind, der Sie einst waren (nur noch ein Schatten Ihrer selbst); erscheint dies wahrscheinlich, dann denken Sie an alle Wechsel, die stattgefunden haben könnten, und lassen Sie sich vielleicht ärztlich untersuchen. Zu Jungs Prägung der psychologischen Bedeutung von «Schatten» siehe das Glossar — Träume mit solch einer Bedeutung weisen oft auf Mittel hin, um uns selbst zu verbessern und unser Leben zu erhöhen, indem sie Eigenschaften hervorheben, die grundsätzlich unvereinbar mit unserer wahren Natur sind. Wie die meisten von Jungs Traumtheorien ist auch diese es wert, daß man ihr nachgeht — doch lassen Sie sich warnen: Es kann manchmal sehr lange Zeit dauern, um zu entscheiden, wer unser Schatten wirklich ist!

Schatz Wenn Sie in Ihrem Traum einen Schatz gefunden haben, sind Sie vielleicht auch im bewußten Leben fündig geworden — ohne unbedingt den Wert schätzen zu können: Es könnte sich um eine neue Idee, eine neue Einstellung, einen neuen Menschen in Ihrem Leben handeln. Auf alle Fälle ist Ihr Leben durch diese Entdeckung bereichert worden. Denken Sie an die enge Verbindung zwischen Geld und Liebe: Wenn Sie Gold fanden, könnte die Anspielung gut jemandem gelten, zu dem Sie sehr hingezogen sind, eben: einem zukünftigen Schatz. Aber vielleicht haben Sie «Wahrheit» gefunden — in diesem Fall könnte ein Kelch das Symbol sein —, einen neuen Weg zur spirituellen Entwicklung. All diese Möglichkeiten, auch der Glaube an eine neue Religion, könnten als Schatz dargestellt werden. Wenn Sie einen Schatz verloren haben, sind die Folgerungen offensichtlich.

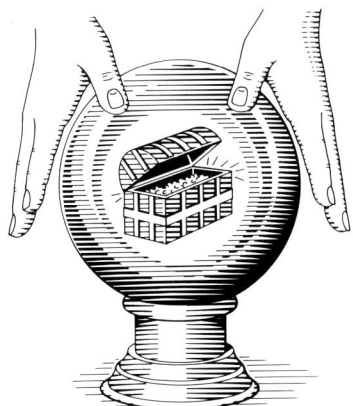

Schauer Von Seligkeit vielleicht? Oder ging er einem Sturm voraus? Womöglich die Darstellung eines kleineren Streits, der bald vorüber ist — vielleicht war er sogar willkommen und erfrischend. Siehe auch *Regen,* WETTER (S.74) und evtl. WASSER (S.80).

Schaukel Legt der Traum vom Kindheitsspiel vielleicht nahe, daß die Art und Weise, wie Sie heutzutage Ihre Vergangenheit sehen, ein beträchtliches Umdenken und eine Neueinschätzung erfordert? Wie reagierten Sie als Kind auf Schaukeln? Hatten Sie Angst davor? Gibt es etwas aus Ihrer Kindheit, das zu erkennen Sie sich fürchten? Der Traum könnte sich auf Unentschlossenheit oder Selbstvertrauen beziehen — oder auf Stimmungswechsel (einmal hoch, dann runter).

Hin- und Herschaukeln könnte auf Vergnügen anspielen, aber auch auf eine gewisse Unsicherheit — Freud sah dies als sexuelles Symbol. Hat jemand Sie angeschoben? In gewisser Weise der Wippe ähnlich. Gibt es vielleicht einen Bezug zum «Auf und Ab» des Lebens, oder ist es eine Stellungnahme zu einer Entscheidung, die Sie treffen mußten? Oder etwa eine Angst, «verschaukelt» zu werden?

Schauspielerei Spielen Sie in einer persönlichen Beziehung eine «Rolle» - sind Sie nicht ganz aufrichtig? Schauspielerei könnte auf eine Art der Verstellung hindeuten, und der Traum kann Ihnen nahelegen, Sie selbst zu sein — ein Held, Verbrecher oder Komödiant. Sehen Sie sich selbst so, oder fühlen Sie sich in Ihrem wirklichen Leben in diese Rolle hineingedrängt? Sehnen Sie sich danach, das Kostüm und die Maske abzulegen und «Sie selbst» zu sein, anstatt irgendeine Rolle zu spielen?

Scheidung Sie brauchen nicht unbedingt anzunehmen, daß dieser Traum eine Scheidung voraussagt! Wahrscheinlich deutet er an, daß Sie von einem Problem «scheiden», einer Meinung, einem Aspekt in Ihrem Leben, der unproduktiv ist oder Ihnen nichts bringt, der irgendwie «tot» oder «vorbei» ist — der Sie sehr wahrscheinlich ungünstiger beeinflußt hatte, als Sie sich bewußt waren. Natürlich sollten Sie bei Ihrer Entscheidung vorsichtig sein, welcher Teil Ihres Lebens oder Ihrer Gedanken von diesem Traum angesprochen wird: Wenn jemand anders sich scheiden ließ, was hat Ihnen dieser Jemand bedeutet? Das kann auf einen Lebensbereich hindeuten, der in Frage gestellt ist.

Scheune siehe UMGEBUNG (Seite 92).

Schiedsrichter Ein Schiedsrichter gewährleistet faires Spiel: Die möglichen sexuellen Nebenbedeutungen eines Spiels bedenkend, befassen Sie sich vielleicht zur Zeit sehr intensiv mit dem Verlauf Ihres Liebeslebens oder dem eines anderen? Oder ist da jemand, «der das Spiel nicht mitspielt»? Wenn ein Traumschiedsrichter Sie wegen schlechten Spiels aufgeschrieben hat, ist dies ein Anzeichen für Schuldbewußtsein?

Schießen / Erschießen Sie könnten sehr wohl im Wachleben den Wunsch haben, in irgendeinem Bereich Ihres Lebens das Ziel voll ins Visier zu nehmen, und der Traum könnte Sie in Ihrer Treffsicherheit bestätigen oder Sie warnen. Alle Träume, in welchen *Gewehre* vorkommen, enthalten fast sicher ein sexuelles Element. Wenn Sie als Mann Vögel geschossen haben, besteht vielleicht eine Verbindung zu Ihrer Haltung gegenüber Frauen im allgemeinen. Im Traum eine(n) Geliebte(n) zu erschießen ist nicht unbedingt antagonistisch (falls nicht im Traum wirklicher Antagonismus gespürt wurde) — Sie könnten einfach den Wunsch ausdrücken, sie/ihn zu «erbeuten»; schließlich findet sich in der Sexualität oft ein gewisser Grad an Gewalttätigkeit.

Schiff Von einem Schiff zu träumen, mag Sie dahin führen, vielleicht andere Symbole miteinzubeziehen, siehe daher WASSER (S.80), WETTER (S.74), evtl. *Fluss* und *Meer*. Ziehen Sie in Betracht, wie sicher Sie sich fühlten. Vielleicht ergibt sich ein Bezug auf Ihr «Traumschiff». Falls Sie ein Schiff vom Stapel gelassen haben, bezieht sich dies zweifellos auf irgendein wichtiges neues Projekt oder einen Lebensbereich. Oder ist Ihr Schiff im Heimathafen eingelaufen?

Schiffbruch Sie mögen sich zurzeit ohne Hoffnung fühlen, weil irgendein Plan oder eine persönliche Beziehung Schiffbruch erlitten hat — weil «alles verloren ist» — besonders, wenn das Schiff mit der ganzen Besatzung versank. Vermutlich haben Sie jedoch überlebt. Bitten Sie Ihre Träume, Ihnen Wege zu zeigen, wie Sie mit dem Wiederaufbau beginnen können (siehe S.47).

Schiffsmesse Im Traum in einer Offiziersmesse zu speisen, scheint auf eine hochmütige, überlegene oder formelle Ansicht von ESSEN UND TRINKEN (S.86) hinzuweisen.

Schild Sie spüren zweifellos ein Bedürfnis, sich in einem gewissen Sinn im Wachleben zu schützen. Weitere Einzelheiten Ihres Traums können Ihnen erzählen, wovor und wie. Wenn der Schild zerschmettert wurde, dann suchen Sie nach neuen Mitteln, um Unannehmlichkeiten abzuwenden.

Schilfrohr Sich im Traum durchs Röhricht durchzukämpfen, womöglich noch in einem Sumpf, deutet wohl auf ein erschwertes Vorwärtskommen im Wachleben (siehe UMGEBUNG S.92). Ein Dach mit Schilf zu decken oder Körbe zu flechten ist positiver — aber haben Sie Fortschritte dabei gemacht? Rohrflöten beziehen sich vermutlich auf Sexualität.

Schirm Ein Schirm bietet Schutz gegen Regen und Sonne, jedoch kann er nach außen gestülpt werden oder verloren gehen. In manchen Träumen wird er als Fallschirm benutzt — nicht nur für den Absprung, sondern auch für das Absteigen, indem man vom Wind weggeblasen wird, siehe also auch FLIEGEN (S.84). Versetzen Sie sich in die Rolle des Beschützers oder des Fliehenden: Brauchen Sie eine Zuflucht, oder sollten Sie jemandem Zuflucht gewähren? Und wovor? Siehe vielleicht WETTER (S.74), das die Hitze der Leidenschaft oder stürmische Auseindersetzung andeuten könnte.

Schlacht Haben Sie die Schlacht gewonnen oder verloren? Vielleicht kämpfen Sie auch für Ihre Rechte. Versucht jemand Sie auszunützen? Vielleicht sollten Sie mehr (oder weniger) aggressiv sein. Entscheiden Sie, ob der Traum Ihnen eine Warnung ist oder Ihr Vertrauen stärken soll.

Schlachten Wenn Sie ein Tier schlachteten, hängt viel davon ab, welches Tier es war und was es Ihnen als Symbol bedeutet. Ein Lamm ist beispielsweise das Symbol für Unschuld; sollten Sie also eines getötet haben (oder zugesehen haben, wie es getötet wurde), könnte dies eine Stellungnahme über den Verlust Ihrer eigenen Unschuld sein. Das Schlachten

Schlaf, anonym

eines Ochsen könnte sich auf einen Verlust der Macht beziehen; das eines Widders auf Verlust der sexuellen Potenz (bei einem Mann) usw. Wenn es um warmblütige Lebewesen geht, könnte ein sexueller Bezug vorhanden sein. Siehe eventuell *Töten, Mord.*

Schlaf Es ist kaum weniger seltsam zu träumen, daß man schläft, als zu träumen, daß man träumt, aber es kommt vor, und es besteht die Möglichkeit, daß Ihr Traum darauf hinweist, daß Sie mehr Schlaf benötigen oder vielleicht ausspannen und einen höheren Grad an innerer Ruhe erreichen sollten.

Schläger Ein Schläger ist möglicherweise ein phallisches Symbol; ob es so ist, ist ziemlich offensichtlich in Ihrem Traum. Waren Sie zufrieden mit Ihrer ge-

Schlange *Sindbad und die Schlange,* Edmund Dulac

schickten Handhabung oder verärgert, weil Sie den Ball nicht erwischten? Haben Sie ihn vielleicht sogar zerbrochen? Siehe *Sport*.

Schlagzeile Strotzen Ihre tatsächlichen Taten vor Sensationellem, so daß Sie «Schlagzeilen machen» (wenn auch nur im privaten Rahmen)? Wenn Sie in Ihrem Traum eine auffallende Schlagzeile lesen, kann er sie auf eine wichtige Nachricht aufmerksam machen, in persönlicher oder psychologischer Hinsicht. Es kann eine Andeutung sein, daß Ihr Verstand über Ihren Gefühlen stehen sollte (siehe auch *Botschaft*).

Traumanalyse

Schlangen Krischna träumte: *Krischna hatte oft wiederkehrende schreckliche Träume von Schlangen, die sie so erschreckten, daß sie, wenn sie nach dem Aufwachen ein Glas Milch wollte, sich fürchtete, den Kühlschrank zu öffnen, weil eine Schlange darin lauern könnte.*

Krischna wuchs in einer beschützten strengen Gesellschaft auf, in der Geschlechtsverkehr vor der Ehe völlig außer Frage stand. Fünf Jahre lang hatte sie eine liebevolle, aber asexuelle Beziehung mit einem Jungen, während der sie von ihren Schlangenträumen verfolgt wurde. Als die Beziehung endete, hörten die Träume auf, aber später in England, als sie sich in einen anderen jungen Mann verliebte und eine reife Beziehung mit ihm einging, merkte sie, daß sie sexuell verklemmt war, und die Schlangen erschienen ihr wieder, sogar noch bedrohlicher. Die Therapie deutete die Schlangen als Phallussymbole, die auf ihre Schwierigkeit hinwiesen, die volle sexuelle Aktivität zu genießen nach den Hemmungen ihrer Jugend. Sie begann sich mit ihrem privaten Monster auseinanderzusetzen und auf eine erfüllende Beziehung hinzuarbeiten. Nach ein paar Wochen, während der sie an ihren Träumen arbeitete und die Schlangen mit dem Wissen ihrer symbolischen Bedeutung konfrontierte, wurde Krischna eine andere Frau: gutaussehend und sehr glücklich. Der Traum, anstatt mehrere Male jede Nacht wiederzukehren, kehrte immer seltener wieder. Und wenn er kam, hatte sie keine Angst und konzentrierte sich darauf, seine Bedeutung zu analysieren. Die Beziehung mit ihrem Partner wurde erfüllt, und sie war imstande, ihre Hochzeit zu planen: Ihre Geschichte ist ein Beispiel dafür wie wir durch Erkenntnis ihrer Bedeutung unsere Traummonster besiegen können.

Schlamassel Vielleicht stecken Sie in einem. Haben Sie aufgeräumt oder es zurückgelassen? Waren andere Leute darin verwickelt? Halfen sie Ihnen, oder behinderten sie Sie? Waren sie beleidigt? Oder hatten sie vielleicht sogar das Durcheinander selber angezettelt?

Schlange Das Schlangensymbol taucht weltweit in den meisten Mythologien auf: Im Westen ist die Schlange im Garten Eden, die Adam und Eva zur Sünde verführt hat, vielleicht das stärkste (oft wird von den Christen angenommen, daß es dabei um Sexualität geht). Viele andere Kulturen stellen auch einen Zusammenhang zwischen Schlange und Penis her, obwohl auch psychische und spirituelle wie sexuelle Energie durch die Schlange symbolisiert wird. Wenn die Schlangen in Ihrem Traum Sie erschreckten, sollten Sie vielleicht Ihre Einstellung zur Sexualität überdenken, denn Ihr Traum könnte eine deutliche und wichtige Aussage über Ihre Reaktion darauf sein. Aber es könnte auch eine Stellungnahme über ein tief verwurzeltes psychologisches Problem sein. Sie müssen sich der Schlange stellen und sie angreifen (siehe *Monster*). Wenn Sie das Element der Angst nicht auf ein erträgliches Maß reduzieren können, benötigen Sie vielleicht irgendeine Therapie, besonders wenn der Traum sich wiederholt: Ihr Liebesleben ist vielleicht nicht so erfüllt und befriedigend, wie es sein könnte (und sollte). Denken Sie jedoch daran, daß ein Schlangentier oft das Symbol von Weisheit und Wissen war (das berühmte Orakel von Delphi war eine Schlangengöttin). Siehe

Schleier *Der Schleier,* Georges Seurat

auch *Angst, Tiere, Sünde,* FISCH, FLEISCH UND GEFLÜGEL (S.88).

Schleier Eine verschleierte Frau in einem Traum könnte gut einen Aspekt ihrer eigenen Persönlichkeit darstellen, den Sie zu verstecken neigen (vielleicht sogar vor sich selber); für einen Mann kann es eine Anspielung auf weibliche (nicht unbedingt homosexuelle) Aspekte seiner Persönlichkeit sein. Versuchen Sie, die symbolische Bedeutung der Person oder der Sache hinter dem Schleier herauszuarbeiten. Schleier sind, historisch gesehen, anziehend und verheissungsvoll — aber auch konnotiert mit Nonnen und der Ablehnung weltlicher Dinge.

Schleppe Wenn Sie ein Kleid mit einer Schleppe trugen, und jemand trat darauf, wurden Sie vielleicht plötzlich in einem Projekt zum Stillstand gebracht. Wie hat sich die Situation in Ihrem Traum aufgelöst?

Schlepptau Vielleicht haben Sie jemanden im Schlepptau oder schleppen eine Bürde. (Fühlen Sie sich wie ein überladener Esel?) Wenn Sie ein Auto abschleppten, kann dies eine Andeutung sein, daß jemand (vielleicht Sie) in einer emotionalen Beziehung nicht richtig mitzieht. Oder heißt es, daß Sie «jemanden abschleppen» wollen?

Schleuse Wenn Sie von einer Kanalschleuse geträumt haben, liegt wiederum eine Eingrenzung vor: Das Wasser ist eingeengt, doch nur, um sich danach auszuweiten und weiterzufliessen. Hier scheint der Brennpunkt in Ihrem Gefühlsleben zu liegen. Siehe WASSER (S.80).

Schlittschuhlaufen Der Spielraum und der attraktive Bewegungsablauf beim kunstvollen Eislaufen weisen, ähnlich wie beim FLIEGEN (S.84), darauf hin, daß wir über unsere Probleme hingleiten könnten und ihnen daher nicht genügend Aufmerksamkeit schenken. Ober begeben wir uns vielleicht auf dünnes Eis, gehen im Wachleben Risiken ein? Das Umfeld von Eis (gefrorenem Wasser) legt nahe, daß Ihre Gefühle im Spiel sind und Sie auf irgendeine Weise zu kühl und distanziert sein könnten, daß Sie jedoch diese Losgelöstheit genießen, weil sie Ihnen ermöglicht, sich frei und gelöst nach eigenem Gutdünken zu bewegen. Wenn das Eis Risse bekam oder schmolz, brechen möglicherweise Ihre eigenen Gefühle durch. Falls Sie dagegen einbrachen oder froren und durchnäßt wurden oder sogar am Ertrinken waren, liegt offensichtlich eine Warnung vor.

Schloß Sind Sie zu idealistisch, bauen Sie «Luftschlösser»? Siehe auch UMGEBUNG S.92

Schlüssel Eines der stärksten Phallussymbole, besonders für die Frau, die sich ohne sexuelle Erfahrung unausgefülllt fühlt: Bilder des «Aufschließens», «Öffnens» und «Befreiens» sind klar und häufig z.B. in derber Poesie verwendet worden. Der Mann, der in einem Traum mehrere Schlösser aufschließt, träumt von Polygamie oder vielleicht einem Bordell. Der Schlüssel kann natürlich zur Lösung eines tatsächlichen Problems führen; vielleicht stehen Sie kurz davor. Das Verlieren des Schlüssels könnte Frustration oder Hemmung Ihres Werdegangs symbolisieren (obwohl bei Männern ein offensichtlicher sexueller Symbolismus besteht). «Der Schlüssel zum Herzen» offeriert eine romantische Bedeutung. Und schließlich existiert natürlich das religiöse Symbol — am deutlichsten in seiner Verbindung mit Petrus, der die Schlüssel zum Himmel bewahrt.

Schmelzen Unter Umständen war der Traum eine Darstellung, wie Ihre Gefühle schmelzen. Versuchen Sie sich jedoch zu erinnern, was genau schmolz — dies wird der Schlüsselhinweis sein. Ihr Traum kann besagen, daß Sie gewissermassen «auftauen»; oder vielleicht jemand anderes (dann kann Wunscherfüllung im Spiel sein).

Schmerzen Der Traum wurde wahrscheinlich von einem kleineren Körperleiden oder Schmerz ausgelöst — vielleicht ein Krampf oder ein Muskelziehen, das durch eine merkwürdige Liegeposition verursacht wurde. Träume sind bekannt als Signale von Krankheitssymptomen: Wenn Sie also von Schmerzen an einem bestimmten Körperteil träumen und besonders wenn dieser Traum wiederholt auftritt, kann sich eine ärztliche Untersuchung lohnen. Natürlich kann auch eine weitere Warnung bestehen. Sind Sie für andere eine Qual?

Schmetterling Wenn der Akzent auf Leichtigkeit und Schönheit liegt, könnte der Traum Sie davor warnen, zu oberflächlich oder kokett zu sein. Wenn Sie einen Schmetterling jagen, suchen Sie vielleicht nach etwas mehr Vergnügen in Ihrem Leben; wenn Sie ihn fangen und umbringen, kann das andeuten, daß Sie sich zu oberflächlich auf einem bestimmten Gebiet des Lebens verhalten. Das Präparieren eines Schmetterlings kann bei Männern sexuell eindeutig sein — möglicherweise nicht nur Vergewaltigung, sondern auch Gefangennahme und Verdrängung (der Schmetterling ist tot). Ein Schmetterling ist etwas Schönes, das aus etwas Häßlichem schlüpft: Will der Traum Sie zu einer positiven Veränderung in Ihrem Leben hinführen?

Schmiede Das Schmieden von Freundschaftsbeziehungen, Liebesbanden springt einem ins Gedächtnis; bedenken Sie, ob Sie bereit sind, eine Gefühlsverbindung zu vertiefen oder ein anderes Engagement einzugehen. Sie werden möglicherweise bald größere Sicherheit und Stabilität erreichen. Oder werden etwa Ränke geschmiedet?

Schmorfleisch Ein Schmorbraten hat viele nahrhafte und geschmackvolle Zutaten, was etwas über Ihr gegenwärtiges Leben aussagen könnte. Sie geraten vielleicht unnötigerweise in große Aufregung! Betrachten Sie Ihre Probleme nochmals gründlich; es könnten Möglichkeiten vorhanden sein, obwohl Sie zur Zeit irritiert sind.

Schnee Vielleicht ein Symbol der Reinheit, wenn er unbetreten und unbefleckt war. Wenn der Schnee aber aufgewühlt oder schmutzig war, ziehen Sie vielleicht eine Tat in Betracht, die im Rückblick Ihr Gewissen belasten oder Ihren Ruf verunglimpfen könnte. Wenn die gesamte LANDSCHAFT (siehe S.68) mit Schnee bedeckt ist, ist dies vielleicht ein Hinweis, daß Ihre Sorge um Reinheit übertrieben ist, Sie blind macht und einengt. Siehe WETTER (S.74), FARBE (S.94).

Schneiden Haben Sie ein Stück Kuchen oder ein saftiges Stück Fleisch abgeschnitten? Dann kann es sich um befriedigte Gelüste handeln. (Siehe auch *Fleischer*). Möglich ist auch ein wortspielerischer Traum: Werden Sie «geschnitten»? Oder schneiden Sie sich selbst von den anderen ab? Denken Sie auch an die Redewendung «sich ins eigene Fleisch schneiden». Welches Schneidewerkzeug haben Sie im Traum verwendet — ein scharfes, funktionierendes oder ein

stumpfes und unbrauchbares? Scharfe Werkzeuge können einen phallischen Bezug haben.

Schnur Ein Traum von zu entwirrenden Knäueln könnte eine schlichte Anspielung auf die Notwendigkeit sein, gewisse Aspekte Ihres bewußten Lebens zu entwirren, d.h. zu klären.

Schokolade Vielleicht ein Wunscherfüllungstraum, wenn Sie auf Diät sind! Aber der Traum könnte allgemein Ihre Einstellung zum Luxus und Lebensgenuß kommentieren. Die Farbe kann ausschlaggebend sein, vielleicht eine dunkelhäutige Frau oder einen Mann bedeuten. Siehe ESSEN UND TRINKEN (S.86).

Schoß Ein Traum von der Rückkehr in den Mutterschoß (Psychiater behaupten, daß wir eine kollektive Erinnerung daran haben) verkörpert ein tiefes Bedürfnis nach Sicherheit, das Maximum an fürsorglicher Liebe, weit entfernt von der rauhen Realität. Das kann fast jeder Traum von einem warmen, behaglichen, abgeschlossenen Raum spiegeln, besonders wenn noch eine Verbindung mit Wasser da ist. Siehe auch *Schwangerschaft*, GEBURT, TOD UND VERWANDLUNGEN (S.76/77).

Schrank Es könnte etwas geben, was Sie verbergen wollen. Sie befassen sich nicht mit den Problemen, wie Sie sollten — vielleicht haben Sie ein «Skelett im Schrank» zu verstecken. Denken Sie ernsthaft darüber nach, was in Ihnen vorgeht, damit Sie nicht noch mehr Probleme in der Zukunft bekommen. Wenn der Schrank in Ihrem Traum ein Speiseschrank voller wunderbarer Sachen war, die Ihnen große Zufriedenheit gaben, ist das schön und gut — aber gleiten Sie nicht in einen selbstzufriedenen Gemütszustand ab.

Schrecken In einem Traum erschreckt zu werden ist ähnlich, wie sich zu fürchten oder ängstlich zu sein, aber Schrecken beinhaltet vielleicht eine Art Schock (S.51). Bezieht sich das auf ein bewußtes Lebensproblem oder einen solchen Zustand? Wenn Ihr Traumschrecken ein sich wiederholender, fortlaufender ist, versuchen Sie, das zu lösen, was er im wachen Leben präsentiert. Es könnte ein sexuelles Problem sein oder ein Problem, das Sie seit der Kindheit hartnäckig plagt und vielleicht mit der Beziehung zu Ihren Eltern zusammenhängt. Versuchen Sie, den Schrecken zu bekämpfen und in den Griff zu bekommen, welcher Art das Monster auch immer war, das ihn hervorbrachte.

Schrei Nach furchteinflößenden Träumen können wir mit einem Schrei aufwachen: In diesem Fall zählt natürlich der Traum. Wenn jemand im Traum schreit, ist dies vielleicht ein Hinweis auf jemand, der verzweifelt um Hilfe schreit — und vergessen Sie nicht, daß dieser Jemand Sie selbst sein können! Überlegen Sie also, ob irgendeine mißliche Wachsituation in Wirklichkeit bedrückender oder quälender sein könnte, als Sie meinen!

Schreiben Vielleicht eine Mitteilung, doch wenn Sie Briefe an Freunde geschrieben haben, denken Sie daran, daß es sich um Signale Ihres Unbewußten an Ihr Bewußtsein handeln könnte, die Ihre Gefühle oder Ihre Kräfte betreffen.

Schreiten Wir schreiten meist tüchtig aus, wenn wir uns unabhängig fühlen, zuversichtlich und bejahend; also scheint es, daß Sie derzeit beträchtliche Hilfe von Ihren Träumen bekommen.

Schrumpfen Vergleiche eventuell mit VERWANDLUNGEN (S.76/77). Es kann eine Warnung vorliegen, daß Sie gegenwärtig irgendwo nicht «auf der Höhe sind» oder daß Sie im Gegenteil zu «groß tun» und womöglich angeben. Vielleicht lassen widerwärtige Tatsachen Sie schrumpfen; sind Sie ein Mann, bezieht sich Ihr Traum möglicherweise auf Ihre Potenz oder diesbezügliche Befürchtungen. Andere Symbole aus dem Traum sollten Ihnen Hinweis vermitteln; aber vielleicht liegt hier ein Fall vor, wo Sie den Traum um weitere Verweise und Erklärungen bitten sollten (S.47).

Schüchternheit Schüchternheit im Traum kann ein Echo Ihrer Schüchternheit im Wachzustand sein; es kann jedoch auch ein Hinweis auf Abhilfe vorliegen. Da Ihre Träume nun einmal das Thema aufgeworfen

haben, können Sie sie ebensogut fragen, wie das Problem am besten angepackt werden könnte (siehe S.47). Versuchen Sie zum Beispiel, positiv an jene Dinge zu denken, die Sie beherrschen — es muß sicher etwas geben, worauf Sie stolz sein und das Sie verwenden können, um Ihr Selbstvertrauen aufzubauen.

Schuhe Womögich fühlen Sie sich «ausgelatscht» (KLEIDER S.82). Für Männer können Frauenschuhe ein Sexsymbol sein: Wenn Sie sich neue gekauft haben, lag möglicherweise ein Bezug auf eine sich entwickelnde Beziehung vor.

Schulden Sie verlangen vielleicht zuviel von anderen Leuten. Oder Sie leihen sich von ihnen mehr als Sie sollten. Ein gewisses Ungleichgewicht in Ihrem Leben bedarf einer Korrektur.

Schule Es ist nicht ungewöhnlich, zu träumen, wir seien wieder in der Schule, und oft spielt dies auf einen Mangel an Selbstvertrauen an — ein Gefühl, die Lektionen des Lebens nicht genügend gut gelernt zu haben. Es mag ein Hinweis auf irgendein Kindheitstrauma sein, das sich noch immer auf irgendwelche Wachsituationen auswirkt. Auf der anderen Seite gewinnen wir gelegentlich die Oberhand über einen Lehrer, den wir einst haßten: ein Hinweis, daß wir über einem Charaktermerkmal stehen könnten, das dieser Mensch repräsentierte. Wie immer werden die anderen Leute im Traum einen Schlüssel liefern, worum er sich eigentlich dreht, ebenso wie das Fassungsvermögen, das Aussehen und die allgemeine Atmosphäre des Schulzimmers, falls es eine starke Wirkung auf Sie ausübte (auch UMGEBUNG S.92).

Schulklasse Viele Leute träumen davon, daß Sie sich wieder in einer Schulklasse befinden. Vielleicht war das ein nostalgischer Traum über Ihre ehemaligen Mitschüler. Tadelte der Traum Ihre Prahlerei, hat er Sie davor gewarnt, etwas sein zu wollen, was Sie nicht sind? Sind Sie in der «falschen Klasse», d.h. einem Ort, der entweder unter oder über Ihrem Niveau ist? Träume über eine bestimmte «Klassenzugehörigkeit» können sich auf Minderwertigkeitskomplexe oder arrogantes Verhalten beziehen.

Schuppen Wenn Sie von Fischschuppen geträumt haben, so denken Sie daran, daß man sie entfernen muß, bevor man den Fisch ißt — so schön sie auch sein mögen. Sie können sich also auf etwas in Ihrem Wachleben beziehen, das lieblich, aber letzten Endes nutzlos oder sogar unangenehm ist.

Schüssel Der Traum kann bedeuten, daß Sie das Leben auf einem Tablett dargereicht haben wollen; aber vielleicht waren Sie wie Oliver Twist, verlangten nach mehr, und wenn ja, mehr wovon? Nach grösserer Liebe und Zuneigung vielleicht oder nach emotionaler Sicherheit? Wenn Sie Geschirr spülten, kann dies ein Kommentar zur Schufterei im Haushalt oder Langeweile in Ihrem Leben sein. Wenn Sie etwas zerbrochen haben, kann das auf eine Spannungslösung hindeuten, und zweifellos wird, vielleicht unbewußt, der Traum Sie beruhigt und bestärkt haben. Das Traumsymbol eines Parabolreflektors ähnlich einer Schüssel kann sich auf Ihre Einstellung universeller Wahrheit und geistiger Entwicklung gegenüber beziehen. Siehe ESSEN UND TRINKEN (Seite 86).

Schwamm Vielleicht sollten Sie aufmerksamer aufnehmen, was im bewußten Leben um Sie herum vorgeht, oder sich besser auf ein Thema konzentrieren. Wenn WASSER (S.80) im Spiel war, sollten sie auf die Gefühle eines Mitmenschen sensibler reagieren? Oder warnt Sie der Traum, daß jemand bei Ihnen schmarotzt (oder Sie bei jemand anderem)? Denken Sie daran, daß ein Schwamm eine sehr einfache Lebensform ist, so daß er eine sehr einfache und ehrliche Person repräsentieren könnte. Oder könnte es heißen, daß Sie eine Angelegenheit ruhen lassen sollten: «Schwamm drüber»?

Schwan Die Möglichkeit besteht, daß Sie selbst der Schwan in Ihrem Traum waren, sich als wunderschön sahen, als elegant, ruhig und friedlich, doch zur Aggression fähig, wenn er gereizt wird. Schön und gut, aber gratulieren Sie sich nicht zu sehr und zu früh. Waren Sie ein schwarzer Schwan — was vielleicht bedeuten könnte, daß Sie der Außenseiter unter Ihren Kollegen sind?

Schwangerschaft Möglicherweise ein Wunscherfüllungstraum; vielleicht ein Wink, daß Sie wirklich schwanger sind (bevor medizinische Tests die Tatsache bestätigt haben). Das Symbol kann aber auch die Entwicklung einer Idee meinen, die noch nicht reif für die Öffentlichkeit ist. Wenn Sie glücklich über Ihre Schwangerschaft waren und sie normal verlief, dann entwickelt sich die Idee in Ihrem Unbewußten, und sie sollten es einstweilen dabei belassen. Fühlten Sie sich unwohl, könnte der Traum Ihnen suggeriert haben, die Idee zu überdenken oder sie vielleicht sogar «abzutreiben».

Schwanz Die sexuelle Verbindung ist offensichtlich; aber der Traum könnte sich auf einen irgendwie kampfeslustigen, stolzen jungen Mann beziehen. Würden Sie sich gerne mit etwas brüsten können? Wenn Ihnen in Ihrem Traum einer wuchs, vielleicht ein Bezug auf eine «teuflische» Handlungsweise? Vielleicht ein phallisches Symbol.

Schwarz Schwärze, Dunkelheit deutet sehr oft auf Ignoranz, also denken Sie über Ihre Einstellung während Ihres Traums nach — haben Sie versucht, ihr zu

begegnen? Mit Erfolg? Oder sind Sie völlig gescheitert? Es gibt vielleicht ein wichtiges Gebiet in Ihrem Leben, wo es ihm an Wissen oder Vertrauen mangelt. Und siehe auch FARBEN (Seite 94).

Schwein Möglicherweise eine Warnung, daß Sie sich kürzlich wie eins aufgeführt haben. Oder ein Hinweis auf jemand anderes, der egoistisch oder chauvinistisch war.

Schwert Wahrscheinlich ein Phallussymbol — wer schwang es, und gegen wen? Vielleicht ein Bezug zu einem Schwur? Haben Sie unlängst ein Gelübde abgelegt? Siehe vielleicht *Speer, Stahl.*

Schwester Ihre Gefühle im Wachleben Ihrer Schwester gegenüber — Liebe, Eifersucht, Bewunderung oder was auch immer — sind offensichtlich ein Schlüsselfaktor; ein Zurschaustellen dieser Eigenheiten in Ihrem Traum, ja sogar ein offensichtlicher Mangel daran, kann sehr wohl Ihre Gefühle über Ihren eigenen Charakter und Ihre Veranlagung herausheben. Falls Sie eine Frau sind, liegt womöglich ein wortspielerischer Bezug auf Weiblichkeit als ein Ganzes vor und weist darauf hin, daß Sie sich den Bestrebungen der feministischen Bewegung anschließen möchten.

Schwimmen Gegen den Strom? Oder gerade noch den Kopf über Wasser haltend? (S.80). Oder in einem Wettkampf?

Schwindel Wenn Sie an einem Schwindel beteiligt waren, kann das bedeuten, daß Sie jemanden täuschen oder aus einer schwierigen Situation den einfachen Weg gewählt haben. Vielleicht nutzen Sie andere und deren Schwierigkeiten zu Ihrem Vorteil aus. Oder Sie verdächtigen jemanden unbewußt, daß er Sie mißbraucht oder hereinlegt — in diesem Fall kann der Traum eine nützliche Warnung sein. Siehe auch *Betrug.*

See Ein Traum von Wasser in beliebiger Form gibt für gewöhnlich eine Erklärung Ihres Gefühlzustandes ab, und bei einem See als Symbol scheint dies sehr wahrscheinlich zuzutreffen. Versuchen Sie sich zurückzurufen, ob er tief oder seicht, ruhig oder aufgewühlt war, denn dies sind offensichtlich wichtige Faktoren. Siehe WASSER (S.80).

Seele Ein Bezug zu seelischer Entwicklung ist naheliegend, oder vielleicht dringen Sie zum Wesenskern eines wachen Problems vor. Wenn Ihre Seele Ihren Körper verließ und Sie seelenlos zurückblieben, erwägen Sie dann vielleicht irgendeine besonders herzlose Maßnahme?

Segel Ihr Traum mag Ihnen erzählen, daß Sie in ruhige oder stürmische See geraten oder sie hinter sich haben; oder daß Sie Ihre Segel richtig setzen müssen. Widerspiegelt dies Ihre finanzielle Lage?

Segen Hier kann es wahrscheinlich um Ermutigung vom Unterbewußten gehen oder um Anerkennung oder Zustimmung für eine Handlungsweise.

Seil Ein Symbol von Anhänglichkeit, von Liebe; geben Sie sich gegenwärtig genügend Spielraum dabei? Oder sind Sie womöglich gefesselt von Problemen? Ist Ihr Leben zäh und faserig? Viele Wortspiele sind möglich! Versuchen Sie sich zu erinnern, was mit dem Seil gemacht wurde und ob es intakt oder abgewetzt war.

Sekretär(in) Die Betonung liegt vielleicht auf Hilfe, Unterstützung, Verwandlung von Chaos in Ordnung. Möglicherweise ist das Ihre gegenwärtige Rolle im Leben! Ihre Träume können nahelegen, daß Sie etwas ehrgeiziger sein sollten, falls Ihnen bewusst war, daß Ihre Position zu untergeordnet war. Ein Traum von jemandes Sekretär(in) könnte einen sexuellen Zusammenhang aufweisen — ebenso wie Träume von Ihrem Chef (beiderlei Geschlechts)! Natürlich kann dabei Wunscherfüllung mit im Spiel sein.

Selbstkontrolle Fragen Sie sich, ob Sie genügend oder zuviel Selbstkontrolle in Ihrem Wachleben und Ihren Beziehungen ausüben!

Selbstmord Obwohl er eine selbstzerstörerische Tendenz andeutet, handelt der Traum nicht unbedingt von Ihrer Selbsttötung. Er könnte sehr wohl auch darauf hinweisen, daß irgendeine gegenwärtige Handlungsweise selbstzerstörerisch ist; und es könnte an der Zeit sein, wichtige Veränderungen in Ihrem Leben vorzunehmen. Siehe GEBURT, TOD UND VERWANDLUNGEN (S.76).

Sendung Träume über das Aussenden oder Empfangen von Nachrichten sind immer interessant und manchmal wichtig. Haben Sie der Welt etwas mitzuteilen? Wollen Sie unbedingt für etwas eintreten, Ihrer Stimme Gewicht verleihen? Siehe *Botschaft*.

Sensation Hoffentlich fügte Ihre Traumerregung der Unterhaltung Ihrer Nacht Beträchtliches hinzu; aber vielleicht sind Sie dabei, etwas Aufregendes zu tun, oder schlägt Ihr Traum Ihnen vor, daß Sie es tun sollten? Leider sind solche Träume oft Wunscherfüllung.

Sex Siehe S. 90/91.

Sieg Ein ermutigender Traum — es sei denn, der dafür gezahlte Preis war zu hoch. Haben Sie großen Triumph, große Befriedigung oder Schuldgefühle wegen der Lage der Besiegten verspürt?

Signalisieren Siehe *Botschaft*. Aber welche Art von Signalen, und für wen? Im Wachleben mögen Sie unterbewußt vorhanden gewesen sein — doch Ihre Träume werden sie erkannt haben und können Ihnen Mut machen oder Sie entmutigen (wurden Ihre Signale empfangen?). Natürlich können auch Sie selbst derjenige sein, der Signale ignoriert, die Ihnen in Ihren Wachstunden gesendet werden; Ihre Träume könnten Sie drängen, sie zu erkennen, und eine Reaktion vorschlagen. Nehmen Sie Notiz von Notsignalen, sei es von Ihnen selbst oder sei es von anderen — sie könnten einen Fingerzeig auf ein Problem liefern, das Sie bis jetzt noch nicht bewußt wahrgenommen haben.

Silber Silber hat etwas Ruhiges und Versicherndes an sich: Es scheint einen freundlichen und vertrauensvollen Reichtum zu widerspiegeln, Reichtum verbunden mit Schönheit — und es weist hin auf den Mond. Ein Traum von Silber könnte (wie es «finanzielle» Träume häufig tun) sich auf Ihre emotionellen Hilfsquellen und Ihren Gefühlsausdruck beziehen, besonders wenn sie es weggegeben haben, aber auch, wenn Sie es erhielten. Siehe *Geld*.

Singen Haben Sie Ihr eigenes Lob gesungen (wenn nicht, warum nicht?)? In einem Chor falsch zu singen legt nahe, daß Sie nicht gut in irgendeine Wachumgebung passen. Wunscherfüllung kann im Spiel sein.

Sinken/Senkung Ein Symbol, das dem des Erdbebens verwandt ist. Ihr Traum könnte sich auf Ihre Selbstsicherheit, Ihr Selbstvertrauen beziehen, mit dem es vielleicht zur Zeit nicht zum Besten steht. Vielleicht ist Ihnen im Traum der Boden unter den Füßen weggerutscht, dann sollten Sie sich auf eine Umstellung einrichten. Die UMGEBUNG (S.92) im Traum könnte einen Anhaltspunkt liefern. Versuchen Sie, eine dauerhafte Basis für Ihre Beziehung, Ihre Arbeit oder welches Gebiet auch immer zu schaffen.

Sirup Ekelhaft süß und widerlich übersättigend — vielleicht beschreibt es jemandes Einstellung zu Ihnen? Oder etwa Ihre gegenüber jemand anderem? Siehe *Zucker,* evtl. *Honig.*

Sitzplatz Vielleicht sollten Sie ein Weile über einem Problem brüten. Oder schlägt Ihnen Ihr Traum vor, sich endlich zu entspannen und die Füße hochzulegen? Ein wichtiger Faktor ist, ob Ihr Sitzplatz bequem und sicher war. Falls Sie auf dem Führersitz saßen, haben Sie vielleicht in letzter Zeit viel Macht oder Kontrolle über Ihr Leben erlangt.

Skandal Wenn Sie im Traum besorgt waren, weil jemand über Sie klatschte, so kann es sein, daß Sie im Wachleben eher zu ängstlich darüber wachen, was andere von Ihnen denken. Vielleicht sollten Sie berücksichtigen, ob Sie Trivialitäten zuviel Aufmerksamkeit schenken und darüber wichtigere Fragen vernachläßigen. Wenn Sie selbst geklatscht haben, brauchen Sie womöglich das Mißgeschick eines anderen für Ihr eigenes Vorwärtskommen.

Sklaverei Sie können der Slave irgendeiner Aktivität oder irgendeines Individuums sein — vielleicht im sexuellen Sinn (es mag darin sogar ein Element der Wunscherfüllung enthalten sein). Aber bedenken Sie die ernsteren Folgerungen, wenn Sie etwa der Sklave irgendeiner Gewohnheit oder Neigung sind, irgendeiner obsessiven Aktivität — oder sogar Ihrer Familie.

Skelett Die unmittelbare Frage lautet: War es in einem Schrank (oder sonstwo versteckt)? In diesem Fall wäre der Bezug auf ein frevlerisches Geheimnis unmißverständlich! Doch vielleicht sind Sie bis zu den «Knochen» irgendeines wichtigen Problems vorgedrungen; wenn Archäologie im Spiel war, liegt vielleicht auch ein Hinweis auf jemand vor, den Sie vor vielen Jahren gekannt haben. Es gibt aber noch weitere Möglichkeiten: Ihr wortspielverliebter Traum bezieht sich womöglich auf eine strikte Diät, der Sie sich unterzogen haben (hoffentlich nicht bis zu einem Grad von Anorexie!), oder warnt Sie davor, sich zu verausgaben (stehen Ihnen magere Zeiten bevor?).

Slums Sehen Sie erst *Gebäude*, UMGEBUNG (S.92); dann überlegen Sie, ob Sie sich gegenwärtig selbst ein wenig bemitleiden. Schlug der Traum vor, daß Sie versuchen sollten, eine positivere Einstellung zu gewinnen? Oder sind Sie körperlich ziemlich am Ende, und benötigen Sie eine Belebung Ihres Organismus — vielleicht durch mehr Bewegung?

Soldaten Ein Traum von Gewalt, vielleicht, aber er könnte auch andeuten, daß Sie sich mehr unterordnen oder disziplinierter sein sollten. Soldaten sind für gewöhnlich männlichen Geschlechts, also könnte es einen Bezug zur maskulinen Seite Ihres Wesens geben (ob Sie nun männlich oder weiblich sind). Sie bereiten sich vielleicht in irgendeiner Weise auf einen Kampf vor oder darauf, sich vor einem heftigen Angriff zu schützen; Sie sollten sich vielleicht defensiver verhalten. Wenn Sie träumen, daß Soldaten Sie gefangengenommen oder auf irgendeine Weise eingesperrt haben (Gefängnis, Zaun) sollten Sie sich überlegen, ob nicht jemand ungebührliche Macht über Sie hat und es genießt, diese auszuüben; sehen Sie vielleicht *Kampf, Krieg.*

Sommer Eine Zeit der Erfüllung, des Glücks, des Vergnügens — es sei denn, Sie empfinden heißes Wetter als unangenehm. Aber sehen Sie *Jahreszeiten.*

Sonne Wir könnten ohne sie nicht leben, also spielt Ihr Traum auf etwas Wesentliches für Ihr Wohlbefinden an. Wurden Sie geblendet oder versengt oder gewärmt und angenehm gebräunt? Ihre eigene Hitzigkeit könnte einer Prüfung unterzogen werden, und der Traum dürfte sich auf Ihre psychologische Entwicklung beziehen. Das Symbol für die Sonne (ein Kreis mit einem Punkt in der Mitte), eines der ältesten der Menschheit ist in sich selbst ein wichtiges Mandala, das sich auf beglückende Intensität bezieht.

Spaltung Siehe *Riß.*

Speer Ein Freudsches phallisches Symbol; auch ein Symbol der Aggression; vielleicht sogar beides. Wir haben Sie auf den Speer in Ihrem Traum reagiert? War er untauglich, schlecht gezielt, zu schwer, um von Ihnen getragen zu werden? Wenn jemand anderer mit einem Speer auf Sie zielte, wer war es und wie reagierten Sie (siehe *Pistole*)? Es könnte einen Bezug zu einem hartnäckigen Problem geben. Dies wird sicher der Fall sein, wenn in anderen Träumen andere phallischen Symbole in ähnlichem Zusammenhang auftreten.

Speisekarte Der Inhalt kann irgendwie Ihre eigenen Haltungen, Wünsche und Pläne zusammenfassen. Waren die einzelnen Posten erhältlich oder ausgegangen? Waren sie teuer oder billig? Siehe ESSEN UND TRINKEN (S.86)

Spiegel Was sahen Sie in Ihrem Traumspiegel? Was auch immer es war, es stellte Sie selbst dar, beachten Sie es daher als erstes — und was Sie dabei empfunden haben. Versuchten Sie einen Zauberspiegel zu verwenden, um von sich oder jemand anderem

ein klares Bild zu erhalten? Denken Sie daran: Spiegelbilder drehen die Wirklichkeit seitenverkehrt um und verzerrren sie manchmal. Hat der Traum Bezug auf Wunschdenken? Eitelkeit oder Mangel an Selbstachtung mögen im Spiel sein. Wurden Sie, falls der Spiegel zerbrochen war, in letzter Zeit durch ein Ereignis oder eine Einsicht niedergeschmettert? Oder sollten Sie sich auf eine lange Phase des Ringens vorbereiten? Siehe auch *Sprung, Glas.*

Spiel Die Art des Spiels, das Sie gespielt haben, ist sicher wichtig und verlockt zumindest für einmal zu der freudianischen Interpretation, daß einem solchen Traum eine sexuelle Dimension beizumessen ist. Ihr Spielgegner kann Ihr Liebhaber oder eine Art Partner sein, aber auch einen Aspekt Ihres eigenen Ichs repräsentieren — vielleicht einen Aspekt Ihrer Sexualität, an dem Sie zweifeln. Siehe *Spielkarten, Fussball.*

Spielkarten Kartenspielen deutet auf Zufall hin, aber auch auf Geschicklichkeit. Spielten Sie gegen jemand, mit dem Sie im Leben in einer Wettbewerbsituation stehen? Wie verlief das Spiel? Deutet der Traum an, daß Sie sich nicht so sehr auf Ihr Glück verlassen sollten? Siehe *Spiel.*

Spielstand Siehe *Tor, Spiel, Ball* usw. Für einen Mann hat der Begriff «Spielstand» häufig eine spezifische sexuelle Bedeutung, so daß sich leicht ein Schluß daraus ziehen läßt. Es kann sich jedoch auch um eine einfache Anspielung auf kürzliche Erfolge handeln und nahelegen, daß Sie mehr daraus machen sollten.

Spielzeug Wenn Sie mit einem spielten, könnte der Traum vielleicht eine Aussage über Ihre Einstellung zu einer anderen Person machen oder Sie von deren Haltung Ihnen gegenüber warnen. Die Wörter «Spielzeug» und «Spielen» haben oft sexuelle Nebenbedeutungen: Spielen Sie mit der Zuneigung von jemandem, sind Sie weniger treu, als Sie vorgeben? Kinderträume von Ihrem Spielzeug sind besonders interessant und (weil das Spielzeug Kindern so wirklich erscheint) offenbaren oft, wie Sie Ihre eigene Stellung innerhalb der Familie oder diejenige Ihrer Eltern, Brüder, Schwestern und Freunde sehen.

Spinne Ein häufig auftauchendes «Traummonster», wenn sie sich im bewußten Leben davor ekeln. Greifen Sie es an, und stellen Sie sich ihm. Aber vielleicht waren Sie selbst die Spinne, darauf aus, eine bestimmte Fliege zu fangen — irgendeine Falle im bewußten Leben auszulegen. Siehe *Insekten.*

Spinnen Was wurde gesponnen? Ein Netz (siehe *Spinne*) oder ein Garn? Ein Kommentar vielleicht zu einem Plan, den Sie gegenwärtig ausarbeiten. Vergessen Sie nicht, sich als das Garn oder das Rad zu

betrachten; vielleicht ist da eine Andeutung, daß Ihr Leben monoton ist und einen Auftrieb benötigt.

Spinnweben Wird jemandem eine Falle gestellt? Siehe *Spinne, Netz.*

Spion Ein Hinweis, daß Sie Ihre Motivation und Handlungsweise neu überdenken sollten; Sie sollten vielleicht «das Land ausspähen» bevor Sie handeln; es könnte ein Hinweis auf jemanden sein, der Sie ungehörig beeinflußen möchte.

Spirale Sie sollten vielleicht unter FLIEGEN nachschlagen (S.84). Ihr Traum bezieht sich vielleicht auf die Milchstraße, etwas spiralenförmiges (Sie «wissen» dies vielleicht unbewußt, selbst wenn Sie sich nicht mehr erinnern, es gelernt zu haben), und deutet an, daß Sie sich danach sehnen, eins mit ihr zu sein, sowie es auch für einen Traum über eine perfekte Kugel gelten kann. Wenn Sie ein Teil einer abwärtskreisenden Spirale waren, kann das eine andere Form des «in den Schlaf Sinkens» sein (S.51).

Spitze Der Traum könnte aussagen, daß «Sie Spitze sind», oder sich auf Ihren Ehrgeiz beziehen (wenn ja: siehe *Gipfel, Höhe).*

Spitzen Schön, durchsichtig, aber sehr kompliziert und öfters in sexuell provozierende Kleidungsstücke eingewirkt. Haben sie Sie an jemand erinnert — im Traum oder danach?

Splitter Jemand hat Sie vielleicht verärgert oder verletzt. Andererseits könnte der Traum einen sexuellen Bezug haben (siehe *Stachel).*

Sport Sind Sie ein «Sportsmann», oder sollten Sie sich mehr bemühen, einer zu sein? Spielen Sie «das Spiel» mit? Vielleicht schlug der Traum Ihnen vor, aktiv teilzunehmen, anstatt nur zuzusehen. Siehe *Spiel.*

Spott Wenn Sie verspottet wurden, nehmen Sie womöglich Ihr Wach-Selbst zu ernst; oder Sie haben heimlich Angst, ausgelacht zu werden; oder Sie kümmern sich zuviel darum, was die Leute sagen. Wenn Sie jemanden verspottet haben, kann er oder sie einen Aspekt Ihrer selbst repräsentieren, den Sie verachten — oder jemand, den Sie ernst nehmen, der jedoch ruhig einen skeptischeren Blick verdienen würde.

Sprache Wenn Sie mit einiger Mühe eine Sprache gelernt haben, so trifft diese Schwierigkeit unter Umständen auf unvertraute Probleme im Wachleben zu. Vielleicht teilen Sie sich den Menschen um Sie herum nicht so gut mit, wie Sie es möchten, und Ihre Träume widerspiegeln ein Gefühl der Isolation. Ist Ihre augenblickliche Lebensweise etwas einsam?

Springen Wonach? Hoffentlich vor Freude — aber denken Sie sorgfältig über den Zusammenhang nach: Haben Sie einen Graben oder eine Hürde übersprungen? Ist es Ihnen gelungen, oder sind Sie hingefallen? Das kann ein beruhigender Traum sein, aber auch besagen, daß das Vorhaben oder Objekt, das Ihnen momentan vorschwebt, derzeit außerhalb Ihrer Machtbefugnisse liegt. Vielleicht brauchen Sie mehr Übung. Wie beim Fallen «springen» wir manchmal kurz vor dem Einschlafen: Das ist ein physiologischer Trick des Körpers. Siehe auch UMGEBUNG (S.92), aber der Traum könnte eine Stellungnahme zu Ihrem Ehrgeiz sein oder zu Ihrer Entschlossenheit, Schwierigkeiten zu überwinden (man setzt sich über etwas hinweg). Nicht nur Entschlossenheit, sondern auch Tapferkeit könnten in Frage gestellt sein. Die Leichtigkeit oder Schwierigkeit, mit der Sie die Handlung vollzogen haben, ist wichtig. Darin könnte sich zeigen, wieviel Ermutigung er im Hinblick auf bevorstehende Aufgaben bietet. Wenn Sie sich am Hochsprung beteiligten, ist eine sexuelle Bedeutung nicht auszuschließen.

Sprung Der nächstliegende Schluß ist, daß Sie dabei sind, im Wachleben irgendeinen Sprung zu wagen. Haben Sie den Graben oder die Hürde sicher übersprungen? Und worüber sind Sie eigentlich gesprungen? Dies sollte Ihnen einen Hinweis für den Traum liefern. Siehe *Springen,* FLIEGEN (S.84).

Sprung (Riß) Das Auftreten eines Sprungs in einem Traum — einer Wand, einem Stück Porzellan oder sogar im Erdboden — kann sehr wohl ein Symbol sein, daß auf Spannung hindeutet, und Sie sollten versuchen, dies auf Ihr Leben zu übertragen: «Zerspringt» Ihr Leben vielleicht? Was immer in Ihrem Traum zersprungen ist, kann leicht ein Teil von Ihnen selbst repräsentieren.

Sprungfeder Wenn die Sprungfeder aus Metall war, fühlen Sie sich momentan in Ihrem bewußten Leben angespannt, «ganz geladen»? Vielleicht müssen Sie Probleme lösen oder sich ihnen stellen, aber Sie könnten auch einfach nur sprungbereit sein und erhalten in diesem Zusammenhang Unterstützung und Ermutigung von Ihren Träumen. Eine Feder ist natürlich auch eine Spirale; aber dieser Bezug ist so komplex, daß Sie Ihre zukünftigen Träume um eine Erklärung befragen müssen (S.47).

Spucke Eine Andeutung, daß Sie vielleicht etwas «ausspucken» sollten, was immer es sein mag. Oder blieb Ihnen die Spucke weg?

Stachel Wahrscheinlich ein Sexualsymbol; vielleicht ein Hinweis, daß Sie sich davor fürchten, sexuell verletzt zu werden. Ein Bezug zu plötzlichem unerwartetem Schmerz. Versuchen Sie den Stachel aus Ihrem bewußten Leben zu entfernen; ist es Ihnen in Ihrem Traum gelungen? Siehe auch *Stechen.*

Stadt Vielleicht das Symbol eines Lebensstils oder einer bestimmten Idee. Bekannt oder fremd? Freundlich oder unfreundlich? Geschäftig oder verschlafen? Haben Sie sich verirrt, oder war die Stadt Ihnen bekannt? Sind Sie dabei, wichtige Entscheidungen in Ihrem Leben zu treffen, suchen Sie nach größerer Ordnung, oder teilen Sie Ihr Leben in irgendeiner Weise ein? Hat das Stadtleben Sie bedrängt? Dann sollten Sie Ihren Zeitplan und Lebensstil vereinfachen. Aber vielleicht war die Stadt ordentlich und wohlhabend: eine Darstellung, die sich vielleicht auf Ihre Selbstzufriedenheit beziehen kann. Für weitere Hinweise siehe *Haus* und UMGEBUNG (S.92)

Stahl Ein Kommentar vielleicht über Ihre Entschlossenheit, Ihre innere Kraft und Willenskraft. Aber Stahl muß gehärtet sein, und der Traum könnte zeigen, daß Sie flexibel wie scharf sein sollten (siehe *Schwert).* Seien Sie in Ihrem Gefühlsleben nicht «kalt wie Stahl»: ein Duell mit Schwertern oder Ihr Angriff auf jemand mit einem Schwert scheint dies zu bedeuten.

Stall Wenn es Pferde in Ihrem Stall gab, könnte dies eine Aussage sein, wie Sie mit Ihrer sexuellen Energie haushalten. Doch vielleicht haben Sie die Stalltür geschlossen, nachdem Sie die Pferde hinausließen? Siehe *Pferd.*

Stamm Ein Traum von einem eingeborenen, möglicherweise feindlichen Stamm könnte sich gut auf eine furchteinflößende Gruppe von neuen Bekannten beziehen, oder sogar auf Ideen, die Sie zu bedrohen scheinen. Wenn Sie ein Mitglied des Stammes waren, sind Sie sich vielleicht der Teilnahme an einer Bewegung bewußt, von der Sie befürchten, daß sie im Grunde primitiv oder unzivilisiert ist.

Staubsauger Als Bildnis weist er darauf hin, daß Sie Ihre Probleme aussortieren, ordnen, vom Staub der alten, abgenutzten Ideen befreien und ein «Großreinemachen» in Ihrem Geist durchführen sollten.

Stärke Ein Traum von relativer Stärke oder Schwäche bezieht sich wahrscheinlich auf Ihre gegenwärtige Lage im wachen Leben, auf eine bestimmte Situation, die Sie betrifft. Wenn Sie große Stärke vorzeigten, wird der Traum beruhigend sein. Sollte ein Rivale Stärke zur Schau stellen, ist es wahrscheinlich eine Warnung.

Statistik Der Traum könnte sich auf das Für und Wider einer Situation beziehen, die Sie im wachen Leben erwägen; weil «Statistiken alles beweisen können», könnte Ihr Unbewußtes Zweifel an einer Handlungsweise ausdrücken, die Sie in Betracht ziehen.

Statue Irgendeines Gottes oder einer Figur, die Sie bewundern? Es könnte eine Betonung auf Veränderung oder Verwandlung in Ihrem bewußten Leben liegen. Eine Statue ehrt oft das Objekt: Welcher Aspekt Ihres Lebens scheint einer Würdigung durch die Menschheit als Ganzes wert? Aber wenn die Statue Sie selber darstellt, bedenken Sie, ob Sie nicht kalt wie Marmor sind, vielleicht in Ihrem Gefühlsleben oder gegenüber jemandem, der Ihnen zugetan ist.

Traumanalyse

Stechen Julia träumte: *«Ich beobachtete jemanden (ich wußte nicht, ob die Person männlich oder weiblich war), der Akupunkturnadeln leicht in die Seite eines Fingers stechen ließ, um Symptome zu lindern, von denen ich wußte, daß sie sehr schmerzhaft waren. Man sagte, daß die in den Fingern gesteckten Nadeln ebenfalls weh taten. Ich hatte Mitleid mit den Leuten.»*

Zur Zeit des Traumes half ich einem Mann, mit einem körperlichen Leiden zurechtzukommen, von welchem ich vermutete, es sei direkt mit sexuellen Problemen verknüpft. (Die geschlechtliche Ambiguität der Traumfigur schien diese Tatsache zu betonen.) Ich assoziierte die Akupunkturbehandlung, die mich sehr interessierte, mit meiner eigenen Beteiligung an diesem Fall; und die Tatsache, daß die Behandlung am phallischen Finger erfolgte, wies darauf hin, daß ich auf dem rechten Weg war.

Stehen Ein Traum vom bloßen zwecklosen Dastehen oder Herumstehen deutet darauf hin, daß Sie in Ihrem bewußten Leben isoliert sind und daß Sie vielleicht versuchen sollten, sich mehr am Leben zu beteiligen; aber Sie warten vielleicht einfach auf Ihre

Stadt *Perspective,* H. Vredeman de Vries

Gelegenheit oder die richtigen Umstände, um zu handeln. Ohne Zweifel werden Ihre Träume Ihnen den richtigen Zeitpunkt zur Bewegung anzeigen!

Stein Steine sind schwer, vielleicht sind es auch Ihre Bürden und Verantwortungen. Sollten Sie nicht besser einige davon ablegen? Aber vielleicht war es die Kälte des Steins, die am auffälligsten war, in diesem Fall siehe *Eis*. Aber denken Sie daran, daß Eis schmelzen kann, während Stein ausdrücklich gewärmt werden muß. Andererseits findet man kostbare Steine nicht im Eis. Haben Sie Stein behauen: Wenn ja, was kam dabei heraus? Es könnte eine Andeutung sein, daß Sie sich wünschen, etwas Dauerhaftes zu schaffen.

Steinbruch Ein Steinbruch bedeutet für gewöhnlich ein Loch in einer LANDSCHAFT (S.68), aus welcher etwas entfernt worden ist. Möglicherweise liegt der Fokus auf etwas, was eine Lücke in Ihrem Leben hinterlassen hat, und die Lücke kann ebensowichtig sein wie das, was sie verursachte. Ist kürzliche eine Beziehung zu Ende gegangen? Wenn Sie jedoch selbst etwas ausgegraben haben, könnten Sie Wach-Quellen emotioneller oder physischer Energie zu konstruktiven Zielen verwerten.

Stellvertreter siehe *zweite Besetzung*

Sterben Siehe GEBURT, TOD UND VERWAND-LUNGEN (S.76).

Stern Vielleicht waren Sie der Stern, den Sie hell und klar am Himmel leuchten sahen; oder vielleicht war der Traum ein Rat, daß Sie es ihm gleichtun sollten — daß Sie bisher nicht das Beste aus sich, aus Ihren Talenten machten. Ein Traum von einem Film- oder Popstar könnte Wuscherfüllung sein; aber überlegen Sie, was die Gestalt Ihnen persönlich bedeuten könnte.

Steuern Ihr Traum erinnert Sie wahrscheinlich daran, daß Sie im Endeffekt irgendwann für Ihre gegenwärtigen Handlungen bezahlen werden müssen. Oder sind Sie vielleicht in Ihren körperlichen, geistigen und finanziellen Reserven überbeansprucht? «Zahlen Sie zu viel»?

Stiefel Wurden Sie herumgetreten, oder haben Sie jemanden herumgetreten? Vielleicht hat Ihnen der Traum auch gesagt, daß Ihnen Ihre «Stiefel nicht mehr passen». Machten Sie selbstsicher große Schritte in Ihren Stiefeln? Vielleicht ist Ihnen im Leben ein Tritt versetzt worden, oder Sie fürchten sich vor dieser Möglichkeit. Es besteht auch ein starker Zusammenhang zwischen Schuhen und Sexualität. Waren es sexy Stiefel? Wenn ja, war der Traum ein exhibitionistischer? Siehe KLEIDUNG UND NACKTHEIT (Seite 82).

Stille Ein Traum von tiefer und erholsamer Stille ist höchstwahrscheinlich ein Schrei nach genau einer solchen Ruhepause im Wachleben.

Stimmabgabe Sie geben oder suchen Anerkennung. Dies scheint im ganzen ein ermutigender Traum zu sein, besonders natürlich, wenn Ihre Stimmabgabe die Wahl maßgeblich beeinflußte oder gar entschied. Vielleicht lädt Ihr Traum dazu ein, jemanden oder einen Plan zu unterstützen, der Sie in Ihrem bewußten Denken beschäftigt.

Stimme Vielleicht ein Botschaftstraum — es sei denn, die Stimme stellte sich als eine wirkliche heraus, die Sie aufweckte. Oder eine einfache Erinnerung an eine Stimme, vielleicht die Stimme von jemandem, der Ihnen verloren gegangen ist? Sollten Sie Ihre Meinung klarer ausdrücken? Die Art der Stimme (alt, weise, weibisch, kindisch) könnte von Bedeutung sein.

Stolpern Ein geträumtes Stolpern oder ein Fehltritt könnte Sie kurz vor dem Einschlafen plötzlich aufgeweckt haben, in diesem Fall ist es wahrscheinlich von derselben Art wie ein Traum vom Fallen (S.51). Wenn es jedoch während des Schlafens einer ganzen Nacht auftritt, widerspiegelt es wahrscheinlich einen Fehler, den Sie gemacht haben oder machen werden.

Stock Sehr wahrscheinlich ein phallisches Symbol, vielleicht ein Kommentar zum Thema Potenz. Hat der Stock Sie gestützt, oder ist er zerbrochen, oder war er schwer zum Tragen? Haben Sie jemanden damit geschlagen? Ähnlich könnte er Ihre Gefühle gegenüber männlicher Sexualität repräsentieren, wenn Sie eine Frau sind, aber vielleicht haben Sie in letzter Zeit «eine Menge einstecken müssen». Oder der Traum könnte sogar sagen, daß Sie zu dem stehen sollten, was Sie sagten, oder zu den Plänen, die Sie gemacht haben.

Sträfling Ein verurteilender Traum: Die darin vorkommenden Symbole deuten möglicherweise auf eine Handlung oder Einstellung hin, wegen der Sie sich unbewußt schuldig oder beschämt fühlen. Siehe *Käfig, Gefängnis*.

Straße Ihre Zukunft, Ihre Vergangenheit und Ihr Richtungssinn stehen zur Debatte. Beachten Sie den Zustand der Straße: Verläuft sie gradlinig oder verwinkelt, verstecken Hecken die Sicht? Durch was für eine LANDSCHAFT (S.86) führte sie? Dies ist ein vorzügliches Symbol, um Ihre Geschicklichkeit bei der Trauminterpretation zu testen, denn es müßte eine klare Bedeutung besitzen, und die Schlußfolgerungen sollten Ihnen Ihren gegenwärtigen emotionellen und psychologischen Zustand enthüllen — sind Sie auf dem richtigen oder falschen Weg? Der ganze Aspekt der Straße ist wichtig (siehe UMGE-

BUNG, S.92). Aber vielleicht stammte die Traumstraße aus Ihrer Kindheit und ist ein Spiegel Ihrer Erziehung. Es könnte jedoch sein, daß das, was auf der Straße geschah, wichtiger war als der Ort selber.

Straßenbahn Ein ähnliches Symbol wie der Zug, obwohl meistens eher mit der Vergangenheit als mit der Gegenwart verbunden. Eine Straßenbahn ist auch in gewisser Weise ungebundener, obwohl sie auf Gleisen fahren muß; also benötigen Sie vielleicht im Moment etwas mehr Selbstdisziplin — oder Sie sehnen sich danach, sich loszulösen. Sie sind vielleicht einfach «aus den Schienen geraten».

Strecken Was? Vielleicht sich selbst? Geld, Zeit, Zuneigung? Oder haben Sie sich einfach wohlig gereckt, als Sie aufwachten, und sich dabei ertappt?

Streichholz Liegt hier vielleicht ein Hinweis, daß Sie irgendwie «Feuer fangen» sollten? Aber wenn Ihr Traumstreichholz sie gebrannt hat, ist dies womöglich eine Warnung («sich die Finger verbrennen»). Sie müssen die Wachsituation finden, auf welche der Traum anspielt. Oder sollten Sie eventuell Ihre gesamte Persönlichkeit erleuchten?

Streik Vielleicht protestierte Ihr Traum gegen etwas, wozu Sie im bewußten Leben verpflichtet sind, und schlug vor, daß Sie einfach damit aufhören sollten, was es auch koste. Sie verspüren vielleicht ein gewaltiges Bedürfnis, die Aufmerksamkeit der anderen auf etwas zu lenken, was Sie mißbilligen. Wenn jemand anderes den Streik anführte: War es jemand, den Sie genau gesehen dazu zwingen, monotone oder langweilige Arbeit ohne angemessene Belohnung zu verrichten? (Ihre Frau vielleicht?)

Streit Ein Streit in Ihrem Traum kann auf einen inneren Zwiespalt hinweisen, auf zwei Seelen, die sich in Ihrer Brust streiten. Versuchen Sie, sich zu erinnern, wer die andere Person war und wie er oder sie sich verhalten hat. War es ein Elternteil oder jemand, den Sie respektieren? Vielleicht sagt Ihnen der Traum, vernünftig und praktisch zu sein, oder er tadelt Sie, weil Sie sich nicht behaupten können, oder er möchte Sie auf irgendeine Weise wachrütteln. Ein Streit im Traum kann fast ebenso beunruhigend wie einer im wirklichen Leben sein. Er kann auch Ihr Vertrauen fördern. Ihre Wachreaktion auf den Traum ist dabei wichtig. Er könnte Sie dazu anspornen, Ihre negativen Gefühle über jemand anderes zu externalisieren; dann ist der Rat wohl vernünftig — Sie reinigen die Atmosphäre. Doch ebensogut könnte Ihr Traumstreit einen inneren psychologischen Konflikt repräsentieren (siehe *Duell*). In diesem Fall können Belastung und Spannung auftreten; versuchen Sie, den Konflikt rational zu erfassen und ihn dann zu lösen, wo nötig mit Hilfe von außen.

Streunen Sind Sie, mit der alten Redewendung gesprochen, «vom Weg abgekommen», fühlen Sie sich der Gesellschaft entfremdet? Oder waren Sie ein streunender Hund oder eine Katze, und sind Sie sich bewußt, in irgendeiner Hinsicht vom Weg abgekommen zu sein?

Stricken Ein kompliziertes Symbol; es bezieht sich wahrscheinlich auf Reparieren oder Herstellen, aber vielleicht auch auf ein Gewirr — denken Sie in diesem Fall an eine Analogie des Lebens; Sie sollten der Kontrollierende sein, den Stoff formen! Bedeuten Laufmaschen fallengelassene Gelegenheiten?

Strom Wahrscheinlich ein Kommentar über den Gedankenfluß oder den Strom Ihrer Gefühle. Denken Sie genau darüber nach; alles könnte mehr als in Ordnung sein in Ihrem gegenwärtigen Gefühlsleben, doch «läuft es Ihnen» auf irgendeine Weise «davon», reißt es Sie zu sehr mit? Vielleicht zeigen Sie sich Ihrem Partner gegenüber allzu überschwenglich. Siehe WASSER (Seite 80).

Strümpfe Dies könnte ein sexuelles Symbol sein, eine Aussage über den Verlust des Ansehens und der Selbstachtung, wenn Sie eine Frau sind und Ihre Strümpfe zerrissen haben oder diese faltig waren oder gar herunterrutschten. Wenn Ihr Traum von einem Weihnachtsstrumpf voller guten Dinge handelte, können Sie getrost optimistisch in die Zukunft blicken.

Studium Vielleicht ein einfacher Hinweis, daß Sie sich Ihren Studien mehr widmen sollten, ob Sie nun ein Student sind oder einfach jemand, der sich gewisser Aspekte der Bildung oder Selbsterkenntnis beraubt fühlt. Beherzigen Sie diesen Hinweis! Wenn Sie geträumt haben, daß Sie Ihre Studien wieder aufnahmen, können Ihre Träume andeuten, daß Sie größere intellektuelle Stimulation und Herausforderung benötigen; oft ist es aber so, daß Träume von der Vergangenheit auf ein starkes Verlangen nach einem Leben hinweisen, wie Sie es einst lebten. Vielleicht zögern Sie, sich Veränderungen zu stellen.

Stuhl Sitzen Sie zwischen zwei Stühlen? Oder haben Sie etwa Schwierigkeiten mit Ihrem Darm?

Stundenplan Eine Anspielung auf Ihre Fähigkeit, vorauszuplanen? Es könnte ein Vorschlag sein, daß Sie den Plänen in Ihrem bewußten Leben mehr Aufmerksamkeit schenken sollten. Wenn der Zeitplan völlig falsch war, vielleicht ein Hinweis, daß Sie sich nicht zu sehr auf Aussagen verlassen sollen, die fehlerhaft sein könnten.

Stunt Ein Hinweis, daß Sie allzu verkrampft versuchen, Aufmerksamkeit zu erwecken, wobei Sie Tricks und Stunts anstelle zuverlässiger Kenntnisse einsetzen. Könnte es sein, daß Sie angeben oder sich selbst betrügen, hinters Licht führen?

Sturm Siehe *Meer,* WASSER (S.80), Boot, WETTER (S.74). Aber vielleicht ist der Ihre bloß ein harmloser Sturm im Wasserglas?

Succubus Siehe *Alptraum* (S.51). Aber unter gewissen Umständen könnte der Traum von einem weiblichen Dämon, der Geschlechtsverkehr ausübt, nichts anderes als Wunscherfüllung sein, oder möglicherweise, wenn von einer Frau geträumt, in Eifersucht wurzeln. Ihre Reaktion auf den Traum ist von großer Bedeutung. Siehe auch *Inkubus.*

Suche Wenn Sie nicht einfach von etwas träumen, was Sie im Wachleben verloren haben, bezieht sich der Traum vermutlich auf irgendeine Qualität, die Ihrem Gefühl nach aus Ihrem Leben verschwunden ist. Oder vielleicht suchen Sie nach einem psychologischen Grundmuster und betreiben «Seelenerforschung». Spirituelles Wachstum und psychologische Ganzheit oder Liebe könnten das Ergebnis Ihrer Suche sein, und Ihr Traum weist Ihnen wohl den Weg dazu und zeigt Ihnen die Richtung auf, in der Sie suchen müssen. Dies ist ein Fall, wo Sie Ihre Träume um weitere Hilfe bitten könnten (S.47).

Sühne Sie hegen einen Schuldkomplex einer Person oder Sache gegenüber, und Sie sollten Ihr Gewissen durch eine Richtigstellung entlasten.

Sumpf Ihr Sumpf könnte ein gefühlsmäßiger Sumpf gewesen sein, es könnte heißen, daß Sie «versumpfen». Aber wenn Sie einen Hof mit WASSER (siehe S.80) überfluteten, könnte es ein Vorschlag sein, etwas neu zu überdenken, eine Art «Frühjahrsputz» vorzunehmen, zu überprüfen, wie Sie Ihre Liebe und Gefühle ausdrücken.

Sünde Ob Sie oder jemand anderes im Traum als Sünder angesehen werden — es wird sich fast unweigerlich auf ein Vergehen von Ihnen beziehen. (Wenn Sie im Traum jemand anderes einer Sünde bezichtigten, sollten Sie erwägen, ob nicht Sie selbst der wahre Schuldige sind). Wie frei von Schuld Sie sich im Wachen auch fühlen mögen: Ihr Unterbewußt-

sein klagt Sie an, und Sie sollten versuchen, das Problem anzuschauen, da es wahrscheinlich nicht von selbst verschwindet. Die Beziehung zwischen Sünde und Religion legt eine traditionelle, altmodische Bedeutung nahe.

Süßwaren Die Kuchenglasur? Das Träumen von süßen Sachen kann darauf hindeuten, daß Sie sich zu sehr auf leichtfertige, unwichtige Dinge stürzen; zuviel Genuß und nicht genug Arbeit. Oder essen Sie zuviel Süßes?

T

Taille Schmal und schön; quellend und nach Diät oder Gymnastik schreiend? Besteht Gefahr, daß Sie dahinschwinden? Unter gewissen Umständen ist dies eine Warnung vor Magersucht.

Tank Wenn es ein Wassertank war, könnte dies ein Bezug zu im Zaum gehaltenen Gefühlen sein.

Tanz Tänze und Tanzen kommen in vielen Träumen vor. Wenn Sie beim Tanzen «führten», versuchen Sie sich zu erinnern, ob Sie sich aufdringlich fühlten oder die Lage unter Kontrolle hatten. Wenn Tanzen Ihnen viel bedeutet, kann der Traum ein Kommentar über Ihre Hoffnungen im Leben sein; hohe Sprünge in einem Tanztraum können einige Charakteristiken des FLIEGENS miteinschließen (siehe S.84/85). Wenn Sie in einer gutbesuchten, vollbesetzten Disco getanzt haben, könnte sich der Traum auf Ihren Lebensstil beziehen, der neuen Ansporns oder vielleicht einer Vereinfachung bedarf.

Tasche Haben Sie Gegenstände in die Tasche getan? Schieben Sie im Leben Dinge beiseite, verspüren Sie Abneigung vor Wissen? Oder vielleicht ist auch eine «alte Tasche» mit dabei. Ihr Traum kann Ihnen sagen, daß Sie nicht so gut aussehen, wie Sie könnten! Möglicherweise ein Sexualsymbol, vielleicht aber auch ein Hinweis auf unnötige Geheimniskrämerei oder ein Bezug auf die schlauen, beschützenden oder sogar besitzergreifenden Seiten Ihrer Persönlichkeit. War in Ihrer Tasche ein Loch, durch welches Ihre Vorräte dahinschwanden? Siehe *Geld, Behälter.*

Tasse Die Tasse ist ein Symbol des Altertums für das feminine Prinzip: Der Traum sagt vermutlich etwas über Ihre Gefühle aus. Im Tarot bezieht sich der Kelch auf Liebe und Glück, also prüfen Sie diese Aspekte in Ihrem Leben, da sich Ihr Traum auf Ihre gegenwärtige Einstellung Ihrem Partner gegenüber konzentrieren kann. Vielleicht haben Sie viele

Tassen gespült: wenn ja, wollen Sie einen Aspekt Ihres Liebeslebens bereinigen? War die Tasse randvoll, ist Ihre gegenwärtige innere Zufriedenheit möglicherweise gerechtfertigt.

Tätowierung Es ist relativ einfach, wenn auch schmerzhaft, sich eine Tätowierung machen zu lassen, aber äußerst schwierig, sie zu entfernen. Könnte es ein Hinweis auf eine Gewohnheit sein, von der Sie loszukommen versuchen? Oder eine Warnung vor einer Entscheidung, die Sie treffen müssen und die vielleicht eine einschneidendere Wirkung hat, als Sie vermuten?

Taube Siehe FISCH, FLEISCH UND GEFLÜGEL (S.88).

Taube Natürlich ist die Taube vor allem internationales Friedenssymbol; aber in einem persönlichen Traum kann sie ein persönliches Symbol sein, das sich auf Frieden innerhalb Ihrer eigenen Umgebung bezieht. Fehlt er Ihnen momentan? Oder haben Sie sich kürzlich größere Gedankenfreiheit angeeignet? Haben Sie die Taube freigelassen, wie Noah, um sich Ihrer gegenwärtigen Situation klarzuwerden? Oder ist sie Ihnen zugeflogen und hat sich auf Ihre Hand gesetzt? Die Taube wird oft mit Liebe assoziiert. Kann sie sich auf eine persönliche Verbindung beziehen? War Ihr Traum ein Wunscherfüllungstraum, ein nettes Hirngespinst?

Taubheit Waren Sie taub, weil Sie nicht hören wollten? Sie schneiden sich vielleicht absichtlich von der Außenwelt ab. Sie haben vielleicht Frieden und Ruhe nötig oder wollen nicht ein Teil des Geschehens sein, was immer auch passiert. Überprüfen Sie, ob Ihre Ohren keine ärztliche Versorgung brauchen (siehe *Körper*).

Tauchen Vielleicht tritt Ihr Leben in eine besonders abenteuerliche oder aufregende Phase ein; wenn ja, kann der Traum bedeuten, daß Sie zu sehr in die «Tiefe tauchen», und eine Warnung sein. WASSER (siehe S.80/81) spielt ein Rolle, also werden Ihre Gefühle in Frage gestellt. Denken Sie insbesondere sorgfältig darüber nach, wenn Sie sich an einen neuen Partner binden. Aber hier ist auch ein farbiges Traumsymbol für jede Art der Entscheidung. Siehe *Abstieg*.

Tauen Vielleicht ein Traumvorschlag, daß Sie im bewußten Leben gefühlsmäßig dahinschmelzen und mit Ihrer eigenen Sexualität im Einklang leben, bereit, viele Gebiete Ihres Lebens auf eine befriedigende Weise zu genießen — es sei denn, das schmelzende Eis war schmutzig und bedrückend, oder Sie brachen ein; in diesem Fall ging das Auftauen vielleicht zu schnell! Siehe *Eis*, WETTER (S.74), vielleicht LANDSCHAFT (S.68).

Taufe Widmen Sie sich etwas von großer Wichtigkeit? Der Traum mag Ihnen versichern, daß Sie bereit sind, dies zu tun. Oder vielleicht stehen Sie vor einem Neubeginn.

Taxi Ist der tiefere Sinn vielleicht, daß Sie auf eine Fahrt mitgenommen werden — oder jemand anderen auf eine mitnehmen? War das Fahrgeld übermäßig hoch, oder war es billig? Der Zähler könnte ebenso von Bedeutung sein wie der Fahrer und die Strecke, die zurückgelegt wurde.

Teer Schwer, klebrig, schwarz, und er schmilzt in der Sonne. Aber dem Teer wurde in der Antike Heilkraft nachgesagt. Erinnert Sie das an jemand, der zu klebrig ist und nicht allzu attraktiv? Diese Person könnte sich als guter (wenn auch wenig gesellschaftsfähiger) Freund erweisen.

Teich Fast sicher ein Hinweis auf Ihre Gefühle (siehe WASSER, S.80). Wie tief, klar, trübe oder bedrohlich war der Teich?

Teilen Der Traum könnte darauf verweisen, daß Sie großzügiger sein sollten, sei es in Ihren Gefühlen, sei es in finanziellem Sinn (die beiden sind im Traum oft verbunden). Denken Sie daran: Geteiltes Leid ist halbes Leid — vielleicht will Ihr Traum Sie an dieses Motto erinnern.

Telefon Ein weiterer Botschaftstraum; aber denken Sie daran, daß Sie selbst das Telefon sein könnten oder das Medium, durch das die Botschaft übersandt wird. Wessen Stimme hörten Sie am anderen Ende? Siehe *Botschaft*.

Telegramm Der klassische *Botschaftstraum,* ob Sie nun eines schickten oder erhielten oder mit jemandem zusammen waren, der eines erhielt.

Teleskop Vielleicht ermutigen Ihre Träume Sie dazu, sich auf ein bestimmtes Problem oder Gebiet Ihres Lebens zu konzentrieren, es zu «vergrößern», es unter die Lupe zu nehmen.

Teller Siehe evtl. ESSEN UND TRINKEN (S.86); Ihr Traum könnte aber auch besagen, daß Sie im

Moment «zuviel auf dem Teller» haben. Wenn Sie Teller herumgeschmissen haben, hat der Traum vielleicht einfach Ihre inneren Spannungen widerspiegelt.

Tennis Im Tennisspiel gibt es den besonderen Aspekt des Hin und Her, der sich vielmehr auf ein Duell beziehen könnte als auf einen Teamsport. Wer war Ihr Gegner, und womit identifizieren Sie ihn oder sie?

Teppich War der Teppich schön oder nützlich oder einfach abgelaufen? Das Gehen auf einem Teppich könnte sich auf Ihren Fortschritt beziehen. Haben Sie Angst, vorwärts zu gehen — entweder weil Ihr Tempo zu ehrgeizig ist oder weil Sie auf ausgetretenen Pfaden von anderen wandeln? Andererseits könnten Sie in Schwierigkeiten sein — «flach auf dem Teppich», gewissermaßen. Wie könnten Sie diese Situation am besten angehen?

Testament Vielleicht haben Sie kürzlich eine «endgültige» Entscheidung getroffen. Wenn ein Testament verlesen wurde, könnte das bedeuten, daß sich vergangene Bemühungen auszuzahlen beginnen.

Teufel Die traditionelle Auffassung von Gottlosigkeit, Versuchung, Begierde oder irgendeine der sieben Todsünden spielen bei einem solchen Traum in Ihrem Unbewußten eine Rolle. Möglicherweise machen Ihnen Schuldgefühle zu schaffen, wenn Sie im Traum wußten, daß «der Teufel nur allzu bald seinen Teil bekommt». Sehr wichtig ist, ob der Teufel in Ihrem Traum der Teufel in Ihnen selbst war. Denken Sie über Ihre Einstellung zu ihm nach, und vergessen Sie dabei nicht die sexuellen Bedeutungsformen. Möglicherweise handelt es sich auch um einen Warntraum: Sind Sie in Gefahr, «zum Teufel zu gehen»?

Theater Ob Sie nun auftraten oder einer Aufführung als Zuschauer beiwohnten, dies könnte eine Warnung sein, daß Sie sich zu theatralisch aufführen, «eine Show abziehen», ein Drama veranstalten — vielleicht überflüssigerweise. Andererseits könnte der Traum vielleicht versuchen, Sie dazu zu bewegen, die Mitte der Bühne einzunehmen und Ihre Talente offener zur Schau zu stellen. Dies ist besonders der Fall, wenn Sie im Grunde eher schüchtern

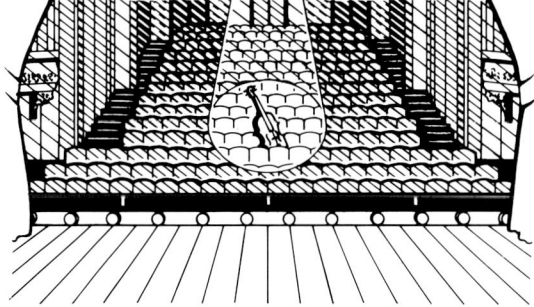

sind. Wenn Sie der Regisseur oder Theaterdirektor waren, könnte es einen Bezug zu Ihrer Macht über andere geben. (Leiten Sie derzeit irgendein Projekt?) Weil wir normalerweise zahlen, wenn wir ins Theater gehen, und der Bühne unsere ungeteilte Aufmerksamkeit schenken, ist dieser Traum wahrscheinlich recht wichtig. Aber vergessen Sie nicht, die Bühne oder das Theater als solches könnte für Sie selbst stehen. Siehe *Kino, Botschaften,* UMGEBUNG (S.92).

Thermometer Ihre Temperatur könnte im übertragenen Sinne hoch sein, besonders wenn Sie zur Zeit zu jemandem hingezogen sind; aber vielleicht gibt die Anwesenheit eines Thermometers in einem Traum eine bewußte Tatsachenerforschung wieder oder das Abwägen eines neuen Projekts oder einer Idee. Ingorieren Sie nicht körperliche Symptome, die in Ihrem Traum vorkommen; Sie könnten buchstäblich ein wenig fiebrig sein — ist eine Grippe im Anmarsch?

Thron Ob Sie der Thronfolger waren, auf dem Thron saßen oder abdankten, ist natürlich entscheidend; aber ein Thron scheint irgendeine Leistung zu symbolisieren, die Sie anstreben. Sie machten oder bauten vielleicht einen Thron, und in diesem Fall meißeln Sie sich vielleicht eine Machtposition zurecht. Hat der Ausdruck «die Macht hinter dem Thron» irgendeine Bedeutung für Sie? Waren die Höflinge in der Nähe, und welche Einstellung hatten sie?

Tiere Träume über Tiere sagen oft etwas über unsere eigentlichen Grundinstinkte und Reaktionen aus. Wenn Sie über solche Träume nachdenken, vergessen Sie dabei nicht, Ihre Ihnen bewußten Gefühle dem Tiersymbol zuzuordnen, und beurteilen Sie den Traum sorgfältig unter der Annahme, Sie seien das Tier. Einige Tiere spenden uns Liebe und Zuneigung, und wir erwidern dies durch den Ausdruck vieler Grundinstinkte, indem wir uns um sie kümmern. Ziehen Sie also auch diese Aspekte in Betracht, wenn Sie von Ihrem Haustier träumen. Sie haben zu entscheiden, inwiefern Ihre Gefühle im Traum sich nicht nur auf das Haustier im wirklichen Leben beziehen, sondern auch auf Personen in Ihrem unmittelbaren Umkreis. Wenn Sie selbst Kinder haben, könnte das Tier im Traum sie repräsentieren. Es kann aber auch jemanden repräsentieren, der Ihnen nahesteht, oder sogar um jemanden, dem Sie gerne nahestehen würden. In einem solchen Fall sollten Sie diese Person vielleicht besser kennenlernen. Manchmal kommen Herden in Träumen vor. Waren Sie ängstlich oder eingeschüchtert durch sie? Wenn ja, wie bezieht sich das auf die Einstellung Ihrer Freunde zu Ihnen? Tun Sie einfach etwas, was alle anderen auch tun, indem Sie einem «Herdeninstinkt» folgen, indem Sie mit der

Menge mitlaufen? Wenn ja, kann Ihnen Ihr Traum sagen, Ihre Individualität mehr zu betonen. Wilde Tiere in einem Dschungel stellen Probleme dar: Haben Sie diese Tiere gejagt? Wenn ja, könnte der Traum eine Art Suche bedeuten — nach Perfektion, vielleicht auch nach Erlebnissen. Gehen Sie momentan Risiken ein? Siehe auch FISCH, FLEISCH UND GEFLÜGEL (Seite 88).

Tierkreis Ein solcher Traum suggeriert vielleicht, daß Sie Teil eines universellen Systems sind; doch wenn Sie sich mit Astrologie beschäftigen, kann sich der Traum auf komplexe Art und Weise mit den Charakteristika der einzelnen Sternzeichen befassen, und Sie werden Ihre eigene Technik anwenden müssen, um seine symbolische Bedeutung zu entschlüsseln.

Tisch Es kommt darauf an, wo der Tisch stand. Wahrscheinlich eine Anspielung darauf, daß Sie anderen Leuten oder einer bestimmten Person gegenüber offener sein sollten — Ihre Karten auf den Tisch legen. Wenn der Tisch wacklig war, vielleicht eine Bemerkung über Ihr Sicherheitsgefühl; eine Konferenz am runden Tisch wird sich auf die anderen Personen dort beziehen — eine Gruppe, in der jede Person vielleicht für einen Ihrer Charakterzüge stand? Sprachen Sie alle auf einmal? Siehe evtl. MENSCHENMENGEN (Seite 96).

Tochter Ein Traum von Ihrer Tochter kann für bare Münze genommen werden, aber Ihr Traum kann jeden wichtigen Aspekt Ihrer Persönlichkeit kommentieren, vor allem wenn Sie und Ihre Tochter über etwas entschieden nicht einer Meinung sind — oder wenn Sie etwas an ihr außerordentlich bewundern. Es kann sich aber auch um einen Wunschtraum handeln, wenn Sie sehen, daß Ihre Tochter etwas erreicht, was für Sie ein unerreichtes Ziel darstellt. Träume von einer nicht existierenden Tochter sind entweder Wunschträume oder ein Abbild der femininen Seite Ihrer Persönlichkeit (ob Sie nun männlich oder weiblich sind). Siehe *Familie*.

Ton Wenn Sie Ton geformt haben, versuchen Sie vielleicht, Ihrem Leben oder Ihrer Persönlichkeit eine neue Form zu geben. Jedes Objekt, das Sie kreieren wollten, kann sich auf einen Aspekt Ihres eigenen Ichs beziehen oder auf eine Eigenheit einer anderen Person, die Sie beeinflussen wollen.

Tonbandgerät Sehen Sie sich selbst als den Aufnehmenden Ihrer Träume an — eignen Sie sich das an, was sie Ihnen sagen, nehmen Sie sie sorgfältig in sich auf? Wie war die Aufnahme?

Tor Schwang es im Traum auf, oder war es verschlossen? Vielleicht hat es Ihnen einen schönen Spaziergang oder eine Landschaft versperrt oder Sie zum Eintreten veranlaßt? Verglichen mit einer Tür, ist ein Tor weniger geheimnisvoll, aber gleichzeitig stärker und beschränkender. Wenn Sie über Ihr Tor klettern mußten, kann das ein Hinweis sein, daß Sie zusätzliche Energie benötigen, um ein tatsächliches Hindernis zu überwinden. Wie schwierig war das Klettern und wie erfolgreich? Das Tor kann von selbst aufgegangen sein: vielleicht ein Symbol für neue Gelegenheiten. Siehe auch *Tür*.
Wenn Ihr Tor im Traum brach, kann dies bedeuten, daß Sie irgendwie auf fremdes Gebiet vordringen. Somit ist das möglicherweise ein warnender Traum, besonders wenn Sie erwischt und hinausgeworfen wurden! Aber wenn Sie es genossen, sollten Sie vielleicht Anstrengungen unternehmen, sich Welten zu erschließen, die vorläufig (psychologisch oder physisch) etwas herausfordernder erscheinen.

Tor (Ballspiel) Haben Sie es getroffen oder danebengeschossen? Kommt es in Ihrem Traum bei einer bestimmten Gelegenheit auf Zielgenauigkeit an? Hat der Traum eine Aussage über Ihre Zielvorstellungen im Leben gemacht und darüber, wie Sie sie erreichen? Siehe *Fußball*.

Töten Ein Traum von Gewalt, aber vielleicht wollten Sie etwas in sich selbst abtöten. Betrachten Sie die Traumkreatur — hat sie vielleicht eine Eigenschaft von Ihnen repräsentiert oder sogar eine andere Person, die Sie aus Ihrem Leben verschwinden lassen sollten? Halten Sie sich nicht zu lange mit dem Tod als Abschluß auf, sehen Sie ihn eher als Neuanfang. Siehe ferner unter *Begräbnis* und *Jagd*, aber auch GEBURT, TOD UND VERWANDLUNGEN (Seite 76).

Trauben Trauben scheinen oft etwas Reichhaltiges und Sinnliches zu haben — zweifellos wegen ihrer fruchtigen Süße und Saftigkeit. Aber es gibt auch eine Verbindung mit Krankheit und Genesung. Vielleicht genießen Sie das Leben derzeit besonders; aber zusammen mit dem Traubensymbolismus lassen vielleicht andere Teile Ihres Traums eine Krankheitswarnung verlauten — oder eine Warnung, daß Sie momentan zu sehr schwelgen! Siehe auch *Wein*.

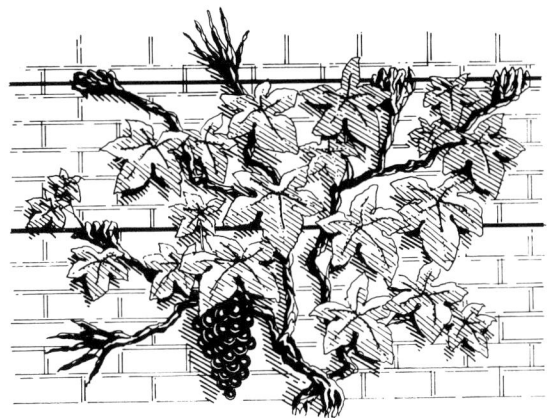

Trauer Wenn wir einen Verlust irgendeiner Art erleiden, sei es von einem geliebten Menschen oder sogar von einem geliebten Ding, ist es richtig für uns zu trauern: Es ist ein Weg, den Verlust zu verschmerzen, sich den veränderten Umständen anzupassen und somit psychologische und emotionelle Kraft zurückzugewinnen. Wenn Sie unglücklich sind oder irgendwie einen Verlust empfinden — einen Job, der Spaß machte, oder eine Partnerschaft vielleicht —, dann kann Ihnen der Traum den Weg zu einem Ersatz zeigen. Lassen Sie sich Zeit, zu trauern und die notwendigen Emotionen zu durchleben. Ihre Träume werden Ihnen erzählen, wenn Sie bereit sind, wieder positiver zu werden. Wenn Sie von Trauerkleidung geträumt haben: Spielen Sie eine Theaternummer und geben vor zu trauern? Siehe auch FARBE (S.94). Ein überwältigendes Gefühl der Trauer in einem Traum deutet auf etwas Leidvolles in Ihrem Leben hin, dessen Sie sich nicht so recht bewußt sind. Wenn das so ist, versuchen Sie Ihre Trauer offener zum Ausdruck zu bringen; der Schmerz läßt sich dann leichter überwinden. Aber tiefe Trauer in einem Traum kann sich auch auf die Vergangenheit beziehen — auf verlorene Unschuld oder verlorene Ideale.

Traum Vielleicht bedeuten Ihre Träume, daß Sie in einer «Traumwelt» leben und es ablehnen, sich der Realität zu stellen. Wenn Sie ein «Tagträumer» waren, kann es sich um einen unerreichbaren Wunsch handeln; dann denken Sie darüber nach, und versuchen Sie Ihr Verlangen in einem nüchternen Licht zu betrachten.

Treffer Das Erzielen eines Treffers (wie ein Torschuß beim Fußball) bezieht sich wahrscheinlich auf einen vor kurzem erzielten oder herannahenden Erfolg; also ein ermutigender Traum. Aber «jemanden zu treffen» ist etwas anderes; Sie halten vielleicht Wut oder Aggression zurück. Überlegen Sie, wie Sie im Leben einen Weg finden können, Ihre Emotionen auszuleben, genauso wie Sie es beim Schießen eines Balls tun — vielleicht durch Körpertraining oder

einen wilden Streit. Denken Sie auch an das Wortspiel, bei jemandem «einen Treffer zu landen». Siehe auch *Schläger, Ball, Spiel, Tor.*

Treiben Da sind offensichtliche Zusammenhänge mit FLIEGEN (S.84/85 — Leichtigkeit, Freiheit); aber die Verbindung mit WASSER (S.80/81) schafft einen emotionalen Kontext. Sie meistern wahrscheinlich Ihre emotionellen Probleme bestmöglich, kosten das, was Ihnen dieses Gebiet Ihres Lebens bietet, voll aus. Aber weil die Verbindung zwischen Ihnen und dem Wasser enger, «umarmender» ist als die zwischen dem Fliegenden und der Luft, kann es sein, daß Sie nicht distanziert genug von einem emotionalen Problem sind, das Ihnen Sorgen bereitet. Wenn Sie untergehen oder dagegen ankämpfen, ist die Schlußfolgerung offensichtlich: Versuchen Sie Ihren eigenen Weg zu finden, sich über Wasser zu halten! Es ist wichtig, daß Sie darüber entscheiden, wie bewußt Sie sich Ihrer UMGEBUNG (S.92/93) im Traum waren. Wenn das Treiben mit dem Wissen über ein völliges Verlorensein verbunden war, befinden Sie sich vielleicht in einem Zustand der Entscheidungslosigkeit.

Trennung Die Tatsache, daß Sie unter diesem Stichwort nachschauen, deutet darauf hin, daß Sie im Traum ein starkes Gefühl der Trennung erlebt haben; wichtiger noch ist die Frage: von wem? Von einem Ehepartner, einem Lieblingstier oder von Ihrer Familie im allgemeinen? Es gibt keinen Grund, anzunehmen, ein solcher Traum sei prophetisch; er könnte jedoch auf eine womöglich psychologische Trennung zwischen Ihnen und der anderen betroffenen Person hinweisen. Oder er mag Ihnen vorschlagen, daß Sie versuchen sollten, sich von einem mit ihr verknüpften Problem zu distanzieren und objektiver zu sein. In Ihrem Wachleben sollten Sie möglicherweise versuchen, Ihre Emotionen und was immer auch Sie gerade tun, auseinanderzuhalten — vielleicht eine für Sie ungewöhnliche Methode, die Sie da einschlagen müssen!

Treppen Freud behauptete, daß das Hinauf- und Hinabsteigen von Stufen, Leitern oder Wendel-

Traumanalyse

Treppen Melinda träumte: *«Ich war am Fuß einer hohen Klippe und bereitete ein Mahl für Alistair. Aber dort und an der Spitze der Klippe, wo er wartete, gab es eine Menge geschäftiger Leute, die mir im Weg waren und mich manchmal anstießen. Um das Essen zu Alistair zu bringen, mußte ich ein sehr wackliges Treppengeländer hinaufklettern, für das ich verantwortlich war. Ich hatte Angst, daß es nachgeben könnte und ich das Essen verschütten würde. Ich kam an anderen Leuten vorbei, die hinaufstiegen und hinuntergingen, einige von ihnen sind in meinem Beruf sehr bekannt. Ich erreichte schließlich sicher die Spitze , das Gras war wunderbar grün und das Wetter vortrefflich.»*

Alistair und Melinda, die um einiges älter ist als er, haben denselben Beruf. Zur Zeit ihres Traums war sie daran, nach einer langen Krankheit, die sie zurückgeworfen hatte, die Arbeit wieder aufzunehmen. Die wacklige Wendeltreppe schien ein Symbol für das schwierige Erklimmen ihrer früheren Höhen zu sein. Das Essen, das sie für ihren Partner bereitete, schien ein Hinweis auf die Tatsache zu sein, daß sie ihm ein Kind gebären wollte, aber weil sie älter war, hatte sie gewisse Bedenken. Der Traum war wegen seines positiven Ausgangs beruhigend, weil Melinda die Wendeltreppe erfolgreich erklomm, trotz der Umzingelung durch Rivalen, und die Spitze bei gutem Wetter und unversehrter Mahlzeit erreichte.

treppen Darstellungen des Geschlechtsaktes sind. Wer war sonst in der Nähe? Ihre persönlichen Gefühle müssen selbstverständlich in Betracht gezogen werden. Abgesehen davon könnte es ein Kommentar zu Ihrem materiellen und beruflichen Aufstieg sein. Ehrgeiz und Leistung werden vielleicht hinterfragt. Wenn Sie Treppensteigen als eine Anstrengung empfanden, sollten Sie das vielleicht als einen Hinweis betrachten, daß Sie versuchen, zuviel auf einmal zu erreichen, «zu hoch hinaus» wollen. Siehe UMGEBUNG (S.92), wenn notwendig VERFOLGUNG (S.66). Bitten Sie nötigenfalls Ihre Träume um weitere Hinweise (siehe S.47).

Tresor Eine Stellungnahme zu «Sicherheit». Wenn Sie Sachen in einem Tresor versteckt haben — was könnten sie symbolisieren? Falls Ihr Tresor ausgeraubt wurde: In welchem Wachbereich fühlen Sie sich unsicher?

Tribüne Wenn Sie sich auf einer Tribüne befanden, was haben Sie sich angesehen? Vielleicht fehlen Ihnen Aufregung und Engagement im bewußten Leben, besonders wenn Sie alleine waren, weit von der Menge entfernt.

Trick Es ist recht wahrscheinlich, daß ein Traum von einem Trick sich auf etwas bezieht, was Sie im wachen Leben planen: Tricks können zurückfeuern. Vielleicht bedeutet er, daß Sie sich selbst betrügen oder daß ein höherer Grad an Ehrlichkeit angebracht wäre. Ein Traum von einem Zaubertrick könnte die Tatsache unterstreichen, daß das, was magisch oder unlogisch erscheint, eine vernünftige Basis hat, nach der Sie suchen sollen. Siehe auch unter *Zauberer*.

Trillerpfeife Ein Signal für Taten? Wenn Sie selbst gepfiffen haben, geben Sie damit Ihre Zustimmung zu einem Projekt in Ihrem wachen Dasein. Aber eine Pfeife kann auch warnen, oder man kann damit die Aufmerksamkeit auf sich ziehen oder sogar um Hilfe rufen.

Tritt Machen Sie derzeit viel Wind um etwas? «Treten» Sie «im Leerlauf» — kämpfen Sie gegen das Unvermeidliche? Versuchen Sie, sich an denjenigen zu erinnern, den Sie getreten haben — oder der Sie getreten hat, da dies sehr wichtig ist.

Triumph Wenn der Triumph Ihr eigener war, könnte es sein, daß Ihre Träume einen aktuellen Erfolg widerspiegeln. Siehe auch *Ehre*.

Trog Ein Trog enthält für gewöhnlich WASSER (siehe Seite 80) für die Tiere zum Trinken: Welche Art von Tier trank daraus? Könnte dies ein Bezug zu Ihrem Bedürfnis nach Beistand in Ihrem Gefühls- oder Liebesleben sein? War das Wasser rein oder schmutzig?

Trommel Vielleicht ein wortspielerischer Traum. Wollen Sie andere zusammentrommeln oder jemanden aus Ihrem Leben verbannen? Ersteres kann sich natürlich auf Sie selbst beziehen — vielleicht sollten Sie bestimmter sein, sogar aggressiver in Ihrem Leben, vor allem wenn Sie sich Ihren Weg in eine Schlacht getrommelt haben. Aber vielleicht waren Sie der Drummer in einer Popgruppe? Tanzen Sie im Leben nach der Pfeife von jemand anderem? Es gibt etwas unmißverständlich Sinnliches in einem Trommelrhythmus und überhaupt bei den meisten Musikinstrumenten. Das mag Ihnen als Hinweis dienen. Trommeln werden auch dazu verwendet, Nachrichten zu übermitteln.

Trompete Ein ziemlich lautes und blechernes Instrument mit exhibitionistischen Konnotationen («sich aufblasen» — wichtig tun). Aus dem Kontext sollte ersichtlich sein, ob Ihr Unbewußtes eine überschwengliche Einstellung billigt oder nicht. Wenn

Sie von Natur aus schüchtern sind, könnte es aber eine Ermutigung sein, mehr aus sich zu machen, aufzutrumpfen. Siehe auch *Horn*.

Trotz Überlegen Sie, ob Sie im Leben unter innerer Unruhe leiden, weil Sie gegen Ihr Gewissen handeln oder weil Sie davon abgehalten werden, das zu tun, was Ihnen als richtig erscheint. Überdenken Sie Ihre Motive. Die Person, der Sie getrotzt haben, und der Grund Ihres Widerspruchs werden auf die Bedeutung des Traums hinweisen. Möglicherweise sagt er Ihnen, daß Sie Ihren Gefühlen, der empfindlicheren, «passiven», «weiblichen» Seite Ihrer Natur mehr Spielraum lassen sollten.

Trübsal Eine weitere abstrakte Empfindung, die Ihren Tag färben kann, wenn Sie unter ihrem Einfluß erwachen. Sie kann auf etwas aus Ihrem Wachleben verweisen; entscheiden Sie jedoch zuallererst, ob Sie sich selbst gegenüber nicht Trübsal blasen. Fragen Sie Ihre Träume (siehe S.47), wie Sie Ihre Haltung zum Leben verbessern und sich auf lohnenswerte Art ausdrücken können.

Trunkenheit Ein Traum von Trunkenheit kann bedeuten, daß Sie vor der Realität fliehen oder daß Sie über eine Situation die Kontrolle verloren haben. Denken Sie über Ihre Einstellung anderen Leuten gegenüber und Ihr Verhalten überhaupt nach: Trunkenheit kann eine ernsthafte Beleidigung sein, wenn Sie in Gesellschaft sind.

Tunnel Einen Tunnel betreten oder verlassen, das Licht am Ende eines Tunnels sehen — das sind sehr häufig auftretende Traumsymbole. Das Bild eines Zuges, der in einen Tunnel fährt, ist eines der häufigsten visuellen Symbole für Koitus, wie es im Film angewandt wird. Ziehen Sie das auf jeden Fall in Betracht (und wer Ihre Mitreisenden waren, sofern es

welche gab); aber bedenken Sie auch, daß der Tunnel eine Phase der Angst oder Sorge darstellen könnte, die Sie vielleicht im bewußten Leben durchmachen. Tauchten Sie wieder auf ins Licht? Siehe auch *Untergrund*.

Tür Eine Tür kann ein sehr schönes und bedeutungsvolles Symbol sein, vor allem wenn sie sich öffnet, weil sie normalerweise Persönlichkeitsentfaltung und Bewußtsein repräsentiert oder andeutet, daß Sie drauf und dran sind, die Schwelle zu einer neuen Phase in Ihrem Leben zu überschreiten, oder daß Sie ein neues und wichtiges Projekt starten. Wenn die Tür geschlossen war oder sich schloß, stehen Sie allenfalls an einem Punkt, an dem eine Phase Ihres Lebens zu Ende geht, und Sie sollten sich vielleicht der Zukunft zuwenden. Wenn Ihnen eine Tür vor der Nase zugeschlagen wurde, fühlen Sie sich vielleicht von etwas oder auch von jemandem «ausgeschlossen». Vielleicht werden Sie von anderen Menschen ignoriert oder gemieden. Siehe UMGEBUNG (Seite 92/93).

Turm Vielleicht gratulierte Ihnen Ihr Traum dazu, daß Sie einen Turm der Stärke für jemand anderen darstellen, oder — wenn Sie in einem lebten — er deutet an, daß Sie einen Elfenbeinturm bewohnen, fern jeder Berührung mit der Realität. Türme sind Merkmale vieler religiöser Gebäude: Christliche Türme mit Spitzen werden diskret als Fingerzeig zum Himmel beschrieben. Aber ein Turm ist offensichtlich ein phallisches Symbol, das Stärke und Potenz darstellt, und ein Hindu-Turm symbolisiert die Lebenskraft. Siehe *Gebäude* und UMGEBUNG (S.92).

Turnhalle Vielleicht weist der Traum auf physische Fitness hin; Träume eines erfolgreichen Trainings sind wahrscheinlich äußerst positiv, die Arbeit geht gut voran.

Türschloß Freud hielt es für ein weibliches Sexualsymbol — mit dem klaren Verweis auf «Schlüssel». Doch vielleicht sind Sie in bestimmten Lebensbereichen «verschlossen» oder «ausgeschlossen». Ziehen Sie sorgfältig ein allfälliges psychologisches Problem in Betracht, welches Sie daran hindern könnte, sich auf lohnende und erfüllende Weise auszudrücken; um diesen Bereich aufzuschließen, müssen Sie den richtigen Schlüssel finden (natürlich nicht notwendigerweise sexuell).

Tyrannei Tyrannei weist darauf hin, daß Sie in Ihrem Traum zu einem Verhalten gegen Ihren Willen oder entgegen Ihrem besseren Urteil gezwungen wurden. Spiegelt dies eine Situation im bewußten Leben wider? Verhalten Sie sich vielleicht im Moment tyrannisch, oder reagieren Sie auf die Tyrannei anderer?

U

Überfall Ein Überfall wird nicht angekündigt und kommt meist als ein Schock, daher könnten Ihre Träume ausdrücken, daß irgendeine private und innere Facette Ihres Wachlebens einer plötzlichen Entdeckung ausgesetzt ist. Wie haben Sie reagiert? Wurden Sie verhaftet oder nicht behelligt? Waren Sie unschuldig oder schuldig? Was würden Sie fühlen, wenn das, was Sie verheimlichen, plötzlich enthüllt würde?

Überleben Sie sind offensichtlich der Überlebende, besonders wenn Sie derzeit mit gravierenden Problemen und Schwierigkeiten im wachen Leben fertigwerden.

Überraschung Der Traum sagt Ihnen vielleicht, daß Sie tatsächlich fähig sind, etwas zu tun, wovon Sie sich eingeredet haben, es läge außerhalb Ihrer Möglichkeiten. Der Traum scheint sich auf Ihre Fähigkeiten zu konzentrieren; worin die Überraschung bestand, wird natürlich auch von Bedeutung sein.

Übertretung Vielleicht ein Vorschlag, daß Sie gegenwärtig die Grenzen von jemandem übertreten: indem Sie zu besitzergreifend sind, sich unnötig aufdrängten, jemandes Privatsphäre verletzten; oder eine Warnung, daß dies vielleicht geschehen wird, besonders wenn eine Tafel besagt, daß «widerrechtliches Betreten strafrechtlich verfolgt wird». Natürlich könnte auch das Gegenteil der Fall sein: Jemand mischt sich in Ihr Privatleben ein.

U-Boot Ein interessantes Symbol, das vielleicht andeutet, daß Sie bereit sind, in die Tiefen Ihrer Persönlichkeit zu tauchen, sie zu erforschen, um mehr über Ihre Reaktionen und Motivationen zu erfahren. Oder vielleicht wollen Sie mehr über eine Beziehung oder ein bewußtes Problem wissen. Wenn Ihr Unterseeboot sank, ein Leck entstand, könnte dies eine Warnung sein, daß Sie Hilfe brauchen. Versuchen Sie sich selbst gegenüber objektiv zu sein.

Übung Haben Sie Ihren Geist geübt, Ihre Selbstkontrolle, Ihren Körper? Das ist vielleicht ein Hinweis, daß Sie ein Gebiet Ihrer Persönlichekeit stärken sollten, und Ihr Traum spornte Sie dazu an. Oder er deutete einfach darauf hin, daß Sie mehr körperlicher Übung bedürfen.

Ufer Das Meeresufer scheint für gewöhnlich der Ort zu sein, von dem aus Sie in See stechen, oder aber ein günstiger Platz zum Anlegen: Daher könnten Sie vorhaben, eine Periode der Selbstprüfung zu beginnen (siehe *Meer*), oder Sie haben nach solch einer Reise wieder festes Land erreicht. Wenn Sie den Horizont nach einem Schiff abgesucht haben, könnten Sie besorgt sein, daß Sie irgendeine Bestrebung oder ein Wunschziel nicht erreicht haben. Sie könnten Muschelschalen oder Dinge suchen, die im Sand vergraben liegen — ein Kommentar vielleicht zu einem Wunsch, Ihre inneren Hilfsquellen zu bereichern. Es müßten sich unzählige Symbole im Traum finden lassen, die Sie befähigen, ihn vielleicht im Zusammenhang mit irgendeiner Art von Selbsterforschung zu interpretieren. Siehe evtl. WASSER (S.80), LANDSCHAFT (S.68).

Uhr Macht Sie der Traum zeitbewußter? Oder hält er Sie dazu an, pünktlicher zu sein? Vielleicht ist für Sie die Zeit der Veränderung gekommen. Siehe *Kalender, Zeit*.

Umarmung Hoffentlich war die Umarmung angenehm. Wahrscheinlich eine Bewertung des Grades Ihrer inneren Zufriedenheit oder eine Ermutigung zu mehr Selbstliebe. Aber wer/was hat Sie umarmt? Wenn es eine alptraumhafte Kreatur war, sollten Sie sich fragen, ob man im realen Leben mit einer Ihnen wenig aussichtsreich erscheinenden Idee an Sie herangetreten ist, ob Sie mit persönlichen Schwierigkeiten zu kämpfen haben oder sogar mit einem Kult konfrontiert sind, was ja wohl eine Warnung bedeutet. Wenn Sie jemanden umarmt haben, kann das ein Hinweis sein, daß Sie Liebe und Zuneigung brauchen; aber es kann genausogut eine Warnung sein, wenn das, was Sie umarmt haben, ekelerregend war.

Umhang Waren Sie unter einem Denkmal der Dunkelheit, oder haben Sie hinten in schützenden Gewändern «Zuflucht gesucht»? Das kann sich auf ein Verstecken Ihrer Gefühle beziehen. Wollen Sie Ihre Empfindungen vor jemandem verbergen oder sich tatsächlich vor der Realität verstecken? Siehe KLEIDUNG UND NACKTHEIT, (S.82).

Umschlag Was sind gegenwärtig Ihre Erwartungen im Leben? Bekräftigt Sie der Inhalt des Umschlags in Ihrer Einstellung einer Nachricht gegenüber, die Sie erwarten? Siehe auch *Brief, Botschaft*.

Umweg Sie suchen möglicherweise nach einer Umgehung Ihrer Probleme, aber Sie sollten sich fragen, ob Sie nicht eine Entscheidung hinauszögern oder ihr unnötigerweise ausweichen.

Unbekannter Die Möglichkeit besteht, daß der Traum fremde Aspekte Ihrer eigenen Persönlichkeit darstellt, mit denen Sie nicht vertraut sind oder die Sie nicht wahrhaben wollen. Haben Sie sich mit den Handlungen des Unbekannten identifiziert, fanden Sie ihn liebenswürdig oder unheimlich und abstoßend? Überlegen Sie, ob nicht repressive Elemente Ihre Selbstverwirklichung hemmen, ob Sie selbst etwas unterdrücken. Wenn der Traum von einem romantischen Fremden handelte, denken Sie an Wunscherfüllung. Siehe *Fremder.*

Unehrlichkeit Das kann eine Aussage über die niedrigere Seite Ihrer Natur sein; es mißlingt Ihnen wahrscheinlich, sich etwas Unangenehmem zu stellen. Es kann wertvoll sein, sich durch Ihre Träume anleiten zu lassen (siehe S. 47), wodurch Ihnen geholfen wird, größeres Verständnis für das Problem aufzubringen. Versuchen Sie etwa in einer verzwickten Situation den Weg des geringsten Widerstandes zu gehen?

Unfall Der Unfall in Ihrem Traum kann sich auf einen Fehler in Ihrem Leben beziehen. Denken Sie über den Zusammenhang des Unfalls nach, und versuchen Sie, ihn mit irgendeiner Situation, in der sie sich befinden, zu verbinden. Die beteiligten Personen im Traumunfall könnten ausschlaggebend sein. Mischen sie sich in Ihr Leben ein oder blokkieren sie Ihr Fortkommen? Seien Sie besonders vorsichtig, wenn die Traumsituation im wirklichen Leben vorkommen sollte.

Unfreundlichkeit Eine Unfreundlichkeit von jemandem, den Sie respektieren oder lieben, kann lebhaft in Ihr Traumleben eindringen und sich darin niederschlagen (siehe Beverlys Träume auf S. 159, 168 und 170). Sie verstehen vielleicht die Botschaft nicht sofort, aber da Sie den Traum unter dieser Überschrift nachgeschlagen haben, hat sie sich wahrscheinlich recht offenkundig entfaltet. Überlegen Sie, ob Sie sich selbst gegenüber nicht vielleicht unfreundlich oder sogar gemein sind. Wenn nicht, dann sollten Sie versuchen, eine Parallele zwischen dem Traumvorfall und Ihrem Leben zu ziehen.

Uniform Wahrscheinlich ein Kommentar zu Ihrer Anpassungsfähigkeit. Sie sind vielleicht stolz gewesen, die Uniform zu tragen, und fühlen sich im Einklang mit den Grundsätzen der Gesellschaft, in der Sie leben, sind zufrieden damit, sich anzupassen; oder Sie haben gegen die Uniform rebelliert und sind ein gesellschaftlicher Nonkonformist. Entscheiden Sie in jedem Fall, ob Sie zu extrem in Ihrer Einstellung sind. Ein Traum von Ihrer Kindheitseinstellung zur Schuluniform könnte einen treffenden Kommentar abgeben.

Unkraut Unkraut — das sind Pflanzen am falschen Ort. War Ihr Unkraut nur häßlich, behinderte es das Wachstum von Nutzpflanzen, war es eindeutig schädlich — Brennesseln oder Disteln zum Beispiel? Könnte es lästige oder hinderliche, stachlige Freunde oder Kollegen darstellen, die vielleicht stechende Bemerkungen machen? Oder könnten das Ihre eigenen Charakterzüge sein, die sich mehr und mehr ausprägen? Siehe auch *Garten.*

Unsichtbarkeit Wenn Sie träumen, daß Sie unsichtbar sind, kann dies Wunscherfüllung sein: Wollen Sie aus einer Szene in Ihrem Leben verschwinden? Wollen Sie weniger auffallen? Vielleicht ein Kommentar zur Schüchternheit? Was Ihnen im Traum zustieß, ist offensichtlich wichtig für seine Deutung. Bitten Sie Ihre Träume um weitere Hinweise (siehe S. 47).

Unterdrückung Ein solcher Traum muß wohl einen Bezug zu irgendeiner Repression im Wachleben haben. Es ist zweifellos wichtig, Ihren Traum auf die Realität zu beziehen; ein Traum von einer unterdrückten Kindheit sollte Sie bewegen, Ihren derzeitigen Lebensstil zu überprüfen und herauszufinden, ob er noch immer von der Vergangenheit beeinflußt wird.

Untergrund Vielleicht haben Sie das unbewußte Verlangen, sich in Ihrem bewußten Leben «zu verstecken» oder «unterzutauchen»! Untersuchen Sie Ihre Motive: Sie sind vielleicht dabei, sich ohne guten Grund betrügerisch zu verhalten. Befragen Sie Ihre Träume (S. 47), ob Sie nicht «auftauchen» sollten. Siehe vielleicht auch *Tunnel, Zug.* Wenn Sie sich unter dem Erdboden verkrochen, ähnlich dem Maulwurf, könnte es eine Andeutung sein, daß Sie in Ihr Unbewußtes untertauchen sollten und versuchen, an die Wurzel Ihrer Psyche zu gelangen (siehe *Archäologie).*

Unterhaltung Dies deutet auf ein Vorzeigen hin, vielleicht auf «Imponiergehabe»; oder wenn Sie sich im Publikum befanden, sagt der Traum vielleicht etwas über Ihr Bild der Darsteller aus: Manchmal plazieren Ihre Träume einen Arbeitgeber oder jemanden, den wir als «übergeordnet» empfinden, in eine lächerliche Position — als Spaßmacher oder Clown —, was darauf hindeutet, daß wir sie vielleicht zu ernstnehmen. Wenn Sie der Entertainer waren, kann die Reaktion des Publikums verraten, ob Ihr Verhalten vielleicht zu sehr von Süßholzraspeln und Protzertum geprägt ist.

Unterschrift Haben Sie etwas Wichtiges überschrieben — vielleicht sogar sich selbst? Haben Sie die Unterschrift eines andern gefälscht (seinen guten Namen gestohlen)? Wenn eine unleserliche Unterschrift Sie verwirrt hat, sind vielleicht die Wachreaktionen von jemand momentan nicht zu entziffern. Schlug Ihnen Ihr Traum eine mögliche Antwort vor?

Unterwäsche Siehe KLEIDUNG UND NACKTHEIT (Seite 82). Die Betonung liegt normalerweise auf etwas Privatem. Ihre Vorliebe für schöne modische oder einfache und nützliche Unterwäsche kann von Bedeutung sein — auch ob sie sauber oder schmutzig war; oder schämten Sie sich, sie herzuzeigen?

Untreue Wunscherfüllung? Oder gefühlsmäßige oder geistige Untreue? Haben Sie sich amüsiert? In diesem Fall kann es sein, daß Ihre Partnerschaft zu klaustrophobisch ist, und Sie sollten dem Einfluß Ihres Partners gelegentlich entfliehen (natürlich nicht unbedingt in physischer Hinsicht).

Unverheiratet Wenn Sie nur allzu fest verheiratet sind, könnte dieser Traum eine Wunscherfüllung sein: Sie wollen einfach wieder allein sein. Wenn der Traum das Abbrechen einer Beziehung begleitet, sollten Sie Ihren zukünftigen Träumen besondere Aufmerksamkeit schenken, da sie eine Hilfe sein könnten, nach einer traumatischen Periode Ihre emotionale Ausgeglichenheit wieder herzustellen.

Urin Abgesehen von dem möglichen Ratschlag, daß Sie Ihren Urin von einem Arzt untersuchen lassen sollten, falls der Verdacht auf ein Nierenleiden besteht, wird ein Traum vom Urin höchstwahrscheinlich vom Bedürfnis hervorgerufen, die Blase zu entleeren.

Urlaub Vielleicht haben Sie einfach einen nötig. Aber ein Urlaub deutet Veränderung, Flucht an: Betreiben Sie derzeit eine Realitätsflucht? Träume von Orten, die wir nicht besucht haben, die aber einen starken Eindruck auf uns machen, haben nicht nur hohen Unterhaltungswert, sondern können auch eine Sehnsucht nach Herausforderung, besonders intellektueller Herausforderung widerspiegeln. Sie suchen vielleicht neue Horizonte. Siehe *Expedition, Reise.*

V

Vakuum Wenn Sie träumen, in einem Vakuum zu sein, ist es denkbar, daß Sie sich in gewissen Bereichen Ihres wachen Daseins einsam und isoliert fühlen, körperlich oder seelisch. Versuchen Sie, aus dieser Isolation auszubrechen.

Vamp Wahrscheinlich für Frauen ein Hinweis, daß sie den Männern gegenüber zuvorkommender sein sollten, besonders wenn sie neue sexuelle Beziehungen pflegen, oder es ist eine Warnung, daß Sie sich zu wenig raffiniert, zu aufdringlich und auffällig verhalten und vielleicht eine Rolle spielen, die nicht zu Ihnen paßt. Ihre eigenen Gefühle in dem Traum könnten Antwort darauf geben. Ein Mann, der von einem Vamp träumt, muß sich überlegen, wen das Traumsymbol repräsentiert (schließen Sie nicht die Möglichkeit aus, daß es sich um die weibliche Seite Ihrer Persönlichkeit handelt).

Vater Die Interpretation eines Traums, der Ihren Vater als sein Zentralbild verwendet, hängt zu einem Großteil von Ihrer realen Beziehung zu ihm ab. Am einfachsten genommen, kann es ein Angebot «väterlichen» Rates sein, den Sie genau wie einen wirklichen Rat behandeln sollten. Oder der Traum verweist auf die männliche Seite Ihrer Persönlichkeit und ermutigt Sie zu mehr Durchsetzungskraft. Wenn Ihr Vater schwach war, kann sich der Traum auf eine unbewußte Suche nach einer Vaterfigur beziehen. Bei tiefer Feindschaft kann Ihr Traum Ihnen zeigen, wie Sie mit einer notorisch schwierigen und lähmenden Situation fertigwerden. Wenn Ihr Vater zu streng war, ist der Traum vielleicht eine Warnung, daß Sie ihn in der Beziehung zu Ihren eigenen Kindern imitieren — oder daß Sie zu selbstdiszipliniert sind: Er lebt immer noch in Ihnen. Andere Träume können das Thema beleuchten — und vergessen Sie nicht, daß andere männliche Figuren oder bestimmte Symbole (ein monumentales Gebäude, ein bedrohlicher Berg, ein Objekt, das Sie mit ihm in Verbindung bringen) in einer scheinbar völlig zusammenhanglosen Traumsituation vorkommen und in Ihrer Vaterbeziehung neue Wendungen aufzeigen können. Wenn Sie träumen, daß es Ihrem Vater schlecht geht oder daß er unglücklich ist, sollten Sie sich bei ihm melden, um sich nach seiner Gesundheit und seinem Wohlergehen zu erkundigen.

Verantwortung Ein Traumhinweis auf eine Last oder Verpflichtung im Wachzustand. Haben Sie im Traum die Verantwortung auf sich genommen oder sich davor gedrückt?

Verabredung Haben Sie in Ihrem Traum eine Verabredung eingehalten oder nicht? Die Person, mit der Sie die Verabredung hatten, könnte wichtig sein. Vielleicht sagt Ihnen der Traum, sich Ihren Problemen zu stellen.

Verband Drückte Sie der Verband, oder war er schützend? Außer der Andeutung, daß ein Teil Ihres Körpers Pflege und Aufmerksamkeit braucht, kann sich der Traum auch auf jemanden (vielleicht Sie selbst) beziehen, der überängstlich ist.

Verdacht Standen Sie in Ihrem Traum unter Verdacht? Wenn ja, sollten Sie vielleicht Beweggründe für eine gegenwärtige Handlung hinterfragen.

Verfangen Wenn es physischer Art war — wenn Sie sich im Gebüsch oder Unterholz verfangen haben —, zeigt es möglicherweise eine Verstrickung in Probleme jeglicher Art. Die Art, in der Sie damit in Ihrem Traum fertig geworden sind, kann Ihren momentanen Fortschritt zusammenfassen oder vielleicht nur Ihre Einstellung zu dem, was vorgeht. Im Zusammenhang mit einem gegenwärtigen oder einem zukünftigen Liebhaber war dies vielleicht die Beurteilung einer persönlichen Beziehung; aber denken Sie daran, daß auch die maskuline oder feminine Seite Ihrer eigenen Natur gemeint sein kann.

Verfolgung Womöglich ein Bezug auf eine Schuld Ihres Wachlebens oder auf irgendeine Situation, wo Sie wider Ihr besseres Wissen gehandelt haben. Vielleicht müssen Sie jetzt auf irgendeine Weise dafür bezahlen. Siehe *Prozeß:* Wenn Sie freigesprochen wurden oder die Anklage fallengelassen wurde, könnte es sich um einen beruhigenden Traum handeln.

Vergangenheit Sehr viele Symbole in Träumen können sich auf die Vergangenheit beziehen. Wenn Sie beständig von der Rückkehr zu alten Umgebungen oder Situationen träumen, sollten Sie sich fragen, warum: Vielleicht ist es ein Signal, daß Sie die Gewißheit des Bekannten der Unsicherheit des Unbekannten vorziehen (die Gegenwart, die Zukunft). Es kann eine Andeutung bestehen, daß Sie Erfahrung aus der Vergangenheit auf ihren Alltag anwenden; Sie machen kaum zweimal den gleichen Fehler, geschweige denn dreimal...Wenn Sie sich immer noch unsicher oder ängstlich fühlen, bitten Sie Ihre Träume (siehe S.47) um mehr Information, und versuchen Sie, ein Leben in der Vergangenheit zu vermeiden; entwickeln Sie eine direktere, voraus blickende Einstellung.

Vergewaltigung Frauen, die mehrmals vergewaltigt wurden, finden sich in ihren Träumen dieser traumatischen Erfahrung erneut ausgesetzt, möglicherweise (aber nicht sicher) als Teil eines natürlichen therapeutischen Heilungsprozesses. Wenn dies zutrifft, kann es von Hilfe sein, den Angriff möglichst detailliert einem vertrauten Freund zu beschreiben, wie peinlich oder beängstigend Sie dies auch finden mögen. Wichtig ist natürlich, dieses Erlebnis zu verarbeiten, um sich für ein künftiges genußvolles Sexualleben zu befreien. Wenn die Vergewaltigung nur ein Traumerlebnis, eine Metapher war, stellen Sie sich die Frage, ob Sie im Wachleben jemand ausnützen!

Verhungern Ihr eigenes Verhungern in einem Traum ist wahrscheinlich kein körperliches; viel eher ist gemeint, daß Sie sich nach etwas verzehren, was Sie dringend benötigen, sich einer befriedigenden Entfaltung Ihrer Persönlichkeit oder Sexualität verweigern. Ein Traum von einem hungernden Kind etwa — mit dem ganzen Entsetzen, das mit diesem Bildnis verbunden ist — wird ein äußerst mächtiges und bedrückendes Symbol sein. Wenn Sie es nicht in den Griff bekommen, fragen Sie Ihre Träume um weitere Hilfe. Wenn Sie eine Abmagerungskur machen, denken Sie an die Warnung: Übertreiben Sie es nicht.

Verjüngung Möglicherweise ein klarer Wunscherfüllungstraum — ebenso wahrscheinlich jedoch ein Bestätigungstraum: Sie sind jünger und kräftiger als Ihre Altersgenossen oder nicht so alt, wie Sie sich fühlen.

Verlassen Sind Sie in Ihrem Traum verlassen worden? Wenn ja, von wem? Von jemand, den Sie respektieren? Das könnte bedeuten, daß ein Teil Ihrer Persönlichkeit Ihnen nahelegt, ein Problem loszuwerden. Wenn Sie andererseits von «allen guten Geistern» verlassen wurden, drängt vielleicht eine bisher verborgene Seite von Ihnen nach Ausdruck.

Verlegenheit Ein Gefühl, das sehr regelmäßig im Traum vorkommt. Natürlich ist der Kontext wichtig, aber Verlegenheit kann oft das Fehlen von Selbstvertrauen bedeuten. Vielleicht sollten Sie sich für gute Leistungen öfter belohnen und das Beste aus Fähigkeiten machen, von denen Sie wissen, daß Sie sie entwickeln können. Siehe KLEIDUNG UND NACKTHEIT (S.82/83)

Verletzung Welche Art Verletzung, und wer hat sie verursacht? Das sind natürlich die Hauptfragen — aber bedenken Sie, daß körperliche Verletzungen geistige oder emotionale Verletzungen symbolisieren können. Wenn Sie sich selbst verletzt haben, gibt es einen Teil Ihrer Persönlichkeit, den Sie nicht mögen und den Sie ausmerzen oder schwächen wollen?

Verlobung Wenn Sie in keiner Beziehung stehen, kann das ein Wunscherfüllungstraum wie jeder andere sein. Oder es kann ein Kommentar über eine Zusage sein, die Sie gemacht haben (möglicherweise in emotionaler Hinsicht). Ihre Reaktion auf Ihre Traumverlobung — Besorgnis, Freude, Schrecken — wird ein wichtiger Hinweis sein.

Verkaufen Was? Sich selbst? Und zu welchem Preis? Vielleicht zu billig! Sie könnten aber auch auf bestimmte Weise jemand anderes «verkauft» haben. In welcher Beziehung steht das Objekt, das Sie im Traum verkauften, zu Ihnen selbst oder zu einem anderen Menschen? Vielleicht ein Hinweis auf Ihr Selbstvertrauen oder das Bedürfnis, im Wachleben Kompromisse einzugehen.

Verkehr Autos sind sehr persönliche Symbole, also ist die erste wichtige Frage, ob Sie eines fuhren. Wenn ja, sind Sie in einem Verkehrsstau stecken geblieben? Damit wird wahrscheinlich angedeutet, daß Sie in Ihrem (möglicherweise sexuellen) bewußten Leben frustriert sind — doch wenn Sie sich plötzlich über den Verkehr FLIEGEN (s. S. 84) sahen, haben Sie wahrscheinlich nichts zu befürchten! Wenn Sie ein Fußgänger und vom Verkehr eingeschüchtert waren, spiegelt sich eine Hemmung oder Angst aus Ihrem wachen Leben wider. Wenn Sie ein Verkehrspolizist oder eine Politesse waren, könnten Sie sich als Wächter, als Aufseher sehen, als Führer oder Autorität im Leben anderer Leute: Vergessen Sie nicht, solche Leute sind nicht immer besonders beliebt bei den Menschen, denen sie dienen! Wenn ein bestimmtes Fahrzeug im Mittelpunkt stand, versuchen Sie herauszufinden, für wen es stehen könnte. Siehe auch *Polizei.*

Vernichtung Der Traum kann Selbstvernichtung bedeuten. Vielleicht geht etwas in Ihrem Leben vor, was Ihnen irgendwie schadet. Siehe KATASTROPHEN (S. 72).

Verpacken Siehe *Paket,* denn es ist wichtig, was in der Verpackung drin ist. Es gibt vielleicht einen Bezug zu Ihren Schutzinstinkten oder einen Wunsch, die Wahrheit zu verstecken. Oder verbergen Sie einen Plan?

Verrat Ein Traum von Verrat scheint eine Handlungsweise oder Einstellung zu symbolisieren, die bewußt dem Wohl der Gesellschaft als ganzer entgegenwirkt, oder sogar eine Einstellung, die der landläufigen Meinung entgegengesetzt ist. Verrat kann auch persönlich sein — gegen einen Partner vielleicht oder gegen Ihr eigenes besseres Ich. Wenn mit

den traditionellen grausamen Strafen verbunden, ist er ein sehr starkes Symbol.

Versagen Vielleicht haben Sie unbewußt entschieden, wie immer auch Ihr materieller Erfolg sein mag, daß Sie «ein Versager» auf einem Gebiet Ihres Lebens sind — vielleicht in emotionaler oder intellektueller Hinsicht. Wenn jemand, ein Elternteil oder eine Autoritätsperson, Sie wegen Ihres Versagens scholt oder weil Sie sich nicht härter um einen Erfolg bemüht haben, versuchen Sie, diese Person mit einem Element Ihrer eigenen Persönlichkeit in Verbindung zu bringen. Es sind die «inneren Eltern» oder Ihr innerer Chef, der Sie tadelt; Sie sollten entscheiden, wofür. Versuchen Sie sich dem Problem zu stellen und Ihr Selbstvertrauen wieder aufzubauen, vielleicht (wenn das «Versagen» unvermeidlich und nicht reduzierbar erscheint) indem Sie sich auf die erfolgreicheren und lohnenderen Fähigkeiten in Ihrem Leben besinnen, auf diejenigen, mit denen Sie in der Vergangenheit Erfolg hatten und auch weiterhin erfolgreich sein werden.

Versicherung Eine Anspielung auf Ihren Sicherheitssinn und Ihre Einstellung zur Zukunft? Vielleicht werden Sie daran erinnert, daß Ihre derzeitige Handlungsweise Auswirkungen von langer Dauer nach sich zieht. Oder Sie müssen jetzt für spätere Sicherheit aufkommen.

Versöhnung Eine Anspielung auf ein Geschehnis im Wachleben, mit dem Sie sich aussöhnen müssen, scheint wahrscheinlich — womöglich eine Facette Ihres Charakters, worüber Sie besorgt sind und sich unsicher fühlen. Es ist zu vermuten, daß der Traum Ihnen helfen möchte, sich an eine veränderte Situation zu gewöhnen und mit Ihrer neuen Selbstansicht Frieden zu schließen. Möglicherweise spielt er auch direkt auf die Aussöhnung nach einem Streit an.

Versteckspiel Sind Sie im Leben vielleicht ausweichend oder ruhelos, wechseln ständig Ihre Denkweise oder Ihre Einstellung? Hat man Sie in Ihrem

---

Traumanalyse

Verkehrsstau William träumte: *«Ich träumte, daß ich mitten auf der Autobahn aus meinem Wagen ausstieg und den Seitenstreifen entlangging; die Autobahn selber war vollgestopft mit stehenden Fahrzeugen, die Fahrer schrien sich gegenseitig an und hupten, um Aufmerksamkeit zu erregen, während Rauchwolken sich überall verbreiteten. Ich war froh, mich stetig fortbewegen zu können und offensichtlich Fortschritte zu machen, während die anderen in einem Stau steckten.»*

William versuchte zu dieser Zeit, eine Unmenge von verschiedenen Arbeiten zu erledigen, bevor er ins Ausland ging, und fragte sich, welche am wichtigsten sei. Der Traum schlug vor, daß er, statt sich zu verzetteln und festzufahren, stetig fortschreiten sollte mit den Arbeiten, die er in der Lage war zu erledigen, und die anderen Jobs beiseite zu lassen und daß er sich nicht von anderen entgegen seinem besseren Urteil beeinflußen lassen sollte. Autos beziehen sich oft auf Personen, nicht auf abstrakte Vorgänge, aber in diesem Fall waren die Individuen stark verbunden mit den meisten Arbeiten, die der Erledigung bedurften.

Traum «gefunden»? Unentschiedenheit kann kritisiert werden — oder keckes Verhalten.

Verunstaltung Ihr Traum scheint darauf hinzudeuten, daß Sie sich irgendwie fürchten, also ist es möglich, daß Sie aus irgendeinem Grund litten oder noch leiden. Wie wollen Sie sich selbst heilen? Wenn sich in Ihrem Traum die Verunstaltung verschlimmert hat, ist dies ein Kommentar über derzeitige, möglicherweise nachteilige Veränderungen Ihrer Persönlichkeit? Wenn die Verunstaltung heilte, ist dies vielleicht bei einer wirklichen Verletzung ebenfalls der Fall. Siehe auch *Verletzung.*

Verwandte Siehe *Familie;* womöglich auch eine Zusammenkunft weniger eng Verwandter — einer ganzen Gesellschaft von Menschen, mit denen Sie sich unter Umständen nicht völlig wohl fühlen und die vermutlich zu einer Hochzeit oder einem Begräbis zusammengetroffen sind. Verwandte repräsentieren oft Facetten von uns selbst, Züge, auf die wir stolz sein können oder auch nicht. Gab es Konflikte zwischen Ihren Verwandten und Freunden? Könnten sie für Alltagsprobleme stehen? Siehe evtl. auch MENSCHENMENGEN (S. 96), *Party.*

Verzweiflung Hat sich Ihr Traum auf etwas Unglückliches in Ihrem Leben konzentriert, oder war Ihre Verzweiflung durch Konfusion oder Sorge verursacht? Wenn dies der Fall war, kann der Traum eine Warnung sein. Versuchen Sie, sich etwas zu beruhigen und Ihre Situation konstruktiv zu beurteilen. Sorgen Sie sich unbegründet? Wenn ja, wird Ihnen Ihre Fähigkeit, Ihre Sorgen in praktischer und methodischer Weise anzugehen, durch Ihre Schwierigkeiten hindurch helfen. Das Gefühl tiefer Verzweiflung in einem Traum kann natürlich Ihre Einstellung gegenüber dem Leben allgemein oder gewissen Teilbereichen davon reflektieren. Gehen Sie auf die konkreten Elemente in diesem Traum ein — vielleicht hilft Ihnen das, die Ursachen der Verzweiflung zu ergründen.

Villa Siehe natürlich *Haus* und UMGEBUNG (S. 92). Die Bedeutung eines «großen Hauses» scheint vielleicht auf unangemessenen Eigennutz zu verweisen. Der leicht altmodische Klang kann auf extremen Konservatismus in Ihrer Einstellung dem Leben gegenüber Bezug nehmen. Wenn die Villa zerfallen und baufällig aussah, sollten Sie vielleicht mehr Sorge zu Ihrer körperlichen und geistigen Beweglichkeit tragen. Denken Sie auch ans Bibelzitat: «Im Haus meines Vaters sind viele Zimmer.» Ergibt sich eine Beziehung zu einem bestimmten Aspekt Ihrer Persönlichkeit?

Violine Deren Musik kann schön und romantisch aber auch dämonisch sein. Also könnte dies ein warnender Traum sein. Aber es gibt angenehmere Lösungsmöglichkeiten: Lieben Sie die Melodien einer alten Fiedel? Alte Violinen können immens wertvoll sein: Könnte das in Ihren Traum passen? Oder spielen Sie die zweite Geige für jemanden, während sie das Orchester leiten sollten?

Vögel Natürlich hängt sehr viel davon ab, was für ein Vogel es in Ihrem Traum war, aber es kommt auch darauf an, ob Sie durch sie bedroht waren, ob Sie eine Anzahl oder einen einzelnen Vogel gesehen haben, ob der Vogel frei oder im Käfig gehalten wurde, und wenn letzteres, ob er in einem geräumigen Vogelhaus oder einem engen, zu kleinen Käfig war. Das sind alles Fragen, die Sie sich beantworten sollten, wobei Sie, wie immer, nicht vergessen, sich in die Position des Vogels oder der Vögel zu versetzen, wenn dies eine mögliche Lösung darstellen könnte. Sind Sie im täglichen Leben irgendwie «eingefangen»? Fühlen Sie sich wie der «Vogel im goldenen Käfig»; der alles besitzt, was er will, außer der Freiheit, nach der er sich sehnt, ohne die Möglichkeit, seinen unabhängigen Geist zu entfalten? Fühlen Sie sich in einem Käfig eher glücklich, sicher vor der Ruhelosigkeit der Welt, zufrieden mit dem Schicksal, durch einen physischen und geistigen Horizont eingeengt zu sein, der von Ihrer Familie oder Ihren anderen Zeitgenossen — der Herde um Sie herum — aufgebaut worden ist? Oder wenn die Vögel in Ihrem Traum frei waren, haben Sie diese Freiheit bewundert und beneidet? Vielleicht haben Ihnen die Eskapaden der Vögel Spaß gemacht; wenn ja, sind Sie im täglichen Leben eher «flatterhaft»? Kleinere Gartenvögel können sich sehr wohl auf Ihr Heim und Familienleben beziehen. Haben Sie sie gefüttert? Siehe FISCH, FLEISCH UND GEFLÜGEL (Seite 88).

Vorgesetzte Ihr innerer Elternteil, Vorgesetzter oder eine andere Autoritätsfigur taucht in so einem Traum auf. Wie ist Ihr Verhältnis zu solch einer Person im bewußten Leben? Sie haben entweder gute Fortschritte gemacht in letzter Zeit, oder dann sollten Sie sich vielleicht mehr Mühe geben, je nachdem wie die Reaktion Ihres Traumvorgesetzten auf Sie (und Ihre Reaktion auf sie oder ihn) war.

Vorhang War es «der letzte Vorhang»? Wenn ja, kann Ihr Traum bedeuten, daß Sie «das Ende» akzeptieren müssen — vielleicht etwas in Ihrem Leben, was ziemlich unwirklich oder theatralisch gewesen ist. Öffnet sich der Vorhang, kann dies aber auch persönliche Entwicklung und Enthüllung bedeuten. Was immer zum Vorschein kam, ob auf einer Bühne oder Leinwand oder durch ein Fenster, wird das Schlüsselsymbol für Ihre Interpretation sein. Wenn Sie im Traum Vorhänge aufhängen oder fabrizieren, haben Sie möglicherweise etwas zu verbergen, oder Sie möchten etwas hervorheben, ihm den richtigen «Rahmen» geben, sich irgendwie herausputzen.

Traumanalyse

Vorsprechen Sarah träumte: «*Jemand lud mich ein, die weibliche Hauptrolle in einem Pantomimenstück im* London Palladium *zu spielen. Ich war davon angetan, dachte aber, dies sei verrückt. In dem Hotel, in dem ich vorsprechen sollte, fand ich den richtigen Raum nicht, sah aber schließlich durch eine Glastür, wie ein anderes Mädchen für die Rolle vorsprach. Sie war nicht sehr gut, wie sie zu einer lebhaften Musik pathetisch falsche Tanzschritte improvisierte. Dann war sie sehr schlecht im Vortrag von Hamlets ‹Sein oder nicht sein!› Ich wußte, ich konnte es besser, sah mich durch diejenigen ermutigt, die mich zum Vorsprechen eingeladen hatten, und bekam schließlich die Rolle.*»

Zu der Zeit lernte Sarah ein Musikinstrument, fand dies aber sehr schwierig. Sie entschied, daß sie beide Mädchen in dem Traum darstellte, was genau ihre zwiespältigen Gefühle gegenüber diesem neuen Unternehmen widerspiegelte. Ihr stärkeres, sich mehr behauptendes und selbstsicheres Ich bekam die Rolle, und dies ermutigte sie, den Unterricht mit neuer Zuversicht fortzuführen. Beachten Sie das Vorhandensein von Autoritätspersonen, die sie zu einer Teilnahme einluden und sie beruhigten, aber auch prüften.

W

Waage Sie mögen an dem Punkt sein, wo sie eine Entscheidung treffen oder die Vor- und Nachteile eines bestimmten Falles abwägen; das Gleichgewicht der Waagschalen wird dabei wesentlich sein. Oder es handelt sich um einen Kommentar zu Ihrem Gewicht, wenn Sie sich im Traum gewogen haben.

Wache Vielleicht ein Wortspiel: Sollten Sie auf einem Gebiet wachsamer sein? Wenn Sie die Wache waren, was haben Sie bewacht? Etwas, was Ihre Ehre, Ihre Tugend symbolisiert (vielleicht in Form eines heißgeliebten Besitzes)?

Waffen Viele davon sind in diesem Buch vermerkt, siehe also *Gewehr, Speer, Messer, Schwert* usw. Ein guter Teil von ihnen hat sexuellen Gehalt. Wenn Sie träumen, daß Sie Waffen gebrauchen, kann das bedeuten, daß Sie von antagonistischen Gefühlen zerrissen sind. Wie, gegen wen und zu welchem Zweck Sie die Waffen zückten, ist im einzelnen von Bedeutung.

Vortrag Möglicherweise haben Sie unlängst jemand einen Vortrag gehalten; finden Sie heraus, ob Sie zu lage auf einer Sache herumgeritten sind! Wenn Sie einem Vortrag zuhörten, läßt der Traum vielleicht darauf schließen, daß Sie sich über ein Vorhaben eine Meinung bilden sollten. Oder Ihre Reaktion im Traum bezieht sich auf Ihre wirkliche Reaktion einer Meinung gegenüber.

Voyeur Es könnte ein Hinweis sein, daß Sie ein paar Ihrer Phantasien ausleben sollten, statt sie bloß für sich im Kopf zu wälzen. Engagieren Sie sich mehr. Siehe *Sex* (S. 90)

Vulkan Könnten Sie gerade jetzt auf einem sitzen? Sie könnten sich sehr viel besser fühlen, wenn Sie die Spitze des Vulkans wegblasen, Dampf ablassen, ein paar Felsen herumschleudern oder Lava über eine reizlose LANDSCHAFT (siehe S. 68) gießen. Sich beherrschen könnte mehr schaden als nützen. Es sei denn natürlich, Sie sind unter einem Vulkan; in diesem Fall entscheiden Sie, welche bewußte Form er annimmt. Siehe vielleicht KATASTROPHEN (S. 72), FEUER (S. 78).

Wahl Offensichtlich ist der Kontext dieses Traums entscheidend. Gewinnen oder Verlieren ist wichtig, der Gewinn von Macht oder die Übergabe an Gegner. Das kann fast für jeden Lebensbereich gelten. Wenn Sie für ein Amt kandidierten, kann es ein Hinweis auf Ihre Einstellung anderen gegenüber sein. Sind Sie besser als die anderen, verdienen Sie, «gewählt» zu werden? Beschuldigen Sie sich durch Ihre Träume der Angeberei, prahlen oder übertreiben Sie? Versuchen Sie, sich Ihren Weg durch Vortäuschung falscher Tatsachen in ein wichtiges Amt zu bahnen? Oder haben Sie eine stützende Rolle gespielt? Wenn ja, denken Sie über den Kandidaten nach und wen er oder sie repräsentieren kann. Die Entscheidung — jemanden zu wählen — kann sich auf ein Problem im Leben beziehen (siehe *Kreuzweg*). Sollten Sie Ihrem momentanen Kurs überdenken? Wie sollte Ihre Haltung sein? Welche Handlungsweise sollten Sie wählen?

Wahnsinn Ein Traum über tatsächlichen Wahnsinn oder die Begegnung mit einer verrückten Person kann eine Warnung sein, daß ein Teil Ihres Lebens außer Kontrolle gerät oder Sie zumindest verwirrt und stört. Das Ende des Traums kann ein Hinweis zur Problemlösung sein. Natürlich müssen Sie nicht glauben, daß Sie im wachen Leben verrückt werden!

Wahrheit Eine Traumsuche nach abstrakter Wahrheit spiegelt eine bewußte Sorge wider. Befragen Sie Ihre Träume (siehe Seite 47) nach weiterer Aufklärung.

Waise Vielleicht ein Kommentar zu Einsamkeit, fehlender Geborgenheit! Brauchen Sie mehr Liebe und Zuneigung? Vielleicht können Sie anderen mehr Zuneigung zeigen, als Sie für möglich hielten (besonders wenn Sie in Ihrem Traum einem Waisen begegnet sind)!

Wal Das größte Säugetier, vielleicht symbolisch für eine enorme Aufgabe oder Verantwortung im wachen Leben, betrifft möglicherweise andere Leute. Denken Sie an den Wal, der Jonas verschluckte: Droht eine Aufgabe, Sie zu verschlingen? Siehe FISCH, FLEISCH UND GEFLÜGEL (S. 88).

Wald Ein «Wald» deutet Unsicherheit und vielleicht ein Hemmnis an. Wenn Sie versucht haben, Ihren Weg hindurch zu finden, kann das eine Art Suche nach einem Durchbruch in Ihrem Leben bedeuten — oder ein Wortspiel, daß Sie den Wald vor lauter Bäumen nicht sehen. Bäume in ihrer Schönheit und Erhabenheit und ihrem oft hohen Alter können Ihr unbewußtes Selbst repräsentieren, die Tiefen Ihres psychologischen Seins, Reife und psychologisches Wachstum. Wenn Sie als Mann einen Baum fällen, gibt es gewisse sexuelle Anspielungen — ein Tadel überbetonter Sexualität vielleicht? Wenn Sie eine Frau sind, kann es ein Hinweis auf einen bestimmten Mann sein, den Sie in sexueller oder anderer Hinsicht «zurechtstutzen» wollen. In Märchen wird oft etwas in einem Wald entdeckt: ein Schneewittchen, schlafende Kindlein, ein Lebkuchenhaus mit einer Hexe ... Denken Sie die Assoziationen zu Ende. Siehe LANDSCHAFT (S. 68/69).

Wandern Sie leiden wahrscheinlich unter Orientierungsschwierigkeiten in gewissen Bereichen Ihres wachen Lebens. Die Landschaft, welche Sie durchwanderten, ist von entscheidender Bedeutung. Mag sein, daß Sie neue Interessen suchen und Ihre Zeit und Kraft anderweitig einsetzen sollten. Siehe auch REISEN (S. 70).

Wärme Sie dürften im wachen Leben mehr Wärme und Zuneigung benötigen oder sich vielleicht danach sehnen, sie anderen zu spenden. Beachten Sie den Kontext Ihres Traums, und sehen Sie allenfalls nach unter FEUER (S. 78) und UMGEBUNG (S. 92).

Warten Waren Sie ungeduldig oder gelangweilt und verärgert? Suchen Sie nach Parallelen in Ihrem wachen Dasein? Der Dichter Milton bemerkte, daß «auch die dienen, die nur dastehen und warten» — und Geduld ist eine Tugend. Wenn Sie ruhig geblieben sind, während alle anderen im Traum in Panik gerieten, kann das ein Bild sein, das Sie bestätigt.

Wärter Hat der Wärter ein gefährliches Tier bewacht — war er vielleicht einem drohenden Angriff ausgesetzt? Hier kann ein Bezug auf einen Teil Ihrer Psyche bestehen, der gerade noch unter Kontrolle ist: vielleicht Ihre Geduld? Versuchen Sie, sich daran zu erinnern, was dem Wärter zugestoßen ist — und natürlich seinem Schützling. Das ist offensichtlich ein essentieller Faktor, den man in bezug auf Sie selbst und Ihr waches Leben berücksichtigen und interpretieren muß.

Waschen Suchen Sie, wie Lady Macbeth, Ihre Hände von etwas reinzuwaschen? Welche Handlung in Ihrem Wachsein könnte ein solches Bild evoziert haben? Oder hatten Sie große Wäsche für Ihre Familie — Sie wünschen vielleicht, daß Ihre Angehörigen nicht nur körperlich sauber sind. Sich selbst oder die eigenen Kleider waschen mag den Wunsch nach einem Neuanfang anzeigen; Geld waschen offenbart vielleicht den Wunsch, wieder Liebe und Zuneigung zu schenken, als war's das erste Mal. Wollen Sie eine Beleidigung abwaschen oder jemanden aus Ihrem Leben wegspülen? Schütten Sie nicht das Kind mit dem Bade aus. Siehe WASSER (S. 80).

Wasserfall Ein Ausdruck von Freiheit und Wendung nach außen. Siehe WASSER (S. 80).

Weben Eines der ältesten Handwerke, aber auch eine Zwischenstufe zwischen Spinnen und Nähen: Stecken Sie mitten in einer Aufgabe, die noch vollendet werden sollte? Oder sind Sie gerade dabei, eine persönliche Beziehung aufzubauen? Oder webt irgendwo eine Spinne still ihr Netz?

Weg Eine Suche nach dem Weg oder Wegweiser oder sogar Signale, die «Verbotene Fahrtrichtung» oder «Kein Vortritt» anzeigen, beziehen sich wohl auf eine Entscheidung, die Sie getroffen haben oder werden treffen müssen. Nehmen Sie diesen Hinweis ernst. Fassen Sie auch ein Wortspiel ins Auge: Sollten Sie etwas gründlicher erwägen? Eine Warnung. Siehe auch LANDSCHAFT (S. 68).

Weihnachten Sentimentalität beiseite, ein Traum eines gemütlichen, traditionellen Weihnachtsfestes kann starke, traditionsbewußte Werte unterstreichen, familiäre Gemeinsamkeit, allgemeine Freundlichkeit und gute Laune, Großzügigkeit und Optimismus bedeuten. Kann er ein Hinweis sein, daß Sie nicht so ein Geizhals sein sollten? Sind Sie im Leben zu sehr mit Ihrer Kindheit beschäftigt oder sonstwie nostalgisch? Wenn im Traum Geschenke vorkamen, kann das eine Darstellung gewonnener Erfahrung oder das Anbieten oder Erhalten eines guten Ratschlags sein. Denken Sie über die Art jedes Geschenks in Ihrem Traum nach. Es könnte sich auf die Kälte, Einsamkeit und Gefühlsarmut beziehen — vor allem, wenn Sie Weihnachten nicht mögen oder sich über die Verlogenheit derer ärgern, die die weniger Glücklichen ignorieren, während sie sich den Bauch vollschlagen.

Wein Wein ist gewöhnlich wohlschmeckend und von intensiver Farbe; Träume vom Weintrinken scheinen eine Bereicherung Ihrer Erfahrungen anzuzeigen, vor allem im Gefühlsbereich. Mit wem Sie Wein trinken und wie sehr Sie ihn genießen, wird entscheidend sein. Weinflaschen mögen Leute darstellen, die Sie als reifer als sich selbst betrachten. Ein Traum von Abendmahlswein wird eine entsprechende Verbindung zu Ihrem religiösen Leben haben.

Weinen Wenn wir weinend aufwachen, so wird uns dieser Traum für den Rest des Tages verfolgen, wenn wir ihn nicht exorzieren, also versuchen Sie, ihn objektiv anzugehen. Ihre Tränen können ein Versuch gewesen sein, etwas Negatives, das Ihr Unbewußtes seit einiger Zeit irritiert, buchstäblich wegzuwaschen — in diesem Fall fühlen Sie sich vielleicht erleichtert. Freudentränen, leider weniger häufig, untermalen einen möglicherweise wichtigen, hoffnungsvollen und ermutigenden Traum.

Wellen Siehe WASSER (S. 80), *Meer, Tauchen.* Anscheinend ist darin eine weitreichende, offene und ausdrucksvolle Gefühlsregung symbolisiert. Dauer-

wellen oder gewelltes Haar können ein sexuelles Bild sein (siehe auch *Haare*).

Weltraum Sie brauchen vielleicht einfach mehr Raum in Ihrem bewußten Leben (im wörtlichen oder übertragenen Sinn, vielleicht innerhalb einer Beziehung). Wenn Sie im Raum allein und verängstigt waren, so sind Sie vielleicht im Moment einsam oder haben die Orientierung im Leben verloren.

Werkstatt Siehe UMGEBUNG (S. 92) und *Lagerhaus.* Der Traum könnte sich auf angesammelte praktische Erfahrung und ebensolches Wissen beziehen. Gehen Sie hinein, packen Sie es an, und gebrauchen Sie es sinnvoll? Wenn Sie Angst hatten, die Werkzeuge in Ihrem Traum zu gebrauchen, kann das auf einen Mangel an Vertrauen schließen lassen; wenn wichtige Werkzeuge fehlten, dann sollten Sie vielleicht in Ihrem Berufsleben noch mehr Erfahrung sammeln.

Werkzeug Ein uralter Euphemismus für den Penis, also könnte Ihr Traum wohl einen sexuellen Bezug haben: Wie gut haben Sie es genutzt? War es scharf? Ist es in Ihrer Hand zerbrochen? Überlegen Sie dann, was Sie damit taten und was das Ergebnis war, und suchen Sie nach anderen Symbolen, die sich auf Menschen oder Erlebnisse im bewußten Leben beziehen. Die Werkzeuge, die wir regelmäßig in unserem Alltagsleben benutzen, können unserer Imagepflege dienen und sind ein wichtiger Bestandteil von uns; wenn es eine nicht-sexuelle Interpretation gibt, könnte sie sich auf diesen Bereiche Ihres Lebens beziehen.

Wette Der Traum kann Ihre Risikobereitschaft kommentieren. Wenn Sie die Wette gewonnen haben, sind Sie wahrscheinlich zuversichtlich; wenn Sie verloren haben, sollten Sie vielleicht mehr Zuversicht entwickeln. Aber was steht auf dem Spiel?

Wettrennen Die wichtigen Fragen heißen hier: Waren Sie Sieger oder Verlierer; zufrieden, hochgestimmt, enttäuscht oder frustriert? Vielleicht ein

Kommentar zu Ihren jüngsten Fortschritten oder zu deren Ausbleiben. Wenn Sie beim Pferde- oder Hunderennen waren, siehe evtl. *Glücksspiel, Wette, Pferd, Hund.* Stellen Sie Ihre Wachhaltungen in Frage: Sie könnten Risiken eingehen, zuviel wagen, zuviel Energie in der Hoffnung verschwenden, damit Sie als erster die Ziellinie zu überqueren — in einer emotionellen oder einer Karrieresituation. Übrigens: War da ein Startschuß? Und wer hat ihn abgefeuert?

Wiedererkennen Jemand in einem Traum wiederzuerkennen kann eine Wacherkenntnis einer persönlichen Eigenheit, einer neuerworbenen Selbsteinsicht widerspiegeln, sei sie positiv oder negativ. Symbolisiert daher die Person, die Sie im Traum wiedererkannt haben, einen Ihrer eigenen Charakterzüge? Manchmal zieht ein solcher Traum unsere Aufmerksamkeit auf unsere Gefühle zu einem anderen Menschen und läßt uns Liebe oder Abneigung erkennen.

Wiederholung Sture Wiederholung scheint auf etwas entsprechend Langweiliges in Ihrem Wachleben hinzuweisen. Das können Sie selbst sein — sind Sie gegenwärtig besonders langweilig? Doch vielleicht wurde der Traum auch durch ein sich wiederholendes Geräusch in Ihrer Nähe ausgelöst, einen tropfenden Wasserhahn oder etwas Ähnliches.

Wiege Ein Traum, der mit Babies zu tun hat, ist sehr wahrscheinlich einer, der sich auf Kreativität bezieht, ungeborene oder neuentwickelte Ideen, die für eine Weiterentwicklung reif sind. Die Wiege ist ein Symbol für Sorgfalt und Pflege; wenn sie komfortabel und sicher war, ist der Traum ein beruhigender; wenn sie umgefallen ist, halten Sie Ausschau nach Schwierigkeiten, die vor Ihnen liegen. Oder der Traum kann sich auf die Weisheit beziehen: «Die Hand, die die Wiege bewegt, regiert die Welt»; er kann Ihre matriarchalische Einstellung kommentieren

Wilder Träume von einem wilden, primitiven Mann oder einer Frau können sehr wohl auf Ihre Sexualität anspielen. Angst vor dem Wilden im Traum kann bedeuten, daß Sie nicht soviel sexuelles Vergnügen oder Erfüllung erleben, wie Sie eigentlich sollten. Wenn Sie der Wilde waren, kann Ihr Traum über kürzliche Aktivitäten — im Bett oder anderswo — sprechen, denen es an Zartgefühl oder Takt mangelte.

Wildnis Siehe LANDSCHAFT (S. 68), UMGEBUNG (S. 92). Vielleicht ein Hinweis, daß das Leben zur Zeit verwildert, gestalt- und richtungslos ist. Wanderten Sie ziellos umher, oder nahmen Sie zielstrebig den Weg unter die Füße? Konsultieren Sie auch andere Symbole, die sich mit Ihrem wachen Leben in Beziehung setzen lassen.

Willkommen Ob Sie nun jemanden willkommen heißen oder selbst willkommen geheißen werden — die Folgerung ist, daß Sie neue Ideen, Vorschläge oder gar einen neuen Lebensstil begeistert begrüßen, von Freunden und Liebespartnern gar nicht zu reden. Wenn das Wort «Willkommen» auf einer Matte oder einem Schild geschrieben steht, schlagen Sie unter *Botschaften* nach; jedoch denken Sie daran: Sie können selbst ein Fußabstreifer sein, und die Tatsache, daß alle Leute über sie hinwegschreiten, sollte nicht allzu willkommen geheißen werden!

Wind Blies er heiß oder kalt? Ein Kommentar zu Ihren gegenwärtigen Gefühlen, Handlungen oder Ihrer geistigen Verfassung, vielleicht in bezug auf besondere Umstände. Siehe WETTER (S. 74).

Winter Siehe *Jahreszeiten.*

Witwe/Witwer Wenn Sie träumen, Sie seien verwitwet, ist das nicht etwa prophetisch, sondern Sie fühlen sich wahrscheinlic im wachen Leben vernachlässigt, verlassen und von Ihrem Partner nicht genügend liebevoll behandelt. Vielleicht sollten Sie versuchen, unabhängiger zu sein, es irgendwie allein zu schaffen.

Wohlfahrt Wenn Sie träumen, von Sozialhilfe abhängig zu sein, mag ein Schamgefühl mitschwingen. Haben Sie widerwillig jemanden um Hilfe gebeten? Vielleicht ist hier unnötiger, sogar dummer Stolz im Spiel.

Wolf Waren Sie ein Wolf im Schafspelz? Wer war Ihr Rotkäppchen? (Ein solcher Traum kann offen sexuell konnotiert sein). Oder war der Wolf im Traum ein bedrohliches Monstrum, das Sie oder Ihre Nächsten verfolgte? Das Tier kann mehr oder weniger ernste Probleme in Ihrem wachen Leben darstellen, nicht zwingend finanzielle, doch die Wendung «den Wolf nicht hereinlassen» mag ihre Bedeutung haben. Wölfe scheinen unersättlichen Appetit zu haben: Gibt es einen Bezug zu Ihrer animalischen Natur, zur einen oder anderen Art von Gier?

Wolken Sind Sie «über den Wolken» (siehe FLIEGEN, S. 84)? Aber vielleicht ist es eine Warnung, wenn die Wolken schwer und unheilverkündend waren. Vielleicht ist Ihre Einstellung im Leben momentan pessimistisch, oder Sie sind unnötigerweise depressiv. Der Traum kann andeuten, daß Sie eine Situation oder ein Problem nicht so klar sehen, wie Sie sollten; Ihre Gedanken sind unklar.

Wolkenkratzer Ein Symbol des Ehrgeizes und des materiellen Fortschritts; falls Sie König Ihres eigenen Wolkenkratzers sind, ein beruhigender und ermutigender Traum. Wenn, wie es oft der Fall ist, das Gebäude eigentlich eine Metapher für Sie selbst

ist, muß es Ihnen wohl recht gut gehen! (siehe UM-GEBUNG S. 92).

Wolle Wolle ist natürlich, warm und tröstend, ob-wohl Sie auch die Haut reizen kann; der Kontext Ihres Traums kann eine Deutung liefern. Wollene Kleidungsstücke können aus der Form geraten. Liegt hier ein Bezug zu Ihrem Lebensstil?

Wörter Ein Traum von abstrakten Wörtern kann darauf hindeuten, daß Sie jemandem mißtrauen sollten, der mit ihnen zu verschwenderisch umgeht. Zufällige Wörter können eine gewisse Verwirrung in Ihrem Geiste spiegeln, vor allem wenn Sie sich zur Zeit einem intensiven Studium widmen. Siehe viel-leicht *Botschaften*.

Wrack Vielleicht sehen Sie momentan wie ein Wrack aus; aber es kann sich auch um eine ernsthaftere An-spielung auf den Schiffbruch eines Projektes oder Ihrer innigsten Wünschen handeln. Da ja das Meer ein verwandtes Symbol ist, mögen Ihre Gefühle mit-einbezogen sein.

Wunde Vielleicht ein wichtiger und wertvoller Traum. Die Art der Wunde, ihr Zustand, ihre Lage, ob sie am Heilen ist oder nicht, ist offensichtlich von hoher Bedeutung; die Waffe, die sie schlug, kann einen wichtigen Fingerzeig zur Deutung geben. Oft ist da eine Anspielung auf psychologische, vielleicht sexuelle oder emotionale Wunden, die einem oft äl-tere Leute, manchmal Familienangehörigen, zuge-fügt haben. Auch zur Religion kann eine Verbindung bestehen (s. *Wundmale Christi*). Wenn die Wunde ei-tert, ist es sehr wichtig zu entdecken, was sie im wa-chen Leben symbolisiert. Ihr Traum schlägt viel-leicht eine Kur vor: Sie müssen eine bittere Pille schlucken oder etwas Unangenehmes auf sich nehmen, um sich zu heilend. Siehe auch *Verletzung*.

Wunder Faszinierend und aufregend, aber — we-nigstens für gewöhnliche Sterbliche — unmöglich zu vollbringen. Sind Sie eingeladen, damit aufzuhören, Wunder bewirken zu wollen, das Tempo zu drosseln,

sich nicht solch große Mühe zu geben? Ein Traum, in welchem etwas Mirakulöses geschieht, kann auch einfach ein außergewöhnliches Wachereignis wider-spiegeln.

Wundmale Christi Weil die Kreuzigung ein so wich-tiges Symbol der westlichen Kultur ist, träumen Menschen im Westen von den Wundmalen, sogar wenn sie keine gläubigen Christen sind! So ein Traum scheint ein beinahe unmenschliches Maß an Streß zu signalisieren, wobei der Träumer metapho-risch gekreuzigt wird. Überdenken Sie Ihr bewußtes Leben sehr sorgfältig, und entscheiden Sie, was/wer Sie so furchtbar verletzt. Ihr Leiden muß auf keinen Fall positiv sein, obwohl der Jesus-Mythos nahelegt, daß es so sein sollte. Seien Sie nicht zu «christusähn-lich», zu bereit, das Leiden still zu ertragen (aus wel-chem Grund auch immer). Und bemitleiden Sie sich selbst nicht allzu sehr.

Wunsch Ein besonderer Wunsch im Traum scheint daraufhin zu deuten, daß Sie ihn erfüllt haben möchten: ein seltsam unverblümter Wunschtraum vor allem, wenn der Wunsch tatsächlich erfüllt wurde. Vielleicht gibt es einen Bezug zu einem Ziel Ihres wachen Lebens, das sich so ankündigt.

Wurf Was werfen Sie? Wenn Ihr Geschoß eindeutig in Verbindung mit einer Person gesehen werden kann, könnte Ihr Traum vielleicht andeuten, daß Sie sie aus Ihrem Leben verbannten, oder er drängte Sie vielleicht dazu, gestaute Aggression abzuarbeiten, loszuschlagen (vielleicht im verbalen Sinn).

Würfelspiele Überlegen Sie, ob der Traum ange-deutet hat, daß Sie momentan zuviele gefährliche Ri-siken eingegangen sind, oder ob er Sie irgendwie be-ruhigt hat. Oder war es ein Hinweis auf eine wichtige Sache in Ihrem Leben, die ansteht? Ihre «Nummer» wird vielleicht gerade aufgerufen.

Würmer Ähnlich wie Schlangen (siehe FISCH, FLEISCH UND GEFLÜGEL, S.88) aber auch auf andere Art abstoßend, «schmutzig» (weil in der Erde), vielleicht schwerer faßbar. Als Phallussymbol weniger erschreckend, vielleicht sogar eher komisch. Aber trotz allem sind Würmer nützliche Geschöpfe, sie lockern den Boden, sind Nahrung für die Vögel. Vielleicht gibt es eine Verbindung zu Ihrem früheren Sexualleben, Ihrer Sexualität im Kindesalter, die, von den Eltern oft als «schmutzig» hingestellt, jetzt zur Erfüllung gelangt (oder möglicherweise ein ge-sundes Ausleben verhindert). Schädliche Würmer (Holzwürmer zum Beispiel) können manche Be-reiche Ihrer Persönlichkeit oder eine destruktive Emotionalität zeigen (s. *Holz*). Die Verbindung zwi-schen Würmern und Tod kommentiert vielleicht Ihre Gefühle gegenüber Unsterblichkeit und ewigem Leben.

Wurzeln Sie erwägen vielleicht, Ihre «Wurzeln» auszureißen und weiterzuziehen; oder Sie haben vielleicht an Ihrem Familienstammbaum gearbeitet! Tiefverwurzelte Ansichten mögen Sie beschäftigt haben. Denken Sie auch über Ihr grundlegendes Sicherheitsgefühl nach! Sich einen Weg durch Wurzelgeflecht zu bahnen könnte auf Schwierigkeiten oder Komplikationen hinweisen, die Sie zurzeit bewältigen müssen.

Wüste Dürre, Trockenheit, Hitze — all dies kann ein Kommentar über Ihren momentanen Gemütszustand sein: Vielleicht fühlen Sie sich unbewußt «vertrocknet» und «leblos». Aber bedenken Sie, daß Hitze oft Sexualität bedeuten kann. Oder vielleicht fühlen Sie sich allein gelassen. Siehe LANDSCHAFT, S. 68.

Y

Yoga Physisch aufbauend, geistig bereichernd, also vielleicht ein Verlangen nach dem einen oder andern — oder nach beidem?

Würfel *Tod und Tod-im-Leben*, Gustave Doré

Z

Zahlen Eine Vorherrschaft von Zahlen in einem Traum scheint auf materielle Dinge im Leben hinzudeuten: Sind Sie stark mit Besitztümern beschäftigt? Aber was haben Sie gezählt? Der Traum kann bedeuten, daß Ihre Zahl drankommt. Wenn Sie von einer Glückszahl geträumt haben, sollten Sie nicht sofort größere Einsätze auf dieser Basis leisten! Eine Zahl, die in einem Traum vorkommt, ist fast unvermeidlich eine, die uns etwas bedeutet — eine alte Telephonnummer, die Nummer eines Hauses in der Kindheit; also denken Sie auch darüber nach.

Zahn Siehe *Zähne;* ein Traum von einem einzigen Zahn ist vielleicht eher, wie Freud vorschlug, ein phallisches Symbol. Wenn er also gezogen wurde oder sonstwie behandelt: Was fehlte ihm, wer war der Zahnarzt?

Zähne Verlust der Zähne in einem Traum kann andeuten, daß wir in bestimmter Beziehung die Selbstachtung verlieren. Ihr Traumzahnarzt und seine Einstellung und Geschicklichkeit wird entscheidend sein, wenn der Traum mit einer Operation zusammenhängt. In einem seiner vielleicht exzentrischeren Urteile verband Freud Träume von Zähnen mit Masturbation.

Zange Kann sein, daß Sie in Ihrem Wachleben heftig versuchen, etwas zu packen; Ihre Träume werden Sie entweder bestätigen oder auch nicht, je nachdem, was geschah und welches Ihre Gefühle dabei waren. Vielleicht ist es an der Zeit, Ihre gegenwärtige Situation neu einzuschätzen. Wenn die Zangen einem Krebs gehörten, dann überlegen Sie sich, ob sich in Ihrem Wachleben irgend etwas Grapschendes oder Begehrliches findet.

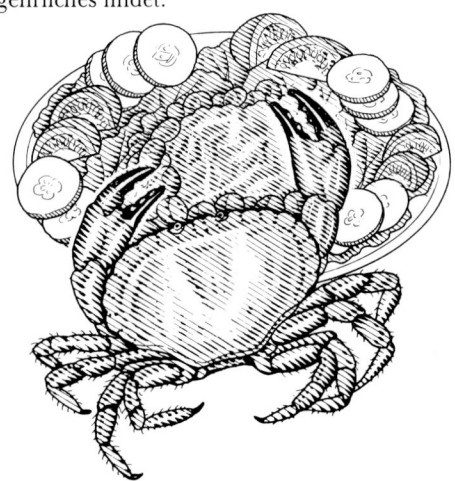

Zauber Sie könnten von jemandem bezaubert sein; wenn ja, so deutet der Traum vielleicht an, daß Sie ir-

gendwelche Illusionen über denjenigen oder diejenige heben. Aber vielleicht haben Sie das Verlangen, jemand anderes zu bezaubern, und der Traum versuchte andere, weniger abwegige Möglichkeiten der Verführung zu empfehlen.

Zauberer Wahrscheinlich war Ihnen kürzlich nach «Tricks» zumute. Haben Sie «Täuschungsmanöver» durchgeführt? Vielleicht sind Sie einer Illusion verfallen. Die Art des Tricks kann darauf hindeuten, welchen Lebensbereich der Traum in Frage stellt. Wenn der Trick mißlungen ist, kann der Traum eine Warnung aussprechen.

Zaun Wenn Sie «eingezäunt» waren, denken Sie über Ihren derzeitigen Lebensstil nach, der in gewisser Hinsicht klaustrophobisch sein könnte. Werden Sie davon abgehalten, etwas Bestimmtes zu tun? Sind Sie physisch eingeengt oder in einer Beziehung gefangen, deren sie überdrüssig sind? Wenn Sie einen Zaun errichtet haben, fragen Sie sich, wen (was) Sie aus Ihrem Leben verbannen wollen. Was innerhalb des Zauns und was draußen war, ist eindeutig wichtig (siehe *Gefängnis, Gefangener, Käfig*). Wenn Sie ein Krimineller waren, der mit einem Hehler Geschäfte abschloß, versuchen Sie jemandem etwas zu verkaufen — einen Teil von sich selbst —, was falsch oder «gestohlen» ist? Rechtfertigen Sie Ihr schlechtes Betragen, oder versuchen Sie, das Beste aus einem schlechten Situation zu machen?

Zeichnen Der Taum vom Zeichnen, wenn Sie es nicht können, ist vielleicht eine Einladung, bei Ihren Anstrengungen ambitionierter zu sein: Vielleicht sollten Sie versuchen, im wirklichen Leben zu zeichnen! Aber das Thema Ihrer Zeichnung ist wahrscheinlich wichtiger, ebenso Ihre Einstellung der Arbeit gegenüber. Wenn Sie eine Person gezeichnet haben, aber es «gelang» nicht, mißverstehen Sie vielleicht diese Person im Leben. Es kann einen Bezug auf Pläne im Wachzustand geben, wenn Sie eine «Arbeitszeichnung» erstellt oder einen Plan oder eine Landkarte entworfen haben. Es kann auch ein Wortspiel sein, wenn Sie für etwas verantwortlich «zeichnen».

Zeit Ein Traum, in dem die Zeit fliegt oder stillsteht, könnte Ihre bewußte Einstellung zum Prozeß des Alterns widerspiegeln. Ein Traum von historischer Zeit sollte nach den darin vorhandenen Symbolen interpretiert werden: Es könnte sein, daß die Umgebung «gewählt» wurde, um einen besonderen Aspekt des Traums hervorzuheben oder Ihre Einstellung zu den sich ändernden Zeiten zu beurteilen. Eine Beschäftigung mit der Zeit in Ihrem Traum (zuviele Uhren, zuviele Blicke auf die Uhr, die Sorge, «es noch rechtzeitig zu schaffen») könnte andeuten, daß Sie von dem Thema besessen sind; oder es mag eine Andeu-

Zeit Margaret träumte: «*Ich stand auf den Stufen meiner alten Universität, und alles war genauso, wie es gewesen war, als ich vor vielen Jahren dort Studentin war; aber als ich die Uhr ansah, war sie völlig verändert.*»

Der Traum verwirrte Margaret eine Zeit lang, aber sie merkte schließlich, daß er sie nur daran erinnerte, daß die «Zeiten sich geändert haben». Es war vielleicht auch eine Andeutung — denn ihre alte Universität war das Hauptsymbol — daß sie den Meinungen von anderen, vielleicht jüngeren Leuten, mehr Aufmerksamkeit schenken sollte, anstatt auf jene zurückzugreifen, die sie sich während ihrer Studentenzeit gebildet hatte.

tung sein, daß Sie sich der Wichtigkeit von Zeiteinteilung nicht ausreichend bewußt sind. Sehen Sie, wenn notwendig, *Uhr*, GEBURT, TOD UND VERWANDLUNGEN (S.76/77).

Zelt Zelte bieten Schutz, sind aber relativ leicht zerreißbar und halten nicht ewig: Hilft Ihnen das, die Bedeutung des Symbols zu beurteilen? Vielleicht vergleicht Ihr Unterbewusstsein eine gegenwärtige Situation mit einer Jugenderinnerung an das Zelten. Siehe *Camp.*

Zement Ein Bezug auf Festigung? Einer Freundschaft, Ihrer Finanzen, Ihrer Karriere?

Zerschmettern Der Gegenstand, den Sie zerschmetterten, ist natürlich wichtig, aber offenbar haben Sie Aggressionen, die ein Ventil brauchen. Oder es könnte etwas in Ihrem Außen- oder Innenleben geben, das Sie zerstören sollten.

Zerstörung Ein Hinweis auf den Abschluß, Abbruch einer Situation oder Beziehung, das Ende existie-

render Bedingungen. Überlegen Sie, welches Gebäude zerstört wurde und was es für Sie im Leben bedeutet (siehe UMGEBUNG S.92).

Zeuge Wir sind in unseren Träumen oft Zeugen oder bloße Beobachter, womit unterstrichen wird, daß sie uns etwas zeigen wollen. Sie scheinen uns zu ermutigen, objektiv zu sein. Möglicherweise ist diese Art Träume verbreitet bei Leuten, die ein wenig emotions- und teilnahmslos sind. Wenn Sie jedoch als Zeuge in einer Gerichtsverhandlung auftreten, ist es von entscheidender Bedeutung, ob Sie die Wahrheit sagten oder lügten. Im letzteren Fall ist es gut möglich, daß Sie sich in Ihrem wachen Leben in einer wichtigen Sache etwas vormachen. Die Identität von Kläger und Verteidiger wird der wichtigste Anhaltspunkt für die Deutung sein. Überlegen Sie sich auch die Reaktion des Richters.

Zeugnis Träume von Schulzeugnissen und der damit verbundenen Angst und womöglich Schelte sind überraschend häufig. Sind Sie zu ängstlich um die Meinung besorgt, die andere von Ihnen haben könnten? Wenn Sie aber selber ein Zeugnis ausgestellt haben, so ist dies womöglich ein Hinweis, daß Sie Ihr Verhalten rational überprüfen oder Ihre vergangenen Handlungen ernsthaft und praktisch unter die Lupe nehmen sollten; oder daß Sie vielleicht besseren Gebrauch von Ihrem angehäuften Wissen machen müßten oder Ihre Probleme kühl und emotionslos beurteilen und sie an vorgegebenen Maßstäben messen.

Ziege Abgesehen von der religiösen Antithese von Böcken und Schafen, können Ziegen geschickt auf eine Felsspitze klettern oder an einem Pflock angebunden sein. Was war in Ihrem Traum der Fall, und was sagt ein solches Symbol über den derzeitigen Zustand Ihres Lebens aus, über Ihre Ambitionen? Werden Sie durch Verpflichtungen und Zugeständnisse zurückgehalten? Wenn ja, überdenken Sie alles; es sind vielleicht nur Vorwände, das Band nicht zu durchreißen und sich in die Bergwelt davonzumachen. Denken Sie über das Symbol auch in einem sexuellen Kontext nach; der Gott Pan ist zur Hälfte Ziegenbock, und sexuell sehr aktiven Männern sagt man seit Jahrhunderten eine «bockgleiche Veranlagung» nach.

Ziehbrunnen Der tiefe, dunkle Brunnen mit seinem Wasser scheint ein sehr starkes Symbol Ihres Unbewußten, Ihrer tiefsten Gefühle zu sein. Wenn Sie Wasser aus ihm geschöpft haben, werden Sie wohl in Ihrem wachen Leben auf Ihre tiefsten emotionalen Reserven zurückgreifen. Aber zumindest haben Sie das Wasser erreicht: Wenn der Kessel leer hochkam oder Sie nicht auf Wasser stießen, läßt das auf eine gewiße Dürre schließen, die sorglicher Pflege bedarf. Siehe WASSER (S.80), *Untergrund.*

Ziel Ob Sie Ihr Ziel im Traum erreicht haben, ist natürlich wichtig, weil der Traum zweifellos auf tatsächliche Ziele und Ambitionen Bezug nimmt, vielleicht sollten Sie bei der Betrachtung eines Problems objektiver sein.

Zielscheibe Haben Sie in Ihrem Traum getroffen oder verfehlt? Ihr Traum kommentiert wahrscheinlich die Richtigkeit oder aber die Ungenauigkeit Ihrer bewußten Urteilsfähigkeit.

Ziffern Wenn Zahlen eine Rolle spielen, kommt alles auf Ihre Einstellung gegenüber arithmetischen Problemen im Leben an: Wenn sie Teil Ihres Alltags sind, kann dies einfach ein «Sorgen»-Traum sein oder auf eine Schwierigkeit hindeuten, abzuschalten und auszuspannen; andererseits können bestimmte obsessive Probleme oder eine übertriebene Sorge um materielle Dinge angesprochen sein. Rechnen Sie im wirklichen Leben das Für und Wider, das Plus und Minus einer Situation oder eines Problems gegeneinander auf? Sind Sie mit «Buchhaltung» auf einem bestimmten Gebiet Ihres Lebens beschäftigt?

Zimmer Freud hielt stark dafür, daß bei Männern Träume von Zimmern fast immer Symbole für Frauen seien. (Wenn ihre Ein- und Ausgänge repräsentiert sind, läßt sich diese Interpretation kaum anfechten). Falls Sie diese Deutung zulassen, ist natürlich außerordentlich wichtig, ob Sie versuchten, hineinzugelangen, oder ob der Raum abgeschlossen war (s. *Schlüssel*). Unbekannte Zimmer in einem Haus zu erforschen kann auf eine Suche verweisen, Ihr Wissen zu erweitern und zu neuen Erfahrungen aufzubrechen. Siehe UMGEBUNG (S.92).

Zimmermann Machen Sie etwas aus sich — aus Ihren persönlichen Talenten? Wenn Sie ein Mann sind und handwerklich etwas gemacht haben, denken Sie daran, daß spitze Gegenstände sexuelle Assoziationen wecken können.

Zirkus Wenn die Arena als Kreis eindeutig vorkam, siehe *Kreis* und *Mandala*. Wenn sie mit Schaustellern überfüllt war, geht in Ihrem Leben momentan zuviel vor sich? Was war Ihre Reaktion auf die verschiedenen Darbietungen? Spielen Sie zu sehr den «Clown»? Oder sind Sie in Gefahr, vollführen Sie einen Seiltanz? Sind Sie das Tier im Käfig oder der Zirkusdirektor?

Zoo Waren Sie ein gefangenes Tier oder ein Wärter? Vielleicht sehen Sie nach unter *Gefängnis, Zaun*. Es ist entscheidend, ob Sie sich sicher oder eingesperrt fühlten; vielleicht sehnten Sie sich danach, auszubrechen, was auf entsprechende Gefühle in Ihrem wachen Dasein schließen lässt. Stellen die Tiere etwa Ihre eigenen Lebensumstände dar: gefangen oder freigelassen zu werden?

Zorn Der Traum könnte Sie anspornen, sich mehr zu behaupten. Wenn jemand anders auf Sie wütend war, mag der- oder diejenige einen Teil Ihres Charakters repräsentieren, den Sie nicht mögen. Denken Sie über die Art und Weise nach, wie Sie sich im wirklichen Leben dem anderen gegenüber fühlen. Repräsentiert er oder sie die feminine / maskuline Seite Ihres Ichs?

Zucker Süßigkeit ja, aber schlecht für Sie — das klassische «Trostfutter». Sollten Sie also «die Süßigkeit selber» jemandem gegenüber sein (oder jemand anderes Ihnen gegenüber), macht der Traum vielleicht eine Aussage über Ihre wirklichen Motive. Ein Zuckerrohr könnte auch ein sexuelles Symbol sein.

Zufluchtstätte Sie können einfach Frieden, Stille und Abgeschiedenheit nötig haben — sich für eine Zeitlang abzusondern von der täglichen Routine und all den Verpflichtungen. Oder Sie empfinden vielleicht, daß jemand unnötigerweise in Ihr Leben eingedrungen ist, falls Ihr Zufluchtort gestört wurde. Möglicherweise sind Sie unglücklich und spüren, daß Sie durch Glauben, spirituellen Beistand und Trost wieder aufgerichtet werden müssen. Bitten Sie Ihre Träume um weitere Hinweise (siehe S. 47).

Zug Es gibt viele möglichen Bezüge: Vielleicht wollen Sie endlich «zum Zug» kommen? Oder sind Sie mit einer zu erledigenden Arbeit in Verzug geraten? Oder Sie benötigen etwa einen Entzug? Aber der Traum scheint eher das Verreisen, das Unterwegssein zu betonen. Siehe andere relevante Symbole: *Tunnel, Station, Eisenbahn, Lokomotive*.

Zuhören Gibt es etwas, was Sie hören wollen? Sollten Sie dem, was andere sagen, mehr Aufmerksamkeit schenken? Oder Ihren eigenen Bedürfnissen und Wünschen? Lassen Sie sich unangenehme Tatsachen, welche Sie über sich gehört haben, eine Warnung sein!

Zukunft Die Prüfung angeblich voraussagender Träume hat einige Fälle von unerklärbarer Genauigkeit zutage gebracht (s.S.58), aber es wäre unklug, sich auf sie zu verlassen; noch viel mehr Forschung ist da notwendig. Oft sind wir etwa überzeugt, daß ein vielleicht vor Monaten geträumter Vorfall gerade passiert ist. Andererseits: Ignorieren Sie keine Warnungen, die vernünftig begründet erscheinen. Das Unbewußte kann Beobachtungen speichern, die ein Vorkomnis genauestens «vorhersagen» können. Aber der Traum eines persönlichen oder nationalen Unglücks erfüllt sich wahrscheinlich nicht, es sei denn durch Zufall.

Zünden Es könnte ein Wortspiel sein: Sie sollten vielleicht ein Licht anzünden und eine dunkle Ecke Ihres Lebens erleuchten oder ein Feuer in jemand anderem entfachen, um dessen emotionale Aufmerksamkeit zu erregen.

Zunge Die Zunge ist eng mit dem Reden verbunden: Eine schmerzende Zunge könnte andeuten, daß Sie schlecht über jemanden geredet haben oder Lügen verbreiteten. Ein Traum, in dem Sie in einer fremden Zunge sprachen, deutet an, daß Sie sich nicht genügend klar ausgedrückt haben. Die Zunge spielt eine wichtige Rolle in unserem sexuellen Ausdruck; der Traum könnte sich auch auf dieses Gebiet Ihres Lebens beziehen. Träume, in denen Sie Zunge als Gericht genießen, könnten vorschlagen, daß Sie sich um bessere, extrovertiertere verbale Ausdrucksweise bemühen sollten.

Zusammenstoß Siehe *Unfall* oder auch KATA-STROPHE (S.72). Fragen Sie sich, womit Sie zusammengestoßen sind und was es für Sie bedeutet hat. Waren Sie der aktive oder passive Partner in dem Unfall? Ein Aufeinanderprallen von Auffassungen oder Einstellungen kann angesprochen sein. Wenn Sie den Zusammenstoß überlebten, bieten Sie wahrscheinlich Hindernissen die Stirn. Der Traum kann Sie aber auch auffordern, Ihre Impulsivität zu zügeln.

Zweifel Es ist immer schwierig, Gefühl in einem Traum zu bemessen — es kann monströs überzeichnet sein. Wenn Ihnen der Zweifel bewußt war, kann dies möglicherweise wörtlich interpretiert werden: Sie sind wahrscheinlich im Zweifel über etwas in Ihrem Leben, ob Sie sich nun dessen eindeutig bewußt sind oder nicht. Wenn Sie jemand anders anzweifelten, versuchen Sie, sich zu entscheiden, was er oder sie in Ihrem Leben repräsentiert. Könnte sich der Traum auf Ihre Gabe der Intuition beziehen: «Ich bezweifle, ob dies passieren wird»?

Zweite Besetzung Wenn Sie das Gefühl hatten, daß Sie die Rolle genausogut wie der Star spielen könnten, mag dies ein ermutigender Traum gewesen sein; wenn Sie das jedoch versucht haben und scheiterten, dürfte es eine Warnung sein! Denken Sie daran, wen der Star repräsentiert: Spielen Sie eine unnötige untergeordnete Rolle im bewußten Leben? Oder haben Sie einen tief verwurzelten Ehrgeiz, dem Star so ähnlich wie möglich zu sein? Wenn letzteres zutrifft, fragen Sie Ihre Träume nach weiteren Details (s.S.47) — solche Identifikationen können weniger wünschenswert sein, als Sie vielleicht annehmen. Siehe *Theater*.

Zwerg Hat Sie jemand in letzter Zeit heruntergemacht? Oder repräsentiert der Zwerg in Ihrem Traum ein Leistungspotential, das Sie nicht voll entwickelt haben? Zwerge sind traditionsgemäß hart arbeitende Figuren, in der Mythologie oft in Bergwerken angestellt, also kann hierin ein Hinweis auf Persönlichkeitsentfaltung liegen.

Zwilling Von einem Zwilling zu träumen, wenn in Wirklichkeit keiner vorhanden ist, ist vielleicht eine Andeutung, daß Sie sich Ihrem wahren Ich und dessen Problemen objektiv stellen. Es könnte der Schluß gezogen werden, daß Sie sich in gewisser Weise wiederholen oder zu berechenbar werden, sich selbst zu sehr ähneln. Sie verspüren vielleicht das Bedürfnis nach platonischer, brüderlicher oder schwesterlicher Liebe.

Glossar

Kursiv gedruckte Stichwörter werden im Glossar an anderer Stelle erklärt.

Analyse Im psychologischen Sinn die Untersuchung jedes einzelnen Aspekts einer Erfahrung oder eines geistigen Vorgangs. Sigmund Freud begründete die Psychoanalyse als Methode zur Behandlung psychischer Krankheiten, wobei er das Unbewußte (siehe unten), das sich, wie man annimmt, vor allem in Träumen kundtut, besonders heraushob. Seit den Anfängen Freuds und Breuers am Ende des 19. Jahrhunderts entwickelten Analytiker mehrerer Richtungen der Psychologie verschiedene Methoden der Analyse. Jungs Methode beruhte vor allem auf der freien Assoziation, das heißt, die betreffende Person muß das erste Wort sagen, das ihr bei einem bestimmten Schlüsselwort einfällt. Andere Analytiker fordern den Patienten auf, den Gedankengang, den das Schlüsselwort auslöst, weiter zu verfolgen. Aber das sind nur zwei von vielen Methoden. Man braucht nicht unbedingt ein psychologisches Problem oder eine Neurose zu haben, um sich einer Analyse zu unterziehen; in den letzten 30 Jahren ist dies eine regelrechte Mode geworden. Eine Analyse ist jedoch teuer; die meisten Menschen, die zum Analytiker gehen, haben persönliche psychologische Probleme.

Anima und Animus Jungs Bezeichnung für das Seelenbild der Frau im Unbewußten des Mannes beziehungsweise das des Mannes in dem der Frau. Diese Bisexualität hängt mit dem Verhältnis zwischen männlichen und weiblichen Genen zusammen. Anima und Animus erscheinen im Traum meistens als Personen, zum Beispiel als «Traumfrau» oder «Traummann». Jung benutzte den Begriff Anima auch für die Seele, den innersten Kern der Persönlichkeit.

Archetypus Jungs Ausdruck für den Gehalt des kollektiven Unbewußten.

Assoziation In der Traumdeutung bedeutet freie Assoziation, daß man sich beim Nachdenken über den Inhalt eines Traums spontan alles mögliche einfallen läßt: Gedanken, die anfangs nichts mit dem Traum zu tun zu haben scheinen, die aber dazu beitragen können, ihn zu deuten. Das war Jungs Ansicht; Freud dagegen bevorzugte die gelenkte oder kontrollierte Assoziation, wobei sich die assoziierten Gedanken stets direkt auf die Traumsituation beziehen — so hoffte er jedenfalls.

Berater Es gibt alle möglichen Stellen, bei denen man sich beraten lassen kann, ob man nun Wohn-, Versicherungs-, Ehe- oder sexuelle Schwierigkeiten hat. Die dort arbeitenden Berater haben meistens eine besondere Ausbildung, doch sollte man darauf achten, daß sie auch über praktische Erfahrungen verfügen. So eine Beratung ist oft ein guter Kompromiß für Menschen, die sich keinen Analytiker leisten können oder wollen.

Bild Etwas, was man vor seinem geistigen Auge sieht: Es kann eine ganze Gruppe ähnlicher Objekte vertreten, wie zum Beispiel ein einzelner Löwe die ganze Tierart; dann ist er der archetypische Löwe. Es kann aber auch den allgemeinen Eindruck zeigen, den ein Individuum durch seine persönliche Erscheinung und sein Verhalten gemacht hat.

Extraversion Jungs Bezeichnung für die menschliche Grundeinstellung, die nach außen auf Natur und Gesellschaft gerichtet ist anstatt nach innen auf die eigenen Gedanken und Gefühle.

hypnagogischer Traum Siehe *Traum*.

Introversion Jungs Bezeichnung für die menschliche Grundeinstellung, die nach innen auf sich selbst anstatt nach außen auf die Welt der Menschen und Geschäfte gerichtet ist.

klarer Traum Siehe *Traum*.

kollektives Unbewußtes Siehe *Unbewußtes*.

Libido Sexuelle Begierde, Geschlechtstrieb, oft aber auch Lebenskraft oder Lebensenergie.

Mandala Ein mystischer Kreis. Jung hielt es für das Symbol des ungeteilten Selbst — für die Verkörperung des gesamten Vorgangs der Selbstfindung, symbolisch dargestellt durch den Kreis oder durch das Quadrat beziehungsweise die Quaternität. Im Tantrismus ist das Mandala eine Meditationshilfe, Sitz und Geburtsort der Götter. Jung wies darauf hin, daß man es überall im Osten findet, aber auch im christlichen Westen (seit dem Mittelalter); dann ist Christus in der Mitte abgebildet und die vier Evangelisten mit ihren Symbolen in den Ecken. Diese Form erinnert an die viel ältere ägyptische Darstellung von Horus in der Mitte, umgeben von seinen vier Söhnen. Jung zufolge erscheinen Mandalas in Träumen meistens in Situationen seelischer Verwirrung und Desorientiertheit und helfen dann, Ordnung zu schaffen.

Metapher Sprachliches Bild, bei dem ein Wort, aus seinem Bedeutungszusammenhang in einen anderen übertragen, als Bild verwendet wird, z.B. «den Kopf verlieren».

Neurose Dasselbe wie Psychoneurose: Eine seelisch bedingte Störung des Nervensystems, die vermutlich auf einen unerfüllten elementaren Trieb zurückgeht.

Persona Jung prägte diesen Begriff für den Teil der Persönlichkeit, der die Reaktionen des Menschen auf Situationen, Personen oder Sachen bestimmt.

Persönlichkeit Generell versteht man unter Persönlichkeit den allgemeinen Eindruck, den ein Mensch (oder auch ein Tier) im alltäglichen Leben in der Gesellschaft gibt. Sie tut sich im Aussehen, in der moralischen und gefühlsmäßigen Einstellung sowie in der Intelligenz kund und entwickelt sich aus Umwelt- und genetischen Einflüssen, Lebenserfahrung, natürlichen und erworbenen Instinkten und Überzeugungen, aus persönlichen Beziehungen und vielen anderen Elementen mehr.

phallisch Der Phallus ist ein Bild des Penis, das heißt, des männlichen Fortpflanzungsorgans. Er wurde in verschiedenen Formen (oft aus Stein gehauen) in vielen Religionen als symbolische Darstellung der natürlichen Lebenskraft verehrt.

Physiologie Ein Zweig der Biologie, der sich mit den Lebensvorgängen der verschiedenen Teile eines lebenden Organismus befaßt.

Psyche Ein Ausdruck, der ursprünglich das Prinzip des Lebens bezeichnete, der aber heute oft für die Mentalität verwendet wird, und zwar etwa so, wie ein religiöser Mensch das Wort «Seele» verwenden würde.

Psychiater Facharzt der Psychiatrie.

Psychiatrie Ein Zweig der Medizin, der sich auf die Behandlung von Geisteskrankheiten und seelischen Störungen spezialisiert.

psychogen Eine seelische, nicht körperlich bedingte Störung.

Psychologe Wissenschaftlich ausgebildeter Fachmann auf dem Gebiet der Psychologie.

Psychologie Fast jeder Psychologe würde sein Fachgebiet anders beschreiben, aber im allgemeinen geht man davon aus, daß diese Wissenschaft sich mit der Untersuchung des Lebens, des Verhaltens und der Persönlichkeit von Frauen und Männern im Zusammenhang mit ihrem Leben als Ganzem, ob innerlich oder äußerlich, befaßt: wie es entstand und sich entwickelte, wodurch es beeinflußt wurde und wie all seine Fakten untereinander zusammenhängen. Obwohl man die Psychologie einfach als Mittel zur Selbsterkenntnis, im Interesse des Patienten oder zur Fortbildung des Ausübenden anwenden kann, wird sie häufiger herangezogen, um Neurosen oder Defekte der Persönlichkeit zu heilen oder um dem Patienten zu helfen, sich von einem Trauma zu erholen.

Psychotherapie Die Behandlung von Störungen mit den Mitteln der Psychologie.

Quadrat oder Quaternität Unter Hinweis auf die Universalität des Quadrats zur Verkörperung der Ordnung (vier Elemente, vier Temperamente, vier Grundfarben, vier Kasten, vier Arten geistlicher Entwicklung usw.) schreibt Jung in *Psychologie und Religion*, daß wir wissen müssen, daß etwas da ist (Wahrnehmung), erkennen, was es ist (Denken), entscheiden, ob es uns ziemt (Gefühl), und ermitteln, woher es kommt und wohin es geht (Intuition).

Quaternität Siehe *Quadrat*.

REM-Schlaf Schlafstufe, auf der sich die Augen unter den geschlossenen Lidern deutlich sichtbar rasch bewegen (von engl. rapid eye movement — rasche Augenbewegungen).

Schatten Niederer Teil der Persönlichkeit, der (gemäß Jung in *Die Archetypen und das kollektive Unbewußte*) alles verkörpert, was der Mensch nicht zugeben will, und dem er dennoch direkt oder indirekt stets unterworfen ist — zum Beispiel schlechte Charakterzüge und andere Unzulänglichkeiten.

Seele Religiöser Begriff für denjenigen Teil des menschlichen Wesens, der nicht greifbar, aber entscheidend ist, etwas Immaterielles, was mit dem Körper nicht verbunden ist und sich der Wissenschaft entzieht. Das Wort Psyche wird meistens von Ungläubigen verwendet. Jung benutzte den Ausdruck Anima.

Surrealismus Der Name wurde 1917 von dem französischen Dichter Guillaume Apollinaire geprägt, die Idee von André Breton in seiner Zeitschrift *Littérature* entwickelt und später von den Künstlern de Chirico, Arp, Ernst, Duchamp und Dali weitergeführt. Der Surrealismus entsprang vor allem den aus der Psychoanalyse bekannten Methoden der Assoziation, bildende Kunst, Poesie und Prosa waren seine Ausdrucksmittel.

Symbol Ein Zeichen oder Sinnbild, das stellvertretend für etwas anderes steht, wie zum Beispiel ein Buch für Wissen, eine Fotolinse für ein menschliches Auge. In der Psychoanalyse haben Symbole oft nur eine entfernte Verbindung zu den Dingen, die sie darstellen; sie entstehen im Unbewußten.

Therapie Die Bezeichnung für die praktische Behandlung eines Menschen, der unter einer Neurose oder irgendeiner anderen seelischen Krankheit leidet. Sie soll ihn in die Lage versetzen, die Ursache des Problems zu erkennen und es zu lösen.

Traum Jung nannte Träume eine kleine geheime Tür zu den innersten und geheimsten Winkeln der Psyche. Wir verstehen darunter die Bilder, Symbole und Eindrücke, die im Schlaf durch unseren Sinn ziehen. Viele haben wir beim Aufwachen vergessen, andere bleiben im Gedächtnis haften und können notiert werden. Die Menschen haben Träume stets für wichtig gehalten, sie seit frühester Zeit aufgezeichnet und sich Gedanken über ihre Bedeutung gemacht. Bei einem klaren Traum weiß der Träumer, daß er schläft, kann die Handlung des Traums teilweise lenken und sich manchmal sogar mit einem wachen Kollegen unterhalten, während er fest zu schlafen scheint. Ein hypnagogischer Traum setzt unmittelbar bei Schlafbeginn ein, hängt oft mit unseren letzten wachen Gedanken zusammen und ist meistens bruchstückhaft. Bei einem Verschiebungstraum sind die Bilder «verschoben», so daß ihre Bezüge nicht mehr stimmen: Ein Haus steht auf einer Bergspitze, die Räder Ihres Autos tragen auf einmal Schmalzkringel anstatt Reifen. Oder die Bilder sind verzerrt und erscheinen sonderbar; sie erscheinen verkehrt herum oder mit der Seite nach vorn. Verschiebung ist im Grunde nichts anderes als eine traumhafte Täuschung.

Trauma Der Ausdruck stammt vom griechischen Wort für Wunde. Er bezeichnet eine starke Erschütterung, die oft lang anhaltende Auswirkungen auf die Psyche hat. Die Erschütterung kann körperlich und / oder seelisch sein.

Unbewußtes Jeder von uns kennt einige der Elemente, die seine Persönlichkeit ausmachen: Wir wissen beispielsweise, daß wir zum Geiz neigen, einen starken Sexualtrieb haben, lieber in der Stadt als auf dem Lande leben. Freud glaubte jedoch (und seine Nachfolger stimmen ihm zu), daß viele Elemente unserer Persönlichkeit in unserem «Unbewußten» verborgen bleiben — das heißt, wir sind uns nicht bewußt, daß es sie gibt, geschweige denn wissen wir, wie sie entstanden sind. Diese Elemente oder Gedanken können, wenn überhaupt, nur vermittels einer Psychotherapie oder Psychoanalyse zutage gefördert werden. Wie Jung in *Aion* sagte, gibt es theoretisch keine Grenze für das Bewußtsein, außer wenn es auf das Unbekannte stößt. Dieses besteht aus all dem, was wir nicht wissen und was daher nicht mit dem Ich als Mittelpunkt des Bewußtseins verbunden ist. Das Unbekannte zerfällt in zwei Objektgruppen: Die erste umfaßt das Unbekannte in der Außenwelt, die zweite das in der Innenwelt. Dieses letzte Gebiet nennen wir das Unbewußte. Jung behauptet, alle Erfahrungen der Menschheit seien in der erblichen Gehirnstruktur vorhanden und würden sichtbar, wenn man die in Träumen wiederkehrenden Archetypen untersuche; desgleichen meinte er, alle Handlungen und Reaktionen des Menschen seien das Ergebnis einer Verschmelzung dieses kollektiven Unbewußten mit dem von Freud anerkannten Unbewußten — dem persönlichen.

Verschiebungstraum Siehe *Traum*.

Wunscherfüllung Diese zeigt sich am einleuchtendsten in einem Traum, in dem etwas geschieht, was sich der Träumer im wachen Zustand sehnlichst wünscht. Freud wies jedoch darauf hin, daß Träume oft Wünsche zeigen, die uns unbewußt sind und die wir im Wachleben ablehnen, ja, sogar verabscheuen würden; auch das sind Wunscherfüllungsträume.

Bibliographie

Artemidorus Daldianus: Das Traumbuch, Zürich 1979.

Aynsley, H. Murray: Symbolism of East and West, 1900

Bailey, H.: The Lost Language of Symbolism, 1912.

Balogh, Penelope: Freud: a biographical introduction, 1971.

Blofeld, John (Hrsg.): I Ging: das Buch der Wandlung, München 1983.

Bonime, Walter: The Clinical Use of Dreams, New York o.J.

Boss, Medard: Der Traum und seine Auslegung, München [2]1974.

Bro, Harmon H.: Edgar Cayce on Dreams, New York 1968.

Brook, Stephen: The Oxford Book of Dreams, Oxford 1983.

Colquhoun, W.P. (Hrsg.): Biological Rhythms and Human Performance, New York 1971.

Cooper, J.C.: An Illustrated Encyclopaedia of Traditional Symbols, 1978.

Coxhead, David/Hiller, Susan: Träume. Eine Bilddokumentation, Frankfurt a.M. 1976.

Crisp, Tony: Do You Dream? 1971

De Becker, Raymond: The Understanding of Dreams, or Machinations of the Night, London 1968.

Dement, W./Klietman, N.: The relation of eye movements during sleep to dream activity, an objective method for the study of dreaming, *Journal of Experimental Psychology, Vol. 53:* The relation of eye movements, body motility and external stimuli to dream content, *Journal of Expermental Psychology, Vol. 55:* The effect of dream deprivation, *Science, Vol. 131.*

Diamond, Edwin: Schlafen — wissenschaftlich. Wie und warum wir träumen, Wien 1964.

Ehrenwald, Jean: New Dimensions of Deep Analysis, London 1954.

Ellis, Havelock: Die Welt der Träume, Würzburg 1911.

Emmons, W.H./Simon, C.W.: The non-recall of material presented during sleep, *American Journal of Psychology, Vol. 69.*

Faraday, Ann: Deine Träume — Schlüssel zur Selbsterkenntnis. Ein psychologischer Ratgeber, Frankfurt a.M. 1978.

Fisher, Charles/Gross, Joseph/Zuck, Joseph: A cycle of penile erection synchronous with dreaming sleep, *Archives of General Psychiatry, Vol. 51.*

Fordham, Frieda: Eine Einführung in die Psychologie C.G. Jungs. Mit einem Vorwort von C.G. Jung, Zürich 1959.

Foulkes, D.: Dream reports from different stages of sleep, *Journal of Abnormal and Social Psychology, Vol. 65.*

French, Thomas M./Fromm, Erika: Dream Interpretation, New York 1964.

Freud, Sigmund: Die Traumdeutung, Gesammelte Werke Band 2/3, London/ Frankfurt a.M. 1942.

Fromm, Erich: Märchen, Mythen und Träume; eine Einführung zum Verständnis von Träumen, Märchen und Mythen, Stuttgart [2]1980.

Giles, Luray: Sleep, New York 1938.

Grant, Michael: Mythen der Griechen und Römer, Zürich 1964.

Grunebaum, G.E. von/Caillois, Roger (Hrsg.): The Dream and Human Society, 1966.

Gutheil, Emil A.: The Language of the Dream, New York 1939.

Hadfield, J.A.: Dreams and Nightmares, London 1954.

Hall, Calvin S.: The Meaning of Dreams, New York 1966.

ders.: A cognitive theory of dream symbols, *Journal of General Psychology, Vol. 48.*

ders./Nordby, Vernon: The Individual and his Dreams, New York 1972.

Hill, B.: Such Stuff as Dreams, 1967.

Jones, Ernest: Freuds Theory of Dreams, in: Papers of Psychoanalysis, London 1948.

Jones, Richard M.: The New Psychology of Dreaming, New York 1970.

ders.: On the Nightmare, 1949.

Jung, C.G.: Die Traumanalyse, Zürich 1908.

ders.: Die Dynamik des Unbewussten, Gesammelte Werke Bd. 8, Zürich 1958 ff.

ders.: Erinnerungen, Träume, Gedanken, Zürich 1962.

ders.: Freud und die Psychoanalyse, Gesammelte Werke Bd. 4, Zürich 1958 ff.

ders.: Der Mensch und seine Symbole, Olten 1968.

ders.: Praxis der Psychotheraphie, Gesammelte Werke Bd. 16, Zürich 1958ff.

Karacan,I./ Goodenough,D.R./Shapiro, A./Starker, S.: Erection cycle during sleep in relation to dream anxiety, *Archives of General Psychiatry, Vol. 15.*

Kerényi, Karl: Die Mythologie der Griechen, Zürich 1951.

Kleitman, N.: Sleep and Wakefulness, Chicago 1963.

Koch, Rudolf: Das Zeichenbuch, Offenbach 1926.

Kramer, M./Hlasny, R./Jacobs, G./Roth, T.: Do dreams have meaning? An empirical enquiry, *American Journal of Psychiatry, Vol. 133.*

Lincoln, J.S.: The Dream in Primitive Cultures, 1935.

Lowy, Samuel: Foundations of Dream Interpretation, New York 1942.

Luce, Gay Gaer/Segal, Julius: Der Mensch verschläft ein Drittel seines Lebens, Bern 1967.

Mackenzie, Norman: Träume, Genf 1969.

Masters, Brian: Dreams about H.M. the Queen (and other members of the Royal Family), 1972.

McKellar, Peter: Imagination and Thinking, Chicago 1963.

Murray, E.: Sleep, Dreams and Arousal, New York 1965.

New Larousse Encyclopaedia of Mythology, 1974.

Oswald, I.: Sleeping and Waking, Amsterdam 1962.

ders.: Sleep, London 1966.

Parker, Derek und Julia: The Immortals, 1976.

Perls, Frederick Salomon: Gestalt-Therapie in Aktion, Stuttgart 1974.

Ranke-Graves, Robert von: Griechische Mythologie, Quellen und Deutungen, Reinbek bei Hamburg 1960.

Rosenteur, Phyllis: Sleep, New York 1938.

Ryecroft, Charles: The Innocence of Dreams, 1979.

ders.: Anxiety and Neurosis, 1968.

Sanford, John A.: Gottes vergessene Sprache, Zürich 1966.

Sechrist, Elsie: Dreams, Your Magic Mirror, New York 1969.

Sharpe, Ella F.: Traumanalyse, Stuttgart 1984.

Stekel, Wilhelm: Die Sprache des Traumes, Wiesbaden 1911.

Ullman, Montague/Zimmerman, Nan: Working with Dreams, 1979.

ders./Krippner, Stanley/Vaughan, Alan: Traumtelepathie: telepathische Experimente im Schlaf, Freiburg i.Br. 1977.

Wolstenholme, G.E.W./O'Connor, M. (Hrsg.): The Nature of Sleep, 1960.

Woods, Ralph L./Greenhouse, Herbert B. (Hrsg.): The New World of Dreams, New York 1974.

Register

Kursive Seitenzahlen beziehen sich auf die Illustrationen.

Danksagungen

Illustrationen zu den Traumthemen:
Nick Bantock 68-69, 75, 84-85, 89
Catherine Denvir 66-67, 82-83
Nigel Hills 93
Bush Hollyhead 96
Diana Leadbetter 76-77, 86-87
James Marsh 72, 80, 94
Francesca Pelizolli 70-71, 90-91
Peter Prout 78-79

Übrige Illustrationen:
Karen Cochrane
John Hutchinson
Sue Sharples
John Storey
John Woodcock
Stephen Wright

Photographische Retuschen:
Nick Oxtoby

Bildnachweis:

6.7: Hodder & Stoughton / The Mary Evans Picture Library; Russian Tale of the Firebird von Edmund Dulac
9: ZEFA
10,11: Ancient Art and Architecture Collection
11r: BPCC/Aldus Archive
12: Archbishop of Canterbury and The Trustees of Lambeth Palace
13 l: BPCC/Aldus Archive
13 r: Ancient Art and Architecture Collection
14 o: Photothèque André Held / Ziolo
14 ml: Claus Hansmann
14 mr: The Mansell Collection
14 u: Scala
15 BPCC/Aldus Archive
16 ol: Pinacoteca Ferrara / C.N.B. & Bologna
16 or: Ancient Art and Architecture Collection
17: British Library
18 o: Axel Poignant
18 ul: Dänisches Nationalmuseum, Abteilung für Ethnographie / Foto: Lennart Larsen

18 mr: Tony Morrison / South American Pictures
18 ur: Claire Leimbach
19: BPCC/Aldus Archive
20 o: The Mary Evans Picture Library
20 u, 21: Jean-Loup Charmet
22: (c) A.D.A.G.P. Paris, 1985 / Mit freundlicher Genehmigung des Art Institute of Chicago
23: Bettmann Archive / The Radio Times Hulton Picture Library
24 ol: Ancient Art and Architecture Collection
24 or: British Library
24 ul: Michael Holford
24 ur: MacQuitty International Collection
25: The Mary Evans Picture Library
26 ol: BPCC / Aldus Archive
26 or: Vautier-de-Nanxe
37 o: Archiv Gerstenberg
44: National Portrait Gallery, London
45: Jean-Loup Charmet
46: Archiv Gerstenberg
47: Laura Perls
49/50 l: Jean-Loup Charmet
50 r: Popperfoto
51: Bildarchiv Foto Marburg

52: Schenkung Bert L. Smokler und Lawrence A. Fleischmann (55.55) / Mit freundlicher Genehmigung des Detroit Institute of Arts
53: Claus Hansmann
54: (c) DACS, 1985 / Mit freundlicher Genehmigung des Art Institute of Chicago
55: Dr. Keith Hearne
56/57: British Museum
59: Jean-Loup Charmet

99: Dover Publications
103: Archiv Gerstenberg
119 und 121: Dover Publications
130: BPCC / Aldus Archive
137, 140: Dover Publications
147: (c) Cosmopreß und A.D.A.G.P. Paris , 1985 / British Museum
155: (c) DACS, 1985 / British Museum
179: Jean-Loup Charmet
190: Mary Evans Picture Library
203, 207: Dover Publications